西華大學
四川省人民政府文史研究館
蜀學研究中心 主辦

蜀學

第十七輯

西南交通大學出版社
·成都·

圖書在版編目（CIP）數據

蜀學. 第十七輯 / 西華大學，四川省人民政府文史研究館，蜀學研究中心主辦. —成都：西南交通大學出版社，2019.12

ISBN 978-7-5643-7344-3

Ⅰ. ①蜀… Ⅱ. ①西… ②四… ③蜀… Ⅲ. ①文化史—四川—文集②巴蜀文化—文集 Ⅳ. ①K297.1-53 ②K872.71-53

中國版本圖書館 CIP 數據核字（2020）第 016498 號

SHU XUE
蜀 學（第十七輯）

西華大學
四川省人民政府文史研究館　蜀學研究中心　主辦

責任編輯 / 鄭麗娟
助理編輯 / 羅俊亮
封面設計 / 何東琳設計工作室

西南交通大學出版社出版發行
（成都市金牛區二環路北一段 111 號創新大廈 21 樓　610031）
發行部電話：028-87600564
網址：http://www.xnjdcbs.com
印刷：成都蜀通印務有限責任公司

成品尺寸　185 mm × 260 mm
印張　20.375　　字數　430 千
版次　2019 年 12 月第 1 版　　印次　2019 年 12 月第 1 次

書號　ISBN 978-7-5643-7344-3
定價　45.00 圓

《蜀　學》編輯委員會

發刊辭

岷山巍巍，上應井絡；蜀學綿綿，下親坤維。

蠶叢與魚鳧，開國何茫然？《山經》及《禹記》，叙事多奇幻。往事渺渺，縉紳先生難言；先哲譚譚，青衿後學樂道。班孟堅謂:“巴蜀文章，冠於天下。”謝嗇庵言:“蜀之有學，先於中原。”言似誇誕，蓋有由焉。若乎三皇開運，神妙契乎天地人；五主繼軌，悠久毗於夏商周。天皇地皇人皇，是謂三皇；青赤白黑黄帝，兹爲五帝。三才合一，上契廣都神壇；五行生克，下符《洪範》八政。

禹興西羌，生於廣柔，卑彼宫室，而盡力於溝洫；菲吾飲食，而致孝乎鬼神。順天因地以定農本，報恩重始而興孝道。復得河圖演《連山》，三易因之肇始；又因洛書著《洪範》，九疇於焉成列。夏后世室，以奠明堂之制；禹會塗山，乃創一統之規。是故箕子陳治，首著崇伯；孔子述孝，無間大禹。

若乎三星神樹，明寓十日秘曆；金沙赤烏，已兆四時大法。萇弘碧珠，曾膺仲尼樂問；尸佼竄蜀，嘗啓商君法典。及乎文翁化蜀，首立學校，建國君民，教學爲先；治郡牧民，德禮莫後。蜀士鱗比，學於京藩；儒風浩蕩，齊魯比肩。七經律令，首先暢行蜀滇；六藝詩騷，同化播於巴黔。相如、子雲，輝映漢家賦壇；車官、錦官，衣食住行居半。君平市隱，《老子指歸》遂書；儒道兼融，道德仁義禮備。往聖述作，孔裁六藝經傳；後賢續撰，雄制《太玄》《法言》。“伏犧之易，老子之無，孔子之元”，偕“揚雄之玄”以成四教；“志道據德，依仁由義，冠禮佩樂”，兼“形上形下”而鑄五德。落下主《太初》之曆，莊遵衍渾天之説。六略四部，不乏蜀人之文；八士四義，半膺國士之選。涣涣乎，文章冠冕天下；濟濟焉，人材充盈河漢。

自是厥後，蜀學統序不斷，文脉淵源賡連。兩漢鼎盛，可謂靈光魯殿；魏晋弘宣，堪比稷下學園。隋唐五代，異軍突起；天下詩人，胥皆入蜀。兩宋呈高峰之狀，三學數蜀洛及閩。蒙元兵燹，啼血西川；巴蜀學脉，續衍東南。明有升庵，足以振耻；清得張（問陶）李（調元），可堪不靦。洎乎晚清民國，文風丕振，教澤廣宣。玉壘浮雲，變幻古今星漢；錦江風雨，再續中西學緣。尊經存古，領袖群倫；中體西用，導引桅帆。於是乎誦經之聲盈耳，文章之美紹先。蜀學七期三峰，無愧華章；蜀勒六經七傳，播名國典。

蜀之人才不愧於殊方，蜀之文獻稱雄於震旦。言經藝則有“易學在蜀”之譽，言史册而有“莫隆於蜀”之稱，言文章則贊其“冠於天下”，言術數則號曰“天數在蜀”。人才不世出，而曰“出則傑出”；名媛不常有，猶稱“蜀出才婦”。至若文有相如、子瞻，詩有太白、船山，曆有落下、思訓，易有資中、梁山，史有承祚、心傳，書有東坡、嗇庵，畫有文同、大千。博物君子，則如李石、楊慎；義理哲思，當數子雲、南軒。開新則有六譯、槐軒，文獻則有了翁、調元，宏通有若文通、君毅，道德則有子休、正元。方技、術數，必稱慎微、九韶；道德文章，首舉昌衡、表方。才士尤數東坡、升庵，才女無愧文君、花蕊，世遂謂“無學不有蜀，無蜀不成學”矣!宋人所謂“蜀學之盛，冠天下而垂無窮”云云者，亦有以哉!

蜀之經籍無慮萬千，蜀之成就充斥簡編。石室、禮殿，立我精神家園；蜀刻石經，示彼經籍典範。三皇五帝，別中原自爲一篇；道德仁義，合禮樂以裨五典。談天究玄妙之道，淑世著實效之驗。顯微無間，體用一源。

至乎身毒偎人愛人，已見《山經》；佛法北道南道，並名《丹鉛》。蜀士南航，求佛法於瀛寰；玄奘西來，受具足於慈殿。若夫蜀人一匹馬，踏殺天下；禪門千家宗，於兹爲大。開寶首雕，爰成大藏之經；圭峰破山，肇啓獨門之宗。菩薩在蜀，此説佛者不可不知也。

至若神農入川，本草於焉始備；黄帝問疾，岐伯推為醫祖。涯涯水涘，雲隱涪翁奇技；莽莽山巒，霧鎖藥王仙迹。經效産寶，首創始於昝殷；政和證類，卒收功乎時珍。峨眉女醫，發明人工種痘；天回漢簡，重見扁鵲遺篇。雷神火神，既各呈其神通；川藥蜀醫，遂稱名乎海外矣。

又有客於此者，亦立不世之名，而得終身之緣。老子歸隱青羊之肆，張陵學道鶴鳴之山；女皇降誕於廣元，永叔復生乎左綿；司馬砸缸以著少年之奇，濂溪識圖而結先天之緣。横渠侍父於涪，少成民胞物與之性；鬫叟隨親誕蜀，得近尊道貴德之染。是皆學於蜀者大，入於蜀者遠也。

系曰：巴山高兮蜀水遠，蜀有學兮有淵源。肇開郡學兮啓儒教，化育萬世兮德音宣。我所思兮在古賢，欲往從之兮道阻艱。仰彌高兮鑽彌堅，候人猗兮思綿綿。

舒大剛

目　録

蜀中名人

蜀文化史论

蜀學文獻

蜀學書評

蜀學訪談

蜀中名人

論薛濤在中國文學史上的地位和價值

汪輝秀

内容提要：薛濤（781—832 年），唐代著名女詩人，和卓文君、花蕊夫人、黄娥並稱“蜀中四大才女”。她工爲詩，精翰墨，並創制了風行一時、流傳千載的薛濤箋。薛濤文采風流，多才多藝，具有“蒼蒼勁節奇”的高潔品性和憂國憂民的愛國情懷，因而受到高官名士的青睞與傳頌，名重一時。

關鍵詞：薛濤；唐代；女詩人；薛濤箋

自唐太宗大力推行科舉制後，孔夫子的政治理想——“學而優則仕”得以實現，寒門子弟終於有了制度化的上升管道。“朝爲田舍郎，暮登天子堂”不再是夢想。唐代的科舉考試以進士科爲重，而進士科主要考詩賦，而且不糊名。故此，學子們往往用行卷①、温卷②的方法爲自己揚名。科舉制度的施行，促進了唐詩的發展；唐太宗、唐高宗、武則天等唐朝最高統治者對詩歌的提倡和喜愛，更大大刺激了唐詩的繁榮。唐朝是中國古代詩歌發展的鼎盛時期。王國維先生在《宋元戲曲史·自序》中提道：“凡一代有一代之文學。楚之騷、漢之賦、六代之駢語、唐之詩、宋之詞、元之曲，皆所謂‘一代之文學’，而後世莫能繼焉者也。”③

一、薛濤是唐代第一女詩人

唐詩是唐代最具代表性的文學作品形式，是唐代的“一代之文學”。薛濤（781—832）生活於中晚唐時期，是官宦人家的女兒，祖籍帝都長安，隨父宦游入蜀。這一時期，“詩”與“仕”密不可分，文壇和政壇難分你我；每一個文人都有機會入仕成爲官員，每一個官員都多多少少有幾分文采。在唐朝，幾乎人人能詩。在

① 唐代士子在應試前，將自己滿意的詩文獻給名士高官，以博取贊譽，增加及第希望，稱爲“行卷”。

② 行卷之後不久，又投獻詩文，稱爲“温卷”。

③ 王國維：《宋元戲曲史》，商務印書館 1933 年版，序第 1 頁。

這種大背景下，作爲家中獨女，自幼性靈聰慧、才思敏捷的薛濤，受到父親的傾力教導和細心栽培。八九歲時，薛濤就和父親連句成詩《井梧吟》。後來，即便父親早逝、家道中落，薛濤都不忘與衆多詩友切磋交流，不斷提高自己的文學造詣。薛濤一生賦詩四十餘年，作詩五百首，歸於《錦江集》，是唐代作詩最多的女詩人。可惜，因年代久遠並歷經戰亂，薛濤詩大多亡佚，現存詩作僅九十二首，《全唐詩》中收録了薛濤詩八十九首①。薛濤和李冶、魚玄機、劉采春並稱“唐朝四大女詩人”。《全唐詩》中，李冶、魚玄機、劉采春分别有詩十六首②、五十一首③、六首④；女皇武則天有詩四十六首⑤，北門學士上官婉兒有詩三十二首⑥。薛濤的存詩數量不僅遠遠超過了與她齊名的李冶、魚玄機、劉采春等女詩人，遠超著名才女上官婉兒，甚至也超過了一代女皇武則天。即使衹有不足五分之一的詩作留存至今，薛濤仍是留存詩作數量最多的唐代女詩人⑦。單從數量上看，薛濤就可以稱爲“唐代女詩人之最”。

薛濤的詩作，不僅留存數量最多，而且創作題材廣泛，思想内容豐富。按照詩歌描寫的具體對象，薛濤詩有詠物詩、叙事詩、抒情詩、酬贈詩、上節帥詩等五種類型，所表達的思想感情也是多種多樣的。例如，其詠物詩中，既有表現薛濤熱愛生活、享受生活的《風》《月》《海棠溪》《金燈花》《朱槿花》《憶荔枝》《采蓮舟》等描繪生活中所見所感的詩；又有《斛石山書事》“王家山水畫圖中，意思都盧粉墨容”之語，桀驁不馴地譏諷劍南西川節度使韋皋的座上賓、山水畫家王宰的《斛石山圖》；還有《浣花亭陪川主王播相公暨寮同賦早菊》自詡“自有兼才用，那同衆芳草”，大膽宣告“獻酬樽俎外，寧有懼豺狼”，表現出對官場黑暗的凛然不懼、堅定自守；更有《酬人雨後玩竹》以竹自喻、以竹自勉，展示自己對高潔品質和高尚節操的嚮往與追求。而薛濤的酬贈詩中，既有《酬杜舍人》《酬祝十三秀才》《寄張元夫》等詩表達對後輩文人的關懷與鼓勵，也有《贈遠》《送友人》《江亭餞别》《送鄭資州》《别李郎中》《送盧員外》等詩表達送别友人的愁緒和對遠方友人的懷念，更有《酬雍秀才貽巴峽圖》《酬吴使君》等詩道出薛濤歸隱山林的心聲。尤爲令人稱頌的是，《籌邊樓》大氣磅礴、“托意深遠”⑧，展現出薛濤憂國憂民的愛國情懷和高瞻遠矚的政治見識。

① ［清］曹寅、彭定求主編，王全點校：《全唐詩》第 23 册，中華書局 1980 年版，第 9035-9046 頁。
② ［清］曹寅、彭定求主編，王全點校：《全唐詩》第 23 册，中華書局 1980 年版，第 9057 頁。
③ ［清］曹寅、彭定求主編，王全點校：《全唐詩》第 23 册，中華書局 1980 年版，第 9047-9056 頁。
④ ［清］曹寅、彭定求主編，王全點校：《全唐詩》第 23 册，中華書局 1980 年版，第 9023 頁。
⑤ ［清］曹寅、彭定求主編，王全點校：《全唐詩》第 1 分册，中華書局 1980 年版，第 51 頁。
⑥ ［清］曹寅、彭定求主編，王全點校：《全唐詩》第 1 分册，中華書局 1980 年版，第 60 頁。
⑦ 張正則、季國平：《女詩人薛濤與望江樓公園》（中英文合編本），四川人民出版社 1995 年版，第 2 頁。
⑧ ［清］永瑢、紀昀：《四庫全書總目提要》，中華書局 1997 年版，第 932 頁。

薛濤文采風流，才思敏捷，是劍南西川聞名遐邇的女詩人。在詩歌創作中，她既有女性的細膩温婉，更以等同甚至高於男性詩人在文學造詣方面的標準來要求和磨練自己。因此，她的詩歌風格，既有詩國紅顔特有的“細膩風光”，又展現出有别於尋常閨閣詩人的“男性化”特徵，兼具女性化和男性化雙重風格。在《寄舊詩與元微之》中，薛濤自陳：“詩篇調態人皆有，細膩風光我獨知。”薛濤的留存詩作中，既有描述劍南西川幕府生活、展現小女兒心態的《試新服裁制初成（三首）》、憧憬美好愛情的《春望詞（四首）》，表現柔情蜜意、温柔纏綿的《池上雙鳧》《鴛鴦草》，表現對戀人背叛的幽怨之情的《柳絮詠》《謁巫山廟》等展現女性柔情與閨怨的閨閣詩；又有自負多才的《浣花亭陪川主王播相公暨寮同賦早菊》、恃才傲物的《斛石山書事》、慷慨激昂的《贈蘇十三中丞》和憂國憂民的《籌邊樓》等頗具男性化詩風的詩作。

此外，薛濤詩歌創作的另一特點是善於用典，且用典頗豐。爲了使詩歌簡練生動，委婉含蓄，薛濤常常在詩歌創作中使用典故。《寄張元夫》詩中有“借問人間愁寂寞，伯牙弦絶已無聲”之語。這是用俞伯牙和鍾子期的典故解釋知音難覓。在其他詩作中，薛濤更是信手拈來：晋賢、舜妃、魚腸、騎鯨客、文君、嫦娥、織星橋、瑶臺、青鳥、東君、信陵公子、車公、錦字書、商山四皓、巫山神女與楚襄王、荆山玉、藍山玉、謝庭、陽春白雪、巴歌、武擔山、石鏡、漳濱、枕流漱石等典故，既精闢地表達了思想，又增加了詩歌的文學内涵和語言張力。薛濤用典不僅數量頗豐，而且用典方法也是多種多樣：正用、反用、借用、明用、暗用，還有典故“連珠”和典故“連綴”，不一而足。

在唐代女詩人中，薛濤詩歌的藝術水準是最高的。其愛情詩《春望詞》《鴛鴦草》《池上雙鳧》質樸純真，感情真摯；詠物詩《風》《月》《蟬》形象細膩，意境優美；送别詩《送友人》《别李郎中》情真意切、韻味悠長；上節帥詩《棠梨花和李太尉》《上王尚書》不卑不亢；《寄張元夫》《酬郭簡州寄柑子》等酬贈詩語工情切，用典頗豐；《籌邊樓》《賊平後上高相公》《續嘉陵驛詩獻武相國》等邊塞詩憂國憂民，心懷高遠。整體上説，薛濤詩作語言清新雅正，文情搖曳，瀟灑飄逸，因而受到當時及後代名流的肯定和褒揚。跟薛濤關係密切的詩友元稹稱薛濤令“紛紛詞客多停筆，個個公卿欲夢刀”①；王建贊頌薛濤“掃眉才子知多少，管領春風總不如”②。在晚唐詩人張爲的《詩人主客圖》中，薛濤是入選者中唯一的女詩人，她被列入“清奇雅正”之“升堂”級，與方幹、賈島等齊名。③明代楊慎認爲薛濤

---

① 〔唐〕元稹撰，冀勤點校：《元稹集》，中華書局 1982 年版，第 695 頁。

② 彭芸蓀：《望江樓志》，四川人民出版社 1980 年版，第 15-16 頁。

③ 張正則、季國平：《女詩人薛濤與望江樓公園》（中英文合編本），四川人民出版社 1995 年版，第 112-114 頁。

詩《罰赴邊有懷上韋相公（二首）》“有諷喻而不露，得詩人之妙，使李白見之亦當叩首，元、白流紛紛停筆”。[①]清代紀曉嵐《四庫全書總目》有云：薛濤《籌邊樓》“其掩意深遠，有‘魯嫠不恤緯，漆室女坐嘯’之思，非尋常裙屐所及，宜其名重一時”[②]。

在詩歌數量、題材、思想内容和藝術水準上，薛濤都遠遠超過了唐代其他女詩人，堪稱“唐代第一女詩人”。唐詩宋詞是中國傳統文化的瑰寶；就女性文學家而言，“唐詩宋詞，南有薛濤，北有李清照”[③]。

二、薛濤箋是對唐代詩歌載體的重大改良

薛濤不僅在詩歌創作上造詣非凡，還對唐代詩歌載體進行了重大改良，創制了風行一時、留傳千載的薛濤箋。唐代詩人寫詩用的紙張篇幅都很大，長約 25 ~ 30 釐米，寬約 36 ~ 55 釐米，大小長短不一。而唐代詩人寫得較多的詩歌文體是絶句和律詩，用那麼大幅且尺寸不一的紙張寫四句或八句詩，浪費紙張不説還不便於收存。薛濤很有創新思想，“惜其幅大，不欲長（剩），乃命匠人狹小之”[④]。薛濤創制的尺寸劃一、大小合適的薛濤箋，主要供寫小詩之用，實乃詩箋。薛濤製作此箋，本爲自己寫詩之用，或贈送友人；但因其製作精美，使用方便，尤其因爲它由名重一時的蜀中才女薛濤所創制，“蜀中才子既以爲便，後減諸箋亦如是，特名‘薛濤箋’。”[⑤]也就是説，除了薛濤自己生産的詩箋——薛濤箋外，其他人也紛紛效仿薛濤製作詩箋，並因薛濤之盛名而假托爲“薛濤箋”。不僅當時就有山寨版的水貨薛濤箋現世，薛濤死後，薛濤箋也經久不衰，歷代皆有仿製。明代胡震亨《唐音癸籤》云：“詩箋始薛濤”[⑥]。當時的詩箋，主要就是指薛濤箋，也稱蜀箋、蠻箋、魚箋、浣花箋等。自薛濤始，中國古代文人寫詩，就有了專門的文學載體——詩箋。

薛濤一生賦詩四十餘年，歷事十一節鎮，皆以詩受知。她的一生中，經歷了韋皋、袁滋、劉辟、高崇文、武元衡、李夷簡、王播、段文昌、杜元穎、郭釗、

① 張正則、季國平：《女詩人薛濤與望江樓公園》（中英文合編本），四川人民出版社 1995 年版，第 114 頁。

②〔清〕永瑢、紀昀：《四庫全書總目提要》，中華書局 1997 年版，第 932 頁。

③ 這一説法最先由成都薛濤研究會常務副會長、四川大學錦城學院謝天開教授提出。

④〔唐〕李匡文撰，吴企明點校：《資暇集》卷下，《唐宋史料筆記叢刊·蘇氏演義：外三種》，中華書局 2012 年版，第 198 頁。

⑤〔唐〕李匡文撰，吴企明點校：《資暇集》卷下，《唐宋史料筆記叢刊·蘇氏演義：外三種》，中華書局 2012 年版，第 198 頁。

⑥ 彭芸蓀：《望江樓志》，四川人民出版社 1980 年版，第 63 頁。

李德裕等 11 任劍南西川節度使[①]。因爲歷經劍南西川政局風雲變幻，薛濤深諳其中關奥，頗具政治見識，又具備案牘處理能力，因此先後被韋皋和武元衡兩度奏報爲校書郎。雖然奏而未授，但是薛濤實際上已成爲歷任川主咨政議政的對象，往來成都的人都要拜訪、請教薛濤。因爲薛濤在西川政壇具有非常獨特的政治地位，加上她"容儀頗麗，才調尤佳"，文人騷客趨之若鶩。根據記載，"與濤唱和者，元稹、白居易、牛僧孺、令狐楚、裴度、嚴綬、張籍、杜牧、劉禹錫、吴武陵、張祜，餘皆名士，記載凡二十人，競有酬和"[②]。由於年代久遠，薛濤許多詩作都已失傳，從現有的資料中，我們僅能找到薛濤與韋皋、高崇文等六位劍南西川節度使的酬唱之作。薛濤曾作《罰赴邊有懷上韋相公（二首）》等詩，向韋皋講述邊地軍民的困苦生活；高崇文平定劉辟叛亂後，薛濤曾上《賊平後上高相公》，贊頌高崇文恢復四川安定和平的功勞；武元衡來西川赴任途中曾作《嘉陵驛》，表現出對赴任西川的憂慮彷徨，薛濤則作《續嘉陵驛詩獻武相國》鼓勵之；對王播，有《上王尚書》；對段文昌，薛濤更有《段相國游武擔寺病不能從題寄》，表現出與尋常主僕或主客關係不同的情誼；對李德裕，則有《棠梨花和李太尉》與《籌邊樓》，歌頌李德裕的豐功偉績。與薛濤有唱和的諸多名士，亦衹有元稹、白居易、杜牧、劉禹錫、王建等五人與薛濤的酬贈詩作留存至今。薛濤贈元稹《寄舊詩與元微之》，自叙"詩篇調態人皆有，細膩風光我獨知"；元稹贊薛濤"言語巧偷鸚鵡舌，文章分得鳳凰毛"[③]。此外，白居易有詩《與薛濤》[④]，王建有詩《寄蜀中薛濤校書》[⑤]，而薛濤有詩《和劉賓客玉蕣》與劉禹錫唱和，有詩《酬杜舍人》酬贈杜牧。

和薛濤酬唱往來的詩人，幾乎囊括了整個唐王朝的名士高官，甚至以牛僧孺和李德裕爲首的朋黨之争見了薛濤也要暫且按捺。作爲政壇和文壇的常青樹，薛濤在劍南西川甚至整個唐王朝都有著超然的地位，隱隱被當做西川名士和國士對待，盛名在外，聲名遠揚，名重一時。因此，由她創制的薛濤箋才能一舉成名，並迅速風靡全國。

薛濤箋之所以能够被廣大詩人接受、采用並效仿，其原因有三：使用方便是其一，薛濤盛名是其二，製作精良是其三。薛濤創制薛濤箋不僅僅是對紙張進行簡單地裁剪，使之篇幅大小適合寫詩，尺寸劃一便於保存；還在造紙過程中加入了芙蓉花沫汁、海棠花沫汁等天然的染料，並在薛濤箋上印製暗花，使得薛濤箋顔色鮮灼可愛，圖案精緻美麗。明代何宇度《益部談資》有云："蜀箋古已有名，

---

① 吴柯、吴維傑：《薛濤之謎》，作家出版社 2010 年版，第 182 頁。
② 彭芸蓀：《望江樓志》，四川人民出版社 1980 年版，第 6 頁。
③ 〔唐〕元稹撰，冀勤點校：《元稹集》，中華書局 1982 年版，第 695 頁。
④ 張蓬舟：《薛濤詩箋》，人民文學出版社 1983 年版，第 51 頁。
⑤ 張蓬舟：《薛濤詩箋》，人民文學出版社 1983 年版，第 50 頁。

至唐而後盛，至薛濤而後精。”[①]

薛濤創制的薛濤箋[②]，是精美的彩色藝術加工紙，再加上薛濤的名人效應，在當時是十分熱銷的高檔詩箋。薛濤箋一出，蜀中高官名士紛紛向薛濤求取；外地詩人無法親自求得，衹得向蜀中好友求取薛濤箋。唐代詩人鮑溶有詩《寄王播侍御求蜀箋》[③]云：

蜀川箋紙彩雲初，聞説王家最有餘。
野客思將池上學，石楠紅葉不勘書。

鮑溶，字德源，元和進士，與韓愈、孟郊友善。根據鮑溶詩意可知，王播卸任劍南西川節度使[④]回到長安後，帶走了大量的薛濤箋。鮑溶獲悉後，專門寫詩向王播求取薛濤箋。鮑溶是和薛濤同時期的中唐重要詩人，《全唐詩》中收録鮑溶詩三卷一百九十餘首。他的這首求箋詩，客觀上説明時人對薛濤箋的高度喜愛甚至追捧。另有詩人没有薛濤箋，也找不到門路求取，憤憤不平地寫道："更恨新詩無紙寫，蜀箋堆積是誰家。"[⑤]司空圖因爲要去蜀中，"應到去時題不盡"，所以才"不勞分寄校書箋"[⑥]。説明没去蜀中的時候，他還是要勞煩朋友"分寄校書箋"的。李商隱《送崔珏往西川》詩中提到"浣花箋紙桃花色"，要用來"好好題詩詠玉鉤"[⑦]。晚唐詩人崔道融有薛濤箋，因其貴重十分珍視，認爲薛濤箋"不應點染閑言語"，要"留記將軍蓋世功"[⑧]。對薛濤箋的貴重和供不應求描述最詳細的，當屬晚唐韋莊的《乞彩箋歌》[⑨]：

浣花溪上如花客，緑閣深藏人不識。
留得溪頭瑟瑟波，潑成紙上猩猩色。
手把金刀擘彩雲，有時剪破秋雲碧。
不使紅霓段段飛，一時驅上丹霞壁。
蜀客才多染不供，卓文醉後開無力。
孔雀銜來向日飛，翩翩壓折黄金翼。
我有詩歌一千首，磨礱山嶽羅星斗。
開卷長疑雷電驚，揮毫祇怕蛟龍走。

---

① 彭芸蓀：《望江樓志》，四川人民出版社 1980 年版，第 59 頁。
② 專門提到薛濤創制的薛濤箋，是因爲當時蜀人創制的詩箋皆假托"薛濤箋"之名。被時人追捧、供不應求的是經薛濤主持創製的正品薛濤箋，而非仿冒品。
③ 彭芸蓀：《望江樓志》，四川人民出版社 1980 年版，第 67 頁。
④ 王播於公元 818—821 年爲劍南西川節度使。薛濤有詩《上王尚書》贈王播，證明薛濤和王播的關係還是不錯的。因此，王播離任後薛濤才會以大量薛濤箋相贈。
⑤ 彭芸蓀：《望江樓志》，四川人民出版社 1980 年版，第 69 頁。
⑥ 彭芸蓀：《望江樓志》，四川人民出版社 1980 年版，第 69 頁。
⑦ 彭芸蓀：《望江樓志》，四川人民出版社 1980 年版，第 68 頁。
⑧ 彭芸蓀：《望江樓志》，四川人民出版社 1980 年版，第 67-68 頁。
⑨ 彭芸蓀：《望江樓志》，四川人民出版社 1980 年版，第 70 頁。

斑斑布在時人口，滿袖松花都未有。
人間無處買烟霞，須知得自神仙手。
也應價重連城璧，一紙萬金猶不惜。
薛濤昨夜夢中來，殷勤勸向君邊覓。

韋莊認爲薛濤箋“得自神仙手”“人間無處買”，所以應該“價重連城璧”，買薛濤箋是“一紙萬金猶不惜”。

薛濤箋的價值和影響，不僅僅在於它是唐代詩人非常喜歡的詩歌載體、品質上佳的寫詩工具，更在於它本身已經成爲一種文學符號，被歷代文人騷客歌詠傳唱，形成了一種詩箋文化，流傳至今。

除了上述唐代詩人對薛濤箋的歌詠吟誦外，宋代司馬光《蜀箋獻太傅同年葉兄》云：“西來萬里浣花箋，舒卷雲霞照手鮮。書笥久藏無可稱，願投詩客助新篇。”[①]解程《送鈐轄館使王公》有云：“浣花紙貴傳新集，留得詩名繼許昌。”[②]沈立《海棠》云：“畫思摩詰筆，吟稱薛濤箋。”[③]元代袁桷《薛濤箋》云：“十樣鸞箋起薛濤。”[④]張玉娘《錦花箋》：“薛濤詩思饒春色，十樣鸞箋五彩誇。”[⑤]明代管訥《送瀘州判官》云：“緩帶從容有佳興，寄詩細寫薛濤箋。”[⑥]楊慎《錦箋仙蝶詩》云：“粉蝶沾香蕊，魚箋點碧霞。”[⑦]清代鳳岐《蜀游》：“劉郎衛八君，詩寫薛濤紙。”[⑧]黃遵憲在詩歌改革浪潮中，寫《雜感》詩曰：“左陳端溪硯，右列薛濤箋。我手寫我口，古豈能拘牽。”[⑨]清末民初貴陽陳矩《薛濤井懷古》云：“無波古井[⑩]因濤重，有色遺箋舉世珍。”[⑪]

薛濤箋已經成爲詩箋的代名詞，成爲詩歌的專有載體，成爲特殊的文化符號。薛濤箋使薛濤在中國文學史、中國造紙史上都占有一席之地。對於薛濤和薛濤箋的地位，近代著名詩人、書法家、教育家劉咸榮有對聯曰：

此間尋校書香塚白楊中，問他舊日風流，汲來古井餘芬，一樣渡名桃葉好；
西去接工部草堂秋水外，同是天涯淪落，自有浣箋留韻，不妨詩讓杜陵多。[⑫]

① 彭芸蓀：《望江樓志》，四川人民出版社 1980 年版，第 72 頁。
② 彭芸蓀：《望江樓志》，四川人民出版社 1980 年版，第 73 頁。
③ 彭芸蓀：《望江樓志》，四川人民出版社 1980 年版，第 73 頁。
④ 彭芸蓀：《望江樓志》，四川人民出版社 1980 年版，第 74 頁。
⑤ 彭芸蓀：《望江樓志》，四川人民出版社 1980 年版，第 74 頁。
⑥ 彭芸蓀：《望江樓志》，四川人民出版社 1980 年版，第 74-75 頁。
⑦ 彭芸蓀：《望江樓志》，四川人民出版社 1980 年版，第 75 頁。
⑧ 彭芸蓀：《望江樓志》，四川人民出版社 1980 年版，第 81 頁。
⑨ 彭芸蓀：《望江樓志》，四川人民出版社 1980 年版，第 82 頁。
⑩ 薛濤的主要紀念地——成都市望江樓公園内的薛濤井就是明代蜀王仿製薛濤箋的取水之所。
⑪ 彭芸蓀：《望江樓志》，四川人民出版社 1980 年版，第 48 頁。
⑫ 張紹成、吴菓蕊、舒澤宏：《中國名園望江樓楹聯選讀》，四川人民出版社 2001 年版，第 50 頁。

劉咸榮認爲，杜甫與薛濤相較，杜甫以詩勝，而薛濤因箋名；風行一時、流傳千載的薛濤箋令薛濤在文學方面的地位可與杜甫相媲美，無疑，劉成榮的贊譽有著誇張的成分。

薛濤在中國文學史上的地位和價值，主要有三個標誌性的定位：唐代第一女詩人、薛濤箋的創始人、千年詩箋文化的領頭人。

作者單位：成都市望江樓公園管理處

“蜀人榮之”的蘇渙

徐 麗

内容提要： 自五代戰亂以來，四川的讀書人已經很少了，即使有學問的人也隱居鄉里，不願出來做官，而眉山蘇序，雖然學問不多，但深明大義，洞察時勢，他鼓勵兒子們努力學習，求取功名，發揚蘇家的優良傳統，二子蘇渙二十四歲進士及第，開啓了眉山乃至四川的讀書之風。蘇渙傳承了蘇家良好的家風，其爲官爲政更是清正廉潔的楷模，所以，曾鞏以“蜀人榮之”，來評價蘇渙。

關 鍵 詞： 蘇渙；家風；勤政

宋代著名文學家曾鞏，在爲蘇軾祖父蘇序撰寫的《贈職方員外郎蘇君（序）墓誌銘》中稱：“蜀自五代之亂，學者衰少，又安其鄉里，皆不願出仕。君（蘇序）獨教其子渙受學，所以成就之者甚備。至渙以進士起家，蜀人榮之，意始大變，皆喜受學。及其後，眉之學者至千餘人，蓋自蘇氏始。”曾鞏用“蜀人榮之”來評價，稱蜀人引以爲榮的人就是蘇渙，蘇序的季子，蘇洵的二哥。

蘇渙於宋真宗咸平四年（1000）出生於四川眉山，字公群，晚年字文甫，仁宗天聖二年（1024）蘇渙二十四歲，進士及第。官至鳳翔寶鷄主簿、鳳州司法、閬州通判、祥符知縣、利州路提點刑獄等。著有《南麾退翁》和《蘇氏懷章記》。從簡短的生平中，可以看出，蘇渙官階不高，仕途順暢，人生之途也較爲平坦，但爲什麼四川人會以蘇渙爲榮呢？筆者是這樣理解的。

一、開蜀人好學進取之風氣

四川，古稱蜀國，李白在詩中曾言道：“蜀道難，難於上青天。”道路的艱險，盆地的局限，四川與外界相對隔絶，以及經過五代十國的戰亂之後，四川的讀書人願意出仕爲官的就更少了，即使有學問的人也隱居於鄉里，不想出來做官。蘇家也是這樣，蘇轍在《伯父墓表》[①]中開篇就説道：“蘇氏自唐始家於眉，閱五季

① 〔宋〕蘇轍著，曾棗莊、馬德富校點：《蘇轍傳》卷二五《伯父墓表》，上海古籍出版社 2009 年版，第 518 頁。

皆不出仕。蓋非獨蘇氏也，凡眉之士大夫，修身於家，爲政於鄉，皆莫肯仕者。天禧中，孫君堪始以進士舉，未顯而亡，士猶安其故，莫利進取。”蘇家從唐代蘇味道遷至眉州起，至此也有五代人没有求取過功名，做過官吏了，也就是説，蘇味道從唐中宗神龍年間貶爲眉州刺史，至宋仁宗天聖年間蘇涣得中進士，蘇家已經生活了平淡無奇的二三百年了！但這並不是蘇家一家的現象，眉州的士大夫家族，注重修身於家，爲政於鄉，但都不願出仕爲官。蘇轍還特别例舉了天禧年間“未顯而亡”的孫氏，所以，眉州人都安於故土。可蘇軾的祖父蘇序却做出了與衆不同的舉動，他自己雖然學問不多，但深明大義，洞察時勢，他認爲，“莫肯仕”“猶安其故”於國於家都不好，而且，蘇家祖上遠的不説，就唐代蘇味道，那也是官位又高，學問又大的人，是蘇家的榮耀，這個光榮傳統理應繼承和發揚光大，所以，蘇序力促自己的三個兒子努力讀書，求取功名。數年之後，大兒子蘇澹舉鄉貢進士；季子蘇涣進士及第；小兒子蘇洵，以一介布衣躋身唐宋八大家之列。

仁宗天聖二年（1024）的那場科舉考試，眉州蘇氏家族的蘇涣和程氏家族的程浚同榜進士及第，轟動整個眉山城，可以説是影響巨大。蘇轍《伯父墓表》：“明年登科，鄉人皆喜之，迎者百里不絶。”[①]眉山人把蘇程兩家的喜事，當成自家的喜事，迎接他們的人延綿百里。蘇涣回鄉時，父親蘇序甚至到千里之外的劍門關去迎接。

蘇涣的出仕爲官，不僅讓眉山人喜之和迎之，更讓眉山的父老鄉親改變了“莫肯仕”“猶安其故”的想法，蘇轍在《伯父墓表》中説：“一鄉之人欣而慕之，學者自是相繼輩出。至於今，仕者常數十百人，處者常千數百人，皆以公爲稱首。”[②]蘇涣無疑是眉州士子的榜樣。蘇軾在《蘇廷評行狀》中講：“涣以進士得官西歸，父老縱觀以爲榮，教其子孫者皆法蘇氏。自是眉之學者日益至千餘人。”[③]眉山人以蘇涣爲榮，並且效法蘇家讓子孫讀書學習，學子有上千人之多。蘇軾在《謝范舍人書》[④]中回憶道：“自孟氏（昶）入朝，民始息肩，救死扶傷不暇。故數十年間，學校衰息。天聖中，伯父解褐西歸，鄉人嘆嗟，觀者塞途。其後執事與諸公相繼登於朝，以文章功業聞於天下，於是釋耒耜而執筆硯者，十室而九。比之漢魏而又遠過之。”後蜀滅亡之後，老百姓忙於生産生活，所以無暇顧及讀書作文，學校也衰敗了。是伯父的科舉考試讓家鄉的人們感嘆，并重新開啓了讀書取士之風，許多讀書之人像蘇涣一樣，踏入仕途，入朝爲官，以文章功業聞於天下。

① 〔宋〕蘇轍著，曾棗莊、馬德富校點：《蘇轍傳》卷二五《伯父墓表》，上海古籍出版社 2009 年版，第 518 頁。
② 〔宋〕蘇轍著，曾棗莊、馬德富校點：《蘇轍傳》卷二五《伯父墓表》，上海古籍出版社 2009 年版，第 518 頁。
③ 張志烈、馬德富、周裕鍇：《蘇軾全集校注・文集》卷一六《蘇廷評行狀》，河北人民出版社 2010 年版，第 1787 頁。
④ 張志烈、馬德富、周裕鍇：《蘇軾全集校注・文集》卷四九《蘇廷評行狀》，河北人民出版社 2010 年版，第 5316 頁。

事實上，兩宋三百年間，眉山有 885 人考中甲乙科進士，遠超其他州郡。《宋史》爲蜀人立傳的 158 人中，眉山就有 26 人，所以，"蜀人榮之"也就自然而然了。

二、傳蘇家孝慈仁愛之家風

蘇氏家族歷史悠久，家學淵遠，孝慈仁愛是蘇氏家風的重要組成部分。蘇涣從小就非常聰明且勤奮好學，蘇軾、蘇轍對伯父是非常崇敬的，蘇涣外出爲官時，兄弟倆還未出生，直到蘇涣在慶曆七年（1047）回鄉爲其父蘇序守孝時，他們才第一次在家中見到伯父。蘇轍在《伯父墓表》中道："公少穎悟，職方君自總以家事，使公得篤志於學，其勤至手書司馬氏《史記》、班氏《漢書》。公雖少年，而所與交游，皆一時長老，文詞與之相上下。"[①]在文章中，蘇轍講到了蘇涣勤奮好學的一個特别重要的學習方法，那就是抄書，抄寫司馬遷《史記》和班固《漢書》。蘇軾就效仿伯父抄書的方法，一生中手抄《漢書》三遍，在黄州時期，蘇軾已經是了不起的文人了，還在抄書《漢書》，讓許多人發出了不解和疑問，蘇軾認爲，學無止境，經典書籍，飽含著多方面的豐富内容，人們可以從不同的需要或不同的角度反復研讀以解决不同的問題，即"每一過專求一事，不待數過，而事事精竅矣"。蘇軾將這種學習方法稱之爲"八面受敵"讀書法。這是對叔父的學習方法的發揚光大。蘇轍在《伯父墓表》[②]中記載：

> 轍幼與兄軾皆侍伯父，聞其言曰："予少而讀書，師不煩。少長爲文，日有程，不中程不止。出游於塗，行中規矩。入居室，無惰容。非獨吾爾也，凡與吾游者舉然。不然，輒爲鄉所擯曰：'是何名爲儒？'故當是時，學者雖寡，而不聞有過行。自吾之東，今將三十年，歸視吾里，弦歌之聲相聞，儒服者於他州爲多，善矣。爾曹才不逮人，姑亦師吾之寡過焉可也。"皆再拜曰："謹受教。"伯父教導蘇軾兄弟，讀書作文每天有一定的量，不完成不罢休。到外游覽，要遵守規矩。在家中也不能有怠惰的神情。否則的話，别人就會質疑你，如何算得上儒家弟子。希望他們能做到"師吾之寡過"。

在蘇軾和蘇轍的文章中都記載了一件關於蘇涣謙遜禮讓的事迹：在蘇涣二十三歲的那次鄉試中，蘇涣文章出色，得到主考官的贊賞，欲取爲第一名，但蘇涣却覺得有父兄在，有好友在，自己年少學淺，不敢當此選，於是，衹得了一個第三名，這就是所謂的君子成人之美。

---

① 〔宋〕蘇轍著，曾棗莊、馬德富校點：《蘇轍傳》卷二五《伯父墓表》，上海古籍出版社 2009 年版，第 518 頁。

② 〔宋〕蘇轍著，曾棗莊、馬德富校點：《蘇轍傳》卷二五《伯父墓表》，上海古籍出版社 2009 年版，第 518 頁。

蘇軾《題伯父謝啓後》[①]：

> 天聖中，伯父中都公始舉進士於眉，年二十有三。時進士法寬，未有糊名也。試日，通判殿中丞蔣希魯下堂，觀進士程文，見公所賦，嘆其精妙絶倫。曰："第一人無以易子。"公力自言年少學淺，有父兄在，絶不敢當此選。希魯大賢之，曰："君子成人之美。"乃以爲第三。明年登乙科。此則其親書啓事謝希魯者也。

蘇轍《伯父墓表》[②]：

> 天聖元年，始就鄉試，通判州事蔣公堂就閲所爲文，嘆其工，曰："子第一人矣。"公曰："有父兄在，楊異、宋輔與吾游，不願先之。"蔣公益以此賢公曰："以子爲第三人，以成子美名。"

蘇渙二十四歲考中進士時，蘇洵已有十五歲了，蘇洵説："吾後稍長，亦稍知讀書，學句讀，屬對聲律。"蘇洵發奮攻讀，求取功名，受哥哥蘇渙的影響是必然的。後來，蘇洵參加了兩次科舉考試均落榜了，蘇渙則鼓勵他繼續攻讀，特別是慶曆七年（1047）蘇洵考試落榜，蘇渙得知後作詩相送。蘇渙晚年號文甫，是蘇洵對哥哥號"公群"提出了異議，蘇渙請蘇洵爲自己修改名號，蘇洵則"請爲文甫易之"，改蘇渙自號爲"文甫"，爲此，專門作了《仲兄字文甫説》，用風水之説闡明了爲何爲二哥取名"文甫"的理由："風行水上涣，此亦天下之至文也。"

父親蘇序在眉山城是一位有名豪俠之士，他樂於助人，樂善好施，"急人患難，甚於爲己"。特別是鼓勵兒子們學習上進、求取功名的舉動，説明他是一位有遠見卓識的智者。蘇渙對父親非常尊重和愛戴，對父親的言行也非常理解。天聖二年（1024），蘇渙與蘇洵之妻兄程濬同科進士及第，但兩家對此的反應却截然不同，程家是早早就做好了迎接封告的準備，而蘇家却如同平常，封告送達之時，蘇序在城外喝醉了，接過封告中的外纓、公服、笏等物，與自己隨身布袋中的牛肉、衣物等放在一起，騎著毛驢回城，城裏的人爲此堵塞道路相迎，但也都笑他太過簡單隨意，衹有有見識的人才能理解蘇序的舉動。李方叔《師友談記》[③]記載了蘇軾的一段話：

> 祖父（蘇序）嗜酒，甘與村父箕踞，高歌大飲。忽伯父（蘇渙）封告至，伯父登朝，而外氏程舅亦登朝。外父甚富，二家聯姻，皆以子貴封官。程氏預爲之，謂祖父曰：'公何不亦預爲之？'太傅（蘇序）云：'兒子書云，作官器用亦寄來。'一日，方大醉中，封告至，並外纓、公服、笏、

① 張志烈、馬德富、周裕鍇：《蘇軾全集校注·文集》卷六六《蘇廷評行狀》，河北人民出版社2010年版，第7405頁。
② 〔宋〕蘇轍著，曾棗莊、馬德富校點：《蘇轍傳》卷二五《伯父墓表》，上海古籍出版社2009年版，第518頁。
③ 丁傳靖：《宋人軼事彙編·中》卷一二，中華書局1981年版，第585頁。

交椅、水罐子、衣版等物。太傅時露頂戴一小冠子如指許大，醉中取告，箕踞讀之畢，並諸物置一布囊中。取告時，有餘牛肉，多亦置一步囊中，令村童荷而歸，跨驢入城。城中人皆受告，或就郊外觀之，遇諸途，見荷擔二囊，莫不大笑。程老聞之，而誚其太簡。惟有識之士奇之。

蘇渙回鄉的時候，父親蘇序至劍門關去迎接。明道元年（1032）蘇渙母親去世，蘇渙辭官，回家居母喪。慶曆七年（1047）父親蘇序去世，蘇渙赴喪返蜀。

三、守爲官勤政廉潔之根本

蘇渙進士及第後，最初擔任的是鳳翔寶鷄主簿，天聖七年（1029）爲鳳州司法，後閬州通判。皇祐三年（1051）任祥符知縣。嘉祐年間出任利州路提點刑獄等。蘇渙是一個勤政廉潔的官吏，無論在什麼樣的官位上，他都敢於直言，執法公正。蘇渙的兒子將自己父親的爲官之舉詳細地告訴了蘇轍，蘇轍將其撰寫在了《伯父墓表》中。

1. 不徇私情

蘇渙在任鳳州司法的時候，王蒙正是鳳州知州，因爲與章獻太后有姻親關係，就仗勢欺人，驕傲蠻橫。他得知蘇渙是一位賢能之人，便曲意逢迎，表面上以禮相待，把郡中的許多事物都托付給蘇渙管理，蘇渙雖然因爲職務關係與他有接觸，但是很鄙視他的爲人。王蒙正曾經向朝廷舉薦蘇渙，又給權要大官寫信，説蘇渙是可用之才。蘇渙得知後，讓郡中駐京辦事機構的官吏，壓下王蒙正的奏章，並把王蒙正寫給權要的私人信件藏起來。不久，王蒙正失勢落馬。人們稱贊蘇渙正直，不徇私情。

2. 斷案精明

蘇渙在開封作士曹時，治下的雍丘縣有個老百姓死在了監獄裏，縣裏的官吏害怕擔責任，説是那人得病死的。州府派人審理這個案子，可經過好幾個人審理也没有結果。蘇渙去了之後，經過了一番周密的調查，最終查明了真相，給獄中的百姓伸了冤。蘇渙在作衡州知州時，耒陽縣有一人被盗賊所殺，但凶手一直没有捉到，有一天，一個縣尉帶來一人，説此人是盗賊。經過觀察和分析，蘇渙發現了許多疑點，就問這名縣尉是如何捉到盗賊的，縣尉回答説："弓手見血衣草中，呼其儕視之，得其居人以獻。"弓箭手在草叢中發現了血衣，就呼喊大家一起去看現場，結果就抓住了這個人。蘇渙反問道："弓手見血衣，當自取之以爲功，尚何待他人，必此爲奸。"如果弓箭手發現了血衣，理當自己取到這一證據回衙署邀功，何必要呼籲你們一起去呢？這不合常理。後來果真捕獲到了真凶，衡州的人都把蘇渙當做神奇之人。

3. 秉公執法

蘇渙在擔任祥符知縣時，因秉公執法曾受到包拯的稱贊。祥符地處天子脚下，多有富貴之家，動輒牽動王公貴胄或皇親國戚，蘇渙在平均徭役和賦税以及平息訴訟等都處理得恰當，真是一件不容易的事情。有這樣一件事情特别值得一説：縣裏有個抄寫吏員張宗，長期作奸犯科，以權謀私。蘇渙上任後，就藉口有病，不久就辭職了，但却引薦自己的兒子代替自己的工作。因不合朝廷録用要求，蘇渙拒絶了張宗。張宗向來巴結了不少權貴，就向州府申訴，州府發函給祥符縣，蘇渙把張宗打了一頓棍子。不久有地位比較高的宦官來到州府，傳達皇帝的旨意，讓張宗擔任書手，蘇渙根據律法不接受詔命。又有一個宦官來到州府説："即使不合法，也一定要給予他這個職位。"蘇渙對府尹李珣説："一個平民百姓却能如此擾亂律法。府中也不能辦成什麽事了，你爲什麽不用縣裏不同意的原因來争辯呢？"李珣聽了蘇渙的話很慚愧，第二天入朝上奏實情，皇上派人查明了此事。這件事情使整個府中都很震動。孝肅公包拯見到蘇渙，贊嘆道："你憑藉著一個縣令的身份能够這樣，比那些言事官强太多了！"

4. 勤政爲民

蘇渙在鳳州司法時，西夏人不斷侵擾大宋邊境，政府就要贖買民間的馬匹來擴充騎兵。府尹把此事交給蘇渙，蘇渙按要求徵用好所需的全部馬匹，並且没有擾亂百姓和增加負擔。雖然這看起來是一件處理寬松的政務，實際上是蘇渙用心爲民辦事的結果。

5. 獎掖人才

蘇渙還善於發現人才，閬中人鮮於侁，年少時喜歡學習，行爲純正踏實。蘇渙對待他非常關照，把他作爲地方舉薦的人選，他因此而得以進入仕途。蘇渙鼓勵他，期望他做一個清正廉潔的官吏。後來鮮於侁官至諫議大夫，號稱名臣。

蘇渙開蜀人好學進取之風；傳蘇家孝慈仁愛家風；守爲官勤政廉潔之根本。就像蘇轍評價的那樣：學者自是相繼輩出，皆以公爲稱首。其爲吏，能據法以佐佑民，所至號稱循良。是我們永遠引以爲榮的先賢，永遠的榜樣。

作者單位：眉山三蘇祠博物館

三蘇父子的史學觀論析

楊勝寬

内容提要： 三蘇父子均重史學，不僅多有史學著述，而且也有獨特的史學觀念。蘇軾的重實通變史學觀，蘇轍的褒貶賞罰史學觀，均與其父蘇洵經史同源、相資爲用的史學觀有著關聯。注重觀察和反思歷史演變的盛衰之迹，注重發揮以史爲鑒、古爲今用的歷史典籍重要作用，並從中總結吸收創作營養與人生智慧，構成他們大致相似的史學價值取向。

關 鍵 詞： 三蘇父子；史學觀；經史相資；重實通變；褒貶賞罰

近代四川學者劉咸炘《蜀學論》綜述蜀學之發展源流、學術特徵與撰著成就頗詳，以“蜀學尚實”“大在文史”“折文質之中”等爲其突出特性，且謂“唐後史學莫隆於蜀，而匪特兩宋”[①]。可知推崇實學、文史並重，乃蜀學不同於其他區域學術風貌的獨特性之所在。而兩宋蜀學的史學成就尤其輝煌，非其他區域學術可以比肩。三蘇父子均重史學，蘇洵爲《太常因革禮》一百卷的主要撰述人之一。蘇轍獨立著有《春秋集解》《古史》兩部史學著作。蘇軾雖無史學巨著，但其自幼即讀《史記》、前後《漢書》，早年寫下了數十篇史論，晚年成書的《東坡志林》，雖卷帙不大，然其中“論古”諸篇所顯示的獨特史識，足見其深厚的史學涵養。顯然，三蘇重史，既與蜀學的治學傳統及風格特徵相關，也與宋代普遍重史的時代風氣相關。著名學者陳寅恪有“中國史學莫盛於宋”[②]的論斷，可見兩宋史學風氣之盛，成就之可觀。三蘇受此兩大因素影響，他們的史學成就值得重視固不待言，而他們各自的史學觀念及彼此的關聯性，更值得我們深入探討。

一、蘇洵的經史相資史學觀

蘇洵經史並重、相資爲用的史學觀，首先基於對經史相同起源與作用的認識。其《史論上》開篇即言：“史何爲而作乎？其有憂也。何憂乎？憂小人也。何以知

① 劉咸炘：《推十書·推十文》卷一，載西華大學、四川省文史館蜀學研究中心編《蜀學》第一輯，巴蜀書社2006年版，第297頁。

② 陳寅恪、陳垣：《明季滇黔佛教考序》，《金明館叢稿二編》，生活·讀書·新知三聯書店2001年版，第272頁。

之？以其名知之。楚之史曰《梼杌》，梼杌，四凶之一也。君子不待褒而勸，不待貶而懲。然則史之所懲勸者獨小人耳。仲尼之志大，故其憂愈大；憂愈大，故其作愈大。是以因史修經，卒之論其效者，必曰亂臣賊子懼。由是知史與經皆憂小人而作，其義一也。”[①]在蘇洵看來，孔子作《春秋》，以寄寓懲勸的“筆法”讓亂臣賊子有所畏懼。故其《春秋論》云：“賞罰者，天下之公也；是非者，一人之私也。位之所在，則聖人以其權爲天下之公，而天下以懲以勸；道之所在，則聖人以其權爲一人之私，而天下以榮以辱。”他認爲，《春秋》本是魯國的史書，而孔子作此書，乃是托以公名，以微言大義的“筆法”體現王道和國家賞罰之所在：“夫子之作《春秋》也，非曰孔氏之書也，又非曰我作之也，賞罰之權不以自與也。曰：此魯之書也，魯作之也。有善而賞之，曰魯賞之也；有惡而罰之，曰魯罰之也。”[②]公賞公罰彰顯的是天下正義，亂臣賊子有所畏懼者，正在於此。而孔子爲《易》作系辞，删削《詩三百》，其欲教化社會，使天下之人知所勸勉懲戒，用意都是一樣的。

但是，在蘇洵看來，經之與史，體各不同，爲用亦有所不同，經長於道、法，史長於事、詞，故就體制言，經史各有所擅。蘇洵《史論上》闡述了經史各自的體制特徵及彼此聯繫：

> 其義一，其體二，故曰史焉，曰經焉。大凡文之用四：事以實之，詞以章之，道以通之，法以檢之。——此經史所兼而有之者也。雖然，經以道、法勝，史以事、詞勝；經不得史無以證其褒貶，史不得經無以酌其輕重；經非一代之實録，史非萬世之良法：體不相沿，而用實相資焉。[③]

按照這樣的觀點，經史之“文”，皆具備事、詞、道、法四大表達要素，缺乏了其中任何一大要素，都難以達到其應有的表達效果；然而，經以道、法見長，史以事、詞爲勝，各有所長，相得益彰。他具體分析指出：“夫《易》《禮》《詩》《書》，言聖人之道與法詳矣，然弗驗之行事。仲尼懼後世以是爲聖人之私言，故因赴告策書以修《春秋》，旌善而懲惡，此經之道也；猶懼後世以爲己之臆斷，故本《周禮》以爲凡，此經之法也。至於事則舉其略，詞則務於簡。吾故曰：經以道、法勝。史則不然。事既曲詳，詞亦誇耀，所謂褒貶，論贊之外無幾。吾故曰：史以事詞勝。”[④]蘇洵通過經史表達重點及表達形式不同的分辨，以證明“經不得史無以證其褒貶，史不得經無以酌其輕重”。也就是説，經之道、法，必須以事實

① 〔宋〕蘇洵：《嘉祐集·雜論·史論上》，曾棗莊、金成禮：《嘉祐集箋注》卷九，上海古籍出版社 1993 年版，第 229 頁。

② 〔宋〕蘇洵：《嘉祐集·六經論·春秋論》，曾棗莊、金成禮：《嘉祐集箋注》卷九，上海古籍出版社 1993 年版，第 162-163 頁。

③ 〔宋〕蘇洵：《嘉祐集·雜論·史論上》，曾棗莊、金成禮：《嘉祐集箋注》卷九，上海古籍出版社 1993 年版，第 229 頁。

④ 〔宋〕蘇洵：《嘉祐集·雜論·史論上》，載曾棗莊、金成禮《嘉祐集箋注》卷九，上海古籍出版社 1993 年版，第 229 頁。

作爲基礎，以詞章體現褒貶；史之事、詞，如果没有道、法作爲主腦和標準，那麼其輕重斟酌就無從把握了。兩者既有區别更有聯繫，此其一。所謂“經非一代之實録，史非萬世之常法”，蘇洵的理由是：“經或從僞赴（同“訃”）而書，或隱晦而不書，若此者衆，皆適於教而已。吾故曰：經非一代之實録。史之一紀、一世家、一傳，其間美惡得失固不可以一二數。則其論贊數十百言之中，安能事爲之褒貶之，使天下之人動有所法如《春秋》哉？吾故曰：史非萬世之常法。”[①]關於史爲一代之實録的思想，蘇洵在《議修禮書狀》中也有明確闡述。其言云：“洵先奉敕編禮書，後聞臣僚上言，以爲祖宗所行不能無過差，不經之事，欲盡芟去，無使存録。洵竊見議者之説，與敕大異。何者？前所授敕，其意曰纂集故事而使後世無忘之耳，非曰制爲典禮而使後世遵而行之也。然則洵等所編者，是史書之類也。遇事而記之，不擇善惡，詳其曲折，而使後世得知而善惡自著者，是史之體也。若夫存其善者，而去其不善，則是製作之事，而非職之所及也。”[②]一代之“實録”，就必須尊重事實，不隱惡，不虚善，這是撰著史書的本質要求，其與創作的取捨、好惡是有很大不同的；萬世之“良法”，乃經典提供給世人取法的範本，可以代代相續，遵行不悖。二者由於目的不同，性質不同，各有所短，需要彼此補充，交相爲用，絶不能有所偏廢。他指出：

> 夫規矩準繩所以制器，器所待而正者也。然而不得器則規無所效其圓，矩無所用其方，准無所施其平，繩無所措其直。史待經而正，不得史則經晦。吾故曰：體不相沿，而用實相資焉。[③]

他對此解釋的理由是：“使世人不知史而觀經，則所褒莫見其善狀，所貶弗聞其惡實。吾故曰：經不得史，無以證其褒貶；使後人不通經而專史，則稱謂不知所法，懲勸不知所祖。吾故曰：史不得經，無以酌其輕重。”[④]此其二。基於此，蘇洵提出其經史體不相沿，而用實相資的獨特史學觀，可謂視角特别，見識深刻。

對於蘇洵經史相資爲用史學觀所闡述的道理，從歷史的角度看，可以更清楚瞭解其理論邏輯。有文獻記載以來直至孔子生活的春秋時代，後世所謂的“經”並不存在。把《詩》《書》《禮》《樂》《易》《春秋》奉爲經典，乃是漢代獨尊儒術、選立經學博士之後的産物。故清人章學誠明確提出“六經皆史”的觀點。其實，章學誠的觀點，追溯其淵源，至少可以從隋代王通《中説》找到濫觴。王通云：“昔聖人述史三焉。其述《書》也，帝王之制備矣，故索然而皆獲；其述《詩》也，

---

① 〔宋〕蘇洵：《嘉祐集·雜論·史論上》，載曾棗莊、金成禮《嘉祐集箋注》卷九，上海古籍出版社 1993 年版，第 230 頁。
② 〔宋〕蘇洵：《嘉祐集·雜文·議修禮書狀》，載曾棗莊、金成禮《嘉祐集箋注》卷九，上海古籍出版社 1993 年版，第 433-434 頁。
③ 〔宋〕蘇洵：《嘉祐集·雜論·史論上》，載曾棗莊、金成禮《嘉祐集箋注》卷九，上海古籍出版社 1993 年版，第 230 頁。
④ 〔宋〕蘇洵：《嘉祐集·雜論·史論上》，載曾棗莊、金成禮《嘉祐集箋注》卷九，上海古籍出版社 1993 年版，第 229 頁。

興衰之由顯，故究焉而皆得；其述《春秋》也，邪正之迹明，故考焉而皆當。此三者，同出於史，而不可雜也，故聖人分焉。”阮逸注：“載言載事，明得失，皆史職也。職同體異，故曰分。”[①]《詩》《書》與《春秋》，記言記事，其明得失之職能是一致的，盡管各有不同的文體表現形式。王通認爲是孔子等聖人完成了經與史的體裁劃分工作，但事實並非如此。在西漢獨尊儒術之前，《詩》《書》《春秋》並無“經”的地位與稱謂，孔子爲了教學的需要，對《詩》《書》《易》《禮》《樂》《春秋》做過一番修訂或者解釋的工作，但他從未明確稱某一典籍爲“經”。至漢武帝時司馬遷作《史記》，其在《樂書》中云：“至今上即位，作十九章（筆者案：指《安世房中樂》十九章，載於《漢書·禮樂志》），令侍中李延年次序其聲，拜爲協律都尉。通一經之士不能獨知其辭，皆集合‘五經’家，相與習讀之，乃能通知其意，多爾雅之文。”[②]由此可知，官方立五經博士，乃漢武帝時事。朝廷要求經學博士不能衹通一經之辭，而必須與其他習經之士相與習讀，瞭解諸經意旨。又據班固《漢書·藝文志》，明言列於學官的經典，有《易》《書》《詩》《禮》《春秋》五經，而《樂》未得立，蓋因其情況比較特殊之故：“自黄帝下至三代，樂各有名。……周衰俱壞，樂尤微眇，以音律爲節，又爲鄭、衛所亂，故無遺法。漢興，制氏以雅樂聲律世在樂官，頗能紀其鏗鏘鼓舞，而不能言其義。”[③]在《漢書·藝文志》中，《易》《書》《詩》《禮》《樂》《春秋》被稱爲“六藝”，論各自功用及彼此關係曰：“六藝之文，《樂》以和神，仁之表也；《詩》以正言，義之用也；《禮》以明體，明者著見，故無訓也；《書》以廣聽，知之術也；《春秋》以斷事，信之符也。五者，蓋五常之道，相須而備，而《易》爲之原。故曰：‘《易》不可見，則乾坤或幾乎息矣。’言與天地爲終始也。至於五學，世有變改，猶五行之更用事焉。古之學者耕且養，三年而通一藝，存其大體，玩經文而已，是故用日少而畜德多，三十而五經立也。”[④]這段話，不僅闡明了五經與《易》是分與總的關係，而且分述了諸經既有各自獨特的作用，且“相須而備”，不可割裂；同時，還介紹了當時治經之士生計與研習相兼顧的情況，故三年而後通一經，三十歲而五經立。很明顯，漢代的習經與傳經之士，雖以某經爲專擅，但須兼通諸經；在他們的心目中，並未形成經史分別的概念，上述諸書皆被視爲歷史典籍。後世所謂“六經皆史”，符合當時經學傳習的實際情況。

蘇洵經史相資爲用史學觀的另一個重要内涵，是認爲好的史學著作，不僅僅以事、詞勝，同時可以兼有經典的道、法精神，比如司馬遷的《史記》、班固的《漢書》，就是典範。他説：

---

① 〔隋〕王通：《中説》卷一《王道篇》，《二十二子》本，上海古籍出版社 1986 年版，第 1310 頁。
② 〔漢〕司馬遷：《史記》卷二四，中華書局 1982 年版，第 1177 頁。
③ 〔漢〕班固：《漢書》卷三〇，中華書局 1983 年版，第 1711-1712 頁。
④ 〔漢〕班固：《漢書》卷三〇，中華書局 1983 年版，第 1723 頁。

遷、固史雖以事詞勝，然亦兼道與法而有之，故時得仲尼遺意焉。吾今擇其書有不可以文曉而可以意達者四，悉顯白之：其一曰隱而章，其二曰直而寬，其三曰簡而明，其四曰微而切。①

所謂“隱而章”，指史學家在爲歷史人物作傳時，本傳載其善績，其立身行事的瑕疵，則載於别人傳記或其他史實叙述中。如《史記》之於廉頗、酈食其，《漢書》之於周勃、董仲舒，其各自爲人處世的瑕疵，分别見於《史記》的《趙奢傳》《留侯傳》，《漢書》的《王陵傳》《西南夷傳》。在蘇洵看來，這樣做，既不違背史書的“實録”精神，又體現了史學家與人爲善的寬廣胸懷。至於“直而寬”，體現的是史學家對歷史上那些有“惡”名的人物，在直書其爲惡事實的基礎上，盡量不埋没其“好”與“善”的閃光之點，體現其直與寬兼顧平衡、顧及全人的客觀評價態度。在舉例論述了《史記》《漢書》“簡而明”“微而切”的特點之後，蘇洵總結性闡述道：“隱而章，則後人樂得爲善之利；直而寬，則後人知有悔過之漸；簡而明，則人君知中國禮樂之爲貴；微而切，則人君知强臣專制之爲患。用力寡而成功博，其能爲《春秋》繼，而使後之史無及焉者，以是夫！”②

如此看來，史在某種程度上可以兼有經的長處，而除《春秋》以外的其他經書，不一定能够兼有史書的優勢與特徵。正因此故，蘇洵認爲撰述歷史是難度很大的一項工作，優秀的史學家不是代代都有的。“史之難其人久矣。魏晋宋齊梁隋間，觀其文則亦固當然也。所可怪者，唐三百年，文章非三代兩漢無敵，史之才宜有如丘明、遷、固輩，而卒無一人可與范曄、陳壽比肩。巢子之書，世稱其詳且博，然多俚辭俳狀，使之紀事，當復甚乎其嘗所譏誚者。惟子餗《例》爲差愈。籲！其難而然哉。”③巢子，即唐代史學家劉知幾，著有《武后實録》《史通》等史學著作。蘇洵認爲，劉知幾雖算唐代最著名的史學家，但其功績，尚不能與范曄、陳壽比肩，更不用説司馬遷、班固了。唐代文章絶不遜色於三代、兩漢，而歷史著作却拿不出一兩部堪與《史記》《漢書》成就一比高下者，大概就是因爲寫史比寫文章更難的緣故。在蘇洵的《史論下》一文中，專門論述司馬遷、班固寫史的一些不足，比如司馬遷“喜雜説，不顧道所可與”，班固“貴諛僞，賤死義”等。④其意在説明，即使像司馬遷、班固這樣最卓越的史學家，其史學著作，也不能做到盡善盡美。從這裏，我們不難理解蘇洵家學何以重史，意欲自己同時也希望兒子們能够在史學領域有一番作爲的原因之所在了。

---

① 〔宋〕蘇洵：《嘉祐集·雜論·史論中》，載曾棗莊、金成禮《嘉祐集箋注》卷九，上海古籍出版社 1993 年版，第 232 頁。

② 〔宋〕蘇洵：《嘉祐集·雜論·史論中》，載曾棗莊、金成禮《嘉祐集箋注》卷九，上海古籍出版社 1993 年版，第 234 頁。

③ 〔宋〕蘇洵：《嘉祐集·雜論·史論引》，載曾棗莊、金成禮《嘉祐集箋注》卷九，上海古籍出版社 1993 年版，第 227 頁。

④ 〔宋〕蘇洵：《嘉祐集·雜論·史論下》，載曾棗莊、金成禮《嘉祐集箋注》卷九，上海古籍出版社 1993 年版，第 237-239 頁。

二、蘇軾的重實通變史學觀

南宋朱弁《曲洧舊聞》云："東坡嘗謂劉壯輿（劉羲仲字壯輿，北宋史學家劉恕之子）曰：'《三國志》注中好事甚多，道原（劉恕字道原，北宋史學家）欲修之而未果，君不可辭也。'壯輿曰：'端明曷不爲之？'東坡曰：'某雖工於語言，也不是當行家。'"[①]此條在《曲洧舊聞》卷五中被冠以"東坡勉劉壯輿修《三國志》"之名，蓋蘇軾之意，是希望擅長史學的劉羲仲，發揮其家學淵源優勢，在陳壽《三國志》原文及裴松之《注》的基礎上，對該書進行重修，以完成其父劉恕的遺願。當劉羲仲反問蘇軾爲何有此想法而不遂行其事時，蘇軾做了比較實在的回答，謂自己的長處在語言文學，而不在修撰史書方面。而據徐度《却掃編》的記載，似乎更能得到進一步印證，其云："劉羲仲字壯輿，道原之子也。道原以史學自名，羲仲世家其學。嘗摘歐陽公《五代史》之訛誤爲糾謬，以示東坡。東坡曰：'往歲歐陽公著此書初成，王荆公謂余曰：歐陽公修《五代史》而不修《三國志》，非也。子盍爲之乎？余固辭不敢當。夫爲史者，網羅數十百年之事以成一書，其間豈能無小得失邪？余所以不敢當荆公之托者，正畏如公之徒掇其後耳。'"[②]王安石認爲歐陽修不應該去編修《五代史》，而應該重修《三國志》，現在希望蘇軾來完成這項頗有意義的工程。而蘇軾却堅決予以推辭，理由也講得很客觀，認爲一部史書要網羅數十百年之事，中間要做到没有一點失誤，確實相當難。他還略帶幾分慶幸的口吻開玩笑説，如果編撰了《三國志》，説不定就成爲了劉羲仲這些專門家糾謬批判的對象了。這也便是何以蘇洵、蘇轍父子均有大部頭歷史著作問世，而唯獨蘇軾没有的部分原因所在吧。

然而，蘇軾雖没有編撰過大部頭的歷史著作，並不意味著他没有自己的史學觀念。從蘇軾現有的文字看，輕名重實、因時而變，就是其頗具特色的史學觀。

名實之辨，不僅是古代思想上的一對長期討論的哲學概念範疇，也是先秦史學高度關注的一個重要話題。《論語·子路》記録孔子回答子路出仕衛國爲政所先的問題時，提出以正名爲先，並且闡明了爲政先正名的理由："名不正，則言不順。言不順，則事不成。事不成，則禮樂不興。禮樂不興，則刑罰不中。刑罰不中，則民無所措手足。"朱熹對此解釋説："是時（衛）出公不父其父而禰其祖，名實紊矣，故孔子以正名爲先。"[③]依照孔子的看法，春秋時代，禮崩樂壞，號令不由周天子出，臣弑君、子弑父的亂序敗倫之事見慣不驚，必須得改變這種狀況。故其得到一個在衛國從政的機會，首先就要從正名做起，讓名與實相副，把被破壞了君臣父子關係的綱常倫理恢復過來。其采用魯國的史料著《春秋》，目的也在於

① 〔宋〕朱弁著，孔凡禮點校：《曲洧舊聞》卷五，《唐宋史料筆記叢刊》本，中華書局 2002 年版第 151 頁。

② 徐度：《卻掃編》卷中，載四川大學中文系唐宋文學研究室編《蘇軾資料彙編·上編》（第一册），中華書局 1994 年版，第 344 頁。

③ 〔宋〕朱熹：《四書章句集注·論語集注》卷七，中華書局 1983 年版，第 141-142 頁。

此。故孟子曾感慨春秋之時："世衰道微，邪説暴行有作，臣弑其君者有之，子弑其父者有之，孔子懼，作《春秋》。……孔子著《春秋》，而亂臣賊子懼。"朱熹注引胡氏云："仲尼作《春秋》以寓王法。"[①]無論是在衛國從政致力於正名，還是編撰《春秋》以微言大義寄寓王法，孔子的目的都是相同的，就是要恢復西周的禮樂人倫秩序，表明其對無道亂世鞭笞撻伐的鮮明政治態度。

在北宋時期，史學界圍繞歷代王朝遞承統序之辨，引起過一場激烈的争論，蘇軾即是這場争論的參與者之一。曾經奉詔編撰《唐本紀表志》，並獨撰《五代史》的歐陽修，是這場辯論的發起者。其所上奏《正統論》三篇，明確提出史學上的"正統"定義及歷代王朝正統的歸屬問題。關於定義，歐陽修云："正統，王者所以一民而臨天下。"[②]又云："正者，所以正天下之不正也；統者，所以合天下之不一也。"[③]單就正統本意説，能够統一天下、號令兆民的王者，才算完全符合條件，比如夏商周三代和漢唐。然而，中國古代歷史悠久，政權更迭頻繁複雜，誰算正統，誰非正統，朝代更迭的統序怎樣確定，論者的分歧就很大了。歐陽修指出："及後世之亂，僭僞興而盗竊作，由是有居其正而不能合天下於一者，周平王之有吴、徐是也；有合天下於一而不得居其正者，前世謂秦爲閏是也。由是正統之論興焉。"[④]對於更加紛繁複雜的情況怎樣辨别判定，歐陽修的觀點是："夫居天下之正，合天下於一，斯正統矣，堯舜夏商周秦漢唐是也。始雖不得其正，卒能合天下於一，夫一天下而居上，則是天下之君矣，斯之謂正統可矣，晋隋是也。天下大亂，其上無君，僭竊並興，正統無屬，當此之時，奮然而起，並争乎天下，有功者强，有德者王，威澤皆被於生民，號令加於當世，幸而以大並小，以强兼弱，遂合天下於一，則大且强者謂之正統……"[⑤]至於涉及五代的後梁是否列入正統，歐陽修在《或問》中給出了答案："'或問：子於史記本紀（案：指五代史），則不僞梁而進之，於論正統，則黜梁而絶之。君子之信乎後世者，固當如此乎？'曰：孔子固嘗如此也。平桓莊之王，於《春秋》則尊之，書曰天王，於《詩》則抑之，下同於列國。孔子至於此三王者，非固尊於彼而抑此於此也，其理當然也。梁，賊亂之君也。欲干天下之正統，其爲不可，雖不論而可知。然謂之僞，則甚矣。彼有梁之土地，梁之吏民，立梁之宗廟社稷，而能殺生賞罰，以制命於梁人，則是梁之君矣，安得曰僞哉？故於正統則宜絶，於其國則不得爲僞者，理當然也。"[⑥]按照歐陽修的界定，他不僅把秦、西晋、隋納入了歷史傳承的正統之中，而且對東晋以至梁陳的南北分治時期、五代十國時期的歷史發展統序進行了編排，像後梁這樣的政權，雖没有認定其正統地位，但承認了其作爲一國的歷史事實。歐陽修

① 〔宋〕朱熹：《四書章句集注》，中華書局 1983 年版，第 272-273 頁。
② 〔宋〕歐陽修：《歐陽修全集》卷一六《正統論·序論》，中國書店 1991 年版，第 116 頁。
③ 〔宋〕歐陽修：《歐陽修全集》卷一六《正統論上》，中國書店 1991 年版，第 116 頁。
④ 〔宋〕歐陽修：《歐陽修全集》卷一六《正統論上》，中國書店 1991 年版，第 117 頁。
⑤ 〔宋〕歐陽修：《歐陽修全集》卷一六《正統論下》，中國書店 1991 年版，第 118 頁。
⑥ 〔宋〕歐陽修：《歐陽修全集》卷一六《或問》，中國書店 1991 年版，第 120-121 頁。

的這些觀點，應該説是比較尊重歷史事實的，因爲歷史發展的曲折性和複雜性，不是一個理論概念可以簡單囊括得盡的，必須采取尊重歷史的現實態度。歐陽修的正統史學觀，實際上牽涉到名實問題，其最顯著的特點在於，既要正名，維護自孔子修《春秋》以來所確立的史學傳統，又要重實，尊重歷史發展演變的客觀實際，不能簡單生搬硬套孔子、司馬遷、班固等前代史學家編撰史書的概念與方法，因爲後來的歷史事實，更加複雜多變。

歐陽修的史學觀對蘇軾具有明顯影響。他也作有《正統論》三篇，分《總論》一篇，《辯論》兩篇。關於這三篇文章的寫作動因，蘇軾自己做了明確交代："正統之論，起於歐陽子，而霸統之論，起於章子。二子之論，吾與歐陽子，故不得不與章子辨，以全歐陽子之説。歐陽子之説全，而吾之説又因以明。"①文中所指章子，即章望之，《宋史》本傳有云："望之喜議論，宗孟軻言性善，排荀卿、揚雄、韓愈、李翺之説，著《救性》七篇。歐陽修論魏、梁爲正統，望之以爲非，著《明統》三篇。"②章氏原文今佚。明人郎曄注引其主要觀點如下："予今分統爲二，名曰正統、霸統。以功德而得天下者，其得者正統也，堯舜夏商周漢唐我宋其君也；得天下而無功德者，强而已矣，其得者霸統也，秦晋隋其君也。"③在章望之非議歐陽修正統論的基礎上，蘇軾又對章氏的"霸統"説提出非議，維護歐陽修之説。

蘇軾在《總論》中，著重回應歐陽修的正統論。他認爲，正統與非正統的争議，其實質是名與實的關係問題。對於名實關係，蘇軾的觀點是：

> 天下固有無其實而得其名者，聖人於此不得已焉，而不以實傷名。而名卒不能傷實，故名輕而實重。不以實傷名，故天下不争；名輕而實重，故天下趨於實。
>
> 正統者，名之所在焉而已。名之所在，而不能有益乎其人，而後名輕；名輕而後實重。吾欲重天下之實，於是乎始輕正統。④

按照蘇軾的觀點，正統論提出的初衷，在於正名，也就是給一個政權是否正當的名分。古代聖人之所以要重視正名，是爲了明確必要的秩序和規則，避免天下的混亂和紛争，這是面對亂世不得已而爲之的措施（比如孔子作《春秋》）。但正統本身也需要正名，其中的關鍵就是名必須副其實，而他明確主張輕名而重實。其實，在上述歐陽修的正統論觀點裹，已經很充分地闡述了尊重歷史事實的重實立場，在這一點上，他們之間並無原則分歧；蘇軾據此又提出"輕正統"的觀點，是其與歐陽修不盡一致的立場所在。他進一步申述其言云：

---

① 〔宋〕蘇軾著，孔凡禮點校：《蘇軾文集》卷四《辯論二》，中華書局1986年版，第121頁。
② 〔元〕脱脱等：《宋史》卷四四三《文苑五·章望之傳》，中華書局1985年版，第13098頁。
③ 張志烈、馬德富、周裕鍇主編：《蘇軾全集校注·蘇軾文集校注》卷四《論辯二》，河北人民出版社2010年版，第407頁。
④ 〔宋〕蘇軾著，孔凡禮點校：《蘇軾文集》卷四《總論一》，中華書局1986年版，第120頁。

> 雖然，歐陽子之論，猶有異乎吾説者。歐陽子之所與者，吾之所與也；歐陽子之所以與之者，非吾之所以與之者。歐陽子重與之，而吾輕與之。且其言曰："秦漢而下，正統屢絶，而得之者少。以其得之者少，故其爲名甚尊而重也。"嗚呼，吾不善乎少也。幸而得之者少，故有以尊重其名；不幸而皆得，歐陽子其敢有所不與耶！且其重之，則其施於篡君也，誠若過然，故章子有以啓其説。①

蘇軾説，他與歐陽修在正統論上的觀點有同有異，所同在於"與之"部分，而所異在於"所以與之"的部分。具體説來，就是歐陽修重與之，而他則輕與之。他的理由在於，如果依照秦漢以後得天下正統者少，所以都可以給與正統之名的話，那麼面對弒君篡權而得天下的政權，是不是也應該給予正統的名分呢？章望之對歐陽修正統論的非難，大約就是以此爲突破口的。但蘇軾指出："始終得其正，天下合於一，必以其道得之耶，亦或不以其道得之耶？病乎或者之不以其道得之也，於是乎舉而歸之名，歐陽子皆曰正統，是以名言之也。章子曰正統，又曰霸統，是以實言者也。歐陽子以名言而純乎名，章子以實言而不盡乎實。"②顯然，蘇軾不盡贊同歐陽修對不以道得之者"舉而歸之"正統之名的做法，言下之意，既要尊重歷史事實，又要辨别是否以道得天下。老實説，這是難以做到的。如果真要按照是否以道得天下的標準衡量，歷史上恐怕没有幾個朝代完全符合條件。明人儲欣云："按'正統'之號，六經、孔、孟之書無之，太史公、班氏、陳壽未嘗言。歐陽子徒據王猛、苻融之單詞以標此名也。'重與'不若'輕與'，'輕與'之莫若並其所標之名而去之。此公之微意，所以曲全歐陽子者實多。"③其實，儲欣所説的蘇軾文章之"微意"，恐怕並不盡然，蘇軾的確認同歐陽修的正統論，並且在尊重歷史事實的基礎上來確定歷代王朝承遞的統序，所以其在《總論》中才列出"自得"正統者十：堯、舜、夏、商、周、秦、漢、晋、唐；"可得"正統者六：魏、(後)梁、後唐、(後)晋、(後)漢、(後)周。其未將南北朝列入，大概因爲其時南北分治，天下未合於一的緣故。這個結論，體現了其對歐陽修正統史學觀的揚棄繼承，他自己的"重實"史學觀，也由此得到更加鮮明的體現。

至於蘇軾通變的史學觀，主要體現在其六經論諸文中④。三蘇父子對六經，都

---

① 〔宋〕蘇軾著，孔凡禮點校：《蘇軾文集》卷四《辯論二》，中華書局 1986 年版，第 122 頁。

② 〔宋〕蘇軾著，孔凡禮點校：《蘇軾文集》卷四《辯論三》，中華書局 1986 年版，第 123 頁。

③ 〔明〕儲欣：《東坡先生全集録》卷二《正統論》，張志烈、馬德富、周裕鍇主編：《蘇軾全集校注·蘇軾文集校注》卷四《論辯三》，河北人民出版社 2010 年版，第 414 頁。

④ 張志烈、馬德富、周裕鍇主編：《蘇軾全集校注·蘇軾文集校注》卷二《易論》姜鋒注云："此《易論》及以下《書論》《詩論》《禮論》《春秋論》共五篇，底本注曰：'自此以下五文，皆見明刊《文粹》卷一二。'今案，此五文實蘇轍所作，見《欒城應詔集》卷四 '進論'，該集卷一至卷五共收'進論'二十五篇，卷六至卷一〇共收'進策'二十五篇。這五十篇文章，乃蘇轍於仁宗嘉祐五年（一〇六〇）應制科考試前必須循例預交的五十篇論策，不可缺少一篇。……是年軾、轍同應制舉，各所預上之論、策五十篇，二人必先共商合擬，此等論策之文風如出一人之手，即謂軾、轍合作未嘗不可。"其説有一定道理，但未獲得學界普遍共識，故在此仍將其作爲蘇軾文章使用。

秉持經史同源、亦經亦史的態度，故可以從中窺見其史學觀念。蘇軾《詩論》云：

> 自仲尼之亡，六經之道遂散而不可解。蓋其患在於責其義之太深，而求其法之太切。夫六經之道，惟其近於人情，是以久傳而不廢。
>
> 夫聖人之爲經，惟其《禮》與《春秋》合，然後無一言之虚而莫可考，然猶未嘗不近於人情。[①]

從蘇軾的言論中可以看到，第一，他認爲孔子以後之所以六經之道散而不可解，乃後世之人求意太深，求法太切，忘記了六經之道，其最大的特點是近於人情，所以能够久傳而不廢。顯然，這裏不僅有尊重人情的意味，也有因人情之變而變的内涵。第二，聖人爲經，無一言之虚，都是可以考實的，《禮》與《春秋》二經，看似有經史之别，實質上它們在可考與近情上，是完全一致的。故其論"禮"有言云：

> 至於後世風俗變易，更數千年以至於今，天下之事已大異矣，然天下之人，尚皆記録三代禮樂之名，詳其節目，而習其俯仰，冠古之冠，服古之服，而禦古之器皿，傴僂拳曲勞苦於宗廟朝廷之中，區區而莫得其紀，交錯紛亂而不中節，此無足怪也。其所用者，非其所素習也，而强使焉。甚矣，後世之好古也！[②]

在批評後世好古、將聖人神化的同時，意在强調隨著千百年的風俗改變，時移世易，所有拘泥古禮的觀念與作爲都是行不通的，因爲没有隨著時移世易而與時俱變。不僅行禮如此，任何事都必須尊重歷史發展變化的規律，作出相應調整改變，不然，也會成爲其所謂"好古"者的笑柄。好古者的另一特徵，則是神化所謂聖人，把聖人的思想言論神秘化、玄虚化，讓人覺得莫測高深，其意難曉。故蘇軾又云：

> 天下之人，以爲聖人之文章，非復天下之言也，而求之太過。是以聖人之言，更爲深遠而不可曉。且天下何不以己推之也？將以喜夫其人，而加之以怒之之言，則天下且以爲病狂，而聖人豈有以異乎人哉？[③]

在他看來，《春秋》有"喜而言之者"、有"怒而言之者"、有"怨而言之者"，都是表達與常人喜怒哀樂相同的感情褒貶，所以能够被不同時代的人們所接受，傳之久遠而不廢。左氏、公羊、穀梁三家傳《春秋》之意，後兩家之失，往往在求之過深，曲爲之解，多牽强附會，反而失去《春秋》原意。

對於《春秋》本身，蘇軾也表達了不完全認同的觀點，其《策問六首·復古》云："《春秋》之法，變古則譏之，復古則大之。明乎古之不可易，易則亂矣。觀

---

① ［宋］蘇軾著，孔凡禮點校：《蘇軾文集》卷二，中華書局1986年版，第55頁。
② ［宋］蘇軾著，孔凡禮點校：《蘇軾文集》卷二《禮論》，中華書局1986年版，第57頁。
③ ［宋］蘇軾著，孔凡禮點校：《蘇軾文集》卷二《春秋論》，中華書局1986年版，第58-59頁。

秦漢之治，率然以其制易古之制，故卒以是至於亂者，有由然矣。雖然，由秦漢而下至於今，去古愈遠，幸一旦思復，則又懼牽制泥古之失，否則《春秋》之所譏。然則果復之爲可耶，抑亦從時之變爲可也？幸究微以要聖人之中。”[①]作爲一道策論試題，蘇軾提出了《春秋》復古和從時之變兩個問題，要求考生“究微以要聖人之中”。言下之意，一味復古是行不通的，必須選擇“中”道，既不能割斷歷史，又要從時之變。其實，真正的通變史學觀，是在尊重歷史傳統的意義上去看待歷史發展變化的現象與規律，如果了失去歷史的源頭活水，懷抱歷史虛無主義態度，並不能真正瞭解歷史真相，把握歷史變化規律，領悟歷史現象背後所蘊藏的本質要義。

三、蘇轍的褒貶賞罰史學觀

蘇轍在三蘇父子中獨立完成的史學成果最多。他先後撰成了《春秋集解》二十四卷，《古史》六十卷。關於《春秋集解》，《四庫全書總目提要》評價云：“王安石詆《春秋》爲斷爛朝報，廢之不列於學官。轍以其時經傳並荒，乃作此書以矯之。”[②]表面看《春秋集解》似乎是針對王安石詆毀《春秋》而爲之作注解的，但更爲重要的內在動因，恐怕應該與蘇洵經史並重、蜀學重史的文化傳統，以及蘇轍本人的史學觀念直接相關。至於其所著《古史》，更是有爲而作。南宋趙雄在《蘇文定公謚議》中就曾特別提及：“其後作《古史》，所論益廣，以刪補子長雜亂殘闕之失。書成撫之而嘆，自謂得聖賢處身臨事之微意。末復論著歷代，大抵以考古今成敗得失爲要，不務空言。”[③]孫汝聽《蘇潁濱年表》亦論之云：“轍少讀《太史公書》，患其疏略。漢景、武之間，《尚書》古文、《詩》毛氏、《春秋》左氏皆不列於學宮，世能讀之者少，故其所記堯舜三代之事多不合聖人之意。戰國之際，諸子辯士各自著書，或增損古事以自信其説，一切信之，甚者至采世俗之語以易古文舊説。及秦焚書，戰國之史不傳於民間。秦惡其議己也，焚之略盡。幸而野史一二存者，（司馬）遷亦未暇詳也。故其記戰國，有數年不書一事者。（轍）於是因遷之舊，旁取《戰國策》及秦漢雜録，起伏羲、神農訖秦始皇帝，爲七《本紀》、十六《世家》、三十七《列傳》，謂之《古史》，凡六十卷。”[④]此書被當代學者稱爲“史學研究集大成之作”。[⑤] 從古今論者的這些評價中，可以知道蘇轍史學成就之大之高。

不僅如此，蘇轍撰著史書，還要力求體現其獨特的史學觀念。他在《王者不

① 〔宋〕蘇軾著，孔凡禮點校：《蘇軾文集》卷七，中華書局 1986 年版，第 218 頁。
② 〔清〕永瑢等：《四庫全書總目》卷二六《經部·春秋類一》，中華書局 1981 年版，第 216 頁。
③ 曾棗莊、馬德富校點：《欒城集·附録一》，上海古籍出版社 1987 年版，第 1765 頁。
④ 曾棗莊、馬德富校點：《欒城集·附録二》，上海古籍出版社 1987 年版，第 1815 頁。
⑤ 曾棗莊、舒大剛編：《三蘇全書·史部·古史叙録》，載《三蘇全書》第三册，語文出版社 2001 年版，第 344 頁。

治夷狄論》中說："《春秋》之書，其體有二：有書以見褒貶者，有書以記當時之事，備史記之體，而其中非必有所褒貶予奪者。"[①]後世學者解《春秋》，於無所褒貶處也要牽强附會，求其微言大義，固然是突出弊端；而另一方面，也存在對《春秋》有所褒貶之處，到底有著怎樣的褒貶意義產生出更大分歧，這方面的問題，甚至比前者更爲嚴重。所以，蘇轍在《春秋集解引》中云："杜預有言：'丘明授經於仲尼，身爲國史，躬覽載籍。其文緩，其旨遠，將令學者原始要終，尋其枝葉，究其所窮。優而柔之，使自求之；饜而飫之，使自趨之。若江海之浸，膏澤之潤，涣然冰釋，怡然理順。'斯言得之矣。至於孔子之所予奪，則丘明容不明盡，故當参以公、穀、啖、趙諸人。……近歲王介甫以宰相解經，行之於世。至《春秋》，漫不能通，詆爲斷爛朝報，使天下士不得復學。嗚呼，孔子之遺言而凌滅至此，非獨介甫之妄，亦諸儒講解不明之過也。故予自熙寧謫高安，覽諸家之説而裁之以義，爲《集解》十二卷，及今十數年矣，每有暇，則取觀覽焉，得前説之非，隨亦改之。"[②]所謂"覽諸家之説而裁之以義"，不僅爲了兼取諸家之長，更重要的是按照孔子著《春秋》之"義"進行裁决取捨，目的就是要充分體現其對歷史事件和人物的是非褒貶態度與政治立場。故其對兒子蘇遜説："千歲之絶學，儻在於是矣。"[③]蘇轍自信地認爲，他最忠實地繼承了孔子的著史本意與立場。

比如其對《春秋》隱西元年三月，"公及邾子盟於蔑"一事的解釋曰："邾子，克也。不書爵，不名而字，附庸之君，未王命者也。或曰：'古者禮樂征伐自天子出，諸侯專之，非禮也。凡書皆以譏之。'予以爲不然。春秋之際，王室衰矣，然而周禮猶在，天命未改，雖有湯、武，未能取而代之也。諸侯之亂，舍此何以去之？要之以盟會，威之以征伐，小國恃焉，大國畏焉，猶可以少安也。孔子曰：'桓公九合諸侯，一匡天下，民到於今受其賜。微管仲，吾其被髮左衽矣。'故《春秋》因其禮俗而正其得失，未嘗不予也。"[④]歷來很多注解《春秋》者，多拘泥三代禮制，固守"禮樂征伐自天子出"的僵死觀念，以爲魯隱公與邾子會盟之事，一定會受到孔子的非議。而蘇轍在解説中，引用孔子之言，力證孔子是一個與時俱進的人，他對齊桓公九合諸侯、一匡天下的舉動極力稱道，其所著《春秋》，體現了"因其禮俗而正其得失"的是非褒貶宗旨，具有歷史合理性與發展進步觀。蘇轍用孔子之言來證明《春秋》對所記歷史的褒貶態度，其謂最合孔子原意，是有一定道理和依據的。

史書不僅可以明是非、寓褒貶，而且具有助賞罰的重要功能，有利於後世之

---

① 〔宋〕蘇轍著，曾棗莊、馬德富校點：《欒城集·欒城應詔集》卷一二，上海古籍出版社 1987 年版，第 1696 頁。

② 〔宋〕蘇轍：《春秋集解》卷首，載曾棗莊、舒大剛編《三蘇全書》第三册，語文出版社 2001 年版，第 13 頁。

③ 〔宋〕蘇轍：《春秋集解》卷首，曾棗莊、舒大剛編《三蘇全書》第三册，語文出版社 2001 年版，第 14 頁。

④ 〔宋〕蘇轍：《春秋集解》卷一，曾棗莊、舒大剛編《三蘇全書》第三册，語文出版社 2001 年版，第 16 頁。

人通古辨今，樹立正確的是非觀念，這是統治者治理天下、匡正風俗的重要手段。故其《史官助賞罰論》云：

> 域中有三權：曰天，曰君，曰史官。聖人以此三權者制天下之是非，而使之更相助。夫惟天之權，而後能壽夭禍福天下之人，而使賢者無夭横窮困之災，不賢者無以享其富貴壽考之福。然而季次、原憲，古之所謂賢人也，伏於窮閻之下，布衣膳粥之不給；盜蹠、莊蹻，横行於天下，食人之肝以爲糧，而老死於牖下，不見兵革之禍。如此，則是天之權有時而有所不及也。故人君用其賞罰之權於天道所不及之間，以助天爲治。然而賞罰者，又豈能盡天下之是非？而賞罰於一時，猶懼其不能明著暴見於萬世之下，故君舉而屬之於其臣，而名之曰史官。蓋史官之權，與天與君之權均，大抵三者更相助，以無遺天下之是非。①

蘇轍把史官的地位和作用看得如此之高，也就不難理解他爲什麼那樣重視研習《春秋》《史記》等重要史學著作，並且花費很多精力心血和時間撰著史書了。在他看來，史官發揮著幫助人君行使天道、治國理政的重要作用，特别是在前者之權所不及，或者效果不佳的時候。比如史官著史書，能够使天下之是非明著暴見於萬世之下，讓世世代代的人都能够以史爲鑒，從歷史演變的治亂得失中獲取經驗教訓，從歷史人物的進退沉浮中學習人生智慧，這就是君權所做不到的。又論孔子著《春秋》善於體現賞罰之意云：

> 獨仲尼因魯之史官左丘明而得其載籍，以作爲《春秋》，是非二百四十二年。雖其名爲經，而其實史之尤大張明著也。故齊桓、晋文有功於王室，王賞之以侯伯之爵、征伐四國之權，而《春秋》又從而厚進之，此所以助乎賞之當於其功也。吴、楚、徐、越之僭，皆得其罪於其君也，而《春秋》又從而加之以斥絶擯棄不齒之辭，此所以助乎罰之當於其罪也。若夫當時賞罰之所不能及，則又爲之明言其狀，而使後世嗟嘆痛惜之不已。嗚呼，賢人君子之功烈，與夫亂臣賊子罪惡之狀，於此皆可以無憂其無聞焉！是故古者聖人重史官、御史。②

後世學者論《春秋》所寓之微言大義者甚多，然而頗多穿鑿附會、深文周納之解，蘇轍突出其賞善罰惡的史學著作功能，並由此推論史官在歷史發展進程中發揮了不可取代的獨特作用，也算是獨有心得、頗具卓識的一家之言了。

無論是蘇軾的重實通變史學觀，還是蘇轍的褒貶賞罰史學觀，都受到其父蘇洵史學觀的重要影響。比如他們都認爲經史同源、經史相資爲用，以《春秋》爲

① 〔宋〕蘇轍著，曾棗莊、馬德富校點：《欒城集·欒城應詔集》卷一一，上海古籍出版社 1987 年版，第 1710-1711 頁。

② 〔宋〕蘇轍著，曾棗莊、馬德富校點：《欒城集·欒城應詔集》卷一一，上海古籍出版社 1987 年版，第 1711 頁。

代表的史學著作都注重體現褒貶是非的政治立場，發揮賞罰天下移風易俗的社會作用；他們都强調近人情、重發展變化的歷史觀念，把古今盛衰興廢作爲觀察和評判歷史現象與規律的著眼點，以古爲鑒、援古證今，致力於從歷史的經驗教訓中去發現和總結對時代有價值的思路和方法，達到古爲今用的目的；他們都對《春秋》《史記》《漢書》等歷史經典著作下過很深功夫，不僅從中吸取文章寫作的營養，而且從這些典籍所記載的歷史事件和人物的成敗得失中獲得有益啓示與人生智慧，蘇軾之抄書，蘇轍之補史，均基於其長期反復研習琢磨的自身知識積累與人生修養需要。可以説，三蘇父子重史是相似的、一貫的，他們從歷史經典中獲得的益處也是豐厚而廣泛的，他們的史學觀，不僅是一種對歷史著作的認識和評價態度，也是觀察其各自從中攫取豐富營養切入點與側重點的重要視角。

作者單位：樂山師範學院

胡應麟《詩藪》論李白①

鄭　慧

内容提要： 胡應麟《詩藪》是明代著名的詩學理論著作。《詩藪》對李白詩歌的體裁、風格進行了高度評價，並探討了李杜詩歌的比較，對晚明詩壇陸時雍、許學夷、胡震亨等人的李白評論有重要影響，在明代李白接受史上有重要地位。

關 鍵 詞： 胡應麟；詩藪；李白；評價

《詩藪》是明代胡應麟的詩學理論著作，體系完整、内容豐富，在明代詩壇占有重要地位。《明代文學批評史》對《詩藪》給予了高度評價："所論經緯交錯，著重闡明了格調説以漢魏盛唐爲宗的基本觀點，同時又提出'興象風神'，對格調説做了重要的補充與發展，實可謂格調説的集大成者。"②

對於《詩藪》的研究早已有之，但對《詩藪》的研究衹是從總體上或詩學理論上進行闡釋，很少有對個案的分析。據筆者不完全統計，《詩藪》中論及李白的條目有八十條之多。這些評論，並非單純的"就詩論詩"，而是與他本人的詩學理論緊密相連。胡應麟的詩學理論，已有許多論者進行過專題研究，暫不贅述。簡單來説，就是"體格聲調""興象風神"。筆者認爲，"體格聲調"主要指的是體裁、句法、格律等形式的問題，與當時流行的"格調"理論接近。"興象風神"主要指神韻，"興象"主要用來形容兩漢古詩，"風神"主要形容盛唐詩歌。胡應麟論詩，一方面遵循"體格聲調"，看詩人詩作是否符合規範；另一方面，又將詩歌是否具有"風神""神韻"作爲標準之一。胡應麟對李白詩體、詩風的評價，同樣是基於其"體格聲調""興象風神"的詩學理論，成爲闡明其詩學主張的重要載體。

一、胡應麟對李白詩歌體裁的評價

胡應麟《詩藪·内編》以體裁分類，將歷代詩歌分爲古體與近體，古體爲四言、五言、七言、樂府，近體爲律詩、絶句。分體論詩，是《詩藪》特色之一。

① 基金項目：本成果受四川省哲學社會科學重點研究基地李白文化研究中心課題"胡應麟《詩藪》論李白"（項目編號：LB17-B01）資助。

② 袁振宇、劉明今：《明代文學批評史》，上海古籍出版社 1991 年版，第 272 頁。

胡應麟分别對這些詩歌體裁做了具體探討，尤其注意各種詩體的流變和特徵。胡應麟對李白的古體、律詩和絶句分别有所論述，尤其推崇其絶句。

首先，他在評價李白的絶句時，常用“冠古絶今”“字字神境，篇篇神物”等語來褒揚李白，認爲李白的絶句曠古爍今：

> 太白五言沿溯魏、晋，樂府出入齊、梁，近體周旋開、寶，獨絶句超然自得，冠古絶今。①
>
> 唐五言絶，太白、右丞爲最。②
>
> 七言絶，太白、江寧爲最，右丞、嘉州、舍人、常侍次之。③
>
> 太白五七言絶，字字神境，篇篇神物。④

胡應麟《詩藪》多處直接表明，李白五言絶句、七言絶句都是盛唐第一，無人可比，其對李白絶句的偏愛和推崇可見一斑。

其次，胡應麟以李白爲絶句之“正宗”，可爲後世師法，並且説到李白絶句的主要特點，就是“逸”。如：

> 五言絶二途：摩詰之幽玄，太白之超逸。⑤
>
> 調古則韻高，情真則意遠，華玉標此二者，則雄奇俊亮，皆所不貴。論雖稍偏，自是五言絶第一義。若太白之逸，摩詰之玄，神化幽微，品格無上，又不可以是泥也。⑥

這裏提到了五言絶句有兩個特點值得學習，一個是王維的深遠玄妙，一個就是李白的超然逸宕。關於五言絶句的典範，他同意明代顧璘重視“調古情高”的觀點，但是又認爲，像李白的超然飄逸，王維的幽微玄奥，又不能够以典範和標準來拘泥。這同樣體現了胡應麟在重“格調”的同時，更在意“風神”“神韻”的重要性。

最後，胡應麟還對李白絶句的具體詩句做了比較和賞析，再次贊嘆李白絶句寫得出神入化，如：

> 太白七言絶，如“楊花落盡子規啼”“朝辭白帝彩雲間”“誰家玉笛暗飛聲”“天門中斷楚江開”等作，讀之真有揮斥八極，凌屬九霄意。賀監謂爲謫仙，良不虚也。”⑦
>
> “明月自來還自去，更無人倚玉闌幹”“解釋東風無限恨，沈香亭北倚欄杆”，崔魯、李白同詠玉環事，崔則意極精工，李則語由信筆，然不

---

①〔明〕胡應麟：《詩藪·内編》卷四，上海古籍出版社 1979 年版，第 70 頁。
②〔明〕胡應麟：《詩藪·内編》卷六，上海古籍出版社 1958 年版，第 120 頁。
③〔明〕胡應麟：《詩藪·内編》卷六，上海古籍出版社 1979 年版，第 120 頁。
④〔明〕胡應麟：《詩藪·内編》卷六，上海古籍出版社 1979 年版，第 108 頁。
⑤〔明〕胡應麟：《詩藪·内編》卷六，上海古籍出版社 1979 年版，第 109 頁。
⑥〔明〕胡應麟：《詩藪·内編》卷六，上海古籍出版社 1979 年版，第 116 頁。
⑦〔明〕胡應麟：《詩藪·内編》卷六，上海古籍出版社 1979 年版，第 117 頁。

堪並論者，直是氣象不同。[①]

在第一條材料中，胡應麟例舉了李白《聞王昌齡左遷龍標遥有此寄》《早發白帝城》《春夜洛城聞笛》《望天門山》等詩作的詩句，寫了他閲讀這些詩句的具體感受，即“揮斥八極，凌厲九霄”。“揮斥八極”來源於《莊子》，意思是奔放、無拘束，“凌厲九霄”意思類似，都是説李白的詩歌開闔縱横，具有超然逸宕的風格。

在第二條材料中，第一句語出崔櫓《華清宫三首》，第二句語出李白《清平調詞三首》。崔櫓（一作魯）[②]，唐僖宗廣明間進士，“詩三百餘篇，名《無機集》”[③]。其詩文風格清麗，《唐才子傳》稱“才麗而蕩”[④]。這裏崔櫓與李白都以楊玉環之事作爲素材，但崔櫓詞句精工，符合格調，李白是信筆而來，自然天成，二詩若要並論高下，差别在於他們的氣象。胡應麟曾品評盛唐、中唐、晚唐的絶句，他認爲：“盛唐絶句，興象玲瓏，句意深婉，無工可見，無迹可尋。中唐遽減風神，晚唐大露筋骨，可並論乎！”[⑤]意思是，絶句盛唐最上，其次中唐，晚唐最下。崔櫓是晚唐氣象，自然勝不了李白的盛唐氣象。

除了絶句，胡應麟對李白古體、律詩等其他體裁也分别有所評論。比如歌行：

> 古詩窘於格調，近體束於聲律，惟歌行大小短長，錯綜闔辟，素無定體，故極能發人才思。李、杜之才，不盡於古詩而盡於歌行。[⑥]
>
> 凡詩諸體皆有繩墨，惟歌行出自《離騷》、樂府，故極散漫縱横。初學當擇易下手者，今略舉數篇：青蓮《搗衣曲》《百囀歌》、杜陵《洗兵馬》《哀江頭》……李杜大篇，合變出奇，窮高極遠。又上之兩漢樂府，落李杜之紛華，而一歸古質。[⑦]

胡應麟認爲，歌行出自《離騷》、樂府，縱横變幻，自由奔放，體式上没有定論，格調、聲律没有古詩和律詩嚴格，因而李白和杜甫的才思能在歌行中發揮得更淋漓盡致。第二條更是對李白和杜甫的歌行給予了極高的評價，認爲李杜歌行，既有古質，又“合變出奇”，是“正”與“變”的統一。又如律詩，胡應麟認爲：

> 五言律體，極盛於唐。要其大端，亦有二格：陳、杜、沈、宋，典麗精工；王、孟、儲、韋，清空閑遠。此其概也。……太白風華逸宕，特過諸人。而後之學者，才非天仙，多流率易。[⑧]

這段材料指出，“典麗精工”和“清空閑遠”都是五律“本色”，是可以爲

---

①〔明〕胡應麟：《詩藪·内編》卷六，上海古籍出版社1979年版，第109頁。
② 此據《唐摭言》《唐詩紀事》等，作“崔櫓”，《唐才子傳》作“崔魯”。
③ 傅璇琮：《唐才子傳校箋》第四册，中華書局1990年版，第142頁。
④ 傅璇琮：《唐才子傳校箋》第四册，中華書局1990年版，第138頁。
⑤〔明〕胡應麟：《詩藪·内編》卷六，上海古籍出版社1979年版，第114頁。
⑥〔明〕胡應麟：《詩藪·内編》卷三，上海古籍出版社1979年版，第55頁。
⑦〔明〕胡應麟：《詩藪·内編》卷三，上海古籍出版社1979年版，第48頁。
⑧〔明〕胡應麟：《詩藪·内編》卷三，上海古籍出版社1979年版，第58頁。

後世師法的。但是李白超過衆人，風采飄逸，可比天仙，後來學習他的人，得其皮毛不得其精神。可見胡應麟雖重視格調，但他品評詩人詩作，“風神”與“神韻”更加重要。這裏對太白獨特的風采贊嘆不已。又如：

李白《塞下曲》《温泉宫》《别宋之悌》《南陽送客》《度荆門》，孟浩然《岳陽樓》，王維《岐王應教》《秋宵寓直》《觀獵》，岑參《送李大僕》，王灣《北固山下》，崔顥《潼關》，祖詠《江南旅情》，張均《岳陽晚眺》，俱盛唐絶作。視初唐格調如一，而神韻超玄，氣概閎逸，時或過之。①

胡應麟在這裏明確提到了“格調”“神韻”。用“神韻”來品評詩歌，在《詩藪》中出現了二十幾條。這裏所舉的五言律詩，胡應麟認爲是盛唐絶作，不僅因爲它們符合五律格調，更重要的是，它們具有獨特超然的神采風韻，具有宏大放逸的氣象氣概，因此超過衆人。

另外，胡應麟對作家作品的考察，還常常放在詩歌發展史的角度，對詩歌發展的變化做整體把握。比如，對於七言律詩，他提出了七律“十變”：“唐七言律自杜審言、沈佺期首創工密，至崔顥、李白時出古意，一變也。”②將李白放在整個律詩的發展變化中，指出李白以古詩入律，給唐初剛剛興起的七律注入了新鮮的活力，使七律有了新的發展。

總的來説，胡應麟對李白詩歌各種詩體都有所評價，反復强調了李白的“超絶”，將其作爲後世典範。其中，胡氏對李白的絶句評價最高。

二、胡應麟對李白詩歌風格的評價

胡應麟贊賞李白“自然”的詩風，論李白時多處提到“自然”，並且還與王昌齡做對比：

太白諸絶句，信口而成，所謂無意於工而無不工者。少伯深厚有餘，優柔不迫，怨而不怒，麗而不淫。余嘗謂古詩、樂府後，惟太白諸絶近之；國風、離騷後，惟少伯諸絶近之。③

李詞氣飛揚，不若王之自在；然照乘之珠，不以光芒殺直。王句格舒緩，不若李之自然；然連城之璧，不以追琢减稱。④

李作故極自然，王亦和婉中渾成，盡謝爐錘之迹；王作故極自在，李亦飄翔中閑雅，絶無叫噪之風：故難優劣。然李詞或太露，王語或過流，

①〔明〕胡應麟：《詩藪·内編》卷四，上海古籍出版社 1979 年版，第 66 頁。
②〔明〕胡應麟：《詩藪·内編》卷五，上海古籍出版社 1979 年版，第 84 頁。
③〔明〕胡應麟：《詩藪·内編》卷六，上海古籍出版社 1979 年版，第 117 頁。
④〔明〕胡應麟：《詩藪·内編》卷六，上海古籍出版社 1979 年版，第 118 頁。

亦不得護其短也。[①]

李白與王昌齡的絶句都是盛唐絶句的代表，這三段材料在對二者絶句的對比中，指出了二者絶句的不同風格特點。第一則材料，胡應麟認爲李白絶句的特點是“信口而成”，也就是自然、不加雕琢，繼承古詩和樂府的“無意於工而無不工”；王昌齡的絶句深厚清麗、意味深長，繼承國風、離騷的“哀而不傷，麗而不淫”。這反映了二者絶句繼承的淵源不同。第二則材料，胡應麟認爲李白絶句格調飛揚、語言自然，王昌齡格調舒緩，並用“照乘之珠”“連城之璧”的典故來比喻二者的絶句都是經典，反映了二者語言、格調的不同。第三則材料認爲李白、王昌齡難定優劣，各有特點，指出二者各有短處。這三則材料，從“信口而成”“無意於工”“自在”“自然”等詞語中，都可以見出胡應麟欣賞李白的絶句没有過多雕琢而意味深遠的特點。

除了自然，胡應麟還認爲李白詩歌有“清”的特點：

詩最可貴者清，然有格清，有調清，有思清，有才清。才清者，王、孟、儲、韋之類是也。若格不清則凡，調不清則冗，思不清則俗。王、楊之流麗，沈、宋之豐蔚，高、岑之悲壯，李、杜之雄大，其才不可概以清言，其格與調與思，則無不清者。[②]

胡應麟認爲，詩歌最重要的特點是“清”。他對“清”的定義比較廣泛，包括了“格”“調”“才”“思”四個方面。這裏的“格清”“調清”可説是“體格聲調”具有清的特點，“才清”“思清”則是“興象風神”具有韻致。其中提到“才清”者，包括了“李杜之雄大”。因此胡應麟的“清”，並非一般我們説的“清淡”，而是包括了一種雄壯的詩風。並且胡應麟還説李杜“格”“調”“思”，無不“清”，高度評價了李杜的詩風。他還説李白之清，是“神骨之清”[③]，並對“清”進一步解釋説：“清者，超凡絶俗之謂，非專於枯寂閑淡之謂也。”[④]也就是“清”要有一種超凡脱俗的氣質。李白的詩歌正是具有絶塵飄渺之氣。李白的“清”，可以説是“清逸”，也就是雄壯豪放中又有飄逸的特點。因此在《詩藪》中，胡應麟還多次贊譽了李白詩歌之“逸”，如：

李、杜歌行，雖沉鬱逸宕不同，然皆才大氣雄，非子建、淵明判不相入者比。[⑤]

太白“人分千里外，興在一杯中”，達夫“功名萬里外，心事一杯中”，甚類。然高雖渾厚易到，李則超逸入神。[⑥]

---

①〔明〕胡應麟：《詩藪·内編》卷六，上海古籍出版社 1979 年版，第 118 頁。
②〔明〕胡應麟：《詩藪·内編》卷四，上海古籍出版社 1979 年版，第 185 頁。
③〔明〕胡應麟：《詩藪·外編》卷四，上海古籍出版社 1979 年版，第 185 頁。
④〔明〕胡應麟：《詩藪·外編》卷四，上海古籍出版社 1979 年版，第 185 頁。
⑤〔明〕胡應麟：《詩藪·内編》卷三，上海古籍出版社 1979 年版，第 50 頁。
⑥〔明〕胡應麟：《詩藪·内編》卷四，上海古籍出版社 1979 年版，第 68 頁。

元亮之高，太白之逸，自是詞壇絶步，但入此二流不得。[①]

以上材料，胡應麟用“逸”“逸宕”“超逸”等詞語來評價李白的詩風，多次肯定了李白飄逸的詩歌風格。

三、胡應麟對李杜比較的闡釋

李杜比較，自中唐起，就是争論不休的熱點問題，明代亦是如此。胡應麟在李杜比較問題上，避談李杜孰優孰劣，始終堅持在李杜並尊的視野下，從多個角度，對李白、杜甫做客觀公正的比較和評價。

（一）李杜總體成就比較

胡應麟常常將李杜並稱，稱二人爲“大家”，充分肯定了二人的詩歌地位及總體成就。胡應麟不贊同用孰優孰劣來評價李杜，認爲李杜各有擅長，不可以優劣論，如：“李杜二家，其才本無優劣。”[②]胡應麟認爲李白和杜甫都是空前絶後的：

唐人才超一代者，李也；體兼一代者，杜也。李如星懸日揭，照耀太虚；杜若地負海涵，包羅萬匯。李唯超出一代，故高華莫並，色相難求；杜唯兼總一代，故利鈍雜陳，巨細咸畜。[③]

胡應麟認爲，李白是耀眼的明星，杜甫是寬廣的大海；李白高華難求，杜甫包羅萬匯。這一比喻，將二者看成雙子星座，缺一不可，不僅贊嘆李杜二者“才大氣雄”，成就無人可比，還形象地説明了二者不同的風格，一個飄逸，一個沉鬱，各有特色。

因此，若能將這二者結合起來，那就是“宇宙極觀”：

李杜歌行，雖沉鬱逸宕不同，然皆才大氣雄，非子建、淵明判不相入者比。有能總統爲一，實宇宙之極觀。[④]

從這則材料可以看出，胡應麟對李杜二者都很喜愛，認爲能把他們的成就結合在一起，那就是“全盛”之才了。總之，胡應麟充分肯定了李杜二人大家的地位，認爲二人總體成就不相上下，不分伯仲。

（二）李杜詩歌體裁比較

胡應麟深刻地認識到每個人擅長的體例不同。他説“唐歌行，如青蓮、工部；

---

①〔明〕胡應麟：《詩藪・外編》卷四，上海古籍出版社 1979 年版，第 185 頁。
②〔明〕胡應麟：《詩藪・外編》卷四，上海古籍出版社 1979 年版，第 190 頁。
③〔明〕胡應麟：《詩藪・内編》卷四，上海古籍出版社 1979 年版，第 70 頁。
④〔明〕胡應麟：《詩藪・内編》卷三，上海古籍出版社 1979 年版，第 50 頁。

五言律、排律，如子美、摩詰；七言律，如杜甫、王維、李頎；五言絶，如右丞、供奉；七言絶，如太白、龍標：皆千秋絶技。”①

對於李白和杜甫，胡應麟同樣從體裁入手，對二人進行了比較，如“太白筆力變化，極於歌行；少陵筆力變化，極於近體”②。認爲李白所長在歌行，杜甫所長在近體。胡應麟又進一步細化，將杜甫律詩與李白絶句比較，認爲二人各有擅長，不分高下。如“杜之律、李之絶，皆天授神詣”。並且還指出了“杜以律爲絶”“李以絶爲律”的特點。又如：

古人作詩，各成己調，未嘗互相師襲。以太白之才，就聲律即不能爲杜，何至遽減嘉州？以少陵之才，攻絶句即不能爲李，詎謂不若摩詰？彼自有不可磨滅者，毋事更屑屑也。③

李杜才氣格調，古體歌行，大概相埒。李偏工獨至者絶句，杜窮變極化者律詩。言體格，則絶句不若律詩之大；論結撰，則律詩倍於絶句之難。然李近體足自名家，杜諸絶殊募入彀。截長補短，蓋亦相當。④

這兩則材料，胡應麟從體裁入手，認爲古人作詩，自成己調。李杜二者在古體歌行上，才氣格調大體相當，在近體詩中，李白絶句精工，杜甫律詩變化。在律詩上，李不如杜，在絶句上，杜不如李，各有所短，各有所長。因此胡應麟認爲“截長補短，蓋亦相當”，也就是認爲二者不相上下。

胡應麟還對李杜二人同一體裁做了比較，尤其是樂府和歌行：

闔辟縱横，變幻超忽，疾雷震霆，淒風急雨，歌也；位置森嚴，筋脉聯絡，走月流雲，輕車熟路，行也。太白多近歌，少陵多近行。⑤

樂府則太白擅奇古今，少陵嗣迹風、雅，《蜀道難》《遠别離》等篇，出鬼入神，倘恍莫測。《兵車行》《新婚别》等作，述情陳事，懇惻如見。⑥

這兩則材料就李杜的樂府和歌行做了對比。就歌行而言，胡應麟認爲，“歌”與“行”有所區别，“歌”的特點是“闔辟縱横，變幻超忽”，更注重作者的才思情調，因此李白擅長；“行”的特點是“位置森嚴，筋脉聯絡”，更注重清晰規範，因此杜甫擅長。就樂府而言，胡應麟用具體作品比較了二人的不同：李白是“出鬼入神，倘恍莫測”，杜甫是“述情陳事，懇惻如見”。譬如李白《蜀道難》和杜甫《兵車行》，《蜀道難》描寫了蜀道的峥嶸、崎嶇，極度誇張，充滿浪漫主義。

①〔明〕胡應麟：《詩藪·續編》卷二，上海古籍出版社1979年版，第364頁。
②〔明〕胡應麟：《詩藪·内編》卷四，上海古籍出版社1979年版，第70頁。
③〔明〕胡應麟：《詩藪·内編》卷六，上海古籍出版社1979年版，第110頁。
④〔明〕胡應麟：《詩藪·内編》卷四，上海古籍出版社1979年版，第69頁。
⑤〔明〕胡應麟：《詩藪·内編》卷三，上海古籍出版社1979年版，第48頁。
⑥〔明〕胡應麟：《詩藪·内編》卷二，上海古籍出版社1979年版，第38頁。

杜甫《兵車行》描寫征夫送別的慘狀和征夫與老人的對話，既有紀事，又有紀言，充滿紀實性。

（三）李杜詩歌風格比較

衆所周知，李白與杜甫的詩歌風格一個飄逸，一個沉鬱。胡應麟也對二者的詩歌風格進行了比較，“李才高氣逸而調雄，杜體大思精而格渾”正是對李杜風格的高度概括。又如：

> 杜陵沉鬱雄深，太白豪逸宕麗。短篇效李，多輕率而寡裁；長篇法杜，或拘局而靡暢。廷禮首推太白，於鱗左袒杜陵，俱非論篤。①

這裏胡應麟從詩歌風格的角度，點出了杜詩風格的特點是“沉鬱雄深”，李詩風格的特點是“豪逸宕麗”，並且還客觀説明李白豪逸的風格適合長篇，短篇則“輕率”“寡裁”，杜甫沉鬱的風格適合短篇，長篇則“拘局”“靡暢”。因此，高棅揚李抑杜和李攀龍揚杜抑李的評價，偏袒一方，“俱非論篤”。

另外，胡應麟還用生動的語言來描述了李白和杜甫的詩歌風格：

> 讀盛唐時排律，延清、摩詰等作，真如入萬花春谷，光景爛漫，令人應接不暇，賞玩忘歸。太白軒爽雄麗，如明堂黼黻，冠蓋輝煌；武庫甲兵，旌旗飛動。少陵變幻閎深，如陟昆侖，泛溟渤，千峰羅列，萬匯汪洋。②

胡應麟用“明堂黼黻，冠蓋輝煌，武庫甲兵，旌旗飛動”來形容李白詩歌的“軒爽雄麗”，生動形象。既是從體裁上比較李杜，同時也是從風格上分析了二人的不同。

總之，胡應麟的《詩藪》從李白的詩歌體裁、詩歌風格方面，對李白其人其詩做了高度評價，反映出胡應麟對李白詩歌的喜愛和接受。同時，在李杜並尊的視野下，探討了李杜有各自擅長的領域，不相伯仲，不可以優劣論，也反映出胡應麟公正客觀的詩論態度。

四、胡應麟李白評價對晚明詩壇的影響

如前所述，胡應麟從詩體、詩風、李杜比較幾個方面對李白詩歌及盛唐詩歌進行了品評。明末各家從自己的詩學理論出發，評論盛唐詩歌尤其是李杜詩歌時，大都重視胡應麟的觀點，受到了胡應麟的影響。

晚明許學夷的《詩源辯體》對李白各種詩體的評價幾乎都是承襲胡應麟。首

---

①〔明〕胡應麟：《詩藪·内編》卷三，上海古籍出版社 1979 年版，第 49 頁。
②〔明〕胡應麟：《詩藪·内編》卷四，上海古籍出版社 1979 年版，第 78 頁。

先，對於李白的歌行，許學夷認爲："其歌行雖漫衍縱横，錯綜無定，靡不合於天成，所謂'從心所欲，不逾矩'是也。若必求其法度所在而學之，則捕風捉影，反爲虚誕矣。"①這與胡應麟《詩藪》對李白歌行的表述相似。在論述樂府歌行時，許學夷還多處直接引用胡應麟《詩藪》中類似的話來論證自己的觀點"古詩窘於格調，近體束於聲律……李、杜之才，不盡於古詩而盡於歌行"②。其次，對於李白的絶句，許學夷評價説："五言絶，太白、摩詰多入於聖矣。胡元瑞云：'五言絶二途：摩詰之幽玄，太白之超逸'是也。"③胡應麟認爲李白絶句"字字神境，篇篇神物"④，許學夷就認爲李白絶句"入聖""入神"，還直接引用了胡應麟的評論，可見許學夷與胡應麟一樣，都對李白的絶句評價最高。最後，對於李杜的評價及盛唐詩觀，許學夷同樣直接引用胡應麟的《詩藪》："(胡元瑞)又云：'初唐以才藻勝，盛唐以風神勝，李杜以氣概勝，而才藻風神稱之，加以變化靈異，遂爲大家。'此論甚當。"⑤"此論甚當"可見許學夷贊同並推崇胡應麟以"才藻""風神"品評李杜詩歌的觀點，也可見許學夷的詩學思想與胡應麟一脉相承。因此，有論者稱："許學夷對明代復古派理論的接受主要來源於胡應麟。"⑥

比許學夷稍晚的詩論家陸時雍在《詩境總論》中對李白的詩體有不少評論，如認爲李白的詩歌"其殆天授，非人力也"⑦。這與胡應麟"杜之律、李之絶，皆天授神詣"觀點一致。又如"太白其千古之雄乎？氣駿而逸，法老而奇，音越而長，調高而卓。"⑧其對李白才、氣、調的評價顯然受到了胡應麟《詩藪》的影響："李才高氣逸而調雄，杜體大思精而格渾。"⑨再如陸時雍對李杜進行了比較："宋人抑太白而尊少陵，謂是道學作用。如此將置風人於何地？放浪詩酒，乃太白本行。忠君憂國之心，子美乃感輒發。其性既殊，所遭復異，奈何以此定詩優劣也？"⑩"少陵苦於摹情，工於體物，得之古賦居多。太白長於感興，遠於寄衷，本於十五《國風》爲近。"⑪陸時雍認爲李白、杜甫性情不同，創作方法不同，詩歌風格不同，不可以論優劣，這與胡應麟對二人並尊的態度一致。因此，陸時雍對李白的評價從其倡"神韻"的詩歌理論出發，受到了胡應麟論李杜詩的影響。有論者稱："陸時雍所標舉的風雅精神、主情境、倡神韻觀，一方面受到胡

---

①〔明〕許學夷著，杜維沫校點：《詩源辯體》，人民文學出版社 1998 年版，第 200-201 頁。
②〔明〕胡應麟：《詩藪·内編》卷三，上海古籍出版社 1979 年版，第 52 頁。
③〔明〕許學夷著，杜維沫校點：《詩源辯體》，人民文學出版社，1998 年版，第 162 頁。
④〔明〕胡應麟：《詩藪·内編》卷四，上海古籍出版社 1979 年版，第 103 頁。
⑤〔明〕許學夷著，杜維沫校點：《詩源辯體》，人民文學出版社 1998 年版，第 193 頁。
⑥ 李啟迪：《許學夷<詩源辯體>的盛唐詩觀》，西南大學 2013 年碩士学位論文。
⑦ 丁福保輯：《歷代詩話續編》，中華書局 1983 年版，第 1414 頁。
⑧ 丁福保輯：《歷代詩話續編》，中華書局 1983 年版，第 1414 頁。
⑨〔明〕胡應麟：《詩藪·内編》卷四，上海古籍出版社 1979 年版，第 67 頁。
⑩ 丁福保輯：《歷代詩話續編》，中華書局 1983 年版，第 1416 頁。
⑪ 丁福保輯：《歷代詩話續編》，中華書局 1983 年版，第 1414 頁。

應麟‘格以代降’觀的影響，另一方面有調和前、後七子格調論與公安派‘性靈説’的傾向。”①

再如胡震亨的《唐音癸籤》，對李白及盛唐詩歌的評價同樣深受胡應麟的影響。《唐音癸籤》輯録前人詩評專門研究唐詩，其中引用胡應麟《詩藪》之處舉不勝舉。其卷六是關對李白、杜甫詩歌評論的輯録，引用《詩藪》就有十處之多。例如其引用《詩藪》對李杜的比較：“唐人才超一代者李也，體兼一代者杜也。……”②再如“李杜二家，其才本無優劣”。③《唐音癸籤》對李杜的匯評多來自於胡應麟。因此，可以説胡震亨對李杜的評論直接繼承了胡應麟。

從以上分析可以見出，胡應麟從“體格聲調、興象風神”的詩學理論出發，對李白詩歌的評論，是在繼承王世貞等前人基礎上的總結與發展，對晚明詩壇陸時雍、許學夷、胡震亨等人對李白的評論有重要的影響，在明代李白接受史上占有重要的地位。

作者單位：成都杜甫草堂博物館

① 高仙：《陸時雍<唐詩鏡>研究》，中南民族大學 2011 年碩士学位論文。
② 〔明〕胡震亨：《唐音癸籤》，上海古籍出版社 1981 年版，第 58 頁。
③ 〔明〕胡震亨：《唐音癸籤》，上海古籍出版社 1981 年版，第 58 頁。

陳講年譜①

陳名揚

内容提要： 陳講（1487—1568），字子學，號中川，四川遂寧人，明正德十一年（1516）解元，正德十六年（1521）進士，官至都察院右副都御史巡撫山西。陳講追求實幹，經邦濟國，撰有《馬政志》，修有山西明長城；右文興學，作育人才，現山西大學前身河汾書院即爲他創建。退居蜀後，留心史乘，裒輯家鄉掌故，撰有《（嘉靖）潼川志》等。本文試鈎稽相關史料，以年譜形式展現其一生行實。

關 鍵 詞： 陳講；茶馬；長城；潼川志；楊名

陳講（1487—1568），字子學，號中川，明四川潼川州遂寧縣小東街（今四川省遂寧市船山區小東街）人。正德十一年丙子科（1516）四川鄉試第一名（解元），正德十六年辛巳科（1521）進士，選授翰林院庶吉士。歷任陝西監察御史（巡茶御史）、北直隸監察御史（提學御史）、貴州監察御史（巡按御史）、廣東監察御史、山西按察司副使（山西提學）、山西布政司右參政、山東按察使、河南右布政使、山西左布政使，官至都察院右副都御史巡撫山西，贈兵部右侍郎。入祀遂寧鄉賢祠。

嘉靖年間，陳講歷仕陝西、北直隸、貴州、廣東、山西、山東、河南等地。他追求實幹，經邦濟國，撰有《馬政志》（一名《茶馬志》），爲明代政書/茶書代表作；修有山西明長城一百八十里，雖不敵俺答、吉囊，終究苦心孤詣。右文興學，廣修學校，作育人才，卓有成就，現山西大學前身河汾書院即爲他創建。家居蜀遂後，留心史乘，裒輯家鄉掌故，編撰有《（嘉靖）潼川志》（存）、《（嘉靖）遂寧縣志》（佚）。

陳講詩追盛唐，文摹班馬，撰有《中川選集》（又名《中川集》《中川文集》，明刻本，佚）、《如鳥集》（明刻本，佚）等。友人楊慎（1488—1559）稱贊他："繡衣柱史岩廊才。"（《太史升庵文集》卷三十九）同僚高叔嗣（1501—1537）贊曰："師之名，高天下""以道治民，上下便之"。（《蘇門集》卷五、卷七）後渠先生崔

① 本文係四川省社會科學重點研究基地區域文化研究中心課題"遂寧歷史名人年譜彙編"（QYYJC1804）階段性研究成果。

銑（1478—1541）稱其爲“蜀之大儒”，言其學行則曰：“爲御史，作馬政，爲憲使，示學則。舉典以修言，體道而立準。”（《洹詞》卷十一）四川提學副使陳文燭（1535—1594）贊其曰：“先生博極群書，視學燕晋，雅正文體，鬱然爲海内儒宗。”（《二酉園文集》卷二）嶺南第一名臣翁萬達（1498—1552）稱其“志切先憂，力扞後患”。（《翁萬達集》）明穆宗《諭祭陳講文》論陳講曰：“性資端介，學問宏深”“信威惠之交孚，允聲猷之並茂”。（乾隆五十二年《遂寧縣志》卷九）雍正《山西通志》論陳講曰：“嘉靖間提學副使，寬而有制，品第士類，人咸服其明，建河汾書院，萃士之良者，課業有程，多所造就，歷官副都御史巡撫山西，增築城堡，邊境賴之。”（《山西通志》卷八十五《名宦三》）

明成化二十三年丁未（1487）一歲

正月二十九日，陳講出生於四川潼川州遂寧縣小東街（今四川省遂寧市船山區小東街）。

陳講曾祖陳本乾，祖陳萬鍾，父陳表，母熊氏。陳講爲長子，弟陳詠、陳議、陳試、陳詢、陳諮。陳講妻席氏，爲武英殿大學士、禮部尚書文襄公遂寧席書次女。（道光《安定席氏族譜》卷一）

《明代登科録彙編》六《正德十六年登科録》（1521）：“陳講，貫四川潼川州遂寧縣，民籍。國子生，治詩經。字子學。行一。年三十五，正月二十九日生。曾祖本乾，祖萬鍾，父表。母熊氏。重慶下。弟詠、議、試、詢、諮。娶席氏。四川鄉試第一名，會試第九十三名。”

關於陳講的具體出生地，《遂寧市志》云在遂寧縣羅家場。羅家場在今何處，現見兩説：其一，《遂寧市志》（2006年，頁2072）認爲，羅家場在原遂寧縣聯盟鄉（今屬遂寧市船山區永興鎮，位於城東北）；其二，《四川省遂寧縣地名録》（1985年，頁118）認爲，羅家場在原遂寧縣陳家鄉（今屬遂寧市安居區横山鎮，位於城西南）。兩地相聚二十多千米。考康熙《遂寧縣志》卷三古迹：“陳都堂墓，在羅家場。”陳都堂即陳講，這是目前所見關於陳講葬地的最早記載。清乾隆十二年《遂寧縣志》卷五墳墓：“山西巡撫陳講墓，在羅家場。”同康熙志。又，光緒《遂寧縣志》卷三《經濟》：“陳講……墓在今邑南羅家場。”注明了羅家場位於“邑南”。民國《遂寧縣志》卷二塋墓：“山西巡撫陳講墓，在真教寺。”民國時，陳講墓所在地由羅家場易爲真教寺，未知何故。羅家場在聯盟鄉之説，本於民國《遂寧縣志》，真教寺地名今存，屬原聯盟鄉。真教寺還有一小地名“爵老墳”，1985年《四川省遂寧縣地名録》頁56：“爵老墳，此一墳爲明代山西巡撫之墓，故名。聯盟公社駐地。”爵老墳，原聯盟鄉鄉政府駐地。“爵老”即陳講，蓋以陳講墓爲地名。羅家場在陳家鄉之説，前有光緒《遂寧縣志》“邑南羅家場”之注，又見《四川省遂寧縣地名録》頁118：“黄桷，原名陳家，宋名羅家場，元末場鎮被焚。明初，山西巡撫陳講，將此地買下作爲葬祖之墳地，故名陳講墳，人稱陳家墳。陳家由此得名。”1993 年《遂寧縣志》頁 85：“黄桷鄉原名陳家鄉，1951 年分横山鄉建立，因有明代山西巡撫陳講祖墳而得名……1984 年改名黄桷鄉。”此説指出，陳家鄉舊地名即爲羅家場，爲陳講祖墳所在地。兩説皆有所本。近訪鄉耆老，云爵老墳土改時被開掘，墓中現大量水銀，遺體如新。故羅家場應在今永興鎮真教寺。然，羅家場乃陳講葬地，非出生地。

又，據光緒《遂寧縣志》卷一《里鎮上安里》：“梓潼鎮，縣南一百二十里，明陳講有讀書臺古迹。”光緒《遂寧縣志》卷一山川：“永興寺，陳講讀書處。”永興寺在遂寧縣南百里處。光緒《遂寧縣志》卷六雜記：“讀書臺，在定明山之左，隸書‘讀書臺’三大字，高二丈餘。右行細字剥蝕，左行僅存‘紹興庚辰’字，最後存‘玉牒’二字，尾書‘陳講’字，餘漫滅，不可辨。故老相傳爲魏鶴山讀書處，或言陳講讀書處。”上述陳講讀書臺或皆指定明山讀書臺，雖有陳講落款，然有“紹興庚辰”字樣，光緒縣志並未斷定。遂寧縣梓潼鎮即今重慶市潼南區梓潼鎮，距明清遂寧縣城（今遂寧市船山區老城）五十多千米，遠離城市。今有學者憑上列史料言潼南爲陳講出生地，誤矣。

筆者近來點校陳講岳丈席書所著《元山文選》明刻孤本，見《祭柏溪陳獻之先生文》，是文徹底解决了陳講出生地之疑。全文如下：

“正德癸酉三月十四日癸未，柏溪陳獻之先生以疾卒於遂城新小東街之第。卒之日，貧無以給喪具，富者資以財，貧者資以力。遠近聞者，莫不哀慟。於時，河南布政司參政席書，乃郎丈翁也，守制服闋，方將北上，親視蓋棺，越四日丁亥，崇肉載酒，爲文以哭之。曰：昔司馬温公嘗言：吾平生所爲，未嘗有不可對人言者。吾獻之，歷數平生，内處家庭，外交親黨，誠未有不可對人言也。趙清獻公，晝之所爲，夜必焚香告天。吾獻之平生夙興夜寐，屋漏不愧，誠未有不可告諸天也。若夫托盧扁之術以醫名，假楊曾之説以地理名，此獻之濟人利物，欲人子安厝其親之一節也。豈其終身所志者與？吾獨惜夫獻之二親在堂，不克終養，一弟、三子、一女，尚未成立。子講，方以今秋吐冲霄之霓，奮摩天之翼，發解全省，行貢大廷，條對萬言，少遂顯揚之志。不能數月待者，此何爲與？天地間，性義可以勉而爲，修短不可力而致。獻之可能者，人也，不可能者，天也。嗚呼！生者，來也，人道之始也；死者，歸也，人道之終也。獻之得全人道而歸矣。尚何憾哉！尚饗！”（《元山文選》卷二，明嘉靖二十年（1541）刻本，北京大學圖書館藏）

考席文，陳獻之先生即爲陳講父陳表，陳表，字獻之，號柏溪。陳表卒於遂寧縣城内小東街宅第，故知陳講其家於小東街聚居焉，陳講亦當出生並成長於此。從該文還可知，陳講家族相較貧寒，陳表以醫道與風水爲業，德音聞於里巷。文中“一弟”即陳表弟陳衮。“三子”當爲陳講四弟陳試、五弟陳詢、六弟陳諮。

陳講的恩師爲秦安人李嵐。李嵐，字九雲，長於舉子業，善説《尚書》。明正德初，李嵐任遂寧縣知縣，陳講即於其時受業其門。

《明清秦安志集注》三卷頁303、304：“李嵐，字九雲。九雲長於舉業之學，善説《尚書》，尤長於誨導諸弟子。諸弟子執經者相望，先生諄諄啓迪，久而不倦，或入夜無燭，先生瞑目講解，不以爲瀆，人莫不難之。正德初，仕爲四川遂寧知縣。遂寧劇邑，非進士不以授，嵐授遂寧，人以爲榮云。宰遂寧以寬，然猶説《尚書》以教諸士子，而獨愛陳生講，講後舉解元，登進士，改庶吉士，卒成名儒，人以嵐爲知人云。入覲，以疾留於家，遂卒。……胡纘宗曰：弘治初，以舉子業教誨諸弟子，爲鄉弟子所尊禮者，若什邡公澤國、遂寧尹九雲、湯陰尹大經，或以詩，或以書，皆口授諸弟子，諸弟子咸勃然向學，彬彬侁侁，鳴於隴西，於時鄉人翕然稱善教焉。乃後三先生出宰大邑，有所建立，不負所學，而諸弟子多取科第，後先顯赫，人莫不歸三先生焉。”

三月十五日，丁未科殿試，遂寧佘本實（誠之）中式三甲第三十二名，賜同進士出身。（《成化二十三年進士登科録》）

弘治三年庚戌（1490）四歲

三月十五日，庚戌科殿試，遂寧席書（字文同，號元山）中式三甲第一百二十二名，賜同進士出身。（《弘治三年進士登科録》）

弘治六年癸丑（1493）七歲

三月十五日，癸丑科殿試，遂寧王翀（廷鳳）中式二甲第八十五名，賜進士出身。（《弘治六年進士登科録》）

弘治十二年己未（1499）十三歲

三月十五日，己未科殿試，遂寧黄偉中式二甲第三十五名，賜進士出身。（《皇明貢舉考》）

弘治十八年乙丑（1505）十九歲

六月十四日，楊名（字實卿，號方洲）生於遂寧縣。（生日據《嘉靖八年進士登科録》而知）

正德三年戊辰（1508）二十二歲

二月十五日，戊辰科殿試，射洪楊最（殿之）中式二甲第一百二名，賜進士出身；遂寧杜宷（仲和）中式三甲第二百三十一名，賜同進士出身。(《正德三年進士登科録》)

正德六年辛未（1511）二十五歲

三月十五日，辛未科殿試，遂寧王完中式三甲第一百八十七名，賜同進士出身；遂寧王寧（仲一）中式三甲第二百六名，賜同進士出身。(《正德六年進士登科録》)

正德八年癸酉（1513）二十七歲

三月十四日癸未，陳講父陳表（獻之）卒於遂寧縣城内小東街家中。三月十八日丁亥，時丁憂在家即將北上詣闕的席書撰《祭柏溪陳獻之先生文》紀念之。席書稱陳表“内處家庭，外交親黨，誠未有不可對人言也”“平生夙興夜寐，屋漏不愧，誠未有不可告諸天也”“獻之得全人道而歸矣”。

又，席書在《祭柏溪陳獻之先生文》中提到“子講，方以今秋吐沖霄之霓，奮摩天之翼，發解全省，行貢大廷，條對萬言，少遂顯揚之志。不能數月待者，此何爲與？”謂陳講正準備是秋四川鄉試。因父親即世，陳講未應癸酉科鄉試，在家守孝三年。

正德九年甲戌（1514）二十八歲

三月十五日，甲戌科殿試，遂寧席彖（字材同，號梅山）中式三甲第五十二名，賜同進士出身。(《皇明貢舉考》)

正德十年乙亥（1515）二十九歲

是年，自山東右布政使任上再回遂丁憂的席書携陳講與席春、席彖、王翀（時辭户部郎中職回遂家居）、王瑄等邑賢請遂寧知縣范府全面重修遂寧縣城墻。明年二月，工成。

> 席書《重修遂寧縣城記》：“逾年乙亥，百度具舉，吾士人謀曰：囊保兹城，實惟天幸，曷兹重新，用圖克永。維時鄉大夫户部郎中王君翀，解組城居，予自山東右布政與母弟今翰林庶吉士春、户科給事中彖，各守制還邑，暨今給事中王瑄，庶吉士陳講，合士人耆庶，請於范侯，侯曰：吾志也！具白巡撫馬公昊，報可。侯與主簿曹忠、杜堂率邑人矢於城隍，神相人協，乃身斯役，弗式於昔，弗謀於衆。步周丈，度工力，計丁糧，視舊高若干，闊若干，石厚薄幾何。尋故壘，築四方城。集金工、石工、土

工。擇八大姓余本璇等券八城門，餘姓視丁力授周垣尺丈。首先，有司掄義官燕春、王朝傑、于東、汪嵩、于南、余季寬、陶鳳陽於西與北，各司門之左右。又，余守寬、潘從裕、楊進萬，司四月城。經略既允，卜日即工，遠邇效力。少以畚，壯以杵，工以槌以鑿，營營匈匈，如蟻斯附，如閧斯聲。石采於山，或輓或舟，蔽江塞道，而負薪給餉者，魚貫繩連。俟日試月程，繼以旦夜，未臘，百堵逾半。適我黄公以工部尚書奉詔歸掃，曰：有是哉！丙子二月，厥工告成。”（《元山文選》卷二）

正德十一年丙子（1516）三十歲

是年丙子科，舉行兩京十三藩鄉試。在四川鄉試中，陳講中式第一名，爲解元。（《皇明貢舉考》）按：陳講是遂寧明代史上兩名解元之一（另一位是楊名）。

高叔嗣《贈陳中川公拜山東按察使序》：“公少以善文，四川舉之第一人。”（《蘇門集》卷五、《皇明文選》卷十六）

同年中舉的遂寧人還有王珝（汝成，後任洛川知縣）、陳衮（陳講叔父）。

按嘉靖《潼川志》選舉志上，正德十一年四川鄉試，遂寧中式三人，分别是陳講、王珝、陳衮。陳衮是陳講的叔父，兩人同年中舉。陳衮傳曰：“陳衮，字補之。父萬鍾，教授其鄉，有清修之行。衮日承嚴訓，尤勵名檢，爲鄉評所許可，未仕卒。”

正德十二年丁丑（1517）三十一歲

三月十五日，丁丑科殿試，遂寧席春（仁同）中式三甲第一百六十一名，賜同進士出身；遂寧王瑄（子成）中式三甲第一百八十名，賜同進士出身；蓬溪譚纘（元孝）中式三甲一百八十九名，賜同進士出身。（《正德十二年進士登科録》）

正德十五年庚辰（1520）三十四歲

庚辰科會試，陳講以《詩》中式第九十三名，成貢士。（《中國科舉録彙編》四《正德十五年會試録》）

正德十六年辛巳（1521）三十五歲

四月初十，席彖卒於謫所，年四十六，葬遂寧縣城北嘉福橋石馬坪（今遂寧市船山區新橋鎮石馬坪）。（《安定席氏族譜》卷一年譜，清道光五年遂寧刻本）

五月十五日，辛巳科殿試，陳講中式三甲第十六名，賜同進士出身。選授翰林院庶吉士（《明世宗肅皇帝實録》卷二）。讀中秘書。

《明代登科録彙編》六《正德十六年登科録》：“正德十六年五月十五

日諸貢士赴内府殿試，恭遇武宗毅皇帝大喪禮，先期本部奏准，事宜從簡。是日早，引諸貢士於西角門行五拜三叩頭禮。畢，赴奉天殿前丹墀内侯策問。”明游居敬《翰林修撰升庵楊公墓誌銘》：“辛巳，校文禮典，受卷秘閣，所取多知名士，官至館閣臺省者若干人，修撰楊公維聰、中丞陳公講，其著也。”（《明文海》卷四百三十四《文苑》）高叔嗣《贈陳中川公拜山東按察使序》：“登進士，讀中秘書，學益閎。”（明）陳文燭《<中川選集>序》：“先生少年有高才，舉鄉試第一人，成辛巳進士。會肅皇帝登極，選翰林吉士。與吾沔童士疇先生讀中秘書。兩人尤相驩，以才華稱敵家。”（《二酉園文集》卷二，明天啓三年（1623）刻本）

同年中進士的還有蓬溪縣譚閶（三甲第一百五名進士）、射洪縣劉逈（三甲第一百一十八名進士）等。按：譚閶夫人爲席書長女，故與陳講爲連襟。

嘉靖元年壬午（1522）三十六歲

十一月，陳講由翰林院庶吉士除陝西監察御史。（《明世宗肅皇帝實録》卷二十、《國榷》卷五十二）

楊慎撰《太華山歌送陳子學》贈陳講赴陝西任職。

楊慎《太華山歌送陳子學》詩云：“五星墮地爲五嶽，金虎西南動芒角。踐華爲城類削成，云是巨靈之手斵。三條鼎立當中央，直與鴻濛莫清濁。太一終南培塿開，洪河清渭繞行杯。日華先照蓮花上，雲氣常從仙掌來。高穿箭括通天路，俯瞰明星玉女臺。冷然風馭不可駐，降望大壑令心哀。繡衣柱史岩廊才，入關玉節凌崔嵬。搖山撼嶽下閶闔，青冥白日驅風雷。奔軼絶塵亘萬里，驄馬蹀躞無虺隤。君家老仙舊隱處，丹爐石榻荒蒼苔。登臨不問烟霞侶，但借神池一勺洗盡區中埃。千仞峯端秋隼健，題書好寄西風回。”（《太史升庵文集》卷三十九，明萬曆十年（1582）蔡汝賢刻本）按：是詩於康熙《遂寧縣志》卷三《藝文》上中題爲“太華山歌送陳子學巡方三秦”。

嘉靖二年癸未（1523）三十七歲

是年，陳講任陝西監察御史，巡視陝西馬政（故又稱巡茶御史）。

按《蘭臺法鑒録》[明萬曆二十五年（1597）刻本]卷十五：“嘉靖二年，由庶吉士授廣東道御史。”據《明世宗肅皇帝實録》，該條記載錯誤。

正月廿六日戊辰，陳講上書，言：“内閣之位不可一日虚，其權不可一日假。自閣臣稱疾，擬票遂從中出，履霜堅冰，漸不可長，乞詔廷和等亟出供職。”（《明世宗肅皇帝實録》卷二十二）

按：陳講此次上疏載《皇明疏鈔》卷二十八，題曰《明公論以消私黨疏》。該文又見於康熙《遂寧縣志》卷四《藝文》中，題曰《請飭群臣和衷疏》。陳講《明公論以消私黨疏》略曰："竊見近日山東僉事史道舉大學士楊廷和不法等情，廷和奏辯方已，而尚書彭澤繼有所言，科道交章甫畢，而御史曹嘉復有所論……夫公論不明於天下，而後朋黨之説起，此國步之厲階，縉紳之禍阱，戕元氣而傷太和，莫此爲甚也。豈聖世之所宜有，而抑豈宗社之福哉……自陛下踐祚以來，納諫求賢，勵精圖治。然旋乾轉坤，功業雖顯於無前，制治保邦，根本猶疑於未固。權奸擯矣，檻虎潛復噬之威；冗員汰矣，死灰萌復燃之熖。去歲江南大水，而天道變於上，京師地震，而地道變於下。盗賊横亘於中原，夷狄憑陵乎邊境，此其何時哉！大小臣工，正當蹇躬盡瘁，協志同心，以承陛下之德，以建太平之基，可也。而可相忌相疑，切齒秘忿，倒戈自攻，以快一己之私哉？臣聞君子之處小人，必有其術。而其應之也，常恐其疏。彼方旁觀，竊伺日夜，以乘吾之隙。吾大小相安，彼此戮力，修其本以勝之，猶懼其有一朝之患也。而顧胥讒胥怨，自貽其隙，長彼歡呼踴躍之氣，而啓覬覦觀望之心。此何爲哉！譬諸泛舟風濤，而舟子相仇，舟中之人弗之利，而舟外之人所必喜。然不知舟既不測，招招舟子同能免乎？私忿可快，而天下之公論可畏也。臣下不足惜，而祖宗之社稷可痛也。臣又聞，内閣者，重地也。成祖文皇帝設爲是官，定秩五品。仁宗以後，隆以師保，其任尤重。蓋國初章疏日簡，總覽在朝廷，其勢力不得不輕。後世機務日繁，而擬票付臣下，其勢不能不重。勢有可輕而不必於重，是以儒生堪視草之司；勢有可重而或失之輕，是以逆瑾恣專權之禍。曉事者，斷知其位不可一日而少虚，權不可一日而少假也。臣見曹嘉舉劾之後，内閣大臣乞休家居，或稱疾不出，閉閣二日。擬票由中，履霜滋堅冰之萌，大阿授倒持之柄，是徒知人言可避，而不知大柄之不可移，徒知他日責有所歸，而不知今日漸不可長也！慮變謹微、奉公體國者，固如是哉。夫朝廷者，衆正之本原、是非之衡鑒。伏望陛下清心觀理，虚己察言，明治亂之歸，審邪正之辯，大奮乾斷，主張公議，敕下大小臣工，念兹時勢之艱，各效公忠之義，和衷合德，同寅協恭……仍乞陛下詔楊廷和等急出供職，以終太平之功，將史道薄示罪罰，以昭含弘之治也。臣不勝戰慄懇祈之至。"

陳講涖伏羲故里秦州（今屬天水），撰有《謁太昊宫》《登卦臺》《八卦臺》等詩。陳講與甘肅巡按御史盧問之在原太昊宫的基礎上大規模修建伏羲廟。計建牌坊三間、大門三間、儀門三間、先天殿七間、太極殿五間、朝房二十間、見易亭一座，奠定了伏羲廟的規模與建築基礎。

（明）唐龍《重建伏羲廟記》："嘉靖紀元之明年，巡茶御史陳講，聿舉厥功，登登而作。巡按御史盧問之既至，茂先世典，申飭攸司而分攝之。"

(《皇明文選》卷八，據天水伏羲廟碑廊所存原碑校改)《秦城區志》頁847：“嘉靖二年(1523)，陝西監察御史陳講，甘肅巡按御史盧問之在原太昊宫基礎上，主持修建伏羲廟。”《中國寺廟通論》頁62：“甘肅天水伏羲廟，位於甘肅天水市城區西關伏羲路北。又名太昊宫，是全國最大的伏羲祭祀建築群……當時的規模並不很大，從嘉靖三年（1524）開始，御史陳講用了三年時間不斷擴建、增修。”

是年，陳講歸省，偕内兄席中（月川）登遂寧城東靈泉山。陳講岳丈席書之弟席彖曾讀書其上，有“梅山書屋”。陳講撰《登梅山書屋》。

陳講《登梅山書屋》詩序云：“靈泉爲遂寧名刹，四峰奇峭，一水襟流，迥絶人世。今贈少卿席梅山彖讀書其上。梅山卒，寺僧圖其像於其堂，匾曰‘梅山讀書屋’。嘉靖癸未，予按陝歸省，偕其侄、吾内兄月川哭其所，因作詩二章貽僧。嗚呼！曩予見梅山立朝，正色剴諫，死且弗悔，君子謂之遺直。徵於其素，其得之山川者多矣。悲風冥雨，若助予泣，山靈其有知哉！”詩曰：“十年司諫棲遲地，匹馬清秋悵望時。更有篇章留諷詠，猶疑風雨助唔咿。冰霜地下照顔色，鐵石人間起夢思。萬壑江聲悲落葉，忍摩蒼蘚讀殘碑。”又，“鳳鳴鶻擊昔何如？伏閣曾看引帝裾。朔漠有書回八駿，長沙無賦吊三閭。褒函飛下光泉室，諫草編摩貯石渠。山舍一經空架上，夜深風雨正愁予。”（乾隆五十二年《遂寧縣志》卷三“山川”）

嘉靖三年甲申（1524）三十八歲

是年，陳講任陝西監察御史。

陳講上疏，以商茶低僞，提請朝廷悉徵黑茶。這是“黑茶”這一名稱在我國古代文獻中首次出現，表明了黑茶最晚於明中期已大量生産。

《馬政志》卷一：“嘉靖三年，御史陳講以商茶低僞，欲悉徵黑茶。恐地産有限，乃第茶爲上中二等，三七爲則，每千斤定上茶九十九，篦中茶二百二十一。篦令漢中府秤盤注引，每篦用上中火印烙記，書本商姓名，以候追考。令置口巡檢司驗篦，以杜夾帶，□去蘭臨，秤盤以復季御史之舊。又以商人收買草茶，賂其茶司，給以借用，實收更引，自買輾轉興販，莫可詰責，一切汰去。”

《明史》卷八十《志》第五十六《食貨》四茶法：“嘉靖三年，御史陳講以商茶低僞，悉徵黑茶。地産有限，乃第茶爲上中二品，印烙篦上，書商名而考之。旋定四川茶引五萬道，二萬六千道爲腹引，二萬四千道爲邊引。芽茶引三錢，葉茶引二錢。中茶至八十萬斤而止，不得太濫。”

陳講以正德十六年詔書革去弘治十三年以後新增條例，疏請復楊一清嚴禁私茶前例。疏略云："番人寄命於茶，固一日不可少者。國家招易之設，實欲繫彼歸向之心。私販盛行，茶法沮壞，此勢之所必然。仰惟我祖宗以生人爲德，而獨於茶禁，有犯則必以死刑處之。臣深見其然者。夫死刑至重，非臣敢輕議，但前例遵行，似有不當革者。臣惟都御史楊一清所奏，獨爲茶法而設……今當茶法敗壞之餘，若不奏請舉行，則私販大滋，而茶馬終無修復之日，邊方之患，有不可勝言者矣。"（《馬政志》卷一）

陳講疏請修復關堡，設置官兵，並照依楊一清事例，選取憲臣巡禁茶馬。疏略曰："臣惟國家茶馬之設，假摘山之利，易充厩之良，固以濟乎邊務，實欲制乎戎心。蓋茶雖我中國不急之物，而番人得之則生，弗得則病且死。故欲以是羈縻之，使之世受約束，藩我西土。雖不必表河曲通玉門，而亦可坐斷匈奴之臂矣。策之上者，孰大於是哉！……臣自受命以來，夙夜憂惶，思欲圖復舊規，盡祛痼弊，使諸番效差發之誠，而藩籬自固，邊城積充厩之盛，而雲錦成群，此臣之志也，亦臣之分也。但臣才識短淺，而巡歷地方，又甚闊遠，臣又兼理寺監馬政，凡此似非臣一人所能獨辦。巡守職任弗專，亦難責備。且臣嘗歷徽、成、西、禮等州縣，見其山勢巉絶，林木險阻，崇厓巨□，萬徑千岐，私販公行，蟻積魚貫，以此之勢，豈州縣之數十之機兵所能禁制哉……設立關堡，以塞私販之源……"（《馬政志》卷一）

夏，陳講以茶馬寄養困累貧軍，馬亦耗敗，於岷州、河州建馬廠，委官領牧，並疏請處置料芻。疏略曰："臣惟國家茶馬之設，一以繫諸羌之歸向，一以給三鎮之騎征。軍國重務，莫大於此。然始也，每病於招易之難，其既也，復病於寄養之苦……夫茶馬所以濟乎邊務，而今以病乎衛軍，若不預爲之處，臣恐三邊未濟而三衛先困矣……自嘉靖三年起，以三分爲率，二分撥給三邊及缺乏地方，按濟軍餉，一分俵散三衛，並沿途驛遞，專供茶馬……"（《馬政志》卷一）陳講《重修馬廠記》略曰："平凉府城南，有行太僕馬廠，乃邃庵楊公所創也。公於弘治間，以大中丞出理馬政，至平凉，首□縣倉舊址，設廠修政……正德以後，事勢日非，政不復舉，廠寖以壞。嘉靖甲申夏，余按平凉，迹其所校，視諸司之馬，敗壁頹垣，暴露炙日，不可以庈，乃與苑卿郭孟威計圖修復。咸以財力爲難。孟威曰：工用取於苑贖，可不經有司也，庸役徵於苑丁，可不煩齊民也……余於是乃以平凉府判張祚司營度，指揮陳清司課試，千户李璽司分理，而孟威總焉。凡三月而爲堂三間，爲後寢三間，爲前門三間，增廂廡十二楹，復厩宇三十六所，完周垣一百四十五丈……昔者，廠修而政舉，廠圮而政廢，此其明驗也。故曰：可以卜政也。雖然，廠何爲哉？存乎其人也！人存則政舉矣……"（《馬政志》卷四）陳講《馬神祠記》略曰："平凉苑馬寺有馬神祠，余按行謁之，見其卑隘，弗稱吏宇，囚獄錯峙環匝，穢潦蒸騰，不足以妥神布靈，衍利孳牧也。遂圖遷建。得城東太僕馬廠廢址，□塏閑曠，若有待焉。乃歸之苑卿郭孟威作廟，其中爲堂三間，翼以兩廡，棚以露亭，重以戟門，繚以周垣，復建別廟二所，以祀玄武諸神，設別

館十有一間，爲兩寺吏胥及監苑官屬時舍……”（《馬政志》卷四）

陳講請朝廷增設陝西、甘肅二寺各少卿一員，分管延綏、寧夏。詔從之。（《明會要》卷三十八《職官十》，《明史》卷七十五《志》第五十一《職官四》）陳講疏略曰：“臣惟中國之患在邊防，軍國之務在馬政……馬政之廢，莫甚於今日矣。訪得各邊領軍官員，既不能嚴督軍人，用心喂養馬匹，却將軍人應給草料，尅減自肥，甚有將領等官或將官馬抵□侵奪，或馱載私物……伏望陛下念西北大防，察軍國重務，乞勑吏兵二部會議，量添少卿一員，分地管理……”（《馬政志》卷四）

秋，陳講編成《馬政志》一書。計四卷，分别是：卷一茶馬（差發、禁諭、巡察、課茶、商茶、私茶、招易、給領、食茶）、卷二鹽馬（池井、課額、引目、鹽法、巡察、召中、鹽司）、卷三牧馬（寺苑、牧地、牧軍、種馬、科駒、分理、奏報、公儲）、卷四點馬（僕寺、馬額、稽考）。是書載明代馬政沿革甚詳，還存有陳講、楊一清等多篇奏議、碑記。嘉靖三年由郭孟威刊行。《四庫全書總目提要》稱贊陳講爲“勤於爲政者”。

陳講《<馬政志>序》：“序曰：嘉靖改元之明年，講奉天子命，按治陝西馬政。疲駑之力，重任莫勝。犇漢沔，歷洮河，駐秦關，望於汧隴，遠想成周之盛，有餘慨焉。所至咨惟故老，咸以舊典湮滅，莫可殫述。放於西凉，得敝篋敗紙，啓而視之，皆馬政之故也。於是，考金牌之制，得茶馬；考靈漳之課，得鹽馬；考監苑之司，得牧馬；考騎操之額，得太僕點馬。講因是重有感焉。夫馬之登耗，國之舒蹙繫之，故馬政置制，大道之世，已弗能亡。然三代而下，莫善於唐之坊監，莫不善於宋之保馬。蓋唐牧於官，宋牧於民。牧於官，人存則政舉；牧於民，馬未肥而民已瘠矣。安石之禍，顧弗可鑒哉！明興，酌古創制，南北太僕之政，因革不同。然咸未有如陝之制也。牧馬在官，而不在民；鹽馬在商，而不在官；茶馬在夷，而不在中國。僕寺以稽之，憲臣以督之，矩度之宏，綜理之密，此豈前代所有哉！迺於是，裒拾舊文，匯而成帙，爲《馬政志》。紀實弗飾，用備觀覽云爾。苑卿郭孟威偶得而閲之，謂講曰：懿哉，國之制乎！用之可以興政哉！講曰：未也。昔人有索驥者，按圖以行於天下。驪黄騕褭，匪圖弗録，卒之抱圖終日，驥不可得，爲天下嘆。蓋志之所載者，迹也；變而通之者，心也。時有推移，政有沿革，伸縮損益，豈不在人哉！《詩》云：秉心塞淵，騋牝三千。又曰：思無疆思，馬斯臧。夫澄之以塞淵之本，而復通之以無疆之思。政當弗外，是以興矣，志何爲哉！孟威曰：事不師古，其胡用訓，吾將刊布之，俾我有位者圖焉。嘉靖三年甲申秋遂寧陳講書。”（《馬政志》卷首）

按《四庫全書存目叢書》史部第 276 册影印有四川省圖書館藏陳講《馬政志》，存卷一、卷四。該版前有嘉靖二十九年庚戌（1550）秋九月望日陝西巡茶御史劉崙《重修<馬政志>叙》，嘉靖三年甲申（1524）孟冬望日唐龍

《<馬政志>序》，以及嘉靖三年秋陳講《<馬政志>序》；卷四後有嘉靖十一年壬辰（1532）陽月望日黄岡賈啓所撰《書重修馬政志後》，以及李一氓手書跋語。據序跋推定，川圖版應爲嘉靖二十九年（1550）重刻本。又，《續修四庫全書》史部第859册影印有寧波天一閣博物館藏陳講《馬政志》，存卷一、卷二、卷四。書前有嘉靖三年秋陳講《<馬政志>序》，卷四後有李一氓手書跋語，與存目本一致，蓋卷一、卷二爲天一閣原藏，卷四取自川圖。天一閣版應爲明嘉靖三年初刻本。重刻《馬政志》，亦足見該書之重要性。李一氓跋云《明史》所載陳講《茶馬志》四卷當爲此書。（萬曆）《四川總志》載陳講"著《茶馬志》《如鳥集》等書"，故在萬曆時，陳講即以撰《茶馬志》而聞名。據前考，茶馬爲《馬政志》卷一之内容，《茶馬志》應爲《馬政志》異名。再經《明史》載記，故諸書多以《茶馬志》稱《馬政志》。《（康熙）遂寧縣志》載陳講撰有《陝西茶馬志》，亦應爲同書。陳講編撰之《馬政志》（《茶馬志》）爲明代政書代表作、明代蒙古史重要漢籍史料，更是中華茶文化重要典籍。又，《千頃堂書目》載蓬溪譚宣（成化八年進士譚宗泗之父）亦撰有《茶馬志》，佚。

嘉靖五年丙戌（1526）四十歲

是年，陳講任北直隸監察御史，提督學校（故又稱提學御史）。

按《蘭臺法鑒録》卷十五："五年，督學北畿。"（萬曆）《四川總志》："陳講，遂寧人，嘉靖中歷直隸、山西提學。所至造育人材，卓有成就。"

陳講任職期間，賞識魏縣（今河北魏縣）知縣李冕（1490—1563）之才，上奏朝廷，力薦擢升。（《百脉文化隨筆》頁124）又，安肅縣（今河北徐水縣）訓導楊汧"正身率物，遇才雋之士，輒改容禮之，諸生有貧者，則出俸金以濟其不及"，陳講贊曰"此真人師矣"，乃命其爲諸庠都講。（《汴京楊姓名人》頁17）

嘉靖六年丁亥（1527）四十一歲

二月，席書疾篤，詔加武英殿大學士，賜第京師。初十，卒，年六十七，謚"文襄"，歸葬祖居地珉水壩（今遂寧市大英縣金井壩）。（《安定席氏族譜》卷一）

考席書所撰《吾世祖訓導横岡先生墓碑》《席氏先塋記》（俱見《元山文選》卷二），知遂寧席氏宋元故居在遂寧府長江縣珉水壩（今遂寧市大英縣回馬鎮文武村金井壩）。珉水壩東鄰石子壩，西界趙桂芳，南北皆濱涪江。席書宋元先祖俱葬珉水壩横岡楊雀林（"友軫而上，宋元先瑩，俱葬此林，又名席家陵"），陵右爲海棠池。席書天祖席復（1323—1408，字無悔，號横岡，歷官遂寧州學訓導、潼川州學訓導、合州州學訓導）元配張氏，再娶王氏，生二子：席仕霖、席汝霖。侄席仕隆。次子席汝霖出繼姑父姚教授子姚好問爲後。王氏没後，席復再娶譙氏，並撫其前夫子王景淵。爲了避免日後家族紛争，席復將客館鎮（今遂寧市大英縣蓬萊鎮）家産分給侄子席仕隆；遂寧城（今遂寧市船山區老城）家産分給長子席仕霖；割珉水壩祖居一半家産給王景淵，令其“世守先塋”。永樂六年戊子（1408），席復卒於珉水舊居，與譙氏合葬於楊雀林。席復長子席仕霖無後，次子席汝霖遵養父姚好問遺囑，繼承了遂寧席氏在遂寧城的家産，從此席復後裔世代繁衍於遂寧城（“厥後，席氏世居遂城”。席書世系爲：友軫—復—汝霖—思恭—瑄—祖憲—書）。在席書之前，席氏家族已三十多年未祭掃珉水壩祖塋，珉水壩席家陵爲王氏所吞并，席氏界地也被侵占大半。正德六年（1511），時河南布政司參政席書丁憂回遂，著手處理此事。後經憲司移檄潼川州，由遂寧縣主簿曹忠、蓬溪縣主簿張經合勘疆界，將楊雀林、海棠池歸還席氏。席書於楊雀林刻擘窠大字——“遂寧席氏先塋”，並令席氏族子一人“承種海棠池，歸復故田，結廬墓，爲世守園林”。

席書去世後，嘉靖帝兩年内連續三次遣大臣諭祭（分别爲禮部右侍郎劉龍、四川布政使司右參議龔守愚、四川布政使司右參議朱概）。蜀王亦遣成都左護衛指揮僉事張晨諭祭。此外，名臣王陽明、黄綰、楊一清、霍韜、方獻夫等均有詩文挽之。(《安定席氏族譜》卷五）

陳講《哭席文襄公》:“佳城金碧畫圖張，御墨淋漓感帝皇。珉水派分伊洛遠，横岡支接草廬長。才多自昔稱三仲，學富而今隨五楊。絮酒墳頭滴春草，門墻恩義淚沾裳。”(《安定席氏族譜》卷五）

嘉靖七年戊子（1528）四十二歲

是年，陳講任貴州巡按。

陳講將黄平州學自城南遷城西。（乾隆《貴州通志》卷九）

秋，戊子科四川鄉試，楊名中式第一名，爲解元。(《嘉靖八年進士登科録》《皇明貢舉考》)

十二月十六日癸未，陳講與巡按四川御史戴金爲烏蒙、烏撒、東川土官反叛事上書，乞求俯順民情。(《明世宗肅皇帝實録》卷九十六）

嘉靖八年己丑（1529）四十三歲

三月十五日，己丑科殿試，年僅二十五歲的楊名廷對第三，賜進士及第，爲探花（遂寧歷史上唯一探花、明代四川兩位探花之一）。

楊名《御試策》略曰：“臣竊惟天下者，勢而已矣。其土地之遼邈，民物之繁衍，事務之紛藉，皆勢也。天能覆之，而不能治之；地能載之，而不能教之。故即天地之中，而特立乎！聖人以爲治教之君師，所以繼天立極，爲民作則，其任亦大且艱矣。夫人君以孑然之身，成位乎其中，與天地參……陛下發自淵衷，直歸於用人之失真。所謂明見萬里之外，心游八紘之表者也。臣請得而備論之。天變之來，民心之怨也。民心之怨，任官之非也。任官之非，進退之倒置，勸懲之失宜，選任無公平之道也。何以曰天變之來，民心之怨也？蓋天聽自我民聽，天視自我民視。故民心和則雨暘，時若寒暑順度，四時無忒，百穀皆登。今也，號泣之聲達於四境，呻吟之氣蒸於兩間。是人心已不和矣！天變不由是而作乎？何以曰民心之怨，任官之非也？蓋國之本在民，民之命在官。故官得人則靖共爾位，保我黎民，生養可遂，教化可行。今也，食君禄者，惟急私室，視民瘼者，不切己身，是任官已非人矣。民心不由是而怨乎……臣愚，乃合而爲一，正以其各有所當先務也。臣願陛下昭離明之照，奮乾剛之斷，知天變之消，和人心其先務也。凡所以撙節民財，愛養民力者，無所不用其極。宫室可卑也，衣服可惡也，飲食可菲也。惟恐戾人心之所欲，以傷國本也。知人心之和、官得人，其先務也。凡所以敷求哲人，明揚側陋者，無所不用其謹。左右可問也，諸大夫可詳也，國人可察也……財之不充，冗費害之也。而所以爲冗費者，不止一事。土木之興也，兵旅之用也，禱醮之需也。三者不去，則財不充。臣願陛下斟酌時宜，不惑人議，斷然止之而不爲，則財不期充而自充矣。食之不足，冗食糜之也。而所以爲冗食者，不止一端。額外之官吏也，宫中之宦妾也，老羸之軍匠也。三者不簡，則食不足。臣願陛下裁定常數，毋拘故事，奮然省之而不吝，則食不期足而自足矣……夫心之所係，雖云至重而功用之推廣。其大者，不過有六，曰修身曰敬天曰法祖曰愛民曰體臣曰講學。心純則六者皆得其極，不純則六者皆失其理……臣願陛下矜臣之愚，采臣之言，益加謹勉。凡物之感於前者，必察何者爲天理，何者爲人欲……臣所事者，仲尼之學，陛下所用者，仲尼之道。故拳拳反覆以仲尼之言爲獻。倘蒙采納，天下萬世之福，臣愚之幸也！臣草莽之人，不識忌諱，干瀆天威，臣不勝戰兢隕越之至！”嘉靖皇帝御批曰：“能守聖學以爲本，此乃知要之説。”（詳見《嘉靖八年進士登科録》）

同榜進士還有射洪縣謝載（三甲第八十二名）等。

嘉靖九年庚寅（1530）四十四歲

十一月廿二日戊申，陳講由廣東道監察御史升爲山西按察司副使提調學校（故又稱山西提學）。（《明世宗肅皇帝實録》卷一百十九）

陳講利用原山西巡撫衙門舊址籌建河汾書院，並購置經、史與百家之書一千六百餘卷，學田一百餘頃，選拔優等生員一百五十人入院。次年，又在書院建“三賢堂”，祀奉山西先賢王通、司馬光、薛瑄，以激勵生員勤奮治學。該書院後爲晋

陽書院，爲今山西大學前身。（郝樹侯《源遠流長的山西大學——略述明清的晋陽書院》）

嘉靖十年辛卯（1531）四十五歲

是年，陳講任山西按察司副使，提調學校。

陳講於寧武所學宫試生儒、立等第、定貢額。（《寧武關修學碑記》，見《三晋石刻大全》）

嘉靖十一年壬辰（1532）四十六歲

是年，陳講任山西按察司副使，提調學校。

壬辰科會試，楊名任同考官，“務在得人，不必己出，咸服其度”。（羅洪先《翰林院編修楊公實卿墓誌銘》）黄珂三子黄華（字秀卿，號梓谷）以《春秋》中式第二百六十四名，成貢士。（《嘉靖十一年會試録》）

三月十五日，壬辰科殿試，黄華中式二甲第四名，賜進士出身。（《嘉靖十一年進士登科録》）

秋，彗星見，楊名應詔極論用人行政之道本於喜怒。下詔獄。（羅洪先《翰林院編修楊公實卿墓誌銘》）

嘉靖十二年癸巳（1533）四十七歲

二月廿三日丙申，陳講由山西按察司副使晋升山西布政司右參政。（《明世宗肅皇帝實録》卷一百四十七）

是年，楊名謫戍瞿塘。（陳講《翰林院編修楊公實卿墓誌銘》）

秋，楊名奉詔致仕。（陳講《翰林院編修楊公實卿墓誌銘》）

嘉靖十三年甲午（1534）四十八歲

是年，陳講任山西布政司右參政。

八月，山西甲午科鄉試，陳講充任提調官。

> 高叔嗣《贈陳中川公拜山東按察使序》：“山西甲午鄉試，任西溪公爲布政左使充提調，當復用僚佐一人，御史决之高子。懲囊者，同試南宫之事，且不欲妨衆，辭去歸本鎮。會任拜都御史，遂撫山西，當改辟中川公，卒引高子同事。處其上，不嫌也。酉月朔又八日，高子始入，院中諸事，皆受成公，考難亡不曉暢。每丙夜始寐，其精厲若此。”

嘉靖十四年乙未（1535）四十九歲

二月，陳講爲根除要羅山盜匪，建保甲之法，修築遂成鎮。要羅山位於山西太原府陽曲縣、壽陽縣、榆次縣、盂縣之間，東通京師，西走蜀秦，爲交通要衝。遂成鎮位於其中，始築於嘉靖十四年二月，講遷山東按察使後，由福清方體易修成於同年十二月。

（明）高叔嗣《遂成鎮碑》："丙申夏四月，叔嗣行壽陽，方君體易同至要羅山，視新鎮訖工。樓屋壯堅，登之，傳舍作其下，街衢洞直可觀。已有樹新楹者三民曰：自鎮成而遷至之家十有五矣。於是題其門，刻石號'遂成'。始山西辛壬癸歲屢弗登，群盜萌芽。而要羅山介陽曲、壽陽、榆次、盂縣之間也，東走京師，西走蜀秦，其路四達。盗没其中，吏莫之捕，相視緩罪。往往林岩蔽虧，行旅百出，百姓患之。參政今山東按察使遂寧陳君子學分守冀寧，建保甲之法，根逐踵繫，境内盗息，思制要害，鎮議由是起矣……子學遷去，體易攝是道，身督其工，故有成也。起以嘉靖十四年二月，成以其冬十二月……體易，福清人，今按察僉事分巡冀寧。子學、體易，俱有文，以道治民，上下便之。叔嗣實代子學，守其條教不墜。刻石紀其事。"（《蘇門集》卷七）

五月初六丙寅，陳講由山西布政使司右參政晋遷山東按察使。（《明世宗肅皇帝實録》卷一百七十五）

高叔嗣《贈陳中川公拜山東按察使序》："十四年乙未，中川公繇山西布政司參政拜山東按察使。"又："山西多豪族，定襄人李仁子希沆，尚宗人女，故家横山，築城自衛，奪民田，匿亡命，縣每索逋至城下，第闔門相謝，且數十年。嘗惡縣令，使客盗其印，陷之大辠，郡中震焉，莫誰何。公以計縛殺仁，獄甫就而遷。高子代之，因墮其城，歸所奪民田三百頃，劾希沆，褫其官，遠近大悦。故人服公之明。公下車，常先德化。此細者何足著，欲著其得民也。"（《皇明文選》卷十六）

嘉靖十五年丙申（1536）五十歲

夏，陳講撰《〈問水集〉序》。

《問水集》爲麻城劉天和（1479—1546，字養和，號松石）所撰，是我國古代重要的河工專著。陳講《〈問水集〉序》略曰："《問水集》者，集松石公之問水也。公起柱史，以亮節著先朝，受知今上，召拜中丞大夫，簡命治河……既竣事，凡黄河之遷變，古今治河之同異，堤防疏濬之制，九河之迹，七十二泉之派，閘壩湖陂之數，經費漕輓之宜，禁戒論建之例，裒記爲集……予觀國家定鼎燕冀，食於東南，既罷海運，轉漕内河。一時爲國宣勤，如開渠制閘，則宋司空、陳平江之迹可考也；河决植防，則徐武功、白康敏、劉忠宣之勞足稱也。以公例之，豈不先後爲烈哉！噫，讀《禹貢》者，思禹績。後之覽兹集者，雖謂功不在禹下可也。或曰：漕政者，國之所以寄命也，今黄河之徙弗常，安平之罅可慮，河運可常恃乎？予曰：然。天下事守經常者，必思變，憂末流者，必曲防。元人都燕八十年，河海兼運，又通膠萊新河，計亦悉矣，孰謂盛世撫運萬年。經國者，可無長慮乎？然公遂開府三邊，不暇計矣。敢僭附其概，惟後之好問者圖利焉。嘉靖丙申夏，賜進士第嘉議大夫山東按察司按察使前翰林院庶吉士西蜀陳講書。”（《中國水利史典》黄河卷一，頁 54）

十二月廿八日己酉，陳講自山東按察使升任河南右布政使。(《明世宗肅皇帝實録》卷一百九十四)

高叔嗣《贈陳中川公拜山東按察使序》:“逾歲冬，公拜河南布政右使。”

山東諸同僚、友人紛紛送别陳講。王慎中有《贈憲使陳中川先生之任汴藩序》紀其實，略曰：“諸君皆今之賢者，而陳君獨爲之長，其賢尤爲諸君之所事。陳君之德，余不能列而稱之，其積之也厚，其發之也時，和平中正，視《虞書》所陳之目，其不備者亦鮮矣。余朝夕事之，扣其所積，察其所發，求所謂和平中正者，擾其偏駁拂戾之氣，矯其背馳沮迕之行。德之多寡，雖不敢庶幾，亦將自是寡過，以免於戾。蓋不越夫儀節文體之間，而所以勸率切摩者，不爲無助。至於精神心術，不暴而可喻，無間而易知，足使傾危嫉妒之夫，聞之而愧，雖以余之愚，君亦辱有取焉。顧相從之日淺，遽去而不可留也，不能不致恨於奪余所師，而介然於懷。諸君之事陳君，皆爲已久，其情益篤，其趣亦不異於余也。於陳君之行，咸謀所以贈之，以泄其不忘之思。余於諸君齒最後，宜任執筆之勞也。故述其趣之所存，以明諸君之意。其所眷眷不能釋然於兹别者，非昵繫之私。因以告夫豫州諸君子，使知所事且勉。夫有志之士，欲求學於仕者，知今之爲僚者，猶有可相師以有成。如余之所遭，無所用於病而逃之也。”（《遵岩集》卷九）另，王慎中《送陳中川之汴藩雪中作》：“衣冠出餞曉匆匆，白雪紛紛灑應空。皜素明姿偏敵日，輕盈弱舞不因風。裛塵故爲迎新隼，飛片猶如防舊驄。獨把瑶華當别贈，清輝瑩質與君同。”（《遵岩集》卷六）

陳講與姚文清刻行方廣（約之）所撰《丹溪心法附餘》。國家圖書館、遼寧省圖書館、蘇州圖書館、寧波市天一閣博物館藏。

十一月初十，席春（虛山）卒，年六十五，葬馬象溪傘峰寺（今遂寧市船山區唐家鄉傘峰寺）。(《安定席氏族譜》卷一年譜)

是年，陳講山西同僚高叔嗣撰成《贈陳中川公拜山東按察使序》。高叔嗣是序始作於陳講升山東按察使際，作成於陳講升任河南右布政使時，目的在於記録陳講在山西任職期間的惠政。高叔嗣主要介紹了陳講獎掖後進，雅量高致，除暴安良，剖斷如流，廉潔自律等事迹，山西士民咸“服公之量”“服公之明”“服公之廉”。

嘉靖十六年丁酉（1537）五十一歲

是年，陳講任河南右布政使。

陳講撰《新刻〈唐詩品匯〉序》。

春望日，陳講撰《湖南書院士田記》。湖南書院，位於山東濟南大明湖濱，由佛寺改建而成。此處“士田”即“學田”之意，以歷城景陽、廣平、白雲三湖官田割附一百二十頃贍養諸生。該書院係山東巡撫胡纘宗、濟南知府司馬泰相等創辦，培養了武英殿大學士殷士儋（1522—1581）等知名學者。

陳講《湖南書院士田記》：“自王教弛而後書院作，所以萃雋專業，倡道化而風學校也。然猶取必於置田者，何哉？蓋匪材無以聚人，匪養無以成教。田者，財之所出，士之所聚，教之所由成耳。在宋，白鹿、石鼓、岳麓、睢陽四大書院，維時置田，養士在地，乘可考矣。今天下通省大郡，必設書院，未能久其教者，無田故也。山東，本齊魯之國，孔孟之鄉，濟南又諸郡首善之地，書院不重係乎！中丞大夫蔡公經、胡公纘宗、侍御張公鵬、李公松，先後撫按蘊邦，茂弘化理，申勵人文，迺下濟南守司馬泰相於大明湖濱，改創佛宫作湖南書院。遂問田於歷城，得景陽、廣平、白雲三湖官田割附百二十頃，以贍諸生，名田書院士田。又屬副使姚君文炤，劑量裁酌，準田之入，約士之費，日給有等。又推其餘，以逮兩學之士，凡少不克娶，死不克葬者，亦覃厥施焉。由是，齊魯之雋，彬彬萃止，横經執業，如泥在鈞，如金在鎔，嗣以歲月，駸駸有造矣。司馬守列其田數，勒諸钜石，以昭久遠……予從旁喜聞其説，遂退而作記。時嘉靖丁酉春望日也。”（《歷乘》卷十七，明崇禎六年（1633）刻本）

陳講任職河南期間還撰有《都指揮使司題名碑記》等文。（康熙《河南通志》卷四十五）

嘉靖十七年戊戌（1538）五十二歲

八月初八戊申，陳講自河南右布政使升爲山西左布政使。（《明世宗肅皇帝實録》卷二百十五）

陳講自河南升任山西之際，河南諸搢紳餞之河滸，崔銑撰《贈左丞陳公之晋陽序》紀之。崔銑云：“中川先生陳公，蜀之大儒也。爲御史，作馬政，爲憲使，示學則。舉典以修言，體道而立準。爰丞我汴，嚴而容，明而不劌，乃登於左乃伯於晋。先生之道其西矣乎。予少游四方，載觀兩都，問俗摧變，歲相降也。而晋之美如古者，四山谷之邃，顓樸而不習晏佚。晋有其民，膠庠之游，質直而不混浮靡。晋有其士，禱祠祈報，越禮而祀神。晋有其誠，日用交際，崇儉而倡義。晋有其俗，如文之以禮樂，其將復唐虞之舊流。我聖皇堯舜之仁哉！方伯尊乎省者也，藩司翼乎民者也。尊者不親細，翼者不貳志。先生往哉，太行之麓，漳水之東，予猶豫磬教之塈焉。我汴芹泉諸公，餞公於河之滸，其贈言則銑奉命而述也。”（《洹詞》卷十一）

嘉靖十八年己亥（1539）五十三歲

六月十四日庚戌，以山西左布政使陳講爲都察院右副都御史，提督雁門等關，兼巡撫山西地方。（《明世宗肅皇帝實録》卷二百二十五、《國榷》卷五十七）

九月，太原府城隍廟因火焚毀，山西巡撫陳講召集三司官會議重修。當時適有人“販禁山之木以爲利”，知府報知後，陳講勒令將木材没收以修城隍廟。（《胡莊肅公文集》卷四《太原府重修城隍廟記》）

十月十三日丁丑，巡撫山西都御史陳講上奏：“岢嵐地當要衝，累遭虜患，而隰州等處稍緩，宜改石隰兵備爲岢嵐石隰等處兵備，即於岢嵐駐紮。且與雁門兵備劃地分守，自八角迤北屬雁門兵備，自三岔迤南屬岢嵐。”詔從之。（《明世宗肅皇帝實録》卷二百三十）

是年，陳講和御史連鑛復勘具奏，請求整頓邊關防務。（《寧武縣志》）

陳講以神池、利民二地爲要害，築城置守。（雍正《山西通志》卷十三）

陳講爲忻州廟學增修之觀德亭、明道堂、學門、東西坊題字。（光緒《忻州志》卷三十七明黨承志《改增學門射圃明道堂記》）

是年，俺答由崖頭入寧化所及二馬營。（《寧武縣志》）

嘉靖十九年庚子（1540）五十四歲

是年，陳講任右副都御史巡撫山西。

六月廿八日戊子，陳講上書，請加强三關防御，修寧武關温嶺至老營堡及偏頭關野豬溝抵黄河一道邊墻。詔從之。（《明世宗肅皇帝實録》卷二百三十八）

陳講請准寧化守御所改隸於寧武關。下屬有石坝、榆會、川湖、大峪屯四堡，又有馬頭山、吴家溝、小横溝、牛心、三岔、定河、葱園、陽方、子房、石佛、細窑、灰窑、石家、賀家屯等十四寨城。

《三關志》寧武地理總考：“十九年，都御史陳公講以寧化所隸本關。關東南五十里爲闇埿驛，軍堡十一，民堡三；東爲大河、爲陽房、爲朔寧；北爲神池、爲大水口、爲利民；西北爲黄花嶺、爲土棚、爲嚴備鎮、爲義井；西爲寧文、爲二馬營；西南爲寧化所、爲西鎮；東南爲玄崗。邊墻起王野梁至狗兒澗，東西凡二十九里。”

八月，俺答、吉囊入侵山西，大同軍卒與敵通謀，欺蒙朝廷，擁衆自衛。俺答、吉囊越大同，抵雁門，度寧武，入岢嵐、静樂、交城，掠殺人畜上萬，搶掠財蓄無數。八月廿二日辛巳，陳講告急，乞兵策應。帝詔大同、延綏游兵三千往援。再告急，又詔調各鎮士馬及發保定兵。未至，俺答、吉囊縱掠而去。

《明世宗肅皇帝實録》卷二百四十："辛巳，巡撫山西都御史陳講奏虜從朔州深入，乞兵策應。詔以大同延綏游兵三千往援。再告急，詔調各鎮士馬及發保定兵，仍令户部亟爲轉餉。未幾，報虜出境。上曰：'虜雖去，不可忘備，仍行。延綏大同，若再遇警，移文至日，逕自督發應援，不許擁衆自衛，致誤事機。'"

《皇明北虜考》："十九年，二酋分進入塞，大同軍卒與虜約：'勿掠我人畜，我亦不後攔。'虜喜，齧指折箭而去。至秋，竟越大同，抵雁門，度寧武，入岢、静、交城，掠殺人畜萬計。大同軍有得虜掠我輜畜，名買路錢。大同巡撫史道、總兵王陞幸無事，若不聞，聞亦不問。大同軍亦驕悍不用，命宣府總兵白爵調援，亦不肯戰，虜益無忌顧，且欲攻雁門。山西撫臣陳講告急，大同撫臣史道竟匿不以聞，陳講疏言……兵部不以爲意，謾曰虜且退矣。"

十月廿七日乙酉，陳講奏免岢嵐、保德、忻、代等州，河曲、興、嵐、静樂等縣正官入覲。從之。(《明世宗肅皇帝實録》卷二百四十二)

十二月十七日甲戌，陳講上書，陳述國防戰略："西北有九鎮而三關不與，蓋成祖窮征北漠遠城東勝，其時三關在内地故也。自東勝一撤，則偏關二邊之外即虜窟穴，而士馬之額猶仍國初，無怪胡之窺伺""老營堡之界東長峪者，去大同最遠，故常忽之，而虜每從之入。平虜參兵遠莫能至，兩鎮受禍厥有由矣""三關地利，以寧武爲中路，莫要於神池；以偏關爲西路，莫要於老營堡；以雁門爲東路，莫要於北樓諸口"，議增神池堡、老營堡、北樓諸口等處兵馬，提高戰備級别。議設中路參將於神池，與利民堡守備、寧武守備計六千七百人，爲中路大營；設西路參將於老營堡，與偏頭守備計八千人，爲西路大營；設東路把總指揮於北樓諸口，與雁門守備計三千六百人，爲東路大營。計增募軍五千人，費銀二萬五千兩，馬五千匹。帝悉許之。(《明世宗肅皇帝實録》卷二百四十四)《明史》論此事曰："規畫雖密，然兵將率怯弱，其健者僅能自守而已。"(《明史》卷九十一《志》第六十七《兵》三《邊防》)按《明經世文編》卷一百九十九："嘉靖二十年該巡撫山西都御史陳講等奏，新募軍五千名。"據《實録》，事在嘉靖十九年十二月，《文編》誤。

嘉靖二十年辛丑（1541）五十五歲

是年，陳講任都察院右副都御史巡撫山西。

正月初八乙未，其先，虜三萬騎由平虜邊入井坪攻蓮花峪等處，退駐灰溝，巡撫山西右副都御史陳講上奏："黄河冰堅可渡，宜防之。"兵部尚書張瓚言："虜雖出境，尚在沿邊駐牧，乞命宣、大、偏關諸處嚴爲之備。”上然其言，敕各巡撫、總兵等官加意防禦毋怠。(《明世宗肅皇帝實録》卷二百四十五）

正月初十丁酉，大同五堡修成，陳講與路迎等獲賜銀幣。(《明世宗肅皇帝實録》卷二百四十五）

正月廿六日癸丑，兵部尚書張瓚等條上邊備六事，其一爲乞敕都御史陳講刻期修繕寧武關温嶺至八角堡邊墻，以圖保障。(《明世宗肅皇帝實録》卷二百四十五）

六月，陳講主持修築之山西内長城竣工，東起陽方口，經温嶺、大小水口、神池、蕎麥川，迄於八角堡之野猪溝、老營堡之丫角墩，計一百八十里。斬崖實土爲墻。計役民壯七千九百五十人，借調旁近屯丁一千八百二十人。計用金五萬有奇。

（明）胡松《陽方築城記》：“西蜀陳公既受命上公，提督三關，兼巡撫山西地方，乃言於朝曰：‘國家西北邊鎮，莫重宣、大，山西雁門、寧武、偏頭與紫荆、倒馬諸關，爲國重險。國初以宣大爲重，重兵大將，多在兩鎮。三關兵馬素少，又脆弱。往時恃大同爲捍蔽，故三關之備差緩。今時則異矣，使非設險據隘，其何恃而能守？今三關東起代之瓶形嶺，西暨保德河曲，地東西延袤千有餘里，在所皆路並當修築。然東有雁門、勾注之險，西有老營、偏頭之塞，厄嶇山谷，限隔黄河，虜賊大舉不甚便，工可俟時。臣閲寧武關之陽方口，東西長可百八十里，適當朔州大川之冲，平衍夷漫，虜雖擁數十萬騎，皆可成列以進。且比年賊寇内地，率徑斯，工當首舉，庶人有依而能立。臣查山西諸路民壯可得萬餘，忻、代、五臺諸郡邑榷金歲得數千，不足則取諸太原所部吏民贖鍰。費不傷乎正額，勞不及於齊民。説者或以版築之勞，臣竊以爲孰與殺掠之爲慘？暫時之費，孰與永世之攸寧！築之便。’上下其奏兵部，兵部議如公指無異，乃以雁門兵備副使王鎬察奸經費，都司署都指揮同知王松、太原府同知邢倫總督工程，其下文武百執事，並選廉慎而有幹者，使攝。經始嘉靖十九年之春三月，畢工明年之夏六月有半。計役民壯七千九百五十人，借調旁近屯丁一千八百二十人。東起陽方口，經温嶺、大小水口、神池、蕎麥川，迄於八角堡之野猪溝、老營堡之丫角墩，土築惟半，餘則斬山之崖爲之。計長三萬三千一十餘丈，可百八十里。無論土石，並高二丈有奇。下廣一丈五尺，上廣七尺，加四尺爲女騎，可騎以馳，可蔽以擊。墻外壕塹深廣之度，略如墻中。增敵臺四十三座，暖鋪五十五間，暗門五座，重樓三座，護水堤臺稱之。包築流水溝洞百十二處，益三關中路之備。壯哉，盛矣！計用金五萬有奇。然中三萬猶皆民壯歲餼常供數云。始公之肇斯役也，諸以工大費巨不可就。公執弗疑，詳其畫約，時其省視。諸如醫巫鹽蔬之細，靡不綜理加密；重以群賢宣力，萬手並作，故民不稱瘁而工卒僝。其秋八月，虜果大至，見陽方墉高塹，闕不可攻，乃從其東四十里麥柳樹侵入。夾柳故無墻，又平曠可馳，實代州守備信地。公先是蓋嘗慮之，檄守備宋宸往量土物。宸耄而畏事，謂土疏惡不可築，遂不及爲，虜乃乘虚以入。蓋言者不諒不審而公去矣……公名講，字子學，遂寧縣人。"（《皇明經世文編》）按：明廖希顔《三關志》以陳講議修三關邊墻（即山西内長城）事在嘉靖十八年，明胡松《陽方築城記》言始於嘉靖十九年三月，皆誤，據《明世宗肅皇帝實録》，陳講起修山西内長城時間當在嘉靖十九年六月。

七月十三日丁酉，俺答擁衆並塞，遣使來告：若貢事不諧，必三道并入，盡蹂秋稼。陳講告急。詔發兵，準備作戰。（《明世宗肅皇帝實録》卷二百五十一）

八月十一日甲子，俺答、阿不孩、吉囊侵入山西。陳講奏："虜酋分道入犯，俺答、阿不孩下石嶺關，徑趨太原，吉囊由平虜衛入，衆各七八萬，乞發宣府、保定兵協力追剿。"（《明世宗肅皇帝實録》卷二百五十二）

八月三十日癸未，給事中張良貴勘上嘉靖十九年虜犯山西失事狀。陳講奪俸二月。（《明世宗肅皇帝實録》卷二百五十二）

九月，吉囊入大同，殺掠人畜數萬，京師戒嚴。不久，俺答再次入犯，大掠太原、石州，殺掠甚衆。（《明史紀事本末》卷六十《俺答封貢》）

《晋藩屏翰：山西寧武關城的歷史人類學考察》頁121："嘉靖十九年（1540年）、二十年（1541年）之間，俺答、吉囊先後四次越過寧武關，至山西南部地區肆意劫掠，長達數月，吉囊出塞而俺答又至，劫掠至太原城下，京城爲之震動，'山西自來被達虜之慘，未有過於此矣'。"

九月十二日乙未，陳講上疏言："大同游擊戴昇，承調逗遛，迂道避賊，大誤軍機。而壯夫劉文明等，乃能奮勇禦寇，斬虜六十四級，生擒十人，獲間諜二十三人，功出官兵上，宜重治昇而顯録文明等。八角游擊周宇，於太原府塌地溝與虜戰，移日斬獲頗多，以援兵不至，死之，參將邵邦等避敵不救，宜罪。"（《明世宗肅皇帝實録》卷二百五十三）

九月廿九日壬子，給事中余爌彈劾陳講等："邊務舉廢，皆由撫臣，今山西巡撫陳講，寇至閉關，一籌莫展；大同巡撫史道，擅放奸細，篾視明示；龍大有濡滯就任，回遵嚴命……黜罷道、講、大有，以爲失事欺罔者戒量。"（《明世宗肅皇帝實録》卷二百五十三）

十月三十日壬午，陳講以虜入犯上疏自劾。上曰："陳講領邊關重任，前修築城堡，專以備虜。乃虜再深入，蕩無祥禦，以致荼毒地方，及虜迫省城，則虚守關門，任賊囚訌，不聞調兵截剿。姑褫其職，俟紀功官勘明治罪。吏部亟推有才略者代之。"免講都御史山西巡撫職。（《明世宗肅皇帝實録》卷二百五十四）

是年，席書文集《元山文選》由席書長子席中、三子席和編次刻行。《元山文選》共五卷，十一萬字，計十册二函，前有楊名嘉靖二十年《<元山文選>序》，後有席中嘉靖十八年（1539）跋，明刻本今藏北京大學圖書館。

是年，射洪謝東山（少安）、遂寧馮綬（以著）中進士。（《嘉靖二十年進士登科録》）

嘉靖二十一年壬寅（1542）五十六歲

正月初六丁亥，“初，虜犯山西太原寧化王府，輔國中尉知燧挈家出避，遇賊，執其子女數人，巡撫陳講匿不報，至是，晋王疏聞。上切責山西宣大鎮巡官，亟行訪取，講俟紀功勘報論罪。因諭諸宗室以後遇警，宜率衆固守，毋輕離城府，自取窘辱。”（《明世宗肅皇帝實録》卷二百五十七）

正月十九日庚子，上曰：“近年修邊率多糜費物力，未見完固足爲保障。並前者山西撫臣陳講，所築邊墻工費，並行各巡按御史勘核以聞。”（《明世宗肅皇帝實録》卷二百五十七）

二月十九日庚午，兵部都察院覆議山西三關失事諸臣功罪，得旨，陳講因“修邊不完，致虜深入”，與巡撫都御史史道、紀功給事中張翼翔、御史張光祖等俱削爵，罷爲民。（《明世宗肅皇帝實録》卷二百五十八，《國榷》卷五十七）

> （明）陳文燭《〈中川選集〉序》：“往撫山西，提督二關，蜀人以爲青神司馬公復出。而先生亦以奇勳自許。值俺答、吉囊南下，牧馬大同，藩潰，時嘉靖二十年。論者謂三關門户莫支也。罷先生歸田。”

六月，俺答入犯大同、吉囊，肆掠忻、代二州娼妓以縱淫樂。（《明史紀事本末》卷六十《俺答封貢》）

是年，四川按察司僉事楊瞻按部遂寧，下令遂寧縣尉隴州李守維增修遂寧學宫，並於學宫旁辟青雲路。楊名撰有《新辟青雲路記》記其事。（康熙《遂寧縣志》卷三《藝文上》）

嘉靖二十二年癸卯（1543）五十七歲

秋，四川癸卯科鄉試，楊名弟楊台（字平卿，號方石）以《春秋》中式，成舉人。（陳講《翰林院編修楊公實卿墓誌銘》）按嘉靖《潼川志》，楊台爲經元。

嘉靖二十三年甲辰（1544）五十八歲

三月十五日，甲辰科殿試，遂寧席上珍（聘之）中式三甲第七十九名，賜同進士出身。（《嘉靖二十三年進士登科録》）

嘉靖二十五年丙午（1546）六十歲

九月九日重陽，四川按察司僉事樂清趙廷松（1495—1557）受陳講邀請同登遂寧廣德寺。趙廷松《九日陳中川都憲邀登廣德寺》:“西郭携幽賞，雙林入翠微。聯觴籬菊泛，交坐嶺雲飛。縱覽酬佳節，高言贈落暉。無勞更秉燭，明月已忘歸。”趙廷松是陳講任職山西時的同僚。據明侯一元《明通奉大夫山西布政使司左布政使俟齋趙公墓志銘》，嘉靖十九年，趙廷松任山西按察司僉事時被山西按察使曹嘉彈劾，“時都御史陳公講，特疏訟公冤”。(《趙廷松集》)

嘉靖二十六年丁未（1547）六十一歲

三月十五日，丁未科殿試，遂寧徐承嗣（克敬）中式三甲第五十一名，賜同進士出身。(《嘉靖二十六年進士登科録》)

嘉靖二十九年庚戌（1550）六十四歲

夏，受四川按察使鄢劍泉所請，陳講偕楊台（平卿）編修嘉靖《潼川志》。

陳講《〈潼川志〉引》:“歲嘉靖庚戌夏，巡臺劍泉鄢公按部潼川，閲前守楊君謨所輯郡志稿，遂以屬守巡。雲谿戴公、半接施公，議圖改作，迺於是請於劍泉，重以屬予。予方抱痾，固謝不得。既越月，始偕鄉進士楊平卿台，及諸茂才，大蒐群籍，發凡類纂。雲谿又檄署潼保寧判祁君恕，移諸有司，裒拾事遺，以資互證。既，復爲發固陵文類諸書，以助博采。予與平卿遂獲所采，讐討匯而成帙。”（嘉靖《潼川志》卷首）

是年，俺答率軍攻古北口，兵臨京師東直門。

《明史》卷九十一《志》第六十七《兵》三《邊防》:“二十九年，俺答攻古北口，從間道黄榆溝入，直薄東直門，諸將不敢戰。敵退，大將軍仇鸞力主貢市之議。明年，開馬市於大同，然寇掠如故。又明年，馬市罷。”

嘉靖三十年辛亥（1551）六十五歲

夏，陳講爲《潼川志》撰引。

陳講《<潼川志>引》:“夫山川、土田、城郭、宫室，業有成，無難措手。若官師之淑慝，政教之得失，風俗人才之興衰，忠臣孝子幽人烈女之特行，則有未易考實焉者，必遠稽列史之載，兼核金石之文，旁咨故老之口，諧僉言而符見聞，乃敢不一書之。寧闕毋誣，寧野毋飾，寧直毋阿，雖義乖淵致，辭乏藻彩，而混沌未鑿，庶可傳信爾矣。予何能爲役哉！實惟劍泉授之始，雲谿成之終也。志稿方脱，適五橋徐公代半峰公繼至，雲谿迺遂偕之以請於巡台陽泉繆公，檄潼守盧君寧下、遂尹羅君瑶，命工以鋟諸梓。予故備引其繇，敬俟名筆序之，以詔永世焉。明年夏午遂寧中川子陳講識。”

十二月，四川監察御史吴臯（喻時）爲《潼川志》撰序。

是年，由陳講主修，楊名之弟楊台協修的嘉靖《潼川志》十卷，刻版發行。今存民國抄本，藏中國國家圖書館。

按明《内閣藏書目録》卷七：“《潼川州志》五册全，嘉靖辛亥邑人陳中川修。”《潼川州志》即《潼川志》，陳中川即陳講。《千頃堂書目》載萬曆辛亥（1611）陳中川修有《潼川州志》，萬曆辛亥或刊誤，當爲嘉靖辛亥。

陳講居遂期間，流連家鄉山水，志振蜀中文脉，與楊名修有嘉靖《遂寧縣志》（今佚），撰有《遂寧修學記》（又名《增修學宫記》）等文及《偕席太常中大佛寺游眺》《大佛岩寫景》等詩。

（明）陳文燭《〈中川選集〉序》：“罷先生歸田。而先生登覽之興，蓋益弘極。慕陶靖節之爲人，而慨揚雄、馬融、蔡邕、劉歆、鍾繇、王維、子厚、孟頫，皆稱絶藝。”

按康熙二十九年（1690）張鵬翮《遂寧志自序》：“吾邑舊志，有馬崇文叙，成於陳中丞、楊太史，蓋前明嘉靖時。”乾隆十二年《遂寧縣志》周彭年《遂寧縣志序》：“其志先作於明嘉靖陳中丞講、楊太史名。”知陳講與楊名修有嘉靖《遂寧縣志》。

陳講居遂期間，進士同年、友人吴廷翰（約1490—1559，字崧柏，號蘇原）有詩《秋日寄書中川陳子有懷（名講，時以都御史致仕家居，蜀人）》寄懷：“龍劍分難合，魚書寄轉愁。風烟浩南國，魂夢邈西州。月迴峨嵋夜，天高劍閣秋。紛紛下黄葉，日日向人頭。”（《吴廷翰集》，中華書局1984年，頁218）

嘉靖三十八年己未（1559）七十三歲

四月十一日，楊名以疾卒，年五十五。

十月廿二日，楊名葬遂寧縣三溪之麓。

陳講受楊名弟楊台所請撰《翰林院編修楊公實卿墓誌銘》。

按陳講所撰墓誌銘，楊名“生而神異，四歲時，乃祖三溪翁，坐之膝上，口授詩書，即成誦，就家塾，爲文作賦，警句驚人”。遂寧舉人余瑋（字樸夫，號方山，王陽明私淑弟子）詫曰：“此奇童也。”余瑋將楊名推薦給黄峨父鄉先達黄珂（字鳴玉，號蕨山），黄珂贊曰：“邑後輩有人。”潼川知州梁鼎亦贊曰：“此鳳雛也。”楊名高中探花後，授翰林院編修、經筵展書官。陳講在文中還記叙了楊名與王陽明的淵源：“吾外舅元山文襄公（席書）督學貴陽，王陽明公以部屬劾劉瑾謫龍場驛。文襄聘居文明書院，相與講定性主静之旨，有書劄還往。方洲幼覽之心解，至是與同第羅念庵洪先、程松溪文德，洎陽明弟子歐陽南野德、魏水洲良弼、薛中離侃，結社講學，雅契夙心。一日，夢以字紙爲棺殮，明日語南野曰：異哉，夢乎吾終以文字没溺乎。南野曰：是在吾子。由是翻然務力行，不欲專文藝，懸陽明像於壁，羹墻如見。”由此可知，楊名十分服膺陽明先生學問品行，以之爲師。羅洪先在《翰林院編修楊公實卿墓誌銘》中也提到，楊名以“紹興良知之學”爲幟志。故知楊名實爲“蜀中王門”重要人物。後有彗星之變，帝下詔求言，楊名力陳“公私喜怒之偏，用人行政之失”，並上疏直言土木禱祀之繁，痛斥道士邵元節、太常陳道瀛之詭繆，宰汪鋐、武定侯郭勳之欺罔。下詔獄。嘉靖十二年癸巳（1533），謫戍瞿塘，秋，奉詔致仕。楊名歸家後，治具行酒，以娱其親，又築色養堂，開内宴以招延諸親。楊名對弟弟楊台甚友愛，使其專工所業，並檢契券擇腴田贈之。楊名曰：“吾止一子，汝多男，若皆以子視之，羲臣（楊名子）得尤多也。”又賙貧濟乏，嫁娶孤兒寡女，買地改葬余方山先生，爲官民所頌。孝悌忠信，誠一代名臣典範。“所著多不留稿，僅存《猶及編》《觀槿野言》《庚辛集》及詩文四十卷，貯藏家笥。”陳講贊楊名曰：“平生不飭崖岸，雖鄉人亦由由然。與處然，和而介，毅而容，闊達而密，禮法自將。夏不扇不浴。朋友書劄，倉卒必親書。家居二十年，同年故人多在要地，未嘗輕致一書問，况其他乎？”同年狀元羅洪先爲楊名撰墓誌銘曰：“初交久睽，忽悼絶也；道廣車馳，孰摧折也；志壯且衰，今古别也；後死何期，我心惙也；積惠有遺，文聲揭也；考履列辭，石不可滅也。”（陳講《翰林院編修楊公實卿墓誌銘》、羅洪先《翰林院編修楊公實卿墓誌銘》，俱見《國朝獻徵録》卷二十一）

嘉靖三十九年庚申（1560）七十四歲

十一月，遂寧進士徐承嗣撰《重修昭德寺石臺記》。昭德寺位於遂寧縣西三十里，爲遂寧縣河郁里劉悟容建於明正統間。劉悟容爲時昭德寺僧性元四世祖。嘉靖三十年後，寺漸傾頽，性元、性高募緣修理，請徐承嗣撰記。重修昭德寺募捐册上“撫軍陳中川、少卿席月川、太守黄梓谷、席石川、同里席九峰諸名公洎予首列”，陳中川即陳講，席月川即席中，黄梓谷即黄華，皆當時遂寧名賢，可窺一時之盛。（光緒《遂寧縣志》卷四之上《藝文上》之上）

隆慶二年戊辰（1568）八十二歲

十一月十五日庚申，陳講杖死。年八十二。賜祭葬。葬遂寧縣羅家場。

按《明穆宗莊皇帝實録》卷二十六：“陞山東按察司僉事徐敦爲陝西

苑馬寺少卿。復故閑住兵部尚書金獻民大理寺卿，湯沐光禄寺少卿，金才爲民，都察院右副都御史陳講杖死，吏科都給事中王俊民原職，獻民、講仍賜祭葬。”未知講因何故杖死，殊堪長嘆。

（明）陳文燭《〈中川選集〉序》：“先生博極群書，視學燕晋，雅正文體，蔚然爲海内儒宗，且居常急當世之務。往撫山西，提督二關，蜀人以爲青神司馬公復出。而先生亦以奇勳自許。值俺答、吉囊南下，牧馬大同，藩潰，時嘉靖二十年。論者謂三關門户莫支也。罷先生歸田。而先生登覽之興，蓋益弘極。慕陶靖節之爲人，而慨揚雄、馬融、蔡邕、劉歆、鍾繇、王維、子厚、孟頫，皆稱絶藝。其名不完，黨權嗜進，千載彈射之著，爲論説斯，又人倫之品也。其可傳也，獨言與哉！”

陳講詩追盛唐，文摹班馬，撰有《中川選集》十六卷（明刻本，佚）、《如鳥集》三卷（明刻本，佚），“海内重之”（萬曆《四川總志》）。

按：沔陽進士四川左參政陳文燭受陳講之子陳綱所請，撰有《〈中川選集〉序》。據此文可知，《中川選集》爲陳講詩文集，計十六卷。陳講另撰有《如鳥集》，“多名言關於世教”。陳文燭贊陳講詩文曰：“概觀先生之作歌詠之中，曲含諷刺，寄遠於近，托有於無，和平醖籍，聞者感動，其有風人之意乎？乃志序碑記，力去陳言，敷談理道，崒乎如岷峨，浩乎如巴江，莫可窮也。”（《二酉園文集》卷二）

又，康熙《遂寧縣志》卷四載陳講撰有《中川文集》，《明史》《千頃堂書目》載陳講撰有《中川集》十三卷，兩者或即《中川選集》也。明天啓刻《本朝分省人物考》卷一百九陳講：“著《茶馬志》《及烏集》等書，海内重之。”按《二酉園文集》《蜀詩》《（康熙）遂寧縣志》，“《及烏集》”當爲刊誤。《千頃堂書目》載陳講撰有《如鳥集》三卷，故知卷數。

隆慶三年己巳（1569）

正月十三日丁巳，贈原任右副都御史陳講爲兵部右侍郎。（《明穆宗莊皇帝實録》卷二十八）

隆慶四年庚午（1570）

是年，明穆宗勅撰之《諭祭陳講文》刻石於陳講墓前。今亡。

《諭祭陳講文》：“曰惟卿性資端介，學問宏深，奮迹制科，筮官柱下。翼陽振鐸，克端造士之規；山右分符，丕著宜民之政。逮入臺而握憲，遂開府而持麾。修塞堡以衛邊民，干城有賴；積羡餘以充藩禄，料量惟平。信威惠之交孚，允聲猷之並茂。未隆柄用，久惜沉淪。慨舊德之云亡，幸公評之未泯。爰頒渥典，用慰幽扃。遣祭有儀，飭工營兆，爾靈不昧，尚克欽承。”（乾隆五十二年《遂寧縣志》卷九宅墓，原文注有“隆慶四年碑，在墓前”）

遂寧縣舊有“解元”牌坊、“都憲”牌坊紀念陳講（康熙《遂寧縣志》卷一牌坊）。今亡。

作者單位：上海財經大學馬克思主義學院

明代著名詩文書畫家王璲述略

胡傳淮

内容提要： 蜀中遂寧，詩書畫三絶奇才輩出。元末明初王氏家族（代表人物爲王立中及其子王璲）、明末清初吕氏家族（代表人物爲吕大器及其子吕潛）、明末清初李氏家族（代表人物爲李實及其子李仙根、後裔李秉德）和清前中期張氏家族（代表人物爲張鵬翮及其玄孫張問陶），是遂寧古代史上最傑出的四大詩書畫世家。王璲祖籍遂寧，著名詩書畫家，“文名蓋一世，著述布天下”，撰有《青城山人詩集》八卷。本文對王璲家世、生平、書畫、詩文做了初步考述。

關 鍵 詞： 明代詩文；明代書畫；王立中；王璲；青城山人詩集

解縉、楊慎和徐渭號稱明代三大才子。永樂初，翰林院群臣應制撰《神龜賦》，比賽結果，王璲居第一名，解縉居第二名。王璲祖籍蜀中遂寧，“文名蓋一世，著述布天下”，系詩書畫三絶奇才，亦是一位與解縉齊名的大才子。

一、書畫世家

“蜀士多才俊，文章萃東南。”宋末元初，戰亂頻仍，蜀中尤甚。大批蜀士舉家出逃，流寓東南，致使有元一代，巴蜀文學不顯。但不少流寓東南的蜀籍士子之後裔却在文壇上聞名遐邇，成就卓著。元代遂寧謝氏家族遷徙湖北江陵，王氏家族流寓江蘇長洲，後裔中出現了謝端、王立中、王璲等著名文學家、書畫家，爲世所知，成爲元末明初詩壇藝苑之翹楚。尤其是王氏家族，系宋代遂寧世家，先祖王極，仕宋，官至吏部侍郎。王極玄孫王立中元末宦江南松江府，遂僑居長洲，成爲長洲著名書畫家族。元末明初王氏家族與明末清初吕氏家族（吕大器、吕潛）、明末清初李氏家族（李實、李仙根、宫廷画家李秉德）、清前中期張氏家族（張鵬翮、張問陶），並稱遂寧歷史上最傑出的四大詩書畫世家。[①]

王立中（1309—1385），元代著名書畫家，字彦强，四川遂寧人。高祖王極，南宋寧宗嘉定十年（1217）吴潛榜進士，官至吏部侍郎；伯高祖王翔，南宋慶元

① 〔清〕孫海、李星根：《遂寧縣志》，清光緒五年年刻本，1879 年。

五年（1199）進士。

立中九歲而孤，以蔭授開化尉，歷慈溪尉、嘉定知州，元末爲松江知府，以廉静稱，刻節礪行。“至正二十三年冬，西蜀王立中來守是邦。”①

王立中善書畫。傳世作品有繪畫《山水圖》卷、書法《蘭陵王詞帖》。《山水圖》卷，絹本，水墨。縱 25.2 厘米，横 53.3 厘米，藏北京故宫博物院。此圖景色清新，境界清寂淡泊，具有春日山鄉寫生的特點，爲王立中罕見傳世品。

王立中書《蘭陵王詞帖》，元至正元年（1341）作，紙本，册頁，縱 27.2 厘米，横 43.4 厘米。行書，19 行，共 208 字。北京故宫博物院藏。釋文：“早春承佳章，一唱三嘆，雖欲效顰，未遑也。偶因登高望遠，有感於懷，漫依來韻，填蘭陵王一解以寄，並呈季野隱君、立禮學士同發笑粲，乃幸。吴庚弟王立中頓拜。復儒翰學久契兄：草烟碧，愁滿春波未極。銷凝久，無限感懷，别後高陽定誰憶。鱗鴻斷信息，空望天涯異國。關情處，還念舊游，孤客飄零傍江驛。當時漫曾歷。向水畔吟軒，花下行屐，論文相與陪尊席。同竹逕微步，市橋閑眺，緫緫猶是恨晚識。早催整形色。重惜野毒白甚，欲寄離情，難訪陳迹。東風不到秦樓側，任月榭幽静，雨窗蕭瑟，垂楊依舊。似夢裹，暗繡陌。至正改元四月廿六日。”款鈐：“王氏立中”“彦强”二印。鈐安岐、衡永等人鑒藏印。此帖是王立中登高望遠時，依“復儒翰學”來韻，填“蘭陵王”一闋相贈，屬文人詩詞酬唱之作。“復儒翰學”指邵亨貞，邵氏亦長於填詞，撰有《蛾術詞選》四卷。王立中存世墨迹罕見，本帖書法取米芾結字的欹險，輔以平和質樸的筆致，自具一種散淡舒緩的意趣，與元末復古書勢走向一致。《墨緣匯觀》《壬寅消夏録》著録。

王立中在繪畫中最爲著名的是《破窗風雨圖》，此圖是王立中元末任松江知府時與元四家之一的王蒙爲劉易（字性初，楊維禎弟子）所作的一幅畫，此畫作於至正二十六年（1366）。他題識云：“劉君性初，以‘破窗風雨’自居。諸公賦詩成卷，因此作圖，並題絶句于左。至正廿六年歲在丙午，暮春之初，遂寧人王立中彦强。”②此畫在當時吴中文人中引起了廣泛的呼應，相繼有三十七位文人，如陸居仁、楊維禎、王國器、張翼、李繹、錢鼎、錢惟善、張庸等，爲《破窗風雨圖》題詩，形成《破窗風雨卷》。③它與元四家之王蒙《聽雨樓圖卷》均是表現元末吴中文人詩歌盛會的傑作。惜此畫不存，衹著録於《式古堂書畫匯考》。

唐林《四川美術史》説：“像王立中這樣以兩幅作品入藏故宫博物院，收入《國寶繪畫》《中國書法千年珍品》，並與元代大畫家王蒙合作繪畫的，在中國元代書畫家中較少，在四川清以前的書畫家中非常少，而在他的故鄉四川遂寧清以前的書畫家中更是絶無僅有、獨一無二。”

王立中工詩詞，其《絶句》二首云：“梅粉凝嬌不肯添，晚年籠瞑壓重簷。

① 貝瓊：《清江貝先生文集》卷二三《松江府儒學藏書記》。

②《故宫書畫圖録》第六册，第 5 頁。

③ 郎紹君、蔡星儀等主編：《中國書畫鑒賞辭典》，第 494 頁。

江南可是春寒甚，十日東風不捲簾。”“春波橋頭柳似烟，越王城郭在西邊。我家繞屋皆春水，盡日鴛鴦隨釣船。”《竹枝詞》：“孤山梅花開雪中，恰似阿儂冰雪容。不學畫橋南畔柳，春來容易嫁東風。”詩情甚濃，充滿畫意。

王立中三子，皆有文名。長子王璉，字汝器，官至翰林侍講，從宋濂學，詩文古雅，亦善書，與弟璲齊名；次子王璲，字汝玉，官翰林檢討、直内閣，贈太子賓客，謚文靖，小楷、行書法晋人，皆雄秀；季子王璡，字汝嘉，亦召入翰林，洪熙中，入直文淵閣。錢謙益謂王璡“文譽亞于二兄，詩無足采”。

二、生平事略

王璲（1349—1415），明初文學家，字汝玉，以字行。青城山系蜀中名山，王璲不忘家山，故以其名號、名集，自號青城山人，撰有《青城山人詩集》八卷。

王璲幼年隨父僑居長洲（今江蘇蘇州市）。穎敏强記，有神童之稱。七歲那年，隨父到屋外觀賞雪景。太陽一照，房屋上積雪溶化，雪水從屋檐溝裏往下滴，如同下雨。其父王立中即景吟出上聯：“日曬雪消，簷滴無雲之雨。”讓兒子對下聯。王璲朝四外看，衹見遠處有風，吹起陣陣灰塵，好似冒烟一樣，便對出了下聯：“風吹塵起，地生不火之烟。”

王璲九歲那年的清明，塾師選了幾位學生及王璲一起郊游。當他們路經一處墓地，看到許多人正在焚燒紙錢，塾師隨口説出上聯：“塚上燒錢，灰逐微風成粉蝶。”塾師説完，回頭看著王璲。王璲想起家門前的一個小塘，自己常在池塘中洗墨硯，心中一動，便對出下聯：“池邊洗硯，墨隨流水化烏龍。”塾師聽後十分高興，撫掌連稱妙對。

後來，王璲又從著名詩人楊維禎學。參加洪武二十三年（1390）庚午科鄉試，考中舉人。洪武末，以薦攝郡學教授，改應天訓導。永樂初，擢翰林五經博士。歷遷左春坊贊善，預修《永樂大典》。王璲爲當時著名才士，其詩最爲仁宗所喜，“仁廟在東宫，特深眷注，嘗與群臣應制，撰《神龜賦》，汝玉居第一，解縉次之。汝玉後進，聲名大噪，出諸老臣上，又與解縉、王偁輩互相矜許，遂被輕薄名。”[①]永樂七年（1409），王璲每日于文華後殿爲東宫道説作詩之法。以修《禮書》紊制度，當戍邊。皇太子監國宥之，改爲翰林典籍，尋進左贊善。永樂十三年（1415），坐解縉累下獄死，年六十七。洪熙元年（1425）贈太子賓客，謚文靖。繼又追贈左春坊，遣官祭其家。《墓表》云：“汝玉倜儻好施，赴急拯危，唯恐不及。”事迹附見《明史·鄒濟傳》。《四川通志》《遂寧縣志》《四川美術史》《四川歷代文化名人辭典》等有載。

① 《列朝詩集小傳》乙集《王賓客璲》。

三、書法繪畫

王璲工書善畫，小楷、行書，“皆雄秀”過人，可謂“詩書畫三絶”奇才。《畫史會要》載：“王汝玉能書、亦能畫。”

王璲現存書法作品《手畢帖並詩》，紙本，行書，縱 18.1 厘米，横 38.7 厘米。北京故宫博物院藏。《手畢帖並詩》是王璲寫給白崔山高士的書信並和詩三首，表達對友人的懷念及渴望與之相見。第一首見王璲詩集《青城山人詩集》卷四，題爲《寄虞公務》；第二首爲集外之作；第三首載於卷六，題爲《寄友》。書法天然古淡，意態蕭散平和。師法鍾繇、王羲之，又具趙孟頫書法的韻味。

《手畢帖並詩》内容如下：“璲復：家僮至，辱手畢並詩，兼承録示雲翁先生洎孫學和章，浩然起雲霞之思。今日因山中石師旋便，仍用舊韻，賦短句奉柬，且用爲曉猿夜鶴，展限一笑。林間樵人王璲上復，白崔山高士。”“泛泛蹤難定，皇皇思每驚。歲年知幾换，書劍竟何成。多雨江村夜，微燈獨館情。此時誰共語，唯念昔同盟。”“《答山中見示韻》二首：春色雨中歸，春芳漸復稀。常因聽林鳥，却憶在岩扉。月夜詩空賦，花時約又違。幾回愁不寐，孤枕遠鍾微。鶯歇江鄉杜宇悲，故人西望久乖離。夢因春盡歸常切，書爲山遥寄每遲。疏雨林邊尋遠寺，夕陽嶺下謁叢祠。匆匆已負瑶華約，别有西風桂子期。”

款署“林間樵人王璲”，鑒藏印有“儀周鑒賞”“南海伍氏南叟齋秘笈印”“顧崧之印”“張珩私印”等共九方。

王璲詩集中，題畫詩甚多，有一百五十首以上。這些題畫詩以題山水、花草畫爲多。其許多友人，如倪雲林、高彦敬、張風儀等，均善畫，王璲多次爲他們的畫題詩，如王璲爲友人王紱所繪《秋亭遠岫》圖題詩云：“不到草亭今十年，重來風景衹依然。天恩倘賜懸車日，擬向溪頭泊釣船。蜀人王汝玉。”王璲題畫詩靈動雋永，得唐人風格，佳句絡繹，如：《雲林畫》：“群樹葉初下，千山雲半收。空亭門不掩，禁得幾多秋。”《題畫》：“葉暗前朝雨，花飛昨夜風。空山人不見，春在緑陰中。”《寒江獨釣圖》：“空江不見人，飛雪紛如剪。獨有垂釣翁，孤舟水雲遠。”《題畫雜詠》：“濕翠映繁紅，東園起晚風。春光何處是？都在鳥聲中。”“亭亭一片雲，飛墜青嶂間。未肯從龍去，長與幽人閑。”《題畫》：“渡頭初唱采蓮歌，南浦西風漲緑波。正是晚凉新雨後，青山不似白雲多。”《題趙仲穆畫》：“十二瓊樓紫翠重，萬年琪樹落秋風。南朝無限傷心事，都在殘山剩水中。”《題倪雲林畫》：“水流花謝白雲飛，滄海桑田幾是非。莫問蘭亭舊踪迹，當時文采古來稀。”《題沈士偁畫》：“亂雲重疊樹高低，不見人烟衹聽鷄。它日挂冠尋故隱，移家合住在苕溪。”《爲朱仲昂題畫》：“誰家茅屋住深山，路轉清溪第幾灣？寄語桃花休亂落，恐隨流水出人間。”《題畫》：“人家隔斷水西東，行盡溪橋有路通。岸樹今朝全緑遍，夜來曾起落花風。”“暖雨初收霧尚昏，緑楊深塢杏花村。山中少有凡人到，滿地春陰不掩門。”《溪山高士圖》：“萬山環繞樹高低，十里烟霞路欲迷。一夜東風花亂落，莫教流出武陵溪。”《題王汝瑄扇》：“不向金門謁翠華，一琴一鶴度生涯。亂山殘雪西湖曉，看遍寒梅萬樹花。”《題畫》：“數峰相倚玉成簪，樓閣深沉酒尚酣。十日春寒簾不卷，杏花飛雨滿江南。”王璲這些題畫詩藝術水準甚高，畫意甚濃，過目難忘。

四、詩文辭賦

王璲是永樂時期最主要的文人之一，當時與解縉、王偁、王達善、孟楊等號“東南五才子”。佚名《春坊贊善王公汝玉傳》云：“汝玉爲文，兼古今體制，而賦尤贍麗；詩語雋永，得唐人風格，舉筆數千言，刻立就。”《四庫全書總目提要》引朱彝尊《静志居詩話》云：“其詩不費冥索，斤斤唐人之調。”“吴人徐用理集：永樂後詩家三百三十人，以汝玉壓卷焉。”又謂“今觀其詩，音節色澤，皆力摹古格，頗近于高棅、林鴻一派，誠有擬議而不能變化之嫌。然當元之季，詩格靡麗，往往體近填詞，璲能毅然以六代、三唐爲模楷，亦卓然特立之士，又不得以後來王、李之流弊預繩明初人矣。”[①]王璲在當時的確是一顆耀眼之星，明初有影響的詩人。

王璲有《青城山人詩集》八卷，系正統十二年（1447）其孫王鎧與姻親華靖（字彦謀）編輯删定。前題下署“太子賓客謚文靖吴門王汝玉”“隆亭華靖編次”二行。版心除卷一、二、四、六、七、八，第一葉刻“青城詩集”外，餘皆刻“青城集”。卷前有魏驥、劉鉉、徐珵、鄒亮四序。景泰元年（1450）八月，南京吏部尚書魏驥（1375—1472）撰《青城山人集原序》云：“若先生者，自少負聰明特達之資，才清趣潔，宜其平日之詩之文，輒與海内作者齊驅而並駕，間有或之而先者也。若兹集不淪虚寂，不流靡漫，洋洋乎，渢渢乎，緣情指事，駕蘇李而凌元白，其慨而不激，直而不肆，殊得詩人温柔敦厚之旨，誠負爲一代之名家也。”“兹吴門華君匯粹先生之詩凡若干卷，欲命工以鍥於梓，征予序其首簡。”景泰元年劉鉉序稱：“太子賓客、文靖王先生詩一編，吴邑華彦謀既爲鋟梓，致書來北京請序之。予久未復，又書趣之，又未復，如是者三四。”景泰二年鄒亮序稱：“鄉友華彦謀雅擅好事之譽，嘗編次先生之詩，壽梓以傳於後，征序其端。”景泰癸酉（四年）徐珵序稱：“友人華彦謀家與王氏連姻，尤好公詩，既爲編次，復鋟梓以傳於世，而諉予序。”“其爲文蓋兼古今體制，而詩則深得唐法……予嘗評公之詩，清而不刻，麗而不靡，軼宕而不粗俗。驟而見之，如九霄一鶴，盤雲獨游；如玉井蓮華，浥露初發；如瑶台仙子，臨風微步，殆難以塵情凡態想像；如五陵年少，衣輕策駿，馳騁春風紫陽間，意氣奕奕，不可奈品而第之。其大曆、貞元諸才子之流乎？”此書由編者華靖在正統十二年至景泰四年間刊行，是《青

① 《四庫全書總目》卷一百七十《青城山人集》條。

城山人詩集》的最早刻本。景泰四年（1453）華靖刻本，今存國家圖書館、北京大學圖書館；有清抄本，今存國家圖書館和常熟市文化管理委員會。

北京大學圖書館藏華靖刻本《青城山人詩集》，有李盛鐸跋："王青城詩集，明刻傳本甚希，宋廛所收尚系抄帙，罕可知已。壬子夏日析津市出此本，因亟收之。據蕘圃題跋，尚有景泰間人魏、劉、徐、鄒四序，是本已闕，當覓舊本補録之。盛鐸記。"北大藏本缺魏、劉、徐、鄒四序，但保存了正統十二年王璲之孫王鎧撰《後序》，云："右青城詩集若干卷，先大父文靖公之所著也。大父自幼以詩文名，接交當時海内儒碩非一，往來倡酬，靡不見之賦詠。自入國朝，登仕籍，洎升翰林，聲光益著。其製作特盛，然兩爲回禄所虐，稿皆殘缺。所幸别或收貯，得十之二，閲歲既久，鎧以菲才宦游古汴，束以自隨，公暇因掇拾分類，繕寫一帙，有外集者附之，藏之篋中，家居以來，罔敢失墜。偶姻好華君彦謀過而見之，三復嗟嘆，遂於内各删百首，命工刊次。鳴呼!大父文名蓋一世，著述布天下，而遺稿灰滅無幾，又弗克傳世，豈造物者不使有見於後哉？實子孫不肖，不能繼述先業之所致也。今大父殁余三十年，而一旦幸表而出之，是明珠寶劍之起於重淵，必有待其時歟?彦謀讀書好義，嘗輯其族譜諸集行世，足羨故家子孫，立志超卓，不屑細故如是。時正統十二年嘉平望日孫鎧謹識。"黄丕烈《蕘圃藏書題識》卷九題跋二則，其一云:"此王青城集，余得諸五柳居書肆，昆山孔氏所藏書也。汝玉爲吴人，考楊循吉《吴中故實記》所載《風雅第五》，凡十四人，青城王先生汝玉居首，記云:青城王先生汝玉詩豪放，有寵，永樂間與王偁、孟楊、解縉、王達善，同名當時，稱東南五才子。今録其語於集尾，以征吾郡之文獻云。蕘圃黄丕烈。"①

《青城山人詩集》卷一爲五言古詩；卷二、卷三爲七言古詩；卷四爲五言律詩；卷五爲五言長律；卷六爲七言律詩；卷七爲五言絶句；卷八爲七言絶句。王璲現存詩五百餘首，爲當世所重。佳作甚多，如:《葑村》："荒村依野葑，樹色水光邊。人家知遠近，犬吠隔溪烟。"《山齋》："齋居在山中，長日人來少。杏壇花落多，時有東風掃。"《雜詩》："春山佳氣多，白雲滿芳樹。幽徑絶塵蹤，落花映深户。微雨灑林落，東風長蘭步。之子招不來，滄洲日將暮。"《題畫送陳孟敷》："君家門掩緑陰低，古木叢篁水郭西。我向京華望吴苑，桃花衹隔武陵溪。"《瓜洲道中》："滿汀蘆葉孤舟雨，一樹梨花小旆風。遥望故鄉何處是，依稀烟樹五湖東。"《題畫》："西風嫋嫋起林阿，一夜新凉到薜蘿。人在空江秋影裏，青山不似白雲多。"《漁村》："汀葦蒼蒼白露凝，一灘寒月未收罾。西風吹醒江南夢，四壁蛩聲半夜燈。"《送胡郎中》："長干道上含情别，明月樓前入夢頻。同是老年仍在客，如今莫説故鄉人。"《送趙友同之吴江》："畫船曉發鳳城東，江上青山雲幾重？秋水連天三百里，片帆一夜到吴淞。"《寄略道權上人》："長干

① 黄丕烈：《蕘圃藏書題識》卷九。

寺裏訪清游，花落花開幾度秋。望斷碧雲人不見，夜深飛夢到揚州。”《題畫》：“五湖深處舊柴關，春水桃花第幾灣？昨夜東風吹夢去，白雲深鎖萬重山。”《題扇別顧伯行》：“我別家鄉七月秋，相逢故舊更遲留。明朝相憶知何處？遥指蓬山十二樓。”《送陳宗述之官西蜀》：“我從東去子西行，萬里橋邊萬里程。白雲揚花多似雪，還應難比別離情。”《留別錫山諸友二首》：“我將策馬入神京，諸子乘舟遠送行。芳草落花三百里，依依總是故人情。”“當筵莫唱渭城歌，此去京華路不多。明日相思情更切，西風木落洞庭波。”《題畫》：“仙水仙山有路通，人家遥住白雲中。一溪春色無人管，流出桃花片片紅。”

王璲才氣横溢，下筆不能自休。古體歌行氣勢奔放，想像豐富，逼似李白；尤工律詩絶句，清淺自然，詩中有畫，亦近唐人，有韋柳摩詰之風，影響到了後來的吕半隱、張船山等詩書畫大師。誠如明代最長壽的大臣南京吏部尚書魏驥（1375—1472）評價王汝玉所云：“駕蘇李而凌元白，慨而不激，直而不肆，爲一代之名家也。”

作者單位：四川省蓬溪縣政協

灌縣歷史名人周因培、周盛典考略

鄭宇翔

内容提要： 周因培，廣西臨桂人，道光六年進士（1826），道光十至十五年間（1830—1835），曾兩任灌縣知縣，他爲官廉正，替灌縣百姓辦了不少實事。其間，他治理都江堰渠首，主持修建百丈堤；恢復重建奎光塔以振興當地文風，又籌建書院培養人才；主持重修建福樓和蟠龍橋。灌縣人一直感念周因培恩德，鑒於他爲官清廉，所以將他在奎光塔旁邊所建“蜚英山館”改建爲生祠，人稱“周公祠”。

周盛典，灌縣人，在清光緒年間是紅極一時的人物。其人自幼聰明，在歷次科舉考試中一路順風，由秀才而舉人，由舉人而進士，最後中丙子恩科二甲第八十八名進士，以朝考一等入翰林院。他性格曠達，爲人平易、穩重，做事踏實認真，任職吏部十餘年，深得上級信任，同事贊許。

關 鍵 詞： 灌縣；歷史名人；事迹

灌縣（今都江堰市）山川俊美，鍾靈毓秀，人文薈萃，文脉綿長。清代以來，馬璣、嘉慶、孫天甯、李桂林、强望泰、周因培、王宫午等歷任職官，皆注重人才培養，使灌縣的整體文化水準得以提升。曾輝山、馬光型、高溥、董文炳、李芳、陳炳魁、彭洵、周盛典、董玉書、苟春培、馬繼華、賀鴻基、徐昱、王昌麟、羅駿聲等數百位文化名人，或馳騁教壇、政界，或效命疆場，以自己的學術、詩文著述傳承本邑歷史文化，成就了傳統文化在灌縣延綿的輝煌。其中，道光時期灌縣知縣周因培和光緒時期本邑著名學者周盛典其人其事，即爲都江堰市近代以來文化傳承鏈結中的重要環節之一。

一、周因培其人其事

（一）周因培身世

據廣西桂林市文管所提供的《周因培墓表》和廣西象州鄭獻甫撰寫的《四川灌縣知縣椿園周君家傳》，周因培身世如下：

周因培（1789—1846，一説 1845），原名周瞻渭，字椿園，一字夢熊，廣西臨桂（今廣西壯族自治區桂林市臨桂區）縣西鄉村人。嘉慶十二年（1807）丁卯科舉人，道光六年 （1826） ，大挑一等，授知縣，未赴任，當年即赴丙戌科春闈，中三甲第一百一十八名進士，次年署四川慶符縣（今屬高縣）知縣，兩年後調署崇甯縣知縣，道光十至十五年間（1830—1835），曾兩任灌縣知縣。到任伊始，主持重建奎光塔，以振興灌縣文風。兩年後轉任。道光十五年（1835），周因培復任灌縣知縣。後轉任閬中，因與上級意見不合，被降職爲縣佐，自請改任學職。後被任命爲廣西武宣縣（今屬廣西壯族自治區來賓市）教諭，道光二十四年（1844），始正式就任。卒于任所。周因培生於乾隆已酉年（1789）正月廿五日，卒于道光丙午年（1846）三月廿二日酉時，享年五十有八（鄭獻甫撰寫的《四川灌縣知縣椿園周君家傳》爲：卒于道光乙酉，得年五十有七）。有子四，曰思永、思益、思安、思晉。

（二）周因培任職二三事

自道光七年（1827）至十七年（1837），周因培在川歷任慶符（高縣）、崇寧、灌縣、閬中等縣知縣。

在慶符任職時，周因培遇到一官司，有羅姓寡婦告狀，其丈夫李某在臨終時交代過繼他弟弟的兒子爲後，但李某的堂兄却想把自己的兒子過繼給她，好繼承遺產，便慫恿她狀告丈夫李某的弟弟。周因培接狀紙後，便知其中緣由，便説“這衹不過是圖財而已，没必要通過打官司來解决，傷了一家人的和氣”，於是動之以情，曉之以理，使雙方和解。

在崇寧縣任職時，有一人因母親年老，家又負債累累而去行竊被抓。周因培對他説：“以偷竊來贍養母親是不孝；以偷竊來的財物償還債務是不合法理的，爲何你還以此爲由行竊呢？”在依據法律進行懲罰後，並講理教導偷盗之人，偷盗之人慚愧萬分。後來，周因培罷官途經崇寧縣時，忽有一人跪伏于道邊，自稱是以前行竊的人，經過周公的諄諄教誨，自己已改過自新，得到了當年被盗人家的原諒，今已娶妻生女，一家人能贍養老母，都是你當年給我的恩德，今聽説你將路過崇寧，專門來跪謝相送。

自崇寧改任灌縣之後，周因培曾兩任灌縣知縣。他爲官廉正，替灌縣百姓辦了不少實事：治理都江堰渠首，主持修建百丈堤；恢復重建奎光塔以振興當地文風，又籌建書院培養人才；主持重修建福樓和蟠龍橋（一名鎖龍橋，即今走江橋）。那些年，國家内亂，需加征錢糧供應前綫，在四川按照每丁條糧銀一兩徵收三兩銀的比例收繳百姓捐輸的税賦。當時，灌縣每年上繳國家税賦（丁條糧銀）爲五千六百餘兩白銀，因此，應額外加征捐輸税賦一萬六千八百餘兩。他感念灌縣民生艱困，報請上級乞求減免税賦，隨後又以縣府積餘銀錢一千兩送到省府，但仍未能獲准減免，見此情境，他再捐出自己多年積蓄下的一千兩銀錢交上，並誠懇説明灌縣情況，終得上級認可，減免了灌縣額外的税賦。灌縣人一直感念周因培恩德，鑒於他爲官清廉，所以將他在奎光塔旁邊所建“蜚英山館”改建爲周因培的生祠，人稱“周公祠”。

道光十六年（1836）周因培到閬中赴任，剛一到縣衙，他就查看前任留下未辦理的事項卷宗，並當場依次判結，人們見此情形，紛紛奔相走告，導致街巷擁擠，一時傳爲佳話。爲解決偏遠鄉鎮百姓到縣城告狀辦事長期滯留縣城導致花費增加，周因培安排差役按照路程遠近計算出發時間，作爲到案早遲依據，按此方法排序，使到縣衙告狀的百姓未出現在縣城滯留超過十日的情況。不僅如此，他還專門準備了一薄一厚兩種竹杖，厚的竹杖專門針對吃拿卡要害民的差役，薄的竹杖用來懲戒犯事百姓，百姓贊頌不斷，有口皆碑。第二年，周因培因與上級意見不合被降職。離任時，百姓傾城出動哭送，多年後人們談及周因培都還在流淚爲他惋惜。

周因培出身官宦人家，在川任知縣十二年，爲政清廉，離任時家中無積財，連返鄉路費都不够。賴其門生故吏捐資，方得返鄉。後來，他的夫人、兒子等家人因避戰亂，千里迢迢前來灌縣，賴其門生李芳、陳炳魁等供養。其後人也因此而流寓川西。

（三）周因培世系

…………

祖 父：周道亨（生卒年不詳），乾隆十七年（1752）壬申科舉人，後曾任廣西桂林屬縣平樂及平樂府昭平縣訓導。

父 親：周琢（生卒年不詳），乾隆三十五年（1770）庚辰恩科舉人，乾隆三十七年（1772）壬辰科三甲第七十六名進士，曾任甘肅敦煌知縣。

兄 弟:共五人，周因培最少，四個兄長中，兩人爲縣學諸生（即秀才），兩人爲舉人。

兒 子：共四人。

思永：（生卒年、事迹不詳）

思益：（1840—1896），字子謙，號次峰，榜名益，咸豐五年（1855），爲縣學生，次年爲避戰亂，從老家廣西臨桂奉母及家人，千里迢迢前來四川灌縣，投奔父親的門生故舊。咸豐七年（1857），入讀成都錦江書院，爲山長李惺所賞識，因他非四川人，不能在成都應舉，李惺爲他集資，並代籌家用，助其入京應舉，咸豐八年（1858）中戊午科舉人，次年連捷己未科二甲第五十八名進士，授刑部主事，因母親尚滯留灌縣，於是請長假到灌縣侍奉老母。在灌縣，周益應灌邑士紳請求、也爲奉養母親的需要，主持岷江書院教學，爲灌縣培養人才無數。同治十三年（1874），周益赴京銷假復職。光緒二年至八年（1876—1882）出任湖北恩施、鍾祥、竹溪等縣知縣，清廉愛民。後因會審鄰縣余瓊芳命案，挂誤去職。晚年助教湖北經心書院，因病棄世，得年五十有七，周益有《樹萱草堂文集》八卷、《樹萱草堂詩集》三卷、《意林補》二卷和《續漢書蒙釋》二卷等著述傳世。

思安：（生卒年、事迹不詳）

思晋：（生卒年、生平事迹不詳），字子鑒，號叔平，周因培少子。幼年時隨其兄思益來灌縣投靠其父的學生李芳、陳炳魁等。民國《灌縣志》著録了他兩首詩都與青城山有關。據此推測，其人曾流寓灌縣。

孫　子：共四人。

慶庚：（生卒年、事迹不詳）

慶壬：（生卒年不詳），字伯乎，周思益之子，貢生；光緒末年至宣統年間，曾出任温江、巴縣等縣知縣，有著述《三絳隨筆》傳世，其後人寓居温江。

慶丙：（生卒年、事迹不詳）

慶申：（生卒年、事迹不詳）

曾　孫：

其長子周思永在光緒六年（1880）爲周因培《榕蔭書屋筆記》題跋時，題有二人。

壽官：（生卒年、事迹不詳）

恩官：（可能是周思益的孫子、生於 1879 年的周家彦）

家彦（1879—1940），周慶壬之子。字韜（弢）甫，寄居温江。光緒二十二年（1896），周家彦入成都入四川中西學堂算學館（今四川大學數學學院前身）。光緒二十七年（1901），成爲選派官費留學生二十二人赴日留學之一。周家彦考入東京帝國大學政治法律系學法律。畢業後，任清政府駐日本公使館館員。宣統三年（1911）回國，任清政府外務部日本股股員。次年，中華民國成立，周家彦歷任南京臨時政府實業部參事，北京政府工商部、農商部參事。民國三年（1914），周家彦升任農商部次長，次年辭職。民國六年（1917），被北京大學聘任爲法科教授，並兼任農商部顧問，歷任全國烟酒事務處第二廳廳長，北京政府京兆烟酒事務局局長、後轉任山東青島市政府參事、特別總務局局長，曾任僞政權青島市社會局局長等職務。民國二十九年（1940）五月，周家彦病逝青島。享年六十有二。

…………

（四）相關著作

周因培曾孫周家彦輯録祖父、曾祖父兩代的詩文，於民國二十三年（1934）編輯刊印，取名《桂林周氏家集》（傅增湘題署書名），其中收録有周因培著述《榕蔭書屋筆記》（蔡元培題署書名）一卷。經查找，都江堰市博物館收藏其一副楹聯墨迹、《民國灌縣志》中著録他的一篇碑記文章和十二首詩歌，著録如下。

1．楹聯一幅

正文爲“自静其心延壽命，無求於物長精神。”①

2．碑記一篇

道光十年（1830），周因培任灌縣知縣，主持建奎光塔以“補地形之缺”振興文風，道光十二年冬（1832），奎光塔竣工，其撰文《重建灌縣奎光塔記》。碑文主要内容爲：“奎光塔者何？前明人以補地形之缺者也。……明季，塔圮于水，百十年來科甲蕭條暗晦，較宋以前又甚焉，有心者惄焉憂之。庚寅秋，因培蒞任兹土，閱數月百爲牣舉，次與邑紳商籌及此，僉曰：‘邑人蓄念久矣，願公倡之。’乃以明年正月，設局城中，擇邑紳老成公正者任勸捐之事，闔邑人士慷慨樂輸，匝月即得數千金。於是仍其舊址，相度陰陽，筮日興修……經始于辛卯之秋，落成於壬辰之冬……塔圍圓七丈二尺，高二十二仞，費銀八千有奇……”②

3．詩歌十二首

（1）《送孝廉東橋馬光型、城南高溥、敬堂陳政典、星橋張思偉暨武舉馬嘉賓北上餞別》（二首）③。

“頻年醫俗藉芝蘭，忽唱陽關話別難。吐鳳有才親射策，驅鷄無術愧持竿。此行雅合風雲會，何日重聯縞紵歡。且爲梅花拚一醉，灰飛六琯正銷寒。”

“五星朗照綺筵開，迎得群仙入座來。潑眼山光浮玉壘，關心柳色染金台。凌雲未奏相如賦，醉月先傾太白杯。天上霓裳同日詠，佇看接軫奪標回。”

（2）《留別士民》（五首）④。

“六年洞天地，愛此山水幽。雲霞當巘出，繩梁截空浮。天峰三十六，玉立何清遒。公餘携壺榼，一一窮冥搜。五嶽起方寸，洗我萬斛愁。轉慚塵俗狀，恐貽山靈羞。此日歌行邁，何時賦來游。山水如有情，我意殊勾留。”

“岷山孕靈秀，士類多翹楚。我來數考校，拔十期得五。精神困簿書，學力疏藝圃。論文亦偶爾，風教何曾補。臨別贈我詩，轉使我心憮。古人重心交，别離非所苦。士行轉運甓，長卿記題柱。經明而行修，勖哉力宜努。龍門海濤飛，佇看神魚舞。”

“此邦古永康，不乏賢紳耆。太邱媲後德，元禮同英姿。我時勸晋接，匪云標榜私。公事賴以集，民隱籍以知。譬如舟有楫，庶風免濤危。兹聞我將去，祖帳爲歌驪。瓊瑶拜嘉貺，芝蘭發遐思。所願益懋修，德者福之基。他時聞好音，使我心神怡。”

“斯民豈無良，半爲饑寒縛。趨利而得害，如蛾自火灼。我曾董勸施，所苦

① 此聯爲都江堰市博物館館藏文物，其落款爲：椿園周因培；字體行楷，另有印信兩枚。

② 民國《灌縣志·灌志文征》卷三《碑志》，第33頁。

③ 民國《灌縣志·灌志文征》卷十一《七言律詩》，第18頁。

④ 民國《灌縣志·灌志文征》卷七《五言律詩》，第12頁。

才德薄。弊藪紛蝟毛，争端幻雀角。徒然心焦勞，未覩俗清廓。三復鵜梁詩，瀕行增愧怍。更願爲我民，苦口進良藥。利害認分明，爲善勿爲惡。”

“我無應世才，况復多病身。一落塵網中，簿領嘗艱辛。豈有魯恭異，但賀韓起貧。有如觸藩羊，進退徒逡巡。此行更掣肘，何以報君親。相彼鳥倦飛，我亦思鱸蓴。何時歸去來，垂釣灕江濱。”

（3）《再到青城留别邑人士（三首）》①。

“十年薄宦滯西川，傀儡逢場劇可憐。祇有窮愁頻寫券，曾無雅化可鳴弦。忽登白簡因微罪，仍守青氈亦夙願。莫道歸裝惟片石，脱離苦海即神仙。”

“築堰分江事隔年，重求風景尚依然。狂瀾滚滚難中立，拙宦勞勞更左遷。舊雨重逢悲喜共，閑雲暫住去來便。名山好友愁離别，何日相尋未了緣。”

“載酒相邀父老同，臨岐更惜阮囊空。何曾舊尹留遺澤，畢竟斯民尚古風。福地重游驚昨夢，歸期頻問感餘衷。宦場哪及鄉居樂，笑語樽前白髮翁。”

（4）《留别門人爲選拔高勉齋志元作》（二首）②。

“朋來問訊束經裝，且復斯須聚一堂。惟有雙魚緘别意，漫勞一瓣是馨香。聞先已捷金泥報，啓後還堪玉尺量。好待巴山秋月後，爲君高詠鹿鳴章。”

“十載琴弦且漫操，何時歸去獲師陶。亦思報國收楨幹，敢謂盈門盡李桃。立品須求堅似玉，爲文應自沃如膏。相期學仕行吾素，休問常情貶與褒。”

（五）周因培學生

周因培先于道光十年（1830）任灌縣知縣兩年，又于道光十五年（1835）復任一年。作爲知縣，掌管著縣學生的考核大權。可以這麽説，他任職期間，灌縣縣學一百多個學生（生員）都可算是他的門生。根據他尚存的十二首詩歌内容，可以推測出灌縣李芳、陳炳魁、陳政典、張思偉、馬嘉賓等爲其學生中的佼佼者。

李芳（1806—約1896），字春珊，道光時期歲貢生，有文名。因此曾任岷江書院山長多年。光緒五年（1879），年逾七旬，被任命爲酉陽州學正，他以年老路遥辭。光緒十八年（1892），先生年已八十有七，來游縣學，以《春珊詩草》出示縣學諸生，同治十三年舉人徐昱時爲岷江書院山長，爲之作序，並因此傳世。民國《灌縣志·灌志文徵》收其詩文多篇。

陳炳魁（1816—約1896），原名俊彦，字輔廷，號甫丞，同治三年（1864）甲子科帶補辛酉科舉人，後曾任眉州（今四川省眉山市）學正。民國《灌縣志》稱陳炳魁：“積學能文，克世其業。有文存一卷。生平篤於孝義，母歿，廬於墓。嘗主岷江、臨江兩書院，成就頗多。在眉（州）亦然。識水利。川督丁寶禎修都江堰獲咎，欽差查勘，炳魁爲言用竹籠便。當道嘉納之。”宣統二年（1910）因

① 民國《灌縣志·灌志文征》卷十一《七言律詩》，第18頁。
② 民國《灌縣志·灌志文征》卷十一《七言律詩》，第18頁。

治水有功，陳炳魁被奉入堰功祠。

陳政典（？—約 1862），號鏡堂，父錫周，副貢生。篤學能文，曾主岷江書院講席。其秉承家學，才氣英邁。道光八年（1828）參加鄉試中舉，道光二十四年（1844）甲辰大挑一等，分發知縣，官直隸省。其任職期間，兩袖清風，聽斷明晰，遇事剖析如流，吏民都畏服。歷任職天津沙河、磁州等處，政聲卓著，病死于任上。

張思偉（生卒年不詳），號星橋，少嗜讀書，殫心經史，一物無所累。天性篤厚，平易近人。道光十四年（1834）舉於鄉。次年春官報罷，退而講學。主岷江書院，遠近來者，室爲之滿，以品學著稱。民國《灌縣志》著録有其詩文數篇。

馬嘉賓（生卒年不詳），道光十四年（1834）四川鄉試甲午科武舉舉人，“嘉”一作“家”。道光一朝，灌縣僅有武進士一人——王萬壽：道光十八年（1838）戊戌科武進士，榜眼及第，官至松潘中營游擊。

二、周盛典其人其事

（一）周盛典身世

據灌邑著名學者王昌麟撰寫的《翰林院編修周雅堂先生墓表》，周盛典（1834—1885），字雅堂，灌邑金村青棡墩（今屬都江堰市胥家鎮）人，幼年聰慧，十二歲時，就能講誦四子五經，學使驚爲偉器，獎以佾生，後入學爲附生、升爲增生、序補廪生。咸豐十一年（1861）辛酉拔貢生。當時因雲南李永和、藍大順戰亂等原因，于同治三年（1864）赴京應甲子科廷試，名列第一，授吏部七品小官。又參加應順天鄉試，中式北闈第七名舉人。光緒二年（1876）丙子會試，他復中式第十名進士。以殿試二甲（第八十八名進士）、朝考一等，改官翰林院庶起士，逾年散館，授職（翰林院）編修。光緒二年，他告假回灌縣探親，因其父親去世而丁憂三年，这期間，鄉人請他主講灌縣岷江書院和成都少城書院，學生衆多；後他離開書院，回京城供職，因病卒於光緒十一年（1885）農曆乙酉年十月，距其生於道光十四年（1834）農曆甲午年二月初十，終年五十二歲。子周慶綸。

（二）周盛典二三事

光緒二年（1876），周盛典高中二甲第八十八名進士，次年任職翰林院編修，散館後，分發吏部任主事，當年回家探親，恰逢其父去世，周盛典隨依例服闋（守孝三年）。其間，受鄉人之聘，執教縣學岷江書院，使古堰文風達到鼎盛。後又入主成都少城書院，“學侶追隨，外會爲滿”。周盛典文采飛揚，教學以經世致用、通達事務爲要，受其學者，無不蜚聲場屋。他爲人平易、穩重，做事踏實認真，任職吏部十餘年，深得上級信任，同事贊許，“以學行科名顯於世”。周盛典尤爲值得稱道的有兩件事：當時有一位與周盛典同鄉的名人，與他一同參加科舉考試，但没有高中，於是，這位同鄉以寫小游仙詩來暗諷當朝，抒自己憤懣之情，被追查。周盛典聽説他來京城，特前往拜訪他，很高興地把他接到家中招待，並化解他的危機。當時，在京城爲官的川人很少，周盛典衹要遇到家鄉的人，總是以禮相待。對於後輩，他因材施教，以至很多人都成名。他的俸禄都用來廣交賓客，還常出現向别人借錢交友的情况。另有灌縣人借陝西商人錢謀官，陝商欲訴于官府，周盛典極力調解，作保，陝商敬仰他人品，撤訴，同鄉人以此化險爲夷。

又據民國《灌縣誌》轉引彭洵《灌記初稿》所載周盛典生平：周盛典，成童補弟子員。受知湘南黄恕皆學使。舉丁酉拔萃科。廷試及京兆同日元魁報捷。相國周文勤亟賞之。浮沉銓曹十餘載，丙子始成進士。廷試復第一，時有“小三元”之目。爲人狀貌温雅，性情豁達。凡海内名流、疆埸宿將，多與贈答往來。一時識與不識，皆知有“周翰林”。乃未竟其學而卒。衆論惜之。

（三）周盛典世系

…………

入川一世祖之父：周忠武，字甯武，湖北麻城人，明朝末年，在戰争中殉國，其夫人劉氏殉之，向夫人携帶其子周世乾突圍出走。

入川一世祖：周世乾，清朝初年入蜀，爲入川周氏始祖。

入川二世祖：周全，周世乾之子，後遷居灌縣，經過一個僧人的指點，在灌縣東外青枫墩安家。①

高 祖：周尚仁，家境富裕，性慷慨，好施濟，喜歡幫助窮人，縣人都稱他爲“周善人”。乾隆四十三年（1778）捐金千兩修葺白沙大橋。灌西通衢因此無阻。後，又于金馬場附近捐修卷洞橋，使灌邑東道暢通。

曾 祖：周鳳鳴，生平事迹不可考。

祖 父：周伯順，孝友和易，鄉里私謚曰“醇朴先生”。

父 親：周廷楝（1804—1878），字燮臣。陳炳魁所撰碑記其家世及其生平大略：清初，周氏以客籍居灌邑，無論務農、經商，還是走上仕途，世代均樂善好施。他本人繼承家族樂善好施的傳統美德，曾獨立出資修復在離堆下臨内江南岸的慰農亭（該亭原爲道光時期成都府水利同知强望泰修建），修築内江護岸長堤一百二十丈，既抵捍江水，又拱衛城墻，爲士紳所贊譽。且能忠於王事，保衛地方安全。又曾于咸豐十一年（1861）協助縣令英啓守城，以抵禦雲南人李永和、藍大順的進攻：“事平，義不受賞。大吏奏給五品頂戴，君亦不自襮也。”光緒四年（1878）十一月十日卒于家，終年七十五歲。

---

① 青枫墩位於今胥家鎮東約三華里處柏條河畔，當時屬金村石龍鄉，後爲金馬鄉轄區。民國十五年（1926），胥家鄉獨立建制，該地遂成胥家鄉轄區。

兄 弟：

周盛隆，早卒。

周盛祺，詹事府謄録，議叙縣丞。

周盛文，國學生。

兒 子：周慶綸（1862—1902），字式丹，同治元年（1862）生，光緒四年（1878），周盛典主講岷江書院，公子年十六，已能文章，善詩賦，楷書遒麗，人見者無不嘆羨。其妻張氏，孝順婉麗，育三子。光緒十一年（1885）周盛典病逝北京，周慶綸及其家人護柩回灌縣，在三峽船翻落水，張氏和三個兒子連同周盛典俱葬身魚腹。衹有周慶綸被救生船救起，獨自生還。光緒二十六年（1900）分發甘肅候補知縣。到甘肅（後）兩次娶妻，家庭關係皆不和睦，也再無後代。周慶綸去世後，絶嗣。

…………

周氏爲灌縣著姓，周盛典一家書香仕宦，樂善好施，文采風流，距今已逾百年，仍爲縣人所稱道。可證古語"公道自在人心"。周家祖孫三代最後歸葬兩地：周廷棟長眠於灌縣城東金村忠義甲（今天馬鎮境内），周盛典、周慶綸父子的墓地則在崇寧縣城（今郫縣唐昌鎮）北二十里的蓮花山法忍寺側。

（四）相關著作

周盛典書法追摹古人，筆法謹嚴，但並不泥古不化，在筆墨的運用上，取法董其昌，追求先熟後生的效果，古樸淡雅，體現出文人創作中平淡純真的個性。他的書法、詩文、繪畫等藝術作品在今已很難尋覓。現衹找到一篇碑記、四件書法作品（其中有兩副對聯和兩首詩）、三首律詩、五副對聯。

1．碑記《都江堰靈異記》一篇

光緒三年（1877），四川總督丁寶禎大修都江堰水利工程中發生了一件奇事——工程施工後保留的榪槎，有部分木頭因在水中而發芽生葉，古人認爲是祥瑞徵兆。周盛典於是撰文記其事，並由此歌頌了丁寶禎治水功績："……（都江）堰魚嘴前心安榪槎，袤長一百二十洞，其制以榿、柳雜木爲之。每歲放閘後，逐次撤去，僅留數洞，以殺上流水勢。然遇盛漲，亦即隨波漂没。今則巍然屹立者尚有五洞，於驚濤惡浪之中，發生枝葉，鬱勃青蔥，斧斤之痕，宛然尚在。豈非公（丁寶禎）之精神所結，感通於天，以召此靈異歟？……"[①]據考，該碑文爲灌邑秀才劉璞用隸體書寫，書法峻整。今碑失文存。

---

① 民國《灌縣志·灌志文征》卷五《雜記》，第34頁。

② 此聯前有題記，爲"贊白仁兄大人雅賞"等字；後有"雅堂弟周盛典"等字。

③ 上聯邊款"瑞亭二兄大人雅正"，下聯邊款"周盛典"。

2. 書法作品三幅

（1）兩幅紙質楹聯墨迹。“德連木理，仁挺芝草；門有通德，家承賜書。”[②]另，“陽羨春茶瑶草碧；蘭陵美酒鬱金香。”[③]此兩幅對聯現爲都江堰市博物館所收藏。

（2）温江區文管所收藏了一張周盛典手書《道德經》第十章和第十二章内容：“載營魄抱一，能無離乎？專氣致柔，能嬰兒乎？……生之，畜之，生而不有，爲而不恃，長而不宰，是謂玄德。五色令人目（盲）；五音令人耳聾”右邊題款“聚五仁兄同年大人法正”，左邊落款“雅唐弟盛典”，字爲正楷。

3. 詩歌（三首）

（1）五言律詩《竹裏烹茶》一首。

“竹裏館初晴，泉聲繞閣清。水從丁字汲，茶趁午甌烹。凉露千竿滴，微風兩腋生。此君真不俗，相對更怡情。”[①]

（2）七言律詩《選拔將至都門同人餞于二王廟賦此志别》二首。

“年來意氣尚縱横，北望燕台且送行。殘照一鞭游子影，春風十里故人情。龍頭未副平生願，蝸角先争最小名。如此歡場猶遠别，那堪回首憶諸兄（君）。”[②]

“文字綢繆信有因，天涯踪迹倍相親。酒逢餞别心先醉，交到忘形意最真。好勝未除名士習，放懷同飲玉壺春。秋高有約共携手，都是長安得意人。”[③]

4. 對聯三副

（1）“高拱玉清，尊無二上；宏開金闕，默運三元。”[④]

（2）“結習已全空，祇難忘石上清泉，山間明月；名山聊小憩，幸領略錦江春色，玉壘浮雲。”[⑤]

（3）“廊廟正需才，愧半生銓署浮沉，毫無建樹；文章思報國，願多士玉堂冠冕，不負傳薪”。[⑥]

（五）周盛典學生

光緒二年（1876），周盛典告假回灌縣探親期間，因其父親去世而丁憂三年，期間，鄉人請他主講灌縣岷江書院和成都少城書院，學生衆多，其出名者爲王昌麟、周慶綸、賈思徽等人。

王昌麟（1862—1919），字瑞徵，今都江堰市柳街鎮人，李啓明先生譽之爲本

---

① 民國《灌縣志·灌志文征》卷八《五言律詩》，第 13 頁。
② 民国《灌县志·灌志文征》卷十一《七言律诗》，第 13 页。
③ 民國《灌縣志·灌志文征》卷十一《七言律詩》，第 13 頁。
④ 此聯在青城山上清宫正殿，爲石柱刻聯，上聯前有題款：“同治五年（1866）季春下浣日吉旦”，下聯落款爲“吏部主事周盛典沫手敬書”。
⑤ 此聯在青城山常道觀（天師洞）迎曦樓上，上聯題款爲：“戊寅暮春同人招游青城，羽士福生道友索書門聯，走筆題此”等。下聯落款爲“雅堂周盛典並識”。
⑥ 此聯曾掛在岷江書院大門，系周盛典回家爲父守制、主講岷江書院時所撰，以激勵本邑後學。

邑近三百年來學術第一人。少孤而性敏好學，師從周盛典。光緒六年（1880）春，縣學第一，次年，以高材生選入尊經書院，從王闓運學。光緒十一年（1885），王闓運返湘，王昌麟收拾行李書籍，從學於湘，住湘綺樓二年。光緒十四年（1888）戊子科中舉。兩赴春闈不第，光緒二十年甲午（1894）考入國子監南學。次年，"甲午戰敗"而"七上公車"，以學行名動公卿。將擢用，遇"庚子國難"，倉皇間得京城驛郵吏楊茂臣幫助，得以從金牛故道回灌縣。從此絶意仕進，在灌、郫兩縣書院及川中各學校主講。宣統元年（1909），大挑二等，選授川東銅梁縣教諭。前後三遇覃恩，加級，由銅梁教諭調任省學教員兼法校監督，隨即被選爲四川省諮議局議員，積極獻言獻策，改革弊政。民國元年（1912）春天，先生辭官返鄉，于城東金馬鄉易家大林贖回祖屋，建"玉壘山墅"。在"玉壘山墅"，先生整理舊作，爲家鄉建設出謀劃策，爲維護都江堰建言上書，不遺餘力。1919 年 1 月逝於世，享年五十有八。其遺著有《周官通釋》、《文學通論》（一名《國文講義》）、《晴翠山房詩文集》、《惜齋文録》等，共十九卷。民國十四年（1925），入祀本邑文廟鄉賢祠。

周慶綸（1862—1902），字式丹，周盛典之子，與王昌麟同學于"岷江書院"，其十六歲時，就善寫文章、詩賦，楷書剛健秀美，凡是看見的人都無不贊嘆羡慕。後隨父親進京，光緒二十六年（1900）以知縣分發甘肅候補，因病歿，歸葬崇寧縣北蓮花山法忍寺側。

賈思徽：（1861—1924）字克卿，别號不山山人，作爲周盛典弟子，與王昌麟、周慶綸爲結義兄弟，光緒六年（1880）以理番廳第一名入縣學（秀才）（理番縣學籍），後爲歲貢生。他滿腹詩書，頗負才華，青城山、靈岩寺等本邑名勝風景地有很多他所題詩篇、楹聯。因與世俗不合，自以爲山居野處之人，却居家城市，所以自號不山山人（没有住在山間野外的山野之人）。民國十年（1921）前後，其家盆中所植荷花反季節開放，而且花開並蒂，世人以爲祥瑞，故請求政府改街名爲"瑞蓮街"。這是民國時期灌縣一大盛事。他天性曠達，爲人寬厚，尊師重教，死後歸葬靈岩山。

作者單位：都江堰市博物館

懷哉共采薇：巴蜀名士林思進、趙熙交游述略

余秋慧

内容提要：林思進和趙熙是晚清民國巴蜀地區文壇名宿，兩人膠漆相投，不僅在文學上笙磬同音，也是一生知己。林、趙四十年的詩詞唱和反映了晚清民國巴蜀地區社會、文化的變遷，及以兩人爲代表的舊式文人的身世遭際和心態轉變。

關 鍵 詞：林思進；趙熙；交游；晚清民國

林思進，字山腴，別署清寂翁，四川華陽人，癸卯（1903）中舉後東渡日本，就讀於宏文師範。1907 年回國後，經朝考授中書舍人之職。1911 年夏，他以母親年老無人奉養爲由，辭官回川。民國後，林思進一直擔任成都各大學教授，門生遍及蜀中乃至全國。時人稱蜀中傳統學術成就乃"林龔向之學"，其中的"林"便是指林思進。1949 年後，林思進擔任四川省文史館副館長，直至 1953 年去世。林思進一生交游甚廣，既有川籍同鄉、文苑名流，也有軍閥政客、遜清遺老，其中與林思進來往最密切的當屬晚清詩壇名宿趙熙。

林思進與趙熙都是晚清民國巴蜀文壇首屈一指的人物，且二人友情甚篤，頗多詩歌唱和和書信往來。兩人交游長達四十余年，几乎貫穿整個民國時期，其往還的文字對反映這一時期蜀地社會變遷有重要作用，但多年來尚無對二人交游的考述。本文以兩人交往中的情感、心態變化爲軌迹，以 1911 年、1920 年爲節點，將兩人交往的四十一年分爲前、中、後三個時期。

一、前期（1907—1911）：如今却落京華夢，令人千里思江湖

1907 年，從日本卒業歸國的林思進被授予中書舍人之職，掌管文翰。同年，丁憂結束的趙熙也回到了北京。兩人就是在這樣的情況下結識。

林思進與趙熙在北京相識後，迅速成爲朋友，原因有二。其一是兩人與胡薇元之間的聯繫。[①]胡薇元既是趙熙在嘉定府（今樂山）九峰書院進學時的授業恩師，也是林思進中縣試時的考官。1916 年，趙熙回榮縣後通信不便，寄給胡薇元的明

---

① 胡薇元（1950—1924），字孝博，號詩舲、石林、壺庵，別號玉居士、七十二峰隱者，清時曾任西昌、華陽等多地縣令，作品有《玉津閣詩文集》等。

信片都是通過林思進轉達。三人之間多有詩歌唱和，往來十分密切。其二便是兩人有許多共同的朋友。林、趙二人都是川人，生於斯、長於斯，又都是一時名士，因此朋友圈時有交集。胡峻、蒲殿俊、楊庶堪等在蜀中顯赫一時的人物與林、趙都過從甚密。兩人之間應是早有神交，才能在北京初次相見後迅速引對方爲知己。

光緒三十三年（1907），維新變法失敗後離開北京的政壇文人又漸漸北上，聚於京城，包括陳寶琛、鄭孝胥、陳衍、林紓等。趙熙也是其中一員。他們時常結社唱和，每逢令節佳辰便擇一名勝古迹，游覽暢談，堪稱文壇盛事。[①]陳衍在《石遺室詩話》中這樣描述當時的盛景："都下詩人，十余年來頗復蕭寂。自余丁未入都，廣雅想過入樞廷，樊山、實甫、芸子俱至，繼而弢庵、右衡、病山、梅庵、確士、子言先後至。計餘居都門五年，相從爲五七言詩者，無慮數十人。討論之契，無如趙堯生（熙）、陳仁先（曾壽）；進學之猛，無如羅掞東（惇曧）、梁衆異（鴻志）、黄秋嶽（濬）。"[②]当時京中聚集了大部分頂尖文人學者，文風阜盛，可見一斑。

趙熙年長於林思進，且已朝爲官多年，文壇名望也非初入京城的林思進可比。於是，趙熙便充當"引路人"的角色，將林思進帶入了陳寶琛、鄭孝胥等人的交游唱和中，使林思進有機會能與同光派諸魁傑相往來。林思進在京期間與宋詩派諸子唱和的這段經歷也是他後來詩風變化的一大契機之一。宣統三年辛亥（1911）上巳日，林思進主社，招集了陳衍、陳寶琛、鄭孝胥、林紓等一衆詩壇名宿於南河泊修禊。陳寶琛、鄭孝胥、冒廣生諸人皆寫下詩篇，林紓則揮毫潑墨，留下的《南河修禊圖》一直被林思進珍藏，返蜀後也不時觀賞。林思進還寫下《巳日招同弢老、堯翁、石遺、䁋公、毅甫、畏廬、若海、漱唐、鶴亭、剛父、南河泊修禊。曾參議、趙温胡三侍御，並有事未至，晚仍集晤》[③]記録當日盛事。趙熙與人相約往嵩洛游玩，並未親至，但他還是寫下《山腴舍人招集南泊修禊，余方有嵩山之游，賦送山腴歸蜀》[④]贈予林思進。時值三月，趙熙在詩題中已經言明"賦送山腴歸蜀"，而林思進是於 1911 年夏辭官歸家，可見林思進已暗中向好友透露過自己的歸隱之志。

前期林、趙二人的交游至 1911 年夏林思進歸鄉爲止。這三年時間二人之間雖然結下深厚的友誼，但思想觀念上還是相距較遠的。

一方面，林思進是一個淡泊名利且難離故土之人。尚未出仕之前，他的詩中就常常流露出對俗世的厭倦，《再過方秀才看菊，同吕雨蓀靄生、雲滄、雨嵐、雪生兄弟，因作贈方》一詩首句便道："雖爲塵世人，頗有山林懷。"又"惟有陶隱君，能與物化推。我心亦如此，猶恨昔低徊。"[⑤]詩中表現出對陶淵明式的隱逸生

① 參見楊萌芽：《都下雅集：陳衍等宋詩派成員清末在京師的文學活動》，《中州學刊》2008 年第 3 期。

② 陳衍：《石遺室詩話》卷一，人民文學出版社 2004 年版，第 25 頁。

③ 林思進著，劉君惠、王文才主編：《清寂堂集》，巴蜀書社 1989 年版，第 18 頁。

④ 趙熙著，王仲鏞主編：《趙熙集》，浙江古籍出版社 2014 年版，第 259 頁。

⑤ 林思進著，劉君惠、王文才主編：《清寂堂集》，巴蜀書社 1989 年版，第 7 頁。

活的無限嚮往。在日本的兩年，林思進也屢發思鄉之嘆："吾鄉亦足老，何事求烟雲。"[①]"望里吴淞近，歸心一葦航。"[②]在京期間，雖在朝廷任職，但是林思進的思鄉之情分毫没有減少，甚至與趙熙説："如今却落京華夢，令人千里思江湖。"[③]對林思進來説，眼前的繁華衹是過眼雲烟，並不值得自己流連，自己真正嚮往的是寧静的田園生活。

另一方面，與林思進日日思鄉的煎熬相反，趙熙勸林思進"且循禊事暢京華"，[④]好好享受在京城的時光。這一時期趙熙對林思進這種莼鱸之思並無深刻的體會，除服回後擔任江西道監察御史的他覺得此時正是自己能够報效國家社稷、中興清室的時機。這時期的趙熙富有積極用世的精神，企圖扶清室大厦之將傾，彈劾權貴，屢上奏疏，1910 年《彈劾楊文鼎疏》《奏請裁抑親貴權勢疏》(留中未報)、1911 年《奏請殺川督趙爾豐疏》等，[⑤]都是直指朝廷積弊、指謫權貴之作。因爲他不畏權勢、敢於直諫，在清流中素有"鐵面御史"之稱。

兩人交往的前期，趙熙作爲同鄉、前輩、詩壇名士，對林思進一直是幫助和提携的。這一時期兩人對出世與否態度並不完全相同，但確實結下了深厚的友誼。林思進不僅欽佩趙熙在文學上的造詣，也感懷趙熙對自己的幫助。

二、中期（1911—1920）：香爐營頭一杯酒，林子平生與我厚

1912 年 2 月，溥儀退位，清王朝統治宣告覆滅。林思進自辛亥夏回成都後便絶意仕進，杜門不出。當時林思進好友蒲殿俊、楊庶堪等相繼入主川中，多次想引林思進入局，林思進謝曰："善政不如善教。吾當從事文化教育以潤色鴻業耳。"[⑥]他終生踐行此話，先後興辦四川圖書館、掌華陽中學、修纂縣志、執教川内各大高校，獻身文教事業，決不涉足政壇。他不僅自己遵循此話，對學生也是如此教導。姜亮夫在《憶成都高師》一文中回憶恩師林思進對自己的訓誡："要讀書就好好讀書，要搞政治就提著腦袋！"[⑦]足見林思進對於入世做官是極其厭倦的。

林思進心系故鄉，經歷辛亥之變能安居故鄉，自有"復得返自然"之樂，而曾經雄心壯志的趙熙却在一次次人生劇變中産生了"悠然望南山"的隱逸之心。袁世凱上臺後，趙熙離開北京，一路南下到了重慶。當時重慶是蜀軍政府所在地，因主政者蒲殿俊、楊庶堪、向楚等人與其有舊，趙熙便在此盤桓。1913 年，蜀軍政府發動討伐袁世凱的戰争未遂，趙熙因此受到牽連。時任川督的胡景伊以趙熙

① 林思進著，劉君惠、王文才主編：《清寂堂集》，巴蜀書社 1989 年版，第 11 頁。
② 林思進著，劉君惠、王文才主編：《清寂堂集》，巴蜀書社 1989 年版，第 111 頁。
③ 林思進著，劉君惠、王文才主編：《清寂堂集》，巴蜀書社 1989 年版，第 56 頁。
④ 趙熙著，王仲鏞主編：《趙熙集》，浙江古籍出版社 2014 年版，第 259 頁。
⑤ 趙熙著，王仲鏞主編：《趙熙集》，浙江古籍出版社 2014 年版，第 1096 頁。
⑥ 林思進著，劉君惠、王文才主編：《清寂堂集·前言》，巴蜀書社 1989 年版，第 3 頁。
⑦ 姜亮夫著，姜昆武選編：《姜亮夫文録》，雲南人民出版社 1999 年，第 192 頁。

與蒲、楊等人過從甚密爲由，認爲他也是討袁主謀，下令逮捕法辦。幸而渝中友人李耀庭之子將趙熙隱匿在虎圈後山的石屋中數月，又有梁啓超等人在北京爲其疏解，趙熙才得以保全。經此一役，趙熙深受打擊，再無“手挽中華望霸才”[①]的雄心壯志，在石屋中的數月，也頻發老來無依之感，“勞民安集知何日，老我飄零未有家。”[②]“頻年江海照征衫，半路還家似不還。亂後起居全賴友，老來事業衹看山。”[③]1914 年，趙熙終於離開重慶返回榮縣家中。回鄉不久，其《鄉宅四首》詩中寫道：“此心誓死先人宅，已是山僧未出家。”[④]後來給陳衍的詩中又有“我自入山無出理，計難相見衹相思。”[⑤]此時趙熙已經少了往日的鴻志，多了一絲前路茫然的心酸。

這一時期，回到成都的林思進生活相對閑淡平静。早年間因爲父親早亡，自己又是獨子，必須頂門立户，因此參加科考、東渡日本留學、寄居北京任清廷小官，多年來輾轉漂迫，直到 1911 年回蜀後生活才安定下來。林思進評價此期的生活，云：“讀書聲出一燈上，神仙富貴知云何？”[⑥]即使偏居蜀中，少了京城的繁華，能在家中奉養寡母，林思進已經覺得滿足。

與此同時，趙熙的生活和心態發生了劇變。清室覆滅、重慶之圍等諸多變故使趙熙從曾經一心爲國鋤奸的鐵面御史變成了一個衹寄情山水的遜清遺臣。林思進心知好友從廟堂到江湖的落差，寫詩寬慰：“高名遺世從知敬，詩句驚人老未休。……他年故宅傳香宋，青史遥遥第二人。”[⑦]勸説好友詩名早已留於青史，不必介懷一時的高低。《奉題堯生先生〈萬松行卷〉》中，林思進盛贊趙熙爲蜀中繼蘇東坡後第二人，曰：“先生後坡未千載，文字鬱崍驚相似。”[⑧]林思進對趙熙的欣賞並非口頭恭維而已，1917 年，林思進借家中刻書便利，將趙熙的詞集結三卷付梓，名曰《香宋詞》；1919 年，林思進母親亡故，墓誌銘便是請趙熙撰寫。林思進在舞勺之年，其父便去世，其母身兼父職，教養林思進讀書立業，林思進辭官歸蜀，泰半原因也是爲了奉養母親。母子之情如此，若非真心敬佩趙熙人品、學識，林思進恐不會托其撰寫自己母親的墓誌銘。

趙熙感念林思進對自己的深厚情誼，寫詩稱“林子平生與我厚”，還向好友吐露心中苦悶：“《招魂》二月榮州道，一卧袁安迹如掃。《九辨》新知宋玉悲，前代孤臣雪中草。”[⑨]感嘆身爲前朝遺臣的悲哀。林思進爲了消解趙熙在榮縣抑鬱不振，便與胡薇元一道邀請趙熙來成都游樂賞玩。當時宋育仁、鄧鴻荃、路朝鑾等皆在

① 趙熙著，王仲鏞主編：《趙熙集》，浙江古籍出版社 2014 年版，第 308 頁。
② 趙熙著，王仲鏞主編：《趙熙集》，浙江古籍出版社 2014 年版，第 318 頁。
③ 趙熙著，王仲鏞主編：《趙熙集》，浙江古籍出版社 2014 年版，第 318 頁。
④ 趙熙著，王仲鏞主編：《趙熙集》，浙江古籍出版社 2014 年版，第 308 頁。
⑤ 趙熙著，王仲鏞主編：《趙熙集》，浙江古籍出版社 2014 年版，第 349 頁。
⑥ 林思進著，劉君惠、王文才主編：《清寂堂集》，巴蜀書社 1989 年版，第 60 頁。
⑦ 林思進著，劉君惠、王文才主編：《清寂堂集》，巴蜀書社 1989 年版，第 64 頁。
⑧ 林思進著，劉君惠、王文才主編：《清寂堂集》，巴蜀書社 1989 年版，第 67 頁。
⑨ 趙熙著，王仲鏞主編：《趙熙集》，浙江古籍出版社 2014 年版，第 374 頁。

成都，衆人相與結社，賦詩成帙。回鄉後，趙熙描述兩人通信之頻繁，曰："昨詩方去，而公與玉津詩一日三至。"①如此密切的往還唱和可見兩人情誼篤厚。

1920年，趙熙應邀來成都主持《四川通志》修纂工作，然事不遂，便在成都流連數月，與故舊相與游玩吟詩。期間恰逢趙熙生日，林思進便與宋育仁一道買舟置酒爲趙熙祝壽，衆人吟詩唱和，留下的詩篇被整理爲《花行小集》，至今流傳。直到十月，趙熙才結束成都之行，返回榮縣，至此26年未再踏足成都。

三、後期（1920—1948）：望望西山趾，懷哉共采薇

趙熙返鄉後與林思進的感情非但没有因爲時間和距離的阻礙變淡，反而在經歷世事滄桑後更加心意相通，理解彼此，真正實現了從普通友人到知己摯交的轉變。

首先，相同的人生志趣使二人更能理解對方的人生選擇。林思進和趙熙晚年都致力於講學修志，並不涉足政治。因軍閥混戰，成都不少學校毁於戰火，位於梨花街的華陽中學亦遭蹂躪。林思進不避艱險，出任校長一職。在任期間，他篳路藍縷，新建校舍，選聘教師、規劃課程、樹立學風，不出兩年，使華陽中學成爲全川中學的模範。②後來因爲軍閥楊森干涉學務，他憤而辭職，此後都在川内各大學任教。1933年林思進應邀編纂的《華陽縣志》是川内纂修精良的縣志之一，保存了許多珍貴的文獻材料。1929年，榮縣籌辦文學舍，公推趙熙擔任舍長，趙熙欣然同意，在花甲之年仍然親自給學生授課。他主纂的《榮縣志》因爲秉筆直書，被國民黨黨部認爲是"謗書"，幾乎被請飭禁毁。③兩人在此期間頻發書信，趙熙寄詩林思進道："歲暮佳人倚碧雲，傳箋千遍喜相聞。冰烟玉雪知難况，姚姒莊騷共論文。爆竹聲中年又老，寒梅花發夢思君。春風有信防兵氣，一夜蕭蕭送雁群。"④

其次，相同的心境令兩人深刻領會彼此的痛苦。林、趙二人因國家興亡、個人際遇等各種原因，心境越發相似，較早年都顯得更加"避世"。

一方面，混亂的時局使林、趙對民國後的新局面愈發失望。兩人在前清都是開風氣之先的人物，民國後反而成了别人口中的老古董。究其原因，軍閥混戰、苛捐雜税無度，令民不聊生，生靈塗炭，使得二人對這個"新世界"感到失望，遂乾脆表面上裝作不問世事，衹在詩中抒發自己對軍閥荒淫生活的痛恨，以及對百姓的悲憫。趙熙對這些"軍痞"深惡痛絶，寫道："一夜喧成市，諸鄰竹亦災。

① 趙熙著，王仲鏞主編：《趙熙集》，浙江古籍出版社2014年版，第385頁。
② 鄭安鄉：《華陽縣立中學略記》，《成都文史資料選編・教科文衛》卷上《科教藝苑》，四川人民出版社2007年版，第218頁。
③ 趙熙著，王仲鏞主編：《趙熙集》，浙江古籍出版社2014年版，第1128頁。
④ 趙熙著，王仲鏞主編：《趙熙集》，浙江古籍出版社2014年版，第474頁。

他家聞甚此，群盜豈空回。”[①]身處成都，日日面對軍閥巷戰、百姓流離失所的林思進對此感受更深，他的《雜詩十五首》其四表達他對軍閥驕奢淫逸生活的厭惡：“通衢燈燭光，絲管喧城中。一宴連十日，上壽何從容。諛詞滿屏障，深嘆作者工。郎君新貴盛，殖産孰與豐。君看鞭笞下，頭白耕田翁。”[②]其五則描繪了百姓因戰亂流離失所的慘狀：“行人從東來，襤褸貌黧黑。借問道途苦，十步九盜賊。邑聚半蕭條，田疇滿荆棘。豈無搏鬥虻，惜此破蟣力。歸來幸身在，安敢長太息。”[③]林思進詩中描寫的對百姓敲骨吸髓的軍閥、趙熙筆下堪比土匪的官兵，都令二人對新政局無限失望。

另一方面，林思進、趙熙生活在新舊思想激烈碰撞的年代，舊式文人在新文化運動中不免受到衝擊，他們奉行的文化保守主義，在旁人看來不免有些愚頑、悲哀。與林思進總角之交的吴虞在日記裏批評林、趙等人時説：“三數年後，世界思潮彌漫中國，此等舊世詩文家受天然之淘汰，當其冲者羅䐿公、陳石遺、趙堯生、林山腴諸人是也。”[④]顧炎武曾説“亡國”與“亡天下”的區别在於“易姓改號，謂之亡國；仁義充塞，而至於率獸食人，人將相食，謂之亡天下。”[⑤]如果説清室傾覆衹是一家一姓“亡國”之事，文人、士大夫們或改仕二朝受新朝俸禄，或作前朝遺民留下“不食周粟”的美名，那麽新文化運動對傳統文化的冲決才使他們真正感受到了“亡天下”的危機。梁簌溟父親梁濟之死及其臨終之言正可説明林思進、趙熙等遜清遺民們内心的糾結和痛苦。梁濟自沉之前留下《敬告世人書》，自言其殉清原因，曰：

> 吾因身置清朝之末，故云遜清。其實非以清朝爲本位，而以幼年所學爲本位。吾國數千年先聖之禮綱常，吾家先祖先父先母之遺傳與教訓，幼年所聞，以對於世道有責任爲主義。此主義深印於吾腦中，即以此主義爲本位，故不容不殉！[⑥]

對趙熙、林思進這樣自幼承襲孔孟之教的文人來説，王朝更迭不過是一時之興衰，“天不變，道亦不變”，衹要奉守天道，天下便不會亂。可若天道變了，自己又當如何自處？全盤西化、批孔反儒，對他們來説也就是天道亂了。林思進和趙熙也曾支持過晚清改革、也是得風氣之先的一代人之一、也知道清廷之積弊、也想過通過學習西方來革新政治，到後來却成了排斥西學、衹埋頭教書著書的“隱君子”。這正是由於民國以來時局混亂，綱常不定，兼之連年混戰致使生靈塗炭，使他們對“新世界”不再有希冀。葛兆光曾精闢地點出他們這樣的晚清民國遺民

---

① 趙熙著，王仲鏞主編：《趙熙集》，浙江古籍出版社 2014 年版，第 502 頁。
② 林思進著，劉君惠、王文才主編：《清寂堂集》，巴蜀書社 1989 年版，第 30 頁。
③ 林思進著，劉君惠、王文才主編：《清寂堂集》，巴蜀書社 1989 年版，第 31 頁。
④ 中國革命博物館整理，榮孟源審校：《吴虞日記》，四川人民出版社 1984 年版，第 433 頁。
⑤ 〔清〕顧炎武著，黄汝成集釋，欒保群、吕宗力校點：《日知録集釋》卷十三《正始》，上海古籍出版社 2014 年版，第 297 頁。
⑥ 梁濟著，黄曙輝編校：《梁巨川遺書》，華東師範大學出版社 2008 年版，第 51 頁。

的處境和心態：

> 從文化的角度看，沈曾植們的依戀舊朝，更多的是一種對傳統生活、安穩秩序的企盼。在社會變動中，他們的舊經驗無法適應新變化，於是他們覺得没有安全感，對於那些有高度文化修養、已經擁有了應付社會的知識、並且自認爲代表了一個時代的文化與價值的人來説，心理上的衝擊尤爲强烈。他們未必特别重視一家一姓的天下更替，倒是更關心他們獲得價值與尊嚴的文化傳統的興亡。①

懷著對“新世界”的失望和無奈，林思進和趙熙不約而同地選擇了回避政治、獨善其身，衹教書育人、撰書修志，相同的人生選擇無疑使他們加深了對彼此的理解。早期趙熙鬥志昂揚，恐不能理解林思進急迫歸鄉的心情；中期的林思進享受到了睽違已久的平淡生活，亦没有對清王朝强烈的效忠之心，因此雖對趙熙時有寬慰，却仍難以將心比心。衹有到了後期，兩人都經歷了人生大起大落，同爲前清遺民，在外來學術衝擊下，懷著堅守“國粹”的信念，兩人才更能明白對方的心境，真正做到了心意相通。

1946 年，應林思進、向楚邀約，時隔二十六年，趙熙再一次來到成都，與知交故舊相聚兩月始歸，不知這竟成了林、趙二人最後一次歡聚。歸途中，趙熙遭遇嚴重車禍，自此神情衰竭，不復寫詩。②1948 年農曆八月二十五日，趙熙因病去世。年逾古稀的林思進聽聞噩耗哀慟不止，忍痛寫下贈予好友的最後一組詩：

> 師友平生誼，今朝哭到君。無成愧推奬，垂老見殷勤。豈爲銜杯訣，端從禊集分（自注：丙戌上巳飲霜柑閣，爲先生最末來成都之游）。爲應留典則，異代啓高文。
>
> 昔游黯回首，京陌閉門時。樓閣五雲暮，滄桑雙鬢知。人歸春社散，世换壑舟移（自注：予辛亥四日出都，十月改元）。誰是傷心者，還同故國悲。
>
> 下瀨餘生日，横溪高卧車。江山纏寇盜，風月莾林泉。每弄青衣棹，如聞太白仙。峨眉幽絶處，無處不佳篇（自注：五游峨眉，詩蓋千篇）。
>
> 耆舊何人傳，靈光四海尊。遺箋勞手玩，枯淚澀聲吞。散帙情如昨，追酬意忍論。幅巾吾亦具，不用更招魂。③

趙熙之死對林思進的打擊是巨大的，林思進用這首組詩追憶了他和趙熙一生的友情。第一首詩既表達了趙熙在自己心中亦師亦友，又高度評價了趙熙的文學水準乃是當代“典則”，足以垂範後代；第二首詩回憶兩人 1907 年到 1911 年在京

---

① 葛兆光：《世間原未有斯人——沈曾植與學術史的遺忘》，《讀書》1995 年第 9 期，第 68 頁。
② 王仲鏞：《跋清寂翁<哭趙堯生先生>詩墨迹》，載《居易室文史考索》，巴蜀書社 2011 年版，第 320 頁。
③ 林思進著，劉君惠、王文才主編：《清寂堂集》，巴蜀書社 1989 年版，第 518 頁。

城初相識時的情景以及在北京詩酒唱和的快意生活，最後道出清室覆滅以後的故國之悲；第三首是寫 1912 年，兩人回川以後徜徉山林的生活，重點提到趙熙五游峨眉山的勝舉；最後一首詩回到懷緬友人的主題，七十高齡的林思進甚至説出了“幅巾吾亦具，不用更招魂”這樣想要追隨好友而去的話。詩歌字字泣血，足見林思進驚聞友人逝世的悲憤。趙熙去世後五年，林思進魂歸道山，代表晚清近代巴蜀詩壇最高水準的“林趙”連同他們對那個時代的愛恨辛酸，都隨時間長眠於地下了。

四、結　語

自 1907 年於北京締交至 1948 年趙熙去世，林思進與趙熙之間從最開始鄉人之誼，逐漸變成文學上笙磬同音的知己，最後成爲晚年相互慰藉的至交。兩人感情老而彌篤，在文學創作和心態上相互影響、相互理解。

第一，在面對時代巨變的心態上，林思進對趙熙有積極影響。辛亥革命以後，清王朝統治宣告結束，此時的趙熙内心苦悶，林思進便多方寬慰好友，以自己的心態默默影響著好友，使趙熙逐漸走出亡國的陰霾。趙熙借修《榮州志》之機走遍了榮縣附近山水，又多次游覽峨眉山、烏尤寺等地，逐漸在蜀山蜀水間減少了黍離之悲。晚年來，林思進的生活亦多波折，躲避兵禍、長孫夭折、日寇入侵、被迫遷家等一系列變故，常常使他有萬念俱灰之感，好友趙熙常常在精神和物質上對林思進施以援手。林思進曾寫詩《堯生書來餉歲三百金云助郫筒之費也》[①]，感謝在困居郫縣期間，趙熙送來銀錢，助他度過困境。

第二，在文學創作方面，趙熙不同程度地影響著林思進。首先，在詩歌創作上，在北京時，作爲年長於林思進的同鄉前輩，趙熙將林思進帶入當時中國傳統詩歌最高水準的交游圈，與陳三立、鄭孝胥、陳寶琛、陳衍等同光派一流人物往來唱和。這使長久衹受到蜀地文風浸染的林思進見識了不同的詩風，對其詩歌寫作有深遠影響。林思進前期詩歌以吟詠田園風光居多，且詩歌語言較爲淳樸自然，詩歌風格往往沖澹清曠。雖然林思進詩歌取向與同光派異趣，但是也逐漸受到宋詩影響。不僅如此，還與陳三立、陳衍等人結下了終生的友誼。其次，趙熙素有詞名，林思進原是不作詞，晚年始工詞，兩年間便得數卷。作品付梓後，趙熙評價曰：“不纖不莽，語有内心。”[②]這不得不説有著好友趙熙創作形態的影響。因此，林思進會在給趙熙的挽詩中説趙熙於自己乃是“師友平生誼”。

第三，林思進與趙熙對晚清民國巴蜀文化教育事業産生了重大影響。

其一，林、趙詩風基本代表了這一時期巴蜀詩壇的創作水平和風格。汪闢疆

① 林思進著，劉君惠、王文才主編：《清寂堂集》，巴蜀書社 1989 年版，第 464 頁。
② 趙熙著，王仲鏞主編：《趙熙集》，浙江古籍出版社 2014 年版，第 1106 頁。

《近代詩派與地域》中按地域，將近代詩家分爲六派，其一便是“西蜀派”。論及蜀中近代詩家代表人物時，即列舉了林、趙二人，認爲“此派詩家，體在唐宋之間，格有綿遠之韻，清而能腴，質而近綺”，有著獨特的風格。[①]兩漢揚馬以辭賦見稱於京城，唐宋時亦有陳子昂、李太白、三苏等澤被後世，源遠流長。有清一代，文壇似乎鮮有蜀人踪迹。直到張之洞創辦尊經書院，王闓運講學於此，蜀地學風逐漸扭轉，漸漸形成自己的風格。当時詩壇同光派極盛，林、趙二人雖也受到影響，但兩人論詩旨趣到底與同光派有不同。趙熙曾言“論宋惜不足，古意畏破碎。……林子於我厚（自注：山腴），談藝不相悖。”[②]説明兩人對詩歌的鑒賞是有默契的，並不以同光派推崇的宋詩爲圭臬。李詳在寄給林思進的詩中也説：“世人衹識同光派，共聽濤聲向總持。”[③]可見兩人在詩歌創作上確實代表了巴蜀詩歌的特徵。

其二，林思進與趙熙對後學的獎掖和愛護，特别是二人對龐俊的推挹乃蜀中文化界的一段佳話。当時川人以家有趙熙墨寶而得意，龐石帚亦不例外，經友人介紹，終於得見趙熙。趙熙也十分欣賞龐石帚詩筆，知其家貧，便有心將他引薦給時任華陽中學校長的林思進。林思進讀過龐石帚的詩，果然大喜，將其聘爲華陽中學老師。此後，龐俊正始踏入四川教育界，就教於川中各大中學校，白敦仁、屈守元、張志烈、項楚等川中首屈一指的學者皆爲其弟子，爲蜀地培養大量學子。

總之，林、趙二人交往前、中、後期的心態與文學風格變化是隨整個社會風潮而變化的。兩人不僅有共同的興趣愛好、創作上桴鼓相應，而且同爲遜清遺民，有著相似的身世遭遇，因而兩人能達到心靈的相通與共鳴。林思進與趙熙之間的交往頗具典型意義，反映了晚清民國巴蜀地區社會文化的變遷以及以兩人爲代表的舊式文人的身世遭際。

作者單位：四川師範大學文學院

① 汪闢疆：《汪闢疆文集》，上海古籍出版社 1988 年版，第 319-324 頁。
② 趙熙著，王仲鏞主編：《趙熙集》，浙江古籍出版社 2014 年版，第 276 頁。
③ 林思進著，劉君惠、王文才主編：《清寂堂集》，巴蜀書社 1989 年版，第 218 頁。

徐中舒先生對《易經•井卦》井意象的辨正①

潘殊閑

内容提要： 井這個詞，在中國語言文字中有水井、井田、泛指人口聚居之地、鄉里、家鄉、陷井、二十八宿之一、整齊而有條理、姓氏等含義。具體到《易經•井卦》所涉及到的意象而言，古今注家大都指認爲水井，而徐中舒先生通過文字學與考古學的綜合辨正，得出該卦所言“井”，實有三種意象：水井、井田、陷井。雖然個別地方闡釋略顯簡短，但無疑給了我們相當大的啓示。本來易象就通於意象，而意與象本是兩個維度。作者由意到象，讀者由象到意，難免産生分歧，這也是古今闡釋學、解釋學上的共識。所謂“《詩》無達詁，《易》無達占，《春秋》無達辭”，其理正在於此。

關 鍵 詞： 徐中舒；《易經 · 井卦》；井意象；辨正

徐中舒先生（1898—1991）是中國著名的歷史學家、古文字學家和古文獻學家，尤其是在先秦史和古文字研究方面成就卓著。在先秦史研究中，徐先生還特別擅長從古器物中去探尋古代的文化制度與社會發展。這些研究，往往從不起眼的器物入手，通過細緻深入的挖掘辨析，探賾索隱，發前人所未發，啓人思考。如在《古井雜談》這篇論文中，從古井的井上形制、古井的井下狀況、《易經》的《井卦》、西伯利亞的方木井等方面，非常深刻而又全面地剖析了古井的井上、井下形態、材質、功用以及古井的中外貫通等，令人茅塞頓開，獲益良多。

在談到《易經 · 井卦》時，徐中舒先生指出，該卦中所述之井意象，並非僅指水井之井，還包括井田之井和陷井之井。認爲“過去注疏家把這三種不同的井都説成是水井之井，所以，就有許多牽强附會之談，越講越糊塗”②。

究竟哪些是水井之井，哪些是井田之井，哪些是陷井之井，還是從井卦卦爻辭入手分析。

《井卦 · 卦辭》云：“改邑不改井；無喪無得。往來井井。汔至，亦未繘井，

---

① 本文系作者主持的國家社科基金重點項目（項目編號：13AZX024）的成果之一。

② 徐中舒：《古井雜談》，載徐中舒《古器物中的古代文化制度》，商務印書館 2015 年版，第 341 頁。

羸其瓶，凶。”[①]

這段卦辭中出現四個“井”字，一個是“改邑不改井”之“井”，一是“汔至，亦未繘井”之“井”，另兩個是“往來井井”之“井”。“井井”連用，顯然是引申義。對另外兩處單獨使用之“井”，翻檢多家注本，均將這兩處“井”作“水井”解釋，並由此做進一步闡發。如，解釋“改邑不改井” 之“井”字，王弼解釋説：“井以不變爲德者也。”[②]孔穎達正義曰：“井者，物象之名也。古者穿地取水，以瓶引汲謂之爲井。此卦明君子修德養民，有常不變，終始無改，養物不窮，莫過乎井。故以修德之卦取譬，名之井焉。改邑不改井者以下，明井有常德，此名井體有常，邑雖遷移，而井體無改，故云改邑不改井也。”[③]鄭剛中解釋説：“井，德之地也。邑可虚而地不可遷，故曰改邑不改井。”[④]陳鼓應等解釋説：“此言城邑可移徙而井則不可移易。”[⑤]鄧秉元解釋説：“如邑之立也，必當有井，無井則無水以飲，不成其邑矣。故邑雖有改，而井不可無也。”[⑥]余敦康解釋説：“井在人們的生活中占有非常重要的地位，聚居在村邑的人都要到井邊汲水，村邑可以搬遷，井却是始終固定在原地，‘改邑不改井’，並不隨著村邑的搬遷而改變地點。”[⑦]徐中舒先生則與諸家解釋不同。他説：

> “改邑不改井”乃井田之井。井田是比較進步的田制，當時農民已經離開了共耕或换耕（换耕相當於古代的“爰田”和古代德意志的“瑪律克”）的時代而進入一夫百畝、分田而耕的小農經濟了。其田界的劃分，八家或九家共一井，恰如井欄的井字之形，所以稱爲井田。古代邑的編制是以八家或九家爲井作爲一個單位，“四井爲邑”（見《周禮》及《司馬法》）是用四個井編成一個邑。“改邑不改井”是説此井的八家或九家可以改隸彼邑，彼井的八家或九家可以改隸此邑，而井的編制不變，所以説“無喪無得”。[⑧]

在徐中舒先生看來，這裏的“改邑不改井”乃“井田之井”。依循“四井爲邑”的古訓，四個井編成一個邑，而一個井有八、九家。“改邑不改井”則言此井的八家或九家可以改隸彼邑，彼井的八家或九家可以改隸此邑，其中關鍵一點是井的編制不變。其實，古人並不是没有認識到“四井爲邑”的古訓，而是反復强調的是此“井”乃水井，而非井田。如《漢上易傳》云：“古者八家爲井，四

① 陳鼓應、趙建偉：《周易今注今譯》，商務印書館 2005 年版，第 426 頁。
② 〔魏〕王弼撰：《周易注》卷五，文淵閣四庫全書本。
③ 〔魏〕王弼注，〔唐〕陸德明音義，〔唐〕孔穎達疏：《周易注疏》卷八，文淵閣四庫全書本。
④ 〔宋〕鄭剛中撰：《周易窺餘》卷十一，文淵閣四庫全書本。
⑤ 陳鼓應、趙建偉：《周易今注今譯》，商務印書館 2005 年版，第 427 頁。
⑥ 鄧秉元：《周易義疏》，上海古籍出版社 2011 年版，第 286 頁。
⑦ 余敦康：《周易現代解讀》，華夏出版社 2006 年版，第 243 頁。
⑧ 徐中舒：《古井雜談》，載徐中舒《古器物中的古代文化制度》，商務印書館 2015 年版，第 341 頁。

井爲邑。邑改而井不改，井德之不遷也。坤在内爲邑，坎爲水。水者，所以爲井也。”[①]《童溪易傳》云：“此合坎、巽之義以言井之功用也。井田之法，八家爲井，四井爲邑。邑者，人所聚，井者，人所食。然邑可改遷，而井不可改也。何也？水之所在故也。猶君子可以富也，可以貧也。貴可使爲王公，賤可使爲匹夫。此邑可遷改也。道之所在，不爲堯存，不爲桀亡，此井不可改也。何者，以其剛中也。如使其中之不剛，則易涸矣，安在其不可改邪？盡乎此者，於爻則二五是也。故曰‘改邑不改井’，乃以剛中也。此指二五之爻以言井之體也。夫井之爲物也，取之而不竭無喪也，存之而不盈無得也。”[②]這些闡釋，似乎也能自通，而徐中舒先生的新解，則給了另一種視野，值得再斟酌。

卦辭中的“汔至，亦未繘井”之“井”，歷代解釋家們都闡釋爲水井，徐中舒先生也無疑義。衹是前面的“繘”字，解釋有差異。如王弼解釋爲“繘音橘，汲水索也”[③]，孔穎達解釋爲“繘，綆也”[④]，綆即指汲水用的繩子。刁包解釋“繘，綆也，汲水索也”[⑤]，陳鼓應等解釋爲“繘，轆轤上的汲繩”[⑥]。而徐中舒先生認爲，“繘井之繘從矞,《説文》‘以錐有所穿也’，釋矞爲穿，其義實與掘同，繘、矞古音同在物部，‘繘井’就是掘井，舊注以繘爲綆，綆是繩子，‘綆井’就講不通了”[⑦]。造成這種現象的原因其實就是對前文“汔至”的理解。將“繘”解釋爲“井繩”的，基本對“汔至”二字理解爲井繩提至井口，將“汔”釋爲幾乎，快要，將要。將“至”釋爲“至井（口）”。也有將“至”理解爲通窒，塞[⑧]。而徐中舒先生則認爲“汔”是水乾涸。[⑨]徐先生的這一解釋源於《説文解字》，當然解釋爲幾，幾乎也是有的。無論是將“汔”解釋爲水乾涸，還是將“至”解釋爲窒、塞，都表明這裏是言井水已經乾涸。井水乾涸而又不加以深掘，還要將汲水瓶放到井裏汲水，當然是無水可汲。不僅是無水可汲，而且還面臨汲水瓶碰壁而破的危險，當然就是凶兆了。如此解釋，確實順理成章。否則，如果將這句話解釋爲“言汲繩將（汲水瓶）提至井口而猶未出井”[⑩]，那後面“羸其瓶，凶”的解釋必定是相當牽强附會的。

《井卦·初六》云：“井泥不食，舊井無禽。”這一爻辭涉及到兩個“井”。對前一個“井”，古今注家幾乎没有異議，都認爲是水井，因爲久不疏浚，所以，

---

① 〔宋〕朱震：《漢上易傳》卷五，文淵閣四庫全書本。
② 〔宋〕王宗傳：《童溪易傳》卷二十二，文淵閣四庫全書本。
③ 〔魏〕王弼：《周易注》卷五，文淵閣四庫全書本。
④ 〔魏〕王弼注，〔唐〕陸德明音義，孔穎達疏：《周易注疏》卷八，文淵閣四庫全書本。
⑤ 〔清〕刁包：《易酌》卷八，文淵閣四庫全書本。
⑥ 陳鼓應、趙建偉：《周易今注今譯》，商務印書館 2005 年版，第 428 頁。
⑦ 徐中舒：《古井雜談》，載徐中舒《古器物中的古代文化制度》，商務印書館，2015 年版，第 341 頁。
⑧ 袁庭棟：《周易初階》，巴蜀書社 1991 年版，第 211 頁。
⑨ 徐中舒：《古井雜談》，載徐中舒《古器物中的古代文化制度》，商務印書館 2015 年版，第 341 頁。
⑩ 陳鼓應、趙建偉：《周易今注今譯》，商務印書館 2005 年版，第 428 頁。

爲泥污濁，所以，不能食。但對第二個“井”的理解，却有較大差異。王弼解釋説：“井泥而不可食，則是久井不見渫治者也。久井不見渫治，禽所不饗，而況人乎？一時所共棄舍也。”[①]也有將“禽”解釋爲通“擒”，收穫之義。《周易集解》引崔憬云：“禽，古擒字。禽猶獲也。”[②]但徐中舒先生對這一爻辭却有如下解釋：“井水爲泥污濁就不能食用；舊時已廢的陷井就不能捕獲走獸。古稱禽也包括走獸在内。這裏水井和陷井都是徒具空名而無實用。”[③]阱，爲捕獸的陷坑。從該爻辭句式結構看，井泥與舊井對舉，應該是兩種不同的物象，而不食與無禽，也構成對舉關係。如果將舊井解釋爲前一句中的“井泥”，井泥與無禽不是必然的聯繫，倒是徐中舒先生“舊時已廢的陷井就不能捕獲走獸”更能説通，而“徒具空名而無實用”的闡釋，更進一步説明此爻的象喻實質。

《井卦·九二》云：“井谷射鮒，甕敝漏。”該爻中的井穀，有不同的理解，有的解釋爲井口，有的解釋爲井底乾涸。解釋爲井口，是指“從井口射殺井中的小鯽魚，不能射到魚，反而把井中的陶甕射穿而漏水了”[④]。解釋爲井底乾涸，是指“井中乾涸無水而衹餘下一些泥鰍，汲瓶也已破漏”[⑤]。當然，還有不少其他的解釋，如：“井谷，井中旁出之水，不能上行，止流以注鮒魚而已。”[⑥]還有從卦象析解：“九二兑也，以陽居柔而在下卦之中，上無其應，而乘於初六之巽，故曰井谷。井谷，坎井也。兑爲澤，巽爲入，故有井谷之象。”[⑦]徐中舒先生則借《説文解字》予以闡釋：“井谷指陷井言，《説文》‘泉出通川爲谷’，陷井與山間流出的泉水相通，其中有鮒可射，這是説陷井已失其捕獸的作用，與甕之敝漏不能汲水相同。”[⑧]這種解釋，於情理相通，較爲允當。

《井卦·九三》：“井渫不食，爲我心惻。可用汲，王明，並受其福。”這裏的井指水井古今幾乎没有什麼異議。渫，去除污穢。井水已經疏淘乾淨，却棄而不用（食），自然要“爲我心惻”了。

《井卦·六四》：“井甃，無咎。”這裏的“井”，指水井，古今注家大都認可。但關於“甃”的理解，却有不同。有的解釋爲用磚石壘砌井壁；有的籠統指修治井壁。徐中舒對唐陸德明《經典釋文》釋甃爲“如闌，以磚爲之，著井底闌也”之説予以辨正，他説：“陸德明是唐代人，他衹見後人用磚砌井，以爲古代‘甃井’也是用磚，這是不對的。據現代考古學知識言，我們知道古代房屋建築，墻用板築，蓋用茅茨，並無磚瓦，春秋時代有一個地名稱爲‘瓦屋’，這應是用瓦之始，戰國時代的燕下都才有陶瓦出現，東漢時代的墳墓才開始用磚，城墻和

① 〔魏〕王弼：《周易注》卷五，文淵閣四庫全書本。
② 〔唐〕李鼎祚：《周易集解》卷十，文淵閣四庫全書本。
③ 徐中舒：《古井雜談》，載徐中舒《古器物中的古代文化制度》，商務印書館2015年版，第341-342頁。
④ 袁庭棟：《周易初階》，巴蜀書社1991年版，第213頁。
⑤ 陳鼓應、趙建偉：《周易今注今譯》，商務印書館2005年版，第426頁。
⑥ 〔宋〕鄭剛中：《周易窺餘》卷十一，文淵閣四庫全書本。
⑦ 〔宋〕林栗：《周易經傳集解》卷二十四，文淵閣四庫全書本。
⑧ 徐中舒：《古井雜談》，載徐中舒《古器物中的古代文化制度》，商務印書館2015年版，第342頁。

房屋普遍用磚還是明代以後的事，磚的應用還是隨時代演進而逐漸推廣的。‘井甃’之甃，《象辭》謂爲‘修井’，古代古井易於污濁，易於崩塌，必須時常修治，甃從瓦，就是以陶片著井底，加固井壁以免污濁泥水的上泛。”[①]徐中舒先生從文字學、考古學的角度闡釋“甃井”，應該是有充分依據的。其實，宋人有類似與徐先生的這種說法，如朱震：“坎水、坤土，合而火之甄也。有巽工焉，自下壘而上，至於井口，甃也。古者，甃井爲瓦裏，自下達上。”[②]這可爲徐先生補證。

《井卦・九五》：“井冽寒泉，食。”這一爻辭，對“井”這一意象的理解基本上没有什麽差異，都是指的水井。

《井卦・上六》：“井收，勿幕；有孚，元吉。”這句爻辭中的“井”又有分歧了。比如，虞翻認爲：“幕，蓋也。收，謂以轆轤收繘也。”[③]顯然，這是指水井。又如，陳夢雷說：“收，成也，即小象之大成也。幕，蔽覆也，蓋井之具也。有孚者，其出有源而用不窮也。上六雖非陽剛，而井之功用在上，坎口不揜，故有井收勿幕之象。濟人澤物，元吉可知。”[④]此處解釋没有明確指明是什麽“井”，但他在該爻小象傳的解釋是這樣的：“他卦至終則變，井至上功乃大成也。按，水之大者不一，而聖人畫卦有取於井者。凡水，皆水之下流，故他卦言水皆以險言之，獨井泉在冬而温，乃天一之真性也。是以古者建國必先卜井泉之便而居之，井之爲用大矣。時解專就治道養民言之，然養德養民，治己治世，皆可觀象於井，隨其所處，以占其吉凶也。”[⑤]由這段解釋，可知陳夢雷仍然是以水井釋之。但徐中舒先生，對這一爻辭有區别衆人之闡釋：“‘井收勿幕’言陷井已收拾不用，上面不必再用覆蓋了。‘有孚’言誠信發於中而見以外之義，陷井而不再覆蓋，則中外如一，不爲人獸之害，這就是大吉之兆。”[⑥]但爲什麽是“言陷井已收拾不用，上面不必再用覆蓋了”，惜乎徐先生並無更多申説。但按照一些注家譯爲“自己汲完水、收取了汲水器物之後不再把井蓋上，便於衆人汲水。有了這種誠意是大吉祥的好事”[⑦]，似乎也比較牽强。倒是陳鼓應等的解釋，似乎更有説服力：“‘收’，謂將放下去的汲繩收上來。‘幕’，舊皆訓‘蓋’，謂蓋上井口……按：疑此句是針對‘汔至亦未繘井’而説，是戒人切勿半途而廢，宜效井之恒德。‘幕’同‘莫’，‘勿’‘莫’皆有勉義，故‘勿莫’蓋猶‘密勿’，謂恒久勉力。”[⑧]

徐中舒先生最後對《易經・井卦》有一段總結：“以上根據《易經・井卦》所提供的資料，使我們知道戰國以前的井都是淺井，也就是《莊子》所稱的‘埳

---

① 徐中舒：《古井雜談》，載徐中舒《古器物中的古代文化制度》，商務印書館 2015 年版，第 342 頁。
② 〔宋〕朱震：《漢上易傳》卷五，文淵閣四庫全書本。
③ 〔唐〕李鼎祚：《周易集解》卷十，文淵閣四庫全書本。
④ 〔清〕陳夢雷：《周易淺述》卷五，文淵閣四庫全書本。
⑤ 〔清〕陳夢雷：《周易淺述》卷五，文淵閣四庫全書本。
⑥ 徐中舒：《古井雜談》，載徐中舒《古器物中的古代文化制度》，商務印書館 2015 年版，第 342 頁。
⑦ 袁庭棟：《周易初階》，巴蜀書社 1991 年版，第 215 頁。
⑧ 陳鼓應、趙建偉：《周易今注今譯》，商務印書館 2005 年版，第 430 頁。

井’；因爲是淺井，所以蛙還能生息於其中。當然，這樣的淺井必然易於乾涸和污濁，因此，也就必然要時加深掘，時加甃治，它與後來用磚砌的深井是不能相提並論的。”[①]這段結論當然是非常精深的。

查相關詞典可知，井這個詞，在中國語言文字中有水井、井田、泛指人口聚居之地、鄉里、家鄉、陷井、二十八宿之一、整齊而有條理、姓氏等含義。具體到《易經·井卦》所涉及的意象而言，古今注家大都指認爲水井，而徐中舒先生通過文字學與考古學的綜合辨正，得出該卦所言“井”，實有三種意象：水井、井田、陷井。雖然個別地方闡釋略顯簡短，但無疑給了我們相當大的啓示。本來易象就通於意象[②]。而意與象本是兩個維度。作者由意到象，讀者由象到意，難免産生分歧，這也是古今闡釋學、解釋學上的共識。所謂“《詩》無達詁，《易》無達占，《春秋》無達辭”[③]，其理正在於此。

作者單位：西華大學蜀學研究中心

① 徐中舒：《古井雜談》，載徐中舒《古器物中的古代文化制度》，商務印書館 2015 年版，第 342-343 頁。
② 章學誠有“《易》象通於《詩》之比興”之説，意蘊相通。見〔清〕章學誠著，倉修良編注：《文史通義新編新注·内篇一》易教下，浙江古籍出版社 2005 年版，第 17 頁。
③ 蘇輿：《春秋繁露義證》卷三，中華書局 1992 年版，第 95 頁。

論徐中舒對胡適的批判

——以《試論周代田制及其社會性質》爲中心

喬世華

内容提要： 徐中舒與胡適較早就有交往並受到胡適思想影響很深，這是不爭的事實。徐中舒在1955年撰寫《試論周代田制及其社會性質——並批判胡適<井田辨>觀點和方法的錯誤》一文一當兩用：一是順應時代潮流，在批判胡適運動中做出明確的思想表態；二是對自己一直關注的學術問題進行再一次更深入細緻的學術清理和探究。徐中舒批判文中表露出來的對科學精神的秉承、對事實的尊重和證據的小心搜求，實則與胡適思想有暗合之處。

關 鍵 詞： 徐中舒；胡適；井田制；科學精神

20世紀50年代中華人民共和國成立初期思想界興起的批判胡適思想運動，是我國意識形態領域一次有計劃有組織的思想鬥爭，是其時知識分子思想改造運動的一個重要組成部分，意圖消除資産階級唯心主義思想對知識分子的影響。而聲討或批判胡適，也是當時知識分子通過此種方式檢討自己思想認識錯誤的一個途徑，一如有人所説："批判胡適，對我的思想上也會起改造的作用"[①]。以徐中舒來説，1955年就發表了一些文章對胡適思想有所清算，如《四川日報》1955年1月11日刊登徐中舒參加批判胡適的資産階級唯心主義學術思想運動寫成的《我對胡適派資産積極觀點對歷史學界的毒害的一點認識》,《人民川大》4月2日第153期和6月10日第158期先後刊發其《論胡適對老子年代考證方法的錯誤》《認清胡風反革命立場和他的罪惡活動》等文。[②]

《試論周代田制及其社會性質——並批判胡適〈井田辨〉觀點和方法的錯誤》一文是徐中舒刊發在1955年第2期《四川大學學報》上的，同期還有四川大學歷史系趙衛邦教授的《批判胡適研究歌謡的錯誤觀點和方法》，稍後在1956年第1期《四川大學學報》上則刊有四川大學歷史系譚英華教授的《批判胡適買辦資産

① 童書業：《批判胡適的"實驗主義"學術思想》，載《文史哲》1954年第5期。
② 徐亮工：《徐中舒先生學術年表》，載徐中舒《古器物中的古代文化制度》，商務印書館2015年版，第425頁。

階級的世界主義文化觀》。《四川大學學報》在較密集的時間段裏發表這麽一組三篇來自本校歷史系教授的學術批判文章，當屬於此期舉國上下思想界尤其是史學界集體批判胡適聲音洪流中的一個支流。而《試論周代田制及其社會性質》對於考察徐中舒在50年代中期的心曲及探掘其此時所接受的學術思想影響甚而窺探其接下來的學術走向，均具有一定的幫助。

不妨先來探掘徐中舒與胡適的關係。徐中舒與胡適兩人何時第一次見面，目前尚没有詳盡的文字資料可作考證。但是二人生命中有比較多的交際和交集却是不争事實。譬如徐中舒在1914年2月考入安慶初級師範學校，1917年1月畢業後一度擔任安慶第一師範學校附屬小學教員；胡適於1921年8月上旬應邀來安慶講學的五天時間裏就曾在安慶第一師範、教育研究會等處作過諸如《實驗主義》《學生運動會》《女子問題》《國語運動與國語教育》《對於安徽教育局的一點意見》等專題演講，系統闡述其教育觀點和對國民教育的主張。[①]此時徐中舒是在上海李國松家擔任家庭教師，曾回鄉將母親由清節堂接出來在安慶縣城内租房。[②]二人有無在此期間見面，我們無法獲悉。1925年，徐中舒考取清華學校國學研究院後師從王國維、梁啓超、趙元任、陳寅恪、李濟等，其中趙元任和胡適是1910年同赴美國康奈爾大學留學的多年好友，在1930年12月胡適四十歲生日祝壽活動中，趙元任還代表朋友們給胡適寫有一首打油詩，這首詩由毛子水先生用毛筆寫在宣紙上裝裱好後贈與胡適，其時正在中央研究院歷史語言研究所供職的徐中舒的名字就出現在這首打油詩中，徐中舒顯然是此次祝壽的參與者，至遲在此時已經屬於胡適的朋友行列了。[③]而過後的一件事情更可以佐證這一切：1933年7月，徐中舒向胡適推薦朱光潛到北京大學任教，朱光潛由此得到胡適的長期器重和任用。朱光潛對此有明確的回憶："我的一位高師同班友好徐中舒把我介紹給北京大學文學院長胡適，並且把我的《詩論》初稿交給胡適作爲資歷的證件。於是胡適就聘我任北大西語系教授。"[④]此次推薦可見出徐中舒作爲介紹人的情面之大，而徐中舒與胡適此時的關係和交情應該不錯。

另外，徐中舒此時所供職的史語所的所長傅斯年曾是胡適在北大的學生，與胡適私交甚好，這也是衆所周知的事情。因此，徐中舒是否經由趙元任、傅斯年等師長見到胡適或者從他們那裏間接受到胡適思想影響，都無法確定。但徐中舒可能更早受到胡適思想影響，這在他20世紀50年代初的回憶中曾有所提及："一九一九年五四運動之後，徹底改革舊中國的思想彌漫全國。那時我在上海，上海

① 《胡適與陶行知曾在安慶一中作演講》，安慶第一中學網站，http://www.aqyz.net/UserData/DocHtml/1/2012/9/7/20120907174945565.html。

②《徐中舒大事年表》，載李懿選編《徐中舒文存》，江蘇人民出版社2016年版，第386頁。

③ 這首詩在結尾部分這樣提道："一個叫劉復，一個叫丁山/一個叫李濟，一個叫裘善元/一個叫容庚，一個叫商承祚/一個叫趙元任，一個叫陳寅恪/一個叫徐中舒，一個叫傅斯年/一個叫趙萬里，一個叫羅莘田/一個叫顧頡剛，一個叫唐擘黄/一個叫毛子水，一個叫李方桂"，見古遠清《胡適先生及其朋友之間的幽默》，《人民政協報》2013年11月28日7版。

④ 朱光潛：《欣慨室隨筆集》，中華書局2012年版，第6-7頁。

出版的新書，我總是先睹爲快。那時整理國故的呼聲很高，古史的討論很熱烈，這都很合我的脾胃。我的思想也由主觀的尊崇國學轉變爲客觀的整理國故派了。”[①]雖説没有具體表明胡適對自己的影響，但字裏行間已包含此種意思。“整理國故”是胡適1919年7月提出來的，胡適對此還有很具體的整理國故的方法和設想，譬如提倡“用歷史的眼光來擴大國學研究的範圍”“用系統的整理來部勒國學研究的資料”“用比較的研究來幫助國學的材料的整理與解釋”[②]等。從徐中舒日後在學術研究中所顯示出來的歷史眼光、在對資料所做的系統整理、比較研究亦即努力還原真相等方面的努力來看，雖説不能都認定這都是胡適思想影響所致，但他們的治學態度、思想與路徑顯然是相通相同的。1947年11月，胡適和徐中舒都同時被提名爲中央研究院第一届人文組院士候選人；同時，徐中舒作爲候選人資格的理由“用古文字與古器物研究古代文化制度”據信最初是經由胡適所擬，後又交夏鼐、李濟修改而成。[③]

值得注意的是，同是從事文史研究，徐中舒和胡適有一些共同關注的學術問題，二人觀點既有相似之處，也有相左之處。如二人都對“儒”進行過考察，也對西周有無井田制進行過探究。胡適1934年寫有《説儒》，其中有提到“凡從需之字，大都有柔弱或儒滯之義”[④]，以《周易》的“需”卦作爲綫索探尋出孔子以前的儒的生活狀況：“他們不務農，不作務，是一種不耕而食的寄生階級”，“靠他們的禮教的知識爲衣食之端，他們都是殷民族的祖先教的教士，行的是殷禮，穿的是殷衣冠。……他們不僅僅是殷民族的教士，竟漸漸成了殷周民族共同需要的教師了。”[⑤]徐中舒在四十年後寫有《甲骨文中所見的儒》一文，著重根據新發現和新掌握的材料對殷商時期儒家職業性活動所做的真相復原，注意到了歷史上儒和巫的聯繫。在考辨探究這些真相時，該文主要基於對甲骨文中“需”字的考察，認爲“從需的這些字，大都包含有柔、軟的意思。這些字其義相通，正因爲它們與儒家的儒字有密切的聯繫”，揭示了儒作爲職業在殷商時代就已經存在，諸如“儒是一批不勞而獲的寄生蟲”，“專門替殷商奴隸主貴族祭祖事神，辦喪事，當司儀的那一批人，才算是最早的儒家”等有關認知均與胡適《説儒》所見略同。但比較而言，徐中舒在本文中所做的文字考證要遠比胡適更詳盡更專業，其從甲骨文中關於子需的卜辭考證出子需在殷王的社會活動中是很受重視的一個人物，還從需父辛鼎掘發出子需在成爲著名儒者之前亦即在小氏族時的名字是“父辛”。[⑥]

① 徐中舒：《我的思想檢查》，原載《人民川大》1952年7月14日4版，轉引自周書燦：《徐中舒學術思想淵源及流變》，載《學術界》2017年第2期。
② 胡適：《<國學季刊>發刊宣言》，載《胡適文集》第2卷，花城出版社2013年版，第14頁。
③ 徐亮工：《徐中舒先生學術年表》，載徐中舒《古器物中的古代文化制度》，商務印書館2015年版，第447頁。
④ 胡適：《説儒》，載《胡適文集》第3卷，花城出版社2013年版，第256頁。
⑤ 胡適：《説儒》，載《胡適文集》第3卷，花城出版社2013年版，第273頁。
⑥ 徐中舒：《甲骨文中所見的儒》，載《四川大學學報》1975年第4期。

以西周究竟有無井田制這個聚訟紛紜的學術難題來説，徐中舒和胡適是有學術分歧的。20 世紀 20 年代《建設》雜誌圍繞有無井田制這一問題，胡適、季融五等與胡漢民、廖仲愷等展開過一次論辯，胡適是否定論者，斷言“豆腐乾塊的井田制度也是不可能的。井田的均産制乃是戰國時代的烏托邦。戰國以前從來没有人提及古代的井田制”[①]，其質疑可謂相當大膽，但缺乏小心的考辨説明，無法讓人信服。徐中舒對此次論辯有所關注，在 40 年代學術力作《井田制度探原》中評述這次論辯雙方的各持己見上不偏不倚，持論公允，而徐中舒在《井田制度探原》中確證西周井田制存在的有關論説在後來被學界認爲“最有體系，也較有説服力”[②]。

在徐中舒來説，《試論周代田制及其社會性質》的寫作是一當兩用。其一，順應時代潮流，在當時學界轟轟烈烈開展的批判胡適運動中，作爲舊社會的過來人特别是胡適的故交，徐中舒必須在此時做出明確的思想表態。因此，文中會有諸如認爲胡適“企圖用主觀唯心論歪曲歷史事實，以達到他反對唯物史觀的目的。這是不能不加以駁斥的”，“而販賣資産階級唯心論的胡適，竟然否定了這些書的真實性。也祇有唯心論者才能做出這樣大膽的假設——毫無保留地，否定客觀存在的蠻横態度”，“完全是顛倒黑白，混淆是非”，“胡適井田辨所以有這樣嚴重的錯誤，總結説，這都由於他的資産階級唯心觀點在作祟”之類表述，這都是當時批判胡適所必須使用的能够顯示出正確認知的公共話語，與那種集中火力逐條引證並批判胡適言論斥之爲“這不但是亂説，而且是僞造歷史”“他的全部思想和行動，都是爲美帝國主義服務的”[③]之類“扣帽子”言論相比，顯然温和得多了。其二，對自己一直關注的學術問題進行再一次更深入細緻的學術清理和探究。《試論周代田制及其社會性質》是一篇長達三萬字的學術文章，祇有文章前言和第六部分“胡適井田辨的批判”總計五千字篇幅關涉到了胡適，這當中有對胡適向《中國哲學之唯物的研究》發難所做的學術回顧，徐中舒明確指出胡適“疑古”的主觀臆斷：“胡適還有一個很大的錯誤，就是他濫用默證，他以爲書本上所未曾記載的事，就是歷史上所没有的事。”正如徐中舒所看到的那樣，“歷史固然是人類社會生活過程的反影，但是這個反影不一定就攝入歷史鏡頭”，因此，徐中舒並没有因爲相關書本没有明確記載就斷然否定井田制的事實存在，而是通過其所掌握的知識——主要是基於從文字、卦辭中所獲得的一些確鑿證據，如以周易中的井卦、金文中“刑法”的“邢”、“典型”的“型”都作“井”等有力確認“孟子以前是有許多有關井田記録的真憑實據”。徐中舒如是從意識形態的語言文字方面來證明井田在殷墟和西周初期即已存在，説明當時如果没有井田制，就不能

① 歐陽哲生編：《胡適文集》第 2 卷，北京大學出版社 1998 年版，第 306 頁。
② 賴建誠：《井田辨：諸説辯駁》，臺灣學生書局 2012 年版，轉引自周書燦《民國以來井田有無之辨綜論》，《河南社會科學》2016 年第 1 期。
③ 童書業：《批判胡適的“實驗主義”學術思想》，《文史哲》1954 年第 5 期。

產生這樣的意識形態。毫無疑問，這是很有道理的。而這篇文章還分别從“古中國高地農業與低地農業”“周代生産力”“西周田制與生產關係”“諸侯田制與生產關係”“春秋戰國時代列國的改制”等多個方面對殷周社會性質進行了較爲詳盡的説明，從而至少在這一階段圓滿了徐中舒對周代田制及社會性質這一問題的探討。因此，寫作此文的更主要目的，還是基於興趣和知識儲備進行的一次嚴肅學術探討。

徐中舒的學術研究有一個特點，就是不斷借鑒和掌握新的材料或者方法，來對某一個學術問題進行深入持久的探討，從而不斷圓滿和完善自己對該問題的認知。以井田制這一問題來説，早在十年前徐中舒即已經從金文和《易經》的卦爻辭中對“田”的初義到“井”和“井田”的出現做過較多的探究，以《井田制度探原》這篇文章一定程度地恢復了井田制原來的面目；50 年代中期，徐中舒對這一問題又有了進一步思考，尤其是此時馬克思、恩格斯關於古代東方農村公社的有關論述對徐中舒的學術研究顯然很有啓發，屬於徐中舒嘗試運用馬克思主義唯物史觀來對富有争議性的話題所做的再探視，遂會有《試論周代田制及其社會性質》這篇長文。在該文前言中，他這樣提道：“古中國的社會，依據馬克思的論證，是屬於亞細亞生產方式的東方類型，自埃及、美索不達米亞到印度，都是在以公有財產爲基礎的社會，向以私有財產爲基礎的社會過渡的階段。這是解答中國古代社會的鑰匙。”馬克思主義唯物史觀顯然開闊了徐中舒的研究視野。稍後，他還在 1957 年第 5 期《歷史研究》上發表《論西周是封建制社會》，該文就是在《試論周代田制及其社會性質》這篇舊作基礎上加以補充的，此時的徐中舒顯然對馬克思主義理論掌握得更爲精深，表現得更有學術自信，因而會對蘇聯學者以及國内學者認爲西周甚至漢代的社會體制屬於奴隸制社會的趨向表達不同意見：“前封建主義應當包括了奴隸制和封建制。因爲，要在它的中間畫出一條明晰的界限很不容易，所以馬克思才用這一個名詞來概括它”，“西周社會固然普遍的存在於家族公社和農村公社，但同時就有許多脱離公社而成爲小土地所有者的士，這一個階層是有相當大的數量；還有大土地所有者的卿大夫，他們都是有土有民的世襲領主。在這裏我們能説‘國家是最高的土地所有者’嗎？在這裏我們能説‘没有任何私人的土地所有制’嗎？”在其後相當長時間裏，馬克思主義理論都成爲他更重要的學術思想資源，到了 70 年代後期，還先後有《對古史分期問題的幾點意見》(《四川大學學報》1979 年第 1 期）和《西周史論述》(《四川大學學報》1979 年第 3 期）等幾篇文章雖然没有再就井田制問題再展開討論，但却從土地所有制關係這一角度來推論西周的封建社會性質，表述準確精當也更有力。以《西周史論述》來説，在該文第五部分“封建諸侯”和第六部分“西周封建制的説明”中對“文王時代周已有封建之實”以及周初分封改變了殷代的生產關係做專門論説時，就引用了馬克思、恩格斯《德意志意識形態》中“土地占有的等級制以及與之相聯繫的武裝啓從制度使貴族握有了支配農奴的權力”的有關論述用以説明“封建社會的君臣等級制”，認爲“這種君臣等級制也可以稱爲領主制或農奴制”，還引用《資本論》對中世紀羅馬尼亞農奴徭役情況用來説明西周封建等級制的剥削制度是由徭役勞動向實物地租轉化，這和歐洲中世紀一樣。[①]而這一切論説都是建立在早先《論西周是封建社會——兼論殷代社會性質》中有關采邑制分析的論説基礎上的。可以説，正是雜取百家之長爲己所用，獨立不倚地進行學術思考，方成就了徐中舒學術思想的博大、學術貢獻的豐碩。

從《試論周代田制及其社會性質》的寫作來看，徐中舒已經建立起了人類歷史發展的整體觀念，縱然有些支撑材料還不够充足，但徐中舒能够借助對邊裔、人類社會發展階段相同的資料的補充，將西周的封建制問題説得更明白通暢些。該文前言中，徐中舒如是表述：“周王朝的田制，在時間和地域上，發展並不一致，材料的零碎錯雜，是很不容易處理的。我的理論水準能否達成這個任務，這又是另一問題。而且，我們討論周代田制，也不能限於周代爲止。周初田制，又必與夏商兩代有關。因此，我們就必須上溯到新石器時代高地、低地農業的發展，這完全又是一個嶄新的問題了。我對於這個問題的處理，雖然有埃及尼羅河流域、美索不達米亞兩河流域、印度旁遮普地城的例證，可資參考；但以現階段的地下發現的資料言，也衹能認爲可能性較多的假定。最後的結論，還要有待於更多的材料的發現，而且没有例外的反證。這裏，我衹把我的不成熟的初步研究提供大家參考，希望批評指正。”這其中透出的有一分事實説一分話、虛心謙和的學術態度，都很值得人們尊敬。

胡適在《介紹我自己的思想》中這樣説：“科學精神在於尋求事實，尋求真理。科學態度在於撇開成見，擱起感情，衹認得事實，衹跟著證據走。科學方法衹是‘大膽的假設，小心的求證’十個字。没有證據，衹可懸而不斷；證據不够，衹可假設，不可武斷；必須等到證實之後，方才奉爲定論。”[②]不論徐中舒是否讀過胡適這篇作於1930年的文章，但他一直以來在治學中對科學精神的秉承、對事實的尊重和證據的小心搜求，即使不是對胡適思想的自覺踐行，也至少是兩位有著“獨立之精神，自由之思想”的學人之間的聲氣相通。而真正的學人都應該是如徐中舒先生那樣在尋求真理的道路上“撇開成見，擱起感情，衹認得事實，衹跟著證據走”的。《試論周代田制及其社會性質》的寫作就讓我們清晰地看到了這一點。

作者單位：遼寧師範大學文學院

① 徐中舒：《西周史論述（上）》，《四川大學學報》1979年第3期。
② 胡適：《介紹我自己的思想》，載《胡適文集》第3卷，花城出版社2013年版，第116頁。

蜀文化史論

攻心與臣服：王朝控制邊疆視閾下的諸葛亮七擒孟獲

張 晋

内容摘要： 東漢末年，益州有此地當出天子的預言。這樣益州空間就有了神聖的政治性，加之劉備是漢室皇叔的身份，故此蜀漢政權始終以東漢王朝的合法繼承者自居，以恢復東漢王朝的天下秩序爲己任。在王朝秩序中，王朝控制邊疆的强弱，事關王朝的興衰成敗。諸葛亮執政期間，爲了中興漢室江山，需要北伐曹魏，而北伐的前提，是蜀漢有一個安定的國内環境。因此，諸葛亮親自南征。這一段王朝秩序觀下平定邊疆叛亂的真實歷史被後世演繹成七擒孟獲的經典性族群間交融事例。

關 鍵 詞： 王朝秩序；諸葛亮；邊疆治理；七擒孟獲

諸葛亮是我國家喻户曉的歷史文化名人，于三國以後的歷朝歷代均有深遠的影響。其在官方是治國良臣的代表，在民間是超凡智慧的化身。當劉備於白帝城病故之時，蜀漢政權面臨著巨大的生存危機。諸葛亮幾乎憑藉一己之力，力挽狂瀾，拯救蜀漢於瀕臨絶境的懸崖邊。白帝城托孤後，蜀漢是屬於諸葛亮的時代。這一時期諸葛亮的功績主要有以下三方面，其一，治理國家；其二，平定南中；其三，北伐曹魏。平定南中既是治理國家的内政延續，也是北伐曹魏的軍事保障。因此，本文主要論述諸葛亮平定南中的功績。南中地域廣袤，部族衆多，可以給蜀漢北伐提供相應的物資與兵力。例如，《三國志·譙周傳》記載：諸葛亮南征後，南中地區“是後供出官賦，取以給兵”①。因此，提供軍需物資是平定南中之後的“收益”。但諸葛亮親自南征，其目的却絶不僅僅如此。如果，蜀漢將南中囊入其有效的管轄下，僅僅衹是爲了作爲物資與兵源的供應地，那麼派遣一蜀漢名將既可以完成這一任務。作爲蜀漢政權的丞相諸葛亮，實際意義上的權力支配者，實在没有必要親自率軍深入當時還處於蠻荒之地的南中。因此，什麼是促使蜀漢政權向南中擴展疆域以及必須穩定南中局勢的動因？這一問題是值得深入探究的。

---

① 〔晋〕陳壽撰，〔宋〕裴松之注：《三國志·譙周傳》，中華書局 1965 年版，第 1031 頁。

衆所周知，劉備始終以復興漢室爲己任，而廣闊的地域與充足的兵源是中興漢室江山的必要條件。因此，在占領成都獲得巴蜀之地後，爲了進一步擴大地盤，劉備“對於南中，意在必得”[①]。衹是當時蜀漢基業初創，無暇大力經營南中。曹丕脅迫漢獻帝禪讓江山後，劉備爲了扭轉其漢中王身份存在的困境，于成都稱帝建立蜀漢政權，自詡爲東漢王朝法統的延續，以中興漢室江山爲己任。自秦始皇建立大一統的王朝政治體系以來，秦、西漢、新、東漢諸王朝均十分重視對邊疆地帶的控制治理，從歷史的發展脉絡來看，王朝對邊疆控制的强弱與王朝的興衰息息相關。由蜀漢政權具有的王朝性，出發就可以把蜀漢積極經營南中，看作是王朝國家對邊疆地帶控制治理的踐行實施。因此，筆者試圖在梳理史料的基礎上，以王朝控制治理邊疆的視閾來探究蜀漢丞相諸葛亮平定南中叛亂（七擒孟獲）的歷史情境以及此事件的歷史社會意義。

一、蜀漢政權的王朝合法性

建安二十四年（219）秋，劉備屬下的文臣武將聯名上書漢獻帝，請封劉備爲漢中王，要求“以漢中、巴、蜀、廣漢、犍爲爲國，所署置依漢初諸侯王故典”[②]。其中“犍爲”既是南中地區。這表明，劉備從稱漢中王時起，便把南中認定爲其的治下之地。而劉備向獻帝請封漢中王的理由，則是當時曹氏政治軍事集團的存在嚴重威脅到了東漢王朝的生存。“今社稷之難，急於隴、蜀，操外吞天下，内殘群寮，朝廷有蕭墻之危，而禦侮未建，可爲寒心。”[③]因此，在漢室江山面臨巨大的危機面前，身爲皇族後裔的劉備，决定義無反顧地承擔起捍衛劉氏皇權的重任，稱王非是爲了一己之私，而是爲了使延續近四百年的漢室江山繼續存在下去。這樣解釋劉備的一切軍事行動與政治行爲就被賦予了捍衛漢室江山神聖的合法性。

建安二十五年（220），漢獻帝禪讓江山支配權于曹丕，曹丕建立魏朝。曹丕能順利由魏王變成魏帝，很大程度上得益於曹操豐碩的政治遺産。曹丕的稱帝行爲不僅取代了劉氏君臨天下的地位，還使得東漢王朝謝幕，曹氏魏朝的出場。而這使得劉備漢中王的身份陷入了存棄糾葛的困境之中。劉備的漢中王在名分上是漢獻帝所册封，那麼當漢獻帝禪讓皇位于曹丕之後，漢獻帝劉協從東漢王朝的皇帝轉變爲魏朝的山陽公，在此歷史情境下，劉備的漢中王將何去何從？

劉備的漢中王爵位，是由東漢皇帝劉協所封。而在劉協禪讓皇位于曹丕之後，即劉協本人通過禪讓儀式，承認曹丕是比他更適合做皇帝的人選之後，劉備的漢

① 方國瑜著，秦樹才、林超民整理：《雲南民族史講義》，雲南人民出版社 2013 年版，第 100 頁。
② ［晋］陳壽撰，［宋］裴松之注：《三國志·先主傳》，中華書局 1965 年版，第 885 頁。
③ ［晋］陳壽撰，［宋］裴松之注：《三國志·先主傳》，中華書局 1965 年版，第 885 頁。

中王身份的合法性亦喪失殆盡。除非，劉備接受新皇曹丕的册封，但很明顯劉備是斷然不會接受曹丕的册封，繼續做漢中王。所以，劉備不會如孫權一般向曹丕上書稱臣。不過，若劉備揮師北伐，推翻曹丕，重建漢室江山又非一朝一夕可以完成。在此時期，劉備漢中王的名分會處於尷尬窘境之地。在這樣的歷史情境中，似乎劉備稱帝變成了唯一可行的方案。據陳壽在《三國志》中的記載，劉備與曹丕均有生而不凡的異象描寫。這爲二人以後的稱帝做出鋪墊。劉備幼時，居住的屋"舍東南角籬上有桑樹高五丈餘，遥望見童童如小車蓋，往來者皆怪此樹非凡，或謂當出貴人。先主少時，與宗中諸小兒與樹下戲，言：'吾必當乘此羽葆蓋車。'……身長七尺五寸，垂手下膝，顧自見其耳。"[①]曹丕出生時，也"有雲氣青色而圓如車蓋當其上，終日，望氣者以爲至貴之證，非人臣之氣"[②]。通過這兩段描寫，可以感覺到，劉備與曹丕二人的超凡脱俗，日後必定面南背北君臨天下。

在漢獻帝禪讓皇位之前，曹氏集團已經在有意剪除劉氏皇族的勢力，建安十九年（214），"十一月丁卯，曹操殺皇后伏氏，滅其族及二皇子"[③]。建安二十一年（216），曹操進號魏王的當年，"是歲，曹操殺琅琊王熙，國除"[④]。即使是其他幸存下來的劉氏諸王，在曹氏的控制範圍内也無力反抗，重振漢室江山。有兵有地盤的劉備成爲重樹漢王朝旗幟的不二人選。此時的劉備還需要一個充足的理由來上尊號。曹丕稱帝，建元黄初。劉備所在的漢中國"或傳聞漢帝見害，先主乃發喪制服，追謚曰孝湣皇帝"[⑤]。劉備屬下群臣聽到漢獻帝被害的消息之後，紛紛上書劉備，言及益州早有異象，預示當有天子出於此地。"數有氣如旗，從西竟東，中天而行，圖、書曰'必有天子出其方'加是年太白、熒惑、填星，常從歲星相追。近漢初興，五星從歲星謀；歲星主義，漢位在西，義之上方，故漢法常以歲星候人主。當有聖主起於此州，以致中興。時許帝尚存，故群下不敢漏言……臣聞聖王先天而天不違，後天而奉天時，故應際而生，與神合契。願大王應天順民，速即洪業，以寧海内。"[⑥]

益州[⑦]地現異象，當出皇帝之説，早有傳言，而這一預言直接影響到漢靈帝中平年間，劉焉選擇擔任州牧的地區。劉焉是西漢景帝子魯恭王的後裔，少年出仕，因其身份是劉氏宗族之故，受封中郎官銜。因爲其師司徒祝恬的喪事，辭官奔喪。後來，劉焉以"賢良方正"再次進入仕途，歷任雒陽令、冀州刺史、南陽太守、宗正、太常等官職。當時，漢靈帝在位，寵信宦官，朝綱不振，政治秩序紊亂，東漢王朝已現日落西山之態。劉焉上書靈帝，對當時的政治亂象給出了建議，當

① 〔晋〕陳壽撰，〔宋〕裴松之注：《三國志·先主傳》，中華書局1965年版，第871-872頁。
② 〔晋〕陳壽撰，〔宋〕裴松之注：《三國志·文帝紀》，中華書局1965年版，第57頁。
③ 〔宋〕范曄撰，〔唐〕李賢等注：《後漢書·孝獻帝紀》，中華書局1965年版，第388頁。
④ 〔宋〕范曄撰，〔唐〕李賢等注：《後漢書·孝獻帝紀》，中華書局1965年版，第388頁。
⑤ 〔晋〕陳壽撰，〔宋〕裴松之注：《三國志·先主傳》，中華書局1965年版，第887頁。
⑥ 〔晋〕陳壽撰，〔宋〕裴松之注：《三國志·先主傳》，中華書局1965年版，第887-888頁。
⑦ 文中益州與益州郡不同，益州是指巴蜀，益州郡是南中諸郡之一。

下“四方兵寇，由刺史威輕，既不能禁，且用非其人，以致離叛。宜改置牧伯，選清名重臣以居其任”[①]。劉焉的初衷是欲求交趾牧遠離中原，逃避現實社會中的戰亂紛争。時任侍中的董扶私底下對劉焉説：“‘京師將亂，益州分野有天子氣。’焉聞扶言，意更在益州。”[②]這樣，益州（巴蜀）空間就被賦予了潜在的皇權合法性。劉焉請封去有潜在“天子氣”的益州，這一舉動説明劉焉有王霸之志，振興漢室的意圖。劉焉上書中所言的“用非其人”，直指當時官場的弊病“刺史、太守，貨賂爲官，割剥百姓，以致離叛”[③]。而根治這一弊病的良方在劉焉看來，是應該多用重用劉氏宗族中人。此時，恰逢益州、並州、凉州等地發生政治惡性事件。劉焉的建議因此被漢靈帝所采納，劉焉本人得償所願，獲封益州牧，同時董扶也獲封蜀郡西部屬國都尉一職，隨行劉焉趕赴巴蜀任上。這裏透露出了一個歷史資訊，任命益州牧的同時任命州下屬國的都尉，顯示了當時益州地區的穩定與否和邊疆各族群有密切的關聯。

當時，盡管漢獻帝已經禪讓皇位于曹丕，在形式上宣佈，劉氏失德已經不配做天子，漢室江山氣數已盡，理應讓賢。曹氏德配天地，當爲天子，上尊號，魏王朝應當興盛。但實際上，“劉氏之德未泯，忠義之徒未盡，何言其亡也？漢苟未亡，則魏不可取。今以不可取之，實而冒揖讓之名，因輔弼之功，而當代德之號，欲比德堯、舜，豈不誣哉！”[④]因此在曹丕稱帝之後，忠於漢室者，依然大有人在，這些人認爲，當時天下局勢處於“今上無天子，海内惶惶，靡所式仰”[⑤]的境地。此時亟需另立新君，對抗曹魏，中興漢室。劉備就是在這樣的歷史情境中，于成都稱帝，詔告天下，蜀漢政權延續至東漢王朝，並向上天祈禱，“惟神饗祚於漢家，永綏四海！”[⑥]既然劉備建立的蜀漢政權的合法性來自于對東漢王朝法統的繼承。因此蜀漢政權在其自已看來，絶不是偏居一隅的地方割據政權，而是漢王朝的再次中興。這樣有利於蜀漢政權在與魏、吴並立的歷史環境中，赢得王朝正統合法性的地位，因爲三國政權建立後於職官方面“魏與吴蜀多依漢制。”[⑦]這樣與曹丕“相比較而言，劉備稱帝的條件較爲有利”[⑧]。在“研精六經，尤善書劄。頗曉天文”[⑨]的譙周看來，蜀漢與曹魏二政權同時均具有王朝的正當性。衹不過，曹魏是“肇建之國”，而蜀漢是“因餘之國”。彼此之間“並争於世而爲仇敵”[⑩]。此處，蜀漢作爲“因餘之國”，其中的“餘”便是指如前所述的，“劉

---

① ［宋］司馬光編著，［元］胡三省音注：《資治通鑑》，中華書局 1965 年版，第 1887 頁。
② ［晋］陳壽撰，［宋］裴松之注：《三國志・劉二牧傳》，中華書局 1965 年版，第 865 頁。
③ ［晋］陳壽撰，［宋］裴松之注：《三國志・劉二牧傳》，中華書局 1965 年版，第 865 頁。
④ ［晋］袁宏撰，張烈點校：《後漢紀》，中華書局 2017 年版，第 590 頁。
⑤ ［晋］陳壽撰，［宋］裴松之注：《三國志・先主傳》，中華書局 1965 年版，第 888 頁。
⑥ ［晋］陳壽撰，［宋］裴松之注：《三國志・先主傳》，中華書局 1965 年版，第 889 頁。
⑦ ［唐］杜佑著，[日]長澤規矩也、尾崎康校訂，韓昇譯訂：《北宋版通典》，上海人民出版社 2008 年版，第 560 頁。
⑧ 楊民：《秦漢西晋中央與巴蜀地方關係研究》，巴蜀書社 2011 年版，第 146 頁。
⑨ ［晋］陳壽撰，［宋］裴松之注：《三國志・譙周傳》，中華書局 1965 年版，第 1027 頁。
⑩ ［晋］陳壽撰，［宋］裴松之注：《三國志・譙周傳》，中華書局 1965 年版，第 1029 頁。

氏之德未泯，忠義之徒未盡”。“因餘之國”要戰勝“肇建之國”，條件有二，其一，有“高賢卿者”。其二，天下局勢變動。如果“民志既定，則難動也”[①]。

因此，蜀漢政權擁有的來自東漢王朝正統性的政治資源，也是對蜀漢政權的一種羈絆。“由於‘復興漢室'是蜀漢政權維繫民心、贏得政治支持的重要原因，蜀漢王朝不得不以北伐中原、恢復東漢統一王朝疆域爲政治旗號”[②]，使得蜀漢政權不能偏安於西南一隅，必須以恢復在中原的統治爲行動目標。在劉備、諸葛亮執政時期王朝正統合法性的存在，自然是有利於蜀漢發展的優勢條件，但在蜀漢後期，却變成了蜀漢政權巨大的負擔，特别是後主劉禪寵信重用宦官黄皓時期，蜀漢無力也無心北伐。

二、劉備去世後蜀漢的危機與化解

漢昭烈皇帝劉備伐吴兵敗，退還白帝城。經此一役後，劉備心身均遭受了巨大的打擊，從此一病不起，隨著病情日漸沉重，自知時日無多。章武三年（223年），劉備托孤於諸葛亮。面對劉備將太子劉禪與蜀漢政權予己的重托，諸葛亮涕泣誓言，“臣敢竭股肱之力，效忠貞之節，繼之以死！”[③]劉備清楚當時蜀漢面臨著嚴重的生存危機，盡管諸葛亮才華蓋世，但要扭轉這樣的困境也絶非易事。關鍵之處，在於諸葛亮需要具有蜀漢内政外交的支配權力，在諸葛亮表示要爲蜀漢鞠躬盡瘁死而後已之後。劉備詔敕劉禪，“汝與丞相從事，事之如父”[④]。這意味著，諸葛亮得到了蜀漢建立者劉備的授權，在劉禪繼位之後，擁有決定内政外交的支配權力。

劉禪繼位後，改元建興，下詔“封亮武鄉侯，開府治事。頃之，又領益州牧。政事無巨細，咸决於亮”[⑤]。這樣，從建興元年（223）起，“諸葛亮成爲蜀漢政治軍事的决策人”[⑥]。此時，蜀漢正是處於内憂外患惡化的生死存亡時刻。當時魏、蜀、吴三足鼎立。魏與蜀二國均稱其政權是東漢王朝正統性的繼承者，因此彼此之間的暴力戰争不可避免。對於吴國，諸葛亮是寄之以盟友的。這在其著名的《隆中對》中，已經明確定性孫吴“此可以爲援而不可圖也。”[⑦]在既定方針下，諸葛亮會尋求與吴國緩和緊張關係，共同來對付曹魏。當時國内邊疆地區“南中諸郡，並皆叛亂”[⑧]。這次叛亂“對實現諸葛亮爲劉備制定的‘西和諸戎，南撫夷越'進而

---

① 〔晋〕陳壽撰，〔宋〕裴松之注：《三國志·譙周傳》，中華書局1965年版，第1029頁。
② 彭豐文：《先秦兩漢時期民族觀念與國家認同研究》，中國社會科學出版社2016年版，第341頁。
③ 〔晋〕陳壽撰，〔宋〕裴松之注：《三國志·諸葛亮傳》，中華書局1965年版，第918頁。
④ 〔晋〕陳壽撰，〔宋〕裴松之注：《三國志·諸葛亮傳》，中華書局1965年版，第918頁。
⑤ 〔晋〕陳壽撰，〔宋〕裴松之注：《三國志·諸葛亮傳》，中華書局1965年版，第918頁。
⑥ 何兹全：《三國史》，人民出版社2011年版，第160頁。
⑦ 〔晋〕陳壽撰，〔宋〕裴松之注：《三國志·諸葛亮傳》，中華書局1965年版，第912頁。
⑧ 〔晋〕陳壽撰，〔宋〕裴松之注：《三國志·諸葛亮傳》，中華書局1965年版，第918頁。

以成霸業的長遠計畫造成了很大的威脅，甚至蜀漢以四川爲立國之本的根基也有被動摇的危險”[①]。因此，南中叛亂是諸葛亮不得不認真對待的重大事件。而此次叛亂背後有著孫吴的支持，吴交趾太守士燮“誘導益州豪强雍闓等，率郡人民使遥東附”[②]孫吴政權。雍闓爲了向孫權表忠心，把蜀漢任命的益州郡太守張裔綁架並遣送到了東吴。同時，孫權任用昔日益州牧劉璋的兒子劉闡“爲益州刺史，處交、益界首”[③]。這一舉措無疑是企圖以劉闡特殊的“政治身份”來達到從内部破壞蜀漢政權的穩定團結。面對這樣的局勢，諸葛亮不得不把與孫吴緩和關係，重新確立聯盟關係，放置於工作中亟需處理的位置，優先于處理南中的叛亂。因爲，蜀吴消解緊張關係重新結盟之後，孫權會重新思考是否應該給予南中反叛蜀漢政權的地方豪强以支援。

從當時三國並立的形勢來看，孫吴也是渴望與蜀漢緩解緊張關係，重新締結盟約的。因爲，結盟之事關係到吴國的生存。如魏國大臣劉曄對三國並立的局勢判斷“今天下三分，中國十有其八。吴、蜀各保一州，阻山依水，有急相救，此小國之利也。今還自相攻，天亡之也”[④]。吴蜀聯盟，事關兩國的存亡。既然如此重要，因此在劉備兵敗，退守白帝城之後，“吴王孫權請和，先主累遣宋瑋、費禕等與相報答”[⑤]。不過孫權其人“性多嫌忌”[⑥]，劉備去世後，對蜀漢新君能否振興國家存疑，難免在親蜀還是親魏之間猶豫不決。

諸葛亮派遣得力幹將鄧芝出使吴國，意在重新確立蜀、吴間的聯盟關係。鄧芝到吴國後，孫權一直不召見鄧芝。鄧芝向孫權提交了求見信，信中言明：“臣今來亦欲爲吴，非但爲蜀也。”[⑦]一語擊中孫權的要害。孫權當即召見鄧芝。見面之後，孫權坦言心中的疑慮與猶豫，“孤誠願與蜀和親，然恐蜀主幼弱，國小勢逼，爲魏所乘，不自保全，以此猶豫耳”[⑧]。看來，孫權是想和蜀結盟，通過結盟來與曹魏抗衡。不過，擔心蜀漢的幼主非是治國之才，這樣蜀漢在强魏面前能否自保尚且存疑，如何能作爲盟友來共同抗衡曹魏呢？鄧芝從容應對，首先表示欽佩孫權本人的才幹，接著指出蜀漢的實際執政者是一代人傑諸葛亮，打消孫權對蜀漢能否自保的疑慮。進一步分析蜀、吴兩國的地理優勢，結成聯盟後，進可攻、退可守。如若孫權倒向曹魏，曹魏必然會要求孫權獻吴太子入魏做人質，吴國敢不答應的話，曹魏必定興師討伐。蜀漢也會乘機順流而下擴展疆土。如果出現上述情況，吴國必亡。孫權聽完後，沉默良久，承認鄧芝所言非虚。孫權借機反問鄧芝，如果吴、蜀兩國成功滅魏後，兩國平分天下可行否？鄧芝當即表明態度，

---

① 方鐵主編:《西南通史》，中州古籍出版社，2003 年版，第 164 頁。
② 〔晋〕陳壽撰，〔宋〕裴松之注:《三國志 · 士燮傳》，中華書局 1965 年版，第 1192 頁。
③ 〔晋〕陳壽撰，〔宋〕裴松之注:《三國志 · 劉二牧傳》，中華書局 1965 年版，第 870 頁。
④ 〔晋〕陳壽撰，〔宋〕裴松之注:《三國志 · 劉曄傳》，中華書局 1965 年版，第 447 頁。
⑤ 〔晋〕陳壽撰，〔宋〕裴松之注:《三國志 · 鄧芝傳》，中華書局 1965 年版，第 1071 頁。
⑥ 〔晋〕陳壽撰，〔宋〕裴松之注:《三國志 · 吴主傳》，中華書局 1965 年版，第 1149 頁。
⑦ 〔晋〕陳壽撰，〔宋〕裴松之注:《三國志 · 鄧芝傳》，中華書局 1965 年版，第 1071 頁。
⑧ 〔晋〕陳壽撰，〔宋〕裴松之注:《三國志 · 鄧芝傳》，中華書局 1965 年版，第 1071 頁。

堅決捍衛蜀漢的王朝正統性，蜀漢欲求天下一統，而非裂土割據。“夫天無二日，士無二王，如並魏之後，大王未深識天命者也，君各茂其德，臣各盡其忠，將提枹鼓，則戰爭方始耳。”[①]孫權聽鄧芝說完後，大笑當即同意兩國締結盟約，並派遣使臣報聘於蜀漢。孫權此問，當有其潛在的意圖。孫吴是三國之中，意圖割據保全既得利益最明顯者。魏立國於禪讓，表明是天命所歸，自然會以王朝天下的大一統秩序爲施政理想。而蜀建立之始，源於漢室氣數未盡，劉備要中興漢王朝，自然也是以謀求一統天下爲目標。後主劉禪爲帝，雖然實際上的執政者是諸葛亮，但不知此時蜀漢的理想目標是否變化。故此，孫權會有此一問。如果，蜀漢在聯合孫吴滅魏成功之後，同意平分天下，意味蜀漢政權的奮鬥目標已經與劉備時代大不相同。一個鋭意進取積極進攻曹魏的蜀漢，比一個意圖割據自保的蜀漢，在事實上讓孫吴覺得更安全。因爲，蜀漢不斷北伐，曹魏必然會集中精力來應對，而無暇顧及孫吴，這樣會讓孫吴的生存空間變得更加安全。

鄧芝出使吴國，完成重新結盟的歷史重任，同時也彰顯了蜀漢立國的宗旨。蜀漢政權是東漢王朝的繼承者，以恢復東漢王朝大一統的天下秩序爲目標。諸葛亮在修復蜀、吴聯盟的同時勤修内政“撫百姓，示儀軌，約官職，從權制，開誠心，布公道”[②]。蜀漢内外環境得到改善後，諸葛亮把注意力轉移到了南中，決定著手解決南中的叛亂問題。通過平叛南中豪强大姓的造反行爲來樹立蜀漢政權作爲東漢王朝繼承者的正當合理性。

三、七擒孟獲的歷史事實與歷史書寫

劉焉、劉璋父子主政益州時期，“對南中真正能控制的地區，主要是犍爲屬國和益州郡”[③]。建安十九年（214），劉備取代劉璋占據了益州。遂向南中地區擴展勢力，先後派遣鄧方與李恢治理南中。劉備相較劉焉、劉璋父子對南中的管轄範圍有所擴大，“但真正能控制的地區僅有朱提、益州、牂柯三郡，越嶲郡則被當地夷帥所控制。永昌郡置吏未久，通往蜀地的道路亦被阻絶”[④]。此時，蜀漢尚未完全控制南中地區。

劉備駕崩後，“越嶲叟帥高定元殺郡將【軍】焦璜。舉郡稱王以叛”[⑤]。建興元年（223）夏，“牂柯太守朱褒擁郡反”[⑥]，益州郡大姓雍闓擁兵反叛，並且綁架太守張裔遣送至孫吴。這一行爲顯然是在向孫權邀功，同時也是在否定蜀漢對南中的管轄權。吴主孫權册封雍闓爲永昌太守，並派遣前任益州牧劉璋的兒子劉

---

① 〔晋〕陳壽撰，〔宋〕裴松之注：《三國志·鄧芝傳》，中華書局 1965 年版，第 1072 頁。
② 〔晋〕陳壽撰，〔宋〕裴松之注：《三國志·諸葛亮傳》，中華書局 1965 年版，第 934 頁。
③ 方鐵主編：《西南通史》，中州古籍出版社，2003 年版，第 162 頁。
④ 方鐵著：《方略與施治：歷朝對西南邊疆的經營》，社會科學文獻出版社 2015 年版，第 448 頁。
⑤ 〔晋〕常璩著，任乃强校注：《華陽國志校補圖注》，上海古籍出版社 1987 年版，第 240 頁。
⑥ 〔晋〕陳壽撰，〔宋〕裴松之注：《三國志·後主傳》，中華書局 1965 年版，第 894 頁。

闌居於交州與益州的交界處。孫權這一系列企圖染指南中的行爲，無疑增强了當地豪强對抗蜀漢的决心。當時的情况是，在劉備去世“一年之間，越巂、益州、牂柯三郡相繼脱離蜀漢，僅朱提郡仍被蜀漢控制，永昌郡大姓吕凱與府丞王伉則閉境堅守”[①]。面對南中如此亂局，諸葛亮“以新遭大喪，故未便加兵”[②]爲由，暫緩南征。先選擇與孫吴修好。建興二年（224），諸葛亮教化百姓“務農殖谷，閉關息民”[③]。逐漸恢復、提升了蜀漢國力。

蜀漢政權是東漢王朝的繼承者，儒學是東漢王朝的“國憲”[④]，儒學的核心思想是禮治。因此爲表示對大行皇帝的尊敬，喪期不得動刀兵，正是對東漢王朝價值觀的踐行。在處理好内政外交之後，南中地區的叛亂成爲諸葛亮亟需解决的問題。魏、蜀兩國均以東漢王朝的繼承者自居，衹不過一是禪讓法統，一是中興法統。因此，諸葛亮南征是王朝天下秩序建構的一部分。因爲，“三國紛争之時，統治者心目中之主要目標，在於鞏固地盤，進而争奪天下”[⑤]。諸葛亮在北伐曹魏之前，需要穩定實際管轄區域，這樣南中的叛亂就變得不能容忍。王朝行政建置有内郡、邊郡之分别，邊郡既是設置于王朝邊疆地區的郡級行政機構，當時“西南地區西部和南部的郡縣屬於邊郡的範疇”[⑥]。南中邊郡的不穩定會影響北伐大業。諸葛亮在隆中對中，明確提出，蜀漢政權在北伐前的建設發展方針“西和諸戎，南撫夷越，外結好孫權，内修政理”[⑦]。諸葛亮親自率軍南征，表明諸葛亮對此次平叛行動極爲重視。同時這也是一次重新在南中地區恢復王朝控制邊疆並建立統治秩序的行動。

南中反叛者，不僅僅是不願臣服的問題，更是對蜀漢政權正統性的蔑視。比如，聽聞劉備去世，雍闓作亂於益州郡，都護李嚴曾寫一份長信予雍闓，試圖勸解使其幡然悔悟，重新歸附蜀漢。但雍闓對此僅僅有簡短的回復，並且公然質疑蜀漢政權的王朝正統性：“‘蓋聞天無二日，土無二王，今天下鼎立，正朔有三，是以遠人惶惑，不知所歸也。’其桀慢如此。”[⑧]如若不能重新恢復統治益州郡等南中諸郡，蜀漢的王朝性將蕩然無存。因爲，邊郡是設置于王朝疆域邊緣性區域的郡級行政機構，“是一種典型的政治地理空間”[⑨]。蜀漢如果喪失了王朝性，就意味著政權存在陷入了是否具有合法性的巨大的困境之中，還如何奢談北伐曹魏？

---

① 方鐵著:《方略與施治：歷朝對西南邊疆的經營》，社會科學文獻出版社 2015 年版，第 448 頁。
② 〔晋〕陳壽撰，〔宋〕裴松之注:《三國志·諸葛亮傳》，中華書局 1965 年版，第 918 頁。
③ 〔晋〕陳壽撰，〔宋〕裴松之注:《三國志·後主傳》，中華書局 1965 年版，第 894 頁。
④ 参閲林聰舜著:《儒學與漢帝國意識形態》，上海人民出版社 2017 年版。
⑤ 周一良著:《魏晋南北朝史劄記》，中華書局 2015 年版，第 40-41 頁。
⑥ 方鐵:《西南通史》，中州古籍出版社 2003 年版，第 136 頁。
⑦ 〔晋〕陳壽撰，〔宋〕裴松之注:《三國志·諸葛亮傳》，中華書局 1965 年版，第 913 頁。
⑧ 〔晋〕陳壽撰，〔宋〕裴松之注:《三國志·吕凱傳》，中華書局 1965 年版，第 1047 頁。
⑨ 周平:《論邊疆的國家屬性——我國邊疆若干基本問題析論》,《雲南行政學院學報》2014 年第 6 期。

建興三年（225）春，諸葛亮分兵三路，南下平叛。馬忠率軍伐牂柯郡，李恢進兵益州郡，諸葛亮親自統兵討伐越巂郡。雍闓得知消息率部衆前來援助高定元，不料雙方反而起了内訌，高“定元部曲殺雍闓及士【庶】等，孟獲代闓爲主”[①]。不久高定元兵敗被斬殺，馬忠攻破牂柯郡，李恢被南中叛軍圍困于昆明，設計脱困之後，“與亮聲勢相連”[②]。在南中平叛這一歷史事件中，此時一個關鍵的人物從幕後走到了前臺。此人正是孟獲，正是有了孟獲，才有了流傳千古的七擒孟獲。

孟獲在南中一帶頗有威望，“爲夷、漢所服”[③]。這句話透露出如果能降服孟獲，使孟獲臣服，就可以得到擁戴孟獲的夷、漢諸民衆的臣服。因此，使孟獲心悦誠服，是平定南中進而達到長治久安的關鍵所在。諸葛亮設計生擒孟獲後，派軍卒帶領其參觀軍營。然後詢問孟獲的觀後感，孟獲答曰：“向者不知虚實，故敗。今蒙賜觀看營陳，若衹如此，即定易勝耳。”[④]孟獲一番言語註定他會二次被俘，他太低估他的對手了。諸葛亮聽聞孟獲所言，笑著命部下釋放孟獲，令其整軍再戰。先後對戰七次，孟獲被擒七次。諸葛亮第七次擒住孟獲，依然令軍卒釋放孟獲，直言其可以繼續領兵再戰。孟獲“止不去，曰：‘公，天威也，南人不復反矣。’”[⑤]在孟獲臣服後，南中叛亂得到了平息。孟獲的言語中，稱諸葛亮代表天威，可以看作是對雍闓所説，天無二日的回應。當時，以雍闓爲首的一衆人等是不承認蜀漢政權具有代表天的資格的。而孟獲在此明確承認了，諸葛亮治下的蜀漢政權是有資格代表天的。蜀漢皇帝劉禪是天子，即認同蜀漢的王朝天下秩序的合法性。這樣益州、永昌、牂柯、越巂等南中四郡重現和平，蜀漢主導王朝秩序在南中重新得到了恢復。

諸葛亮代表蜀漢政權，對南中四郡進行了重新劃分，改益州郡爲建寧郡，從建寧郡與永昌郡二郡中，分出一部分另設雲南郡，又從建寧郡與牂牁郡二郡中，分出一部分設置了興古郡。這樣，建寧郡、永昌郡、雲南郡、牂柯郡、興古郡五郡再加上行政區劃没有變化的朱提郡與越巂郡二郡，合稱南中七郡。

在此次南征行軍前，馬謖感激諸葛亮提携之恩，一路相送。諸葛亮借機向馬謖詢問，此次南征有什麼好的建議。馬謖分析了南中叛亂的原因，並獻上良策。“南中恃其險遠，不服久矣，雖今日破之，明日復反耳。今公方傾國北伐以事强賊。彼知官勢内虚，其叛亦速。若殄盡遺類以除後患，既非仁者之情，且又不可倉卒也。夫用兵之道，攻心爲上，攻城爲下，心戰爲上，兵戰爲了，願公其心而已。”[⑥]諸葛亮虚心聽取馬謖的建議，以攻心戰爲作戰指導方針。七擒七縱孟獲，

① 〔晋〕常璩著，任乃强校注:《華陽國志校補圖注》，上海古籍出版社 1987 年版，第 241 頁。
② 〔晋〕陳壽撰，〔宋〕裴松之注:《三國志·李恢傳》，中華書局 1965 年版，第 1046 頁。
③ 〔晋〕陳壽撰，〔宋〕裴松之注:《三國志·諸葛亮傳》，中華書局 1965 年版，第 921 頁。
④ 〔晋〕陳壽撰，〔宋〕裴松之注:《三國志·諸葛亮傳》，中華書局 1965 年版，第 921 頁。
⑤ 〔晋〕陳壽撰，〔宋〕裴松之注:《三國志·諸葛亮傳》，中華書局 1965 年版，第 921 頁。
⑥ 〔晋〕陳壽撰，〔宋〕裴松之注:《三國志·馬良傳》，中華書局 1965 年版，第 983 頁。

使其心悦誠服，“獲等心服，夷、漢亦思反善”[①]。這樣，孟獲率衆部落誠心歸附於蜀漢政權。因此，南中叛亂平息得益於合理的攻心策略。七擒孟獲是否是真實的歷史的事件又或衹是回憶的歷史書寫，這對於七擒孟獲事件本質上要傳遞的歷史記憶來説並不重要。需要傳承的重要的歷史記憶是，諸葛亮治理南中，因地制宜“其治策已有分類統治的早期意識，施治後也取得良好的效果。蜀漢對南中諸族的治策十分高明，可説是超越時代數百年，這是南方歷代的少數民族對諸葛亮深爲懷念和崇敬的主要原因”[②]。諸葛亮開明、正確、因地制宜地治理南中，不僅是諸葛亮智慧的表現，更是其作爲政治家的非凡遠見。

南中叛亂平息後，諸葛亮“皆即其渠率而用之”[③]。對此，部下建議派駐官員來治理南中。諸葛亮回應屬下的疑問並分析解釋了不派駐官兵的益處。“若留外人，則當留兵，兵留則無所食，一不易也；加夷新傷破，父兄死喪，留外人而無兵者，必成禍患，二不易也；又夷累有廢殺之罪，自嫌釁重，若留外人，終不相信，三不易也；今吾欲使不留兵，不運糧，而綱紀粗定，夷、漢粗安故耳。”[④]諸葛亮决定“不留官兵”，依靠本地的豪帥們來治理南中的施政方針，是審時度勢、深思熟慮的結果。這一决策是在被南中夷、漢民衆素來信服的首領孟獲，保證臣服於蜀漢政權，永不再叛的歷史情境中做出的。在前現代國家社會結構中，“對群體的忠誠一定是通過對領袖的忠誠來强化的”[⑤]。當時的歷史事實是，南中夷、漢民衆忠誠于孟獲，而諸葛亮通過七擒七縱，獲得了孟獲的忠誠。這樣通過遞進聯繫，諸葛亮亦獲得了南中夷、漢民衆的忠誠，這也是諸葛亮在千百年來，在西南地區被民衆敬仰愛戴的原因。如果，當時諸葛亮委任官吏，派駐軍隊，留守在南中，那麽南中的形勢會不會有再大的動亂，實未可知。在南中四郡發生針對蜀漢政權的叛亂行爲時，雖然叛亂的諸豪帥並不互相歸附，但是他們面對諸葛亮的大軍會采取聯合方式以抗争。如雍闓率一衆部曲前來支援高定元。這是因爲，諸豪帥在各自的郡中，都擁有支配權力。他們之間的聯合，正是爲了維持彼此擁有的支配權力（特權）。“如果一項特權爲所有精英所共同擁有，那麽，不僅所有的精英會聯合起來去維持這一特權，而且特權的共用本質可能會使這一特權轉型爲一種權利。”[⑥]諸葛亮在南中叛亂平息後，重用以孟獲爲首的當地諸郡的豪帥，正是允許南中諸部的精英人物們繼續擁有特權，享受權利的英明之舉。正是有此舉才可以保障南中的局勢安定，使得南中不僅是蜀漢的邊疆區，也是北伐曹魏的穩定的後方。諸葛亮重用南中諸郡豪帥治理南中的英明策略，除與其本人非凡的才

---

① 〔晋〕常璩著，任乃强校注:《華陽國志校補圖注》，上海古籍出版社 1987 年版，第 241 頁。
② 方鐵著:《方略與施治：歷朝對西南邊疆的經營》，社會科學文獻出版社 2015 年版，第 448 頁。
③ 〔晋〕陳壽撰，〔宋〕裴松之注:《三國志·諸葛亮傳》，中華書局 1965 年版，第 921 頁。
④ 〔晋〕陳壽撰，〔宋〕裴松之注:《三國志·諸葛亮傳》，中華書局 1965 年版，第 921 頁。
⑤ [英]羅素著，儲智勇譯:《權威與個人》，商務印書館 2012 年版，第 17 頁。
⑥ [美]道格拉斯·C.諾思、約翰·瓦利斯、巴里·R.温格斯特著，杭行、王亮譯:《暴力與社會秩序——詮釋有文字記載的人類歷史的一個概念性框架》，上海人民出版社 2017 年版，第 46 頁。

華相關外，也與當時蜀漢政權秉持的王朝秩序有關。漢文帝二年（前 178）的一道詔書頗能彰顯王朝秩序的精髓“朕聞古者諸侯建國千餘歲，各守其地，以時入貢，民不勞苦，上下歡欣，靡有違德”①。因此，王朝秩序使得邊疆地帶的“夷狄”長期臣服，主要靠的“並非武力征服，而是文化馴服”②。衹有在邊疆諸部落公然反叛時，才會曉以刀兵。戰亂平息後，隨即恢復以文化説服、治理邊疆。諸葛亮的南中治理策略，正是王朝秩序治下，王朝控制、治理邊疆模式的體現。

綜上所述，本文從王朝天下大一統秩序觀中去探究諸葛亮七擒七縱孟獲，即平定南中叛亂事件的歷史情境。通過探討分析邊疆穩定與否關乎王朝的穩定與發展。正如“歷史研究的目的是讓歷史進程變得清晰，也即意味著必然要從歷史演化過程中找出某些‘規則性’”③。在此處，這個規則性就是歷代王朝天下秩序中，王朝因爲自身的穩定與發展而對邊疆地區的控制與治理。對邊疆的控制首先需要邊疆地區精英人物的認同與臣服，同樣對邊疆地區的治理需要邊疆地區精英人物的配合甚至是執行。因爲歷史、文化、地理的原因，王朝必須倚重邊疆地帶的精英人物來控制與治理邊疆。而關鍵之處在于邊疆地區精英人物對王朝文化的認同。“處於中心地帶的文化作爲帝國的文化，覆蓋了那些處於邊緣的文化，且總是以極少數精英作爲齊承載者，但它代表了整個社會的認同。”④因此，以王朝控制邊疆視閾來探究諸葛亮七擒孟獲是符合王朝歷史時代的歷史情境的，也是合乎傳統中國歷史發展脉絡的合理性解釋。

（本文曾作爲會議論文，參加第二屆“理論、視角與實踐：跨學科視野下的邊疆民族研究暨中國邊疆民族史學科建設”學術研討會與第三屆上海儒學博士生學術論壇兩次盛會，受益頗多。在此向諸位給本文提出寶貴建議的老師表示真摯的感謝！）

作者單位：上海大學社會學院

① 〔漢〕班固撰，〔唐〕顔師古注：《漢書·文帝紀》，中華書局 1964 年版，第 115 頁。
② 雷戈著：《秦漢之際的政治思想與皇權主義》，上海古籍出版社 2006 年版，第 293 頁。
③ [法]雅克·勒高夫著，方仁傑、倪復生譯：《歷史與記憶》，中國人民大學出版社 2010 年版，第 140 頁。
④ [德]揚·阿斯曼著，金壽福、黄曉晨譯：《文化記憶：早期高級文化中的文字》，北京大學出版社 2015 年版，第 156 頁。

明朝四川官紳重顯揚雄文化考略

肖佳憶

内容提要： 在中國文化史上，揚雄是一個頗有争議的名人。崇拜者尊他爲“聖人”，其書“過於五經”①，貶抑者斥之爲“小人”，其文“以艱深之詞，文淺易之説”②。有明一代三百年，朝廷、藩王府、四川地方官紳對揚雄評價相差懸殊，朝廷判詞説他是一個“屈身事莽”、見風使舵的卑佞小人，蜀王詩文中他則是一位“德敗美新”、學博才高的失節先賢，地方官紳筆下他又是一代淡泊名利、文章冠天下的鴻儒文宗。明代中後期隨著程朱理學影響減弱，四川再度興顯揚雄文化，這與官紳美化蜀鄉、教化民衆的需求和職責不謀而合，並逐漸實施。本文就揚雄文化在明朝社會中的差異性多元化狀態進行粗淺梳理，以期拋磚引玉。

關 鍵 詞： 明朝；四川；官紳；褒貶；重顯；揚雄文化

洪武四年（1371），太祖朱元璋詔令天下學校“各建先賢祠，左祀賢牧守令，右祀鄉賢”。嘉靖十三年（1534），中央政府敕定：“生於其地，而有德業學行著於世者，謂之鄉賢。”③蜀惠王朱申鑿、成王朱讓栩一反程朱理學對揚雄評價，詩稱其爲“先賢”，地方官紳也將揚雄視爲“生於其地”民衆所尊崇的先賢文宗。揚雄文化重建倡修者和創修者主要是以四川時任、原任官員及川籍有功名的紳士階層。這個亦官亦儒的精英士大夫群體掌握著地方權力和社會輿論，兼有在推行教化中的表率作用。由於他們的積極參與，重顯了四川揚雄文化，引領了社會“褒揚”風尚。

一、朝廷“文藻”“事莽”封殺揚雄

開國伊始，朱元璋將程朱理學奉爲建構王朝政治思想的理論依據和治國安邦聖典。洪武三年（1370）下詔：“自八月爲始，特設科舉，務在經明行修，博通古

① 〔漢〕班固撰：《漢書》卷八七上《揚雄傳》，中華書局2007年版，第3585頁。
② 〔宋〕蘇軾著，〔明〕茅維編，孔繁禮點校：《蘇軾文集》卷四九《與謝民師推官書》，中華書局1986年版，第1420頁。
③ 〔明〕俞汝楫編：《禮部志稿》卷八五《嚴名宦鄉賢祀》，文淵閣四庫全書本。

今。”[①]鄉試會試四書義以朱熹的“章句集注”爲準繩，規定“非科舉，毋得與官”[②]，形成了“家孔孟而户程朱”的局面。永樂十三年（1415），朱棣詔頒天下確立了程朱理學思想的統治及獨尊地位。與此同時，朝廷全盤接受了程頤、程顥和朱熹等人對揚雄的全面攻擊和誣巇言辭，揚雄文化聲譽“一落千丈”。

先是二程以懷疑揚雄“投閣之事”，攻擊其人品：

然子雲之罪，特不在此。黽勉於莽、賢之間，畏死而不敢去，是安得爲大丈夫哉？[③]

朱熹隨其後批判揚雄攀附新莽政權，在《楚辭後語·序》曰：

至於揚雄，則未有議其罪者，而余獨以爲是其失節，亦蔡琰之儔耳。然琰猶知愧而自訟，若雄則反訕前哲以自文，宜又不得與琰比矣。[④]

二程曾說“餓死事小，失節事大”[⑤]。蔡琰是漢中蔡邕之女，被胡騎所虜爲匈奴王生二子，朱熹將揚雄與蔡琰統歸爲失節之人。爲將揚雄思想“斬草除根”“窮追不捨”親撰《資治通鑑綱目》，“上綱上綫”欲至揚雄永世不得翻身：

蒙教揚雄、荀彧二事，按温公舊例，凡莽臣皆書“死”，如太師王舜之類，獨於揚雄匿其所受莽朝官稱而以“卒”書，似涉曲筆，不免却按本例書之曰“莽大夫揚雄死”，以爲足以警夫畏死失節之流，而初亦未改温公直筆之正例也。[⑥]

明太祖是極力貶低揚雄的，作爲一位出身農夫、身經百戰打天下的開國皇帝，對明初文士承緒揚雄等文章駢麗繁冗、頌揚之辭極爲不滿，史載：

洪武二年三月戊申，上與詹同論文章，上曰：古人爲文章，以明道德，通世務。典謨之言，皆明白易知。至如諸葛孔明《出師表》，亦何嘗雕刻爲文，而誠意溢出，至今誦之，使人忠義感激。近世文士，立辭雖艱深，而意實淺近，即使相如、揚雄，何裨實用？自今翰林爲文，但取通道理，明世務者，無事浮藻。[⑦]

朱元璋在與翰林侍讀學士詹同討論作文時，秉持功利實用的文學觀，奉《出師表》爲典範，贊揚其中體現的樸實無華的文風和憂國憂民之情，批判鋪張揚厲、

---

① 〔清〕谷應泰撰：《明史紀事本末》卷一四《開國規模》，中華書局 1977 年版，第 206 頁。
② 〔明〕王世貞：《弇山堂别集》卷八一《科試考一》，中華書局 1985 年版，第 1542 頁。
③ 〔宋〕程顥、程頤撰，王孝魚點校：《二程集》卷四《二先生語四》，中華書局 1981 年版，第 301 頁。
④ 〔宋〕朱熹、李慶甲校注：《楚辭集注》，上海古籍出版社 1979 年版。
⑤ 〔宋〕程顥、程頤撰，王孝魚點校：《二程集》卷四《伊川先生語》，中華書局 1981 年版，第 69-75 頁。
⑥ 朱傑人、嚴佐之等編：《朱子全書》第二十一册，上海古籍出版社 2002 年版，第 1631 頁。
⑦ 〔明〕余繼登：《典故紀聞》，中華書局 1981 年版，第 30 頁。〔清〕谷應泰撰：《明史紀事本末》卷一四，中華書局 1977 年版，第 202 頁。

雕琢粉飾的文字。並以帝王之尊顛覆古人經典，以一己之意和强勢的話語權否定了揚雄等文章。洪武六年（1373）二月，上諭中書省臣曰："必以德行爲本，文藝次之。"[①]《明太祖文集》收録《追封寧河王鄧愈誥》[②]等文，"忠節"作爲衡量臣子賢與不賢的重要標準，表明朱元璋對臣子道德取向的重視。

明初的程朱理學興盛，"忠節"思想的弘揚，爲"黜揚"鋪墊了思想基礎。朝廷爲徹底肅清揚雄文化影響，貶斥剥奪揚雄"聖儒"榮譽，嚴重損害揚雄在民衆心中的形象和地位。乾隆版《直隸綿州志》載："洪武三年，嘉靖九年二次罷。揚雄字子雲，漢成都人。以事王莽黜。[③]"同治版《直隸綿州志》《歷代褒崇孔聖典禮考》："（洪武）二十九年，罷揚雄、進董仲舒，從行人楊砥議也。"[④]

洪武四年（1371）二月，被朱元璋譽爲"開國文臣之首"的宋濂升任奉議大夫、國子司業，上《孔子廟堂議》略曰：

> 今以荀况之言性惡，揚雄之事王莽，王弼之宗老、莊，賈逵之忽細行，杜預之建短喪，馬融之附世家，亦廁其中，吾不知其何説也。[⑤]

《明史紀事本末》開國規模中記：

> 二十九年春三月壬申，詔："文廟從祀，罷揚雄，進董仲舒。"從行人司副楊砥言也。[⑥]

天啓年間，松江府知府揭薦生員俞汝楫，在纂修官署禮部職掌與官方禮制志書《禮部志稿》中補充道：

> 洪武二十九年，行人司司副楊砥建議請黜揚雄，進董仲舒。太祖高皇帝嘉納其言，而行之。主張斯道以淑人心可謂大矣，然荀况、揚雄實相伯仲，而况以性爲惡，以《禮》爲僞，以子思、孟子爲亂天下，子張、子夏、子游爲賤儒。故程子有荀卿過多，揚雄過少之説，今言者欲並黜况之祀，宜也然。[⑦]

崇禎四年進士孫承澤《春明夢餘録》卷二一也云："二十九年，黜揚雄進董仲舒從祀。先是（翰林）待制王禕建議，至是行人司副楊砥復請，從之。"《明史》卷一百五十《列傳》第三十八有《楊砥傳》：

> 楊砥，字大用，澤州人。洪武末，由進士授行人司右司副。上疏言：

---

① 〔清〕谷應泰撰：《明史紀事本末》卷一四《開國規模》，中華書局 1977 年版，第 209 頁。
② 〔明〕朱元璋：《明太祖文集》追封寧河王鄧愈誥，《文淵閣四庫全書》，上海人民出版社 1999 年版。
③ 〔清〕屠用謙等纂修：乾隆《直隸綿州志》第四卷，綿陽地方志辦公室整理重刊，2001 年版，第 229 頁。
④ 〔清〕文棨等纂修：同治《直隸綿州志》卷一六，方志出版社 2012 年版，第 246 頁。
⑤ 〔清〕谷應泰：《明史紀事本末》卷五一《更定祀典》，中華書局 1977 年版，第 768 頁。
⑥ 〔清〕谷應泰：《明史紀事本末》卷一四《開國規模》，中華書局 1977 年版，第 222 頁。
⑦ 〔明〕俞汝楫編：《禮部志稿》卷八五下《崇祀備考·正孔廟從祀議》，文淵閣四庫全書本。

“揚雄爲莽大夫，貽譏萬世。董仲舒《天人三策》及正誼明道之言，足以扶翼世教。今孔廟從祀有雄無仲舒，非是。”帝從之。

《明史紀事本末》述，“又，洪武三十九年，行人司副楊砥請黜揚雄，進董仲舒。高皇帝納其言，行之。”[①]筆誤？核爲“洪武二十九年”。

《明孝宗敬皇帝實録》卷一七和《禮部志稿》曾記載：

弘治二年，禮科給事中張九功言，文廟從祀世教所關不可不慎。如蘭陵伯荀況、扶風伯馬融、偃師伯王弼、成都伯揚雄，俱得罪名教宜黜之。[②]

嘉靖九年（1530）二月，給事中夏言請更郊祀。[③]世宗以天地合祀不合古制爲由，集群臣596人議郊祀典禮。朝廷的價值取向以“明道之儒”取代“傳經之儒”，揚雄與戴聖、劉向、賈逵、馬融、何休、王弼、杜預等“注疏之儒”，被以“德行不檢”之由再次遭到罷祀。

二、王府“修池”“推文”以風蜀人

朝廷將樹立先賢榜樣以教化民衆的任務授諸地方官員，“誠有深窺乎化民成俗之原，修己治人之道”[④]。“一善猶得而獎之，况曩哲遺風，皆吾師也。”西蜀“文教盛而學術成”傳統由文翁倡其教，賦聖司馬相如開其端，“鄉黨慕循其迹”，揚雄、嚴君平、相如、王褒成爲“以文辭顯於世”“文章冠天下”[⑤]的漢代四大家。[⑥]揚雄爲四川文化發展做出了突出貢獻，故而成爲官紳爲川人樹立博學典範的選擇。

成化三年（1467），蜀王府長史司左長史臣楊子榮撰《獻園睿制集》後序[⑦]，表蜀獻王朱椿“尚慮西蜀僻近邊陲，恐民風未淳，化行未洽”。爲實現“以詩書禮樂陶民心”，定家法“以詩書禮樂化一方”。“孝宗恒稱蜀多賢王，舉獻王家範爲諸宗法。”[⑧]

嘉靖戊申（1548）夏六月，楊慎受邀爲“文教化一方”的繼大承者、第九任蜀王朱讓栩所撰《長春競辰稿》文集作序，盛贊賦聖司馬相如、揚雄等一代蜀學文宗，彌千年而耀萬邦：

且蜀之封疆，當西南之坤，坤爲文，先哲有論説矣。又纘漢代司馬、

---

①〔清〕谷應泰：《明史紀事本末》卷五一《更定祀典》，中華書局1977年版，第773頁。
②〔明〕俞汝楫編：《禮部志稿》卷八十五下宗祀備考《議從祀進黜》，文淵閣四庫全書本。
③〔清〕谷應泰撰：《明史紀事本末》卷五十一《更定祀典》，中華書局1977年版，第765頁。
④〔明〕郭子章撰：《粤草》卷一〇《雜著》，《四庫存目叢書》集154，第607頁。
⑤〔漢〕班固撰：《漢書》卷二八下《地理志》第八下，上海古籍出版社1986年版。
⑥〔清〕吕朝恩等纂修：嘉慶《犍爲縣志》卷之九《藝文志·重修犍爲縣學記》，嘉慶十九年（1540）刻本。
⑦《獻園睿制集》《定園睿制集》《懷園睿制集》《惠園睿制集》，今藏日本東京國立公文書館。
⑧〔清〕張廷玉等纂修：《明史》卷一一七《蜀王椿傳》，中華書局2010年版，第3581頁。

王、揚之風，嗣唐世子昂、太白之藻，其興觀染植若此，則其彪炳虎變，彩鸞鳳翥，豈偶然哉。

爲“繼文翁之興學，復子雲之遺迹”，蜀惠王朱申鑿令蜀王府宦官宋景，將蜀王府右側的揚雄故宅辟爲書院：

子雲書院府冶西，弘治初宋景承奉創，前二門，門列兩廊，廊後爲書堂，堂後書樓，樓上置屋十二，貯經書萬卷，以資士觀覽。又置田五十畝以館敕之。[①]

書院“多以名賢遺址爲之”[②]，彰表揚雄前賢，又鼓勵後進，其本身就包含了深刻的示範教育意義。何涉記：揚雄“在錦官西郭隘巷著書，墨池存焉，後代追思其賢，而不得見，立亭池端，歲時來游，明所以景行向慕”[③]。成化年間，朱申鑿作詩《錦城十景》謳歌“揚雄池上魚吞墨”，作《墨池懷古》追憶揚雄：

半畝方塘湛碧天，子雲遺迹尚依然。反騷敏捷多爲賦，比易精微更草玄。
背漢豈能希往聖，美新因此玷先賢。問奇載酒成何事，投閣危身亦可憐。

正德年間，蜀成王朱讓栩借《墨池懷古》鼓勵讀書人追求仕進，彰顯自己和更高榮譽：

玄亭咫尺錦城邊，揚子遺蹤幾歲年。篆刻雕蟲有科門，含章詞賦見漪漣。
鴻都富貴烟雲過，天禄聲名日月懸。更喜榜書存海嶽，高山不盡仰先賢。

墨池體現的是“西蜀自古出文宗”人文歷史底蘊，這在以“教化全川”爲己任的數代蜀王看來，是絕佳的“以風蜀人”[④]地標建築。“以憩、以游、談學、娛賓，無適而非適，錦城勝迹蔑有右之者。”[⑤]楊名在四川布政司委托下編纂《四川總志》郡縣志，梳理蜀地揚雄文化遺迹，详见表 1。

表 1　嘉靖《四川總志》記載揚雄文化紀念地簡表

紀念載體	卷數	頁碼	描　述
墨池	卷三	63 頁	成都縣治東即揚雄草玄洗硯之地
子雲書院	卷三	66 頁	（成都）府冶西，弘治初宋景承奉創（建）
思賢書院	卷三	66 頁	綿州西祀揚雄、杜甫、李白、樊紹述、蘇易簡、歐陽修、司馬光、蘇軾、唐庚

①〔清〕劉大謨、楊慎等纂修：嘉靖《四川總志》卷三《成都府》，北京圖書館古籍珍本叢刊（第42 册），據明嘉靖刻本影印，書目文獻出版社 1996 年版，第 66 頁。
②〔清〕李長馥：《修子雲書院啟》，《四川通志》卷八〇，清嘉慶二十一年（1542）刊本。
③〔清〕劉大謨、楊慎等纂修：嘉靖《四川總志》卷三九，北京圖書館古籍珍本叢刊（第 42 册），據明嘉靖刻本影印，書目文獻出版社 1996 年版，第 620 頁。
④〔清〕張廷玉等纂修：《明史》卷一一七《蜀王椿傳》，中華書局 2010 年版，第 3581 頁。
⑤〔清〕黄廷桂等纂修：雍正《四川通志》卷四二藝文四 · 新修揚子雲草玄堂記》，雍正十一年（1733）刻本。

載酒亭	卷三	67 頁	（成都）治西揚雄宅内
讀書堂	卷三	67 頁	一在郫縣治東十五里，揚雄建，一在綿竹無騎山宋楊元素建，皆讀書之所
思賢堂	卷三	67 頁	綿州治東中，繪揚雄、杜甫、李白、樊紹述、蘇易簡、歐陽修、司馬光、蘇軾、唐庚九賢之像祀之
草玄臺	卷三	68 頁	（成都）府治西南揚雄宅内寰宇記，華陽縣少城西南角。郫縣又有揚雄讀書堂趙樸爲記
揚雄宅	卷三	73 頁	府治西南内有草玄堂，唐岑參詩：吾悲子雲居，寂寞人已去。娟娟西江月，猶昭草玄處。今成都縣治即其地也。
揚雄山	卷十三	243 頁	（嘉定）州治西一里，有洞深邃，雄隱居此山，今忠節祠是
子雲舊城	卷十三	247 頁	犍爲縣東子雲曾居此，後人避兵築土城於上
流寓	卷十三	250 頁	揚雄，成都郫縣人，隱居犍爲郡揚雄山
洗墨池	卷十三	262 頁	蒲江治北一里，魏了翁於此藏修，其水尚黑。（魏了翁《鶴山集》有《四川茶馬牛寶章修揚子墨池以書索題詠》）
揚子雲宅	卷三十九	620 頁	犍爲郡漢建元末領江陽，今圖經有揚雄宅並洞，洞前刻揚雄像此即揚侯爾以雄名最顯。後人慕之第，稱曰：揚雄宅，與像迨此存焉，今爲道宫
草玄亭	卷三十九	620 頁	《蜀記》曰：草玄亭即即揚雄草《太玄》所也。宅在（益）州城西北二里二百八十步。揚氏《蜀王本記》云：蜀之地，本治廣都樊鄉，後徙居成都，秦惠王遣張儀，定蜀築成都而縣之。今州子城乃龜城也，亦（張）儀所築
揚雄坊	卷三十九	620 頁	縣經曰：縣在子城西北二里一百步，今草玄亭廢址乃其宅，去縣僅二百步與二説符矣，益州《圖經》有揚雄坊。

嘉靖辛丑（1541）九月十五日，《四川總志》編纂告竣，楊慎爲文序之：

余嘗讀左太冲賦《蜀都》云："江漢炳靈，世載其英。蔚若相如，皭若君平，王褒曄曄而秀發，揚雄含章而挺生。"自漢而下，文章之盛，無出於四子矣。

《全蜀藝文志》六十四卷以揚雄《蜀都賦》[①]爲開篇之作，收録了揚雄《益州牧箴》[②]和宋代文人"追思其賢"之作，記庚卷有高惟幾《揚子雲宅辨碑記》、何涉《墨池准易堂記》[③]，記壬卷有范鎮《載酒亭群公畫像記》[④]，詩有房偉《訪古》[⑤]、前人（宋京）《墨池》[⑥]、宋祁《揚子雲墨池》[⑦]，以及成化十四年（1478）

①〔明〕劉大謨、楊慎等纂修：嘉靖《四川總志》卷一《賦》，北京圖書館古籍珍本叢刊（第42册），據明嘉靖刻本影印，書目文獻出版社1996年版，第331頁。

②〔明〕劉大謨、楊慎等纂修：嘉靖《四川總志》卷四四《箴銘贊》，北京圖書館古籍珍本叢刊（第42册），據明嘉靖刻本影印，書目文獻出版社1996年版，第650頁。

③〔明〕劉大謨、楊慎等纂修：嘉靖《四川總志》卷三九，北京圖書館古籍珍本叢刊（第42册），據明嘉靖刻本影印，書目文獻出版社1996年版，第620頁。

④〔明〕劉大謨、楊慎等纂修：嘉靖《四川總志》卷四一，北京圖書館古籍珍本叢刊（第42册），據明嘉靖刻本影印，書目文獻出版社1996年版，第633頁。

⑤〔明〕劉大謨、楊慎等纂修：嘉靖《四川總志》卷一五《詩懷古揚雄》，北京圖書館古籍珍本叢刊（第42册），據明嘉靖刻本影印，書目文獻出版社1996年版，第416頁。

⑥〔明〕劉大謨、楊慎等纂修：嘉靖《四川總志》卷一五《詩懷古揚雄》，北京圖書館古籍珍本叢刊（第42册），據明嘉靖刻本影印，書目文獻出版社1996年版，第416頁。

⑦〔明〕劉大謨、楊慎等纂修：嘉靖《四川總志》卷一二《詩》，北京圖書館古籍珍本叢刊（第42册），據明嘉靖刻本影印，書目文獻出版社1996年版，第397頁。

進士戴錦詩《揚雄》[①]等。

萬曆中任夔州府通判何宇度撰《益部談資》時稱："(藝文志)惜太繁，刻在藩司。"[②]蜀王在踐行"以詩書禮樂治西川"的策略中，"招致天下名刻書傭集成都"。《明太宗實録》中說："(蜀王)遇古書可以表範厚俗者，刊印以惠後學。"[③]《全蜀藝文志》是由官方修編刊刻的一部有關四川的詩文總集，對揚雄及巴蜀文化的傳承有著重要意義。自嘉靖二十年(1541)成書後，被多次校訂、刊刻，明代官方兩易其稿，均附於《四川總志》後。同時亦被當時其他地區有學識的文士多次翻刻：

> 《揚子雲集》六卷，漢揚雄撰。明鄭璞補輯刻本。明漳浦張燮輯刻本《楊侍郎集》五卷。汪士賢本三卷。張溥本一卷。[④]

《明史》載："時諸王皆備邊練士卒，椿獨以禮教守西陲。"[⑤]揚雄等文章書籍的刊印傳播，傳承了西蜀官紳士人的好文雅、好文學風，延伸了"人文化成"一脉斯文，"此明代學校之盛，唐宋以來所不及也"[⑥]，"人才之盛，蓋幾於宋矣"[⑦]，形成了有明一代的西蜀文化群體。

三、官紳"辯誣""褒雄"以志芳躅

嘉靖二十四年(1545)八月，趙正學撰《嘉定州學儲書記》云："顧今一時萃蜀學百千年所之盛，師生誠厚幸哉！然予聞當時文儒，惟蜀學最盛，若王褒、揚雄以文章著"[⑧]。趙正學，字子崇，犍爲縣人，嘉靖十七年(1538)進士，官至河南按察使。四川官紳仰慕揚雄之文麗質，爲揚雄辯屈正名，對興顯揚雄文化基本達成共識。

1. 修纂嘉靖《四川總志》，再顯揚子文化

四川都御使劉大謨主持修撰。劉大謨，字遠夫，儀封(今河南蘭考)人，進士，嘉靖四年(1525)任(四川布政司)左參政。十九年(1540)以右僉都御史巡撫四川[⑨]，大興文教，頗有政聲。

---

①〔明〕劉大謨、楊慎等纂修：嘉靖《四川總志》卷一五，北京圖書館古籍珍本叢刊(第42册)，據明嘉靖刻本影印，書目文獻出版社1996年版，第418頁。

②〔明〕何宇度：《益部談資》，叢書集成初編第3190册，中華書局1985年版。

③《明太宗實録》卷二五七，臺北"中央研究院"歷史語言研究所1962年版，第2375頁。

④〔清〕莫友芝撰，傅增湘訂補：《郘亭知見傳本書目》十二集部二别集類一，中華書局2009年版。

⑤〔清〕張廷玉等：《明史》卷一一七《蜀王椿傳》，中華書局2010年版，第3581頁。

⑥〔清〕張廷玉等：《明史》卷六九《志》第四十五《選舉》，中華書局2010年版。

⑦〔明〕黄仲昭：《皇明興化府進士鄉貢題名記》，載《重刊興化府志》，福建人民出版社2007年版。

⑧〔明〕趙正學：《嘉定州學儲書記》，載周文華《樂山歷代文集》，樂山史志資料季刊，1990年，第85頁。

⑨〔明〕劉大謨、楊慎等纂修：《嘉靖四川總志》卷一《職官》，北京圖書館古籍珍本叢刊史部(地理類)第42卷，據明嘉靖刻本影印，書目文獻出版社1996年版，第25、30頁。

督學四川的憲臣周復俊重編。周復俊，字子籲，江蘇昆山人。嘉靖十一年（1532）進士，二十年（1541）任（四川按察司）副使[①]，在重修《四川總志》序文中云：

> 俊也，少有四方之志，每悦《蜀都賦》《劍閣銘》，太白、子美篇章，以洎司馬、淵、雲諸作，而孔明故墟遺迹，思一登覽焉恨未能也。茲乃躬履其地，日誦其遺文，而獲以論其世，則爲其幸不已多矣![②]

周復俊入川前已多次拜讀揚雄《蜀都賦》等西蜀文宗泰斗的名作，對遺迹更是慕名欲覽。如親臨聞其言、察其行、履其地、論其世，别有一番感慨。

四川提學按察司僉事崔廷槐審定文字。崔廷槐，字公桃，平度州（今山東平度）人，嘉靖五年（1526）進士，十九年（1540）任僉事[③]。

狀元楊慎輯纂"藝文"傳"雄"言。楊慎，字用修，新都人。"舉正德六年殿試第一，授翰林修撰。"嘉靖三年（1524），慎上言，帝怒，切責謫戍。"明世記誦之博，著作之富，推慎爲第一。"[④]

探花楊名纂輯子雲遺蹤。楊名，字實卿，遂寧人，嘉靖八年（1529）"以第三人及第，授編修"。"十一年，名應詔上書""帝震怒，即執下詔獄拷訊。"屢薦終不復召。"[⑤]遭貶居家之時，受巡撫禮聘編纂《四川通志》山川等志，考證子雲遺蹤十幾處。

王元正書揚雄避"事莽"。"王元正，字舜卿，盩厔（今西安周至）人。與（楊）慎同年進士。由庶吉士授檢討。武宗幸宣、大，元正述《五子之歌》以諷。與慎因"議大禮案"，被謫戍茂州卒。"[⑥]茂州衛講學二十餘年，多有成就。編撰《四川總志》成都府人物志揚雄條時，回避了揚雄"劇秦美新"之事：

> 揚雄，成都人也。少好學博極群書，口吃不能劇談，默而好深沉之思。成帝時爲郎給事黄門，嘗奏《甘泉》《河東》《羽獵》《長楊》四賦，又著《法言》及《太玄經》等書。[⑦]

劉大謨在《重修四川總志序》説："王氏玉壘、楊氏升庵，楊氏方洲俱以雍益之豪俊，科第之倫魁，良史之名筆。謫戍遐荒，周流萬裏。"[⑧]三人同爲蜀中三大

---

①〔明〕劉大謨、楊慎等纂修:《嘉靖四川總志》卷一《職官》按察司，北京圖書館古籍珍本叢刊史部（地理類）第42卷，據明嘉靖刻本影印，書目文獻出版社1996年版，第35頁。

②〔明〕劉大謨修，楊慎等纂修:《嘉靖四川總志》後序，北京圖書館古籍珍本叢刊史部（地理類）第42卷，據明嘉靖刻本影印，書目文獻出版社1996年版，第785-786頁。

③〔明〕劉大謨、楊慎等纂修:《嘉靖四川總志》卷一《職官》按察司，北京圖書館古籍珍本叢刊史部（地理類）第42卷，據明嘉靖刻本影印，書目文獻出版社，1996年版，第37頁。

④〔清〕張廷玉等撰:《明史》卷一九二《列傳》第八十，中華書局2015年版，第5081頁。

⑤〔清〕張廷玉等撰:《明史》卷二七〇《列傳》第九十五，中華書局2015年版。

⑥〔清〕張廷玉等撰:《明史》卷一九二《列傳》第八十，中華書局2015年版，第5082頁。

⑦〔明〕劉大謨、楊慎等纂修：嘉靖《四川總志》卷五《成都府》人物志，北京圖書館古籍珍本叢刊（第42册），據明嘉靖刻本影印，書目文獻出版社1996年版，第103頁。

⑧〔明〕劉大謨、楊慎等纂修：嘉靖《四川總志》卷首，北京圖書館古籍珍本叢刊（第42册），據明嘉靖刻本影印，書目文獻出版社1996年版，第2頁。

名流，都是進士出身，都有才華，都在翰林院任職，都是遭貶之人，對揚雄“莽大夫”冤案惺惺相惜。

2. 恢復創建紀念載體，以“祠之不朽”

郫縣《建修子雲祠堂記》①述：“廢興非定數耶，而先兆之機又隱隱有待人，而成之勢則責也，而數存焉。”“明蜀府丞奉正宋景及按察使郭子章諸公先後修葺。如所雲草元亭、讀書臺、子雲閣、子雲書院者，皆子雲亭之變各也。”明朝中後期，四川地方官紳士人風行興建揚雄文化紀念載體，傳承揚雄文化。

子雲書院，在子雲山，建自明成化（年）間②。湖廣孝感（今湖北孝感）人，正統十三年（1448）進士，成化十年（1474）以右副都御史巡撫四川的張瓚説：“因謂天下之治，起於郡邑，而郡邑之治，始自學校。學校所以明人倫也。風俗之隆替，民習之淳澆，率於是乎系，而賢才政本，胥此焉出，其不輕而重較然矣。”③

嘉靖二十年（1541）《四川總志》記，綿州西“思賢書院”、綿州治東“思賢堂”祀繪揚雄等九賢像。④萬曆三十九年（1611）《嘉定州志》記，澧州（今湖南澧縣）人，弘治五年鄉舉、初授成都推官，升知嘉定州的汪儉⑤在州西湖修建“寓公祠”祭祀揚雄等八位先賢。萬曆四十二年（1614），曾任四川按察使曹學佺著《蜀中廣記》記，（綿州）州西七里鳳嶺下仙雲觀，蓋揚雄別墅也，壁刻子雲真像⑥。地方合祀揚雄等先賢，正如邛州吴宗蘭所云：

> 雖出處各殊，時代亦異，然文章政績顯於綿，孰謂祀可忽乎哉？今馨香一室，輝映後先，俾歲時瞻仰，不特前徽未泯，即後人亦得溯從云。⑦

萬曆六年（1578），“知府耿定力勒之石⑧”。耿定力，字子健，黄安（今湖北紅安）人，隆慶五年進士，不久出任成都知府。在墨池邊立碑，上刻“墨池”二字。

萬曆十三年（1585），郭子章從潮州知府調任四川提學僉事，督學四川⑨。即赴郫縣憑吊揚雄，作《漢儒揚子墓記》⑩文紀其事，受“成都守耿於健暨郫令李某請題其墓石，予題之曰：‘漢揚法元先生之墓’，子健手書之，付郭令勒之石”。郭

①［清］朱鼎臣等修，［清］盛大器等纂：《嘉慶〈郫縣志〉漢儒揚子墓記》，清嘉慶十八年（1539）刻本。

② 参見陳世虞等纂修：《犍爲縣志》，民國二十六年版鉛印本。李長馥《修子雲書院啟》，載《四川通志》卷八，清嘉慶二十一年（1542）刊本。

③［明］張瓚撰：《尊經閣記》，載周文華《樂山歷代文集》，樂山史志資料季刊，1990年，第53頁。

④［明］劉大謨、楊慎等纂修：嘉靖《四川總志》卷三，北京圖書館古籍珍本叢刊（第42册），據明嘉靖刻本影印，書目文獻出版社1996年版，第66-67頁。

⑤［清］文棨等纂修：同治《直隸綿州志》卷一四，方志出版社2012年版，第189頁。

⑥［明］曹學佺：《蜀中廣記》卷一〇五《畫苑記第一》，《文淵閣四庫全書》第592册，第676頁。

⑦［清］曾國荃等纂修：嘉慶《湖南通志》卷八五至卷九二，嘉慶二十五年（1546）刻本。

⑧［清］黄廷桂等纂修：雍正《四川通志》卷二三《山川志・成都府》，雍正十一年（1733）刻本。

⑨［明］郭孔延：《資德大夫兵部尚書郭公青螺年譜》《北京圖書館珍本年譜叢刊》第52册，北京圖書館出版社1998年版。

⑩［清］朱鼎臣等修，［清］盛大器等纂：《嘉慶〈郫縣志〉建修子雲祠堂記》，清嘉慶十八年（1539）刻本。

子章，字相奎，江西泰和人，隆慶五年進士。是胡直“得意門生”，“耳濡目染”子雲文化。萬曆十二年（1584），爲老師刊刻“雄不事莽”《衡廬精舍藏稿》並寫序一篇。十四年（1586），任職四川時，將胡直增祀入成都大儒祠，制定祀典，並寫作《大儒祀鏞餅銘》。清《郫縣志》記：“明天啓中，按察使江右郭子立至。郭求子雲亭不獲，乃封其墓禁樵采，刻石而去。”時之誤，天啓年郭已作古。

萬曆二十六年（1598）孟冬，范淶撰《新修揚子雲草玄堂記》[①]，詳記四川地方官員共建共用“草玄堂”的前因後果。創建初期官員分工明確，有“左布政使”規劃、主持、督理，“蜀國主”捐池地，“觀察、大參、學憲、巡憲、少參、閫（畫）司、游擊”“以薪鍰助”，“右伯、觀察兼軍驛”“以公事旋助”。“工創於丁酉仲夏，竣於戊戌孟冬”，工期歷時500餘天。“上不煩官帑，下爲貧民食共力”。落成時“左伯學憲”“右伯”“觀察使”“前郡守轉今巡憲”“諸公以遷擢行者六七人”，“吊古聚散興思，各溢於題詠”。從這份“修建班子名單”中可知，當時四川地方大員悉數到位，紛紛表態、力挺倡修。

洗墨池明方伯程正誼建。[②]程正誼，字叔明，號居左，浙江永康人。隆慶五年（1571）甲戌科進士。[③]萬曆二十三年（1595），程正誼爲四川左布政[④]。

作爲積極倡修者的范淶，字原易，徽州休寧（今安徽黃山）人，登萬曆甲戌（1574）進士[⑤]，二十三年（1595），升四川布政使司分守川西道左參政。[⑥]“丙申（1596）承乏參蜀藩詢子雲故里”。范淶崇尚子雲“孤高人格”，任官“素持清節，不乏擔當，歷任中外，孤介寡合，翩翩自成一家”[⑦]。

崇禎五年（1632），（犍爲縣）知縣胡學戴探幽訪勝，在子雲出地石刻前明代石題“懸池”二字。[⑧]

范淶曾就四川地方官紳“大興土木”，建設子雲文化紀念載體動機吐露心聲，“余每聞久憤揚氏覆盆，今有其地矣，表章先哲。”“夙昔私蓄欲借手以雪”：

> 且使天下後世有抱道好修者知，浮議不能掩其光，雖千載而下，猶有知已何損之有？而污蔑高良自謂得計者知，愈久愈幹，公論何益之有？玆役也，其於世教人心，庶萬一有補焉。[⑨]

3. 旁徵博引，辯冤昭雪

爲了維護揚雄文化的權威，四川官紳對挑戰朝廷權威主流意識的“仕莽賊”

---

①〔清〕黄廷桂等纂修：雍正《四川通志》卷四二《藝文四》，雍正十一年刻本。
②參見張晉生：《四川通志》卷一五下；《四川通志》卷二六《成都府》成都縣附郭。
③《明實録神宗顯皇帝實録》卷二八九，臺北“中央研究院”歷史語言研究所，1962年版。
④《明實録神宗顯皇帝實録》卷二八九，臺北“中央研究院”歷史語言研究所，1962年版。
⑤〔清〕丁廷楗等纂修：康熙《徽州府志》卷一二《人物志一·儒碩傳》，康熙三十八年刻本。。
⑥ 鮑國强：《明萬曆<休寧范氏族譜>史料價值與版刻年代考略》，上海圖書館編，《中國家譜論叢》，上海古籍出版社2010年版，第144-164頁。
⑦〔清〕汪晉征等：《休寧縣志》，臺北成文出版社，清康熙三十二年（1693）刊本，第771頁。
⑧〔清〕吕朝恩、王夢庚等纂修：嘉慶《犍爲縣志》，嘉慶十九年（1540）刻本。
⑨〔清〕黄廷桂等纂修：雍正《四川通志》卷四二《藝文四》，雍正十一年（1733）刻本。

和“投閣美新”的歷史冤案疑訂，大膽的思考，咬文嚼字再創造，爲蜀地揚雄文化重建提供了理論依據。

隆慶初，“楊莊簡公嘗参政於四川，作《郫縣揚子雲祠堂記》，歷引郫人簡氏、吉人胡氏之説，辨子雲未嘗事莽，而胡氏説尤詳。”①

萬曆四十二年（1614）刊印的《千百年眼》一書，記嘉靖年間士人簡紹芳辯證尤悉：

雄卒永始四年（前13），去莽簒尚遠，而《劇秦美新》或出於谷子雲。②

費經虞在《劍閣芳華集》稱簡紹芳“郫縣人”，但簡公爲楊慎《陶情樂府》作序署“新喻西峃簡紹芳書”，自稱是江西新喻人，常居蜀地。

嘉靖四十三年（1564），胡直任副使督學四川。胡直曾記“往予閲及揚雄仕莽投閣《劇秦美新》，而《綱目》書“莽大夫”嘗怪雄以彼其才，而媚莽心竊鄙之”引申發展了簡公“雄無其事爲谷子雲之誤”説：

謂雄卒永始，亦未必然。計雄之終，或在平帝末，則其年正七十餘矣！因雄歷成、哀、平，故稱三世不徙官。若復仕莽，詎止三世哉？由是知雄决無投閣美新之事。而簡公謂班孟堅早世，曹大家輩傳失其實，豈不然哉！當平帝末，莽已有都四海、代漢室之形矣，而雄猶稱漢道如日中天，力不能回莽，而假《法言》以諷切之，雄之意至矣……③

胡直，字正甫，號廬山，吉之泰和（今江西泰和）人。嘉靖丙辰（1556）進士。“晋四川參議，尋以副使督其學政。”④四十二年（1563）參議四川，四十三年（1564）入蜀，不久又以副使督學四川。

楊成，字汝大，元和縣（今蘇州）人。“莊簡公諱成，嘉靖丙辰（1556）進士，累官太子少保，南京兵部尚書。”⑤撰《郫縣揚子雲祠堂記》歷引雄不事莽之後：

莊簡又引《法言》曰：君子在治若鳳，在亂若鳳，何以故？曰：治則見、亂則隱，子雲之言如是，其無仕莽事可見云云。⑥

郭子章得拜胡直堂下，所益弘多。承繼老師的衣缽，爲揚雄雪誣吶喊助威，作有《漢儒揚子墓記》紀其事：

師胡廬山先生時，“揚子辯未仕莽”桑千言顧，亦未有確據，《美新》《安漢》二篇即揚子百喙賦以自解。予謂：美新不劇漢而劇秦，（胡直）《法

①［清］汪琬：《堯峰文鈔》卷三九《跋漢書揚雄傳》，康熙三十二年（1693）林佶精寫刻本。
②［明］張燧：《千百年眼》卷六《揚雄始末辯》，萬曆時期刻本，民國上海進步書局石印本（復印本）。
③［明］胡直：《衡廬精舍藏稿》卷一八，上海古籍出版社1993年版。
④［清］黄宗羲：《明儒學案》卷二二《江右王門學案七，憲使胡廬山先生直》，中華書局1985年版。
⑤［清］文棨等纂修：同治《直隸綿州志》卷一四，方志出版社2012年，第194頁。
⑥［清］汪琬：《堯峰文鈔》卷三九《跋漢書揚雄傳》，康熙三十二年（1693）林佶精寫刻本。

呂》曰：劇漢而日安狀。

范淶重新提出考訂“揚雄事莽”，叩以書中的疑義按自己的觀點一一加以注解，訂正，呼應“經歷不吻合”。聲稱“不敏官豫章（南昌）嘗欲與友人著《古今平反録》一書，首白子雲，而力未逮”，入蜀冒“天下”之韙，寫成《新修揚子雲草玄堂記》，大聲呼喊：

司馬長卿以下疇，非藝林赤幟，唯揚子雲深沉聖學，體撰契神。其諸賦尚且勿論，論其大者爲《法言》，又爲《太玄經》三摹九據，悉根於性命天道，泄羲、文、周、孔所未泄，即中原、稷下群儒瞠乎其後，猥雲雕蟲能之乎？説者猶疵其擬《易》，殆淺之乎？口耳窺也！

弘治年間，戴錦崇敬揚雄文化，撰《揚雄》[①]詩序對其“不公平待遇”不勝浩嘆：

雄謂“藏心於淵”噫！心藏矣，而身獨不藏乎？食新禄而投閣，心果不在於身乎？莽之篡，其來也漸矣，曾不以《太玄》藅之，而擇夫閴乎不可見者藏之，誓不使莽涎垂鼎而污我之槧乎？然禄薄而官也累歲不遷，殆以貧，故至禍已迫而不能去乎？論其世，文高而行樸，視孟氏焉，醇大而疵小也。議者概以投閣藐之，亦過矣，苟處其地，何如而藏焉？曰：豫。

戴錦，長壽人，“登曾彦榜任御史”[②]。成化十四年（1478，曾彦榜）進士，“抗疏請除壅蔽權凟忌之，中傷落職，貧不能歸”[③]。綿州知州文棨纂修《直隸綿州志》[④]，原四川省文學研究所所長廖玉祥先生編《錦城詩粹》[⑤]將此詩收録，注作者爲叙州府長寧人周洪謨，經核檢有張冠李戴之誤。

楊慎作《太玄非擬易》[⑥]文，摘引北宋理學家孫復《辨揚子》云：

孫明復曰：“揚子雲《太玄》非准《易》，乃明天人終始之理，君臣上下之分，蓋疾莽而作也。”桓譚曰：“是書也與大《易》准”。班固：“經莫大於《易》，故作《太玄》”。

楊慎考證後贊同孫復説法，認爲“使子雲被僭經之名，二子之過也”。孫明首次提出《太玄》是一部譏刺新莽“謗書”，徐復觀先生也説《太玄》“有刺莽之意”[⑦]。

“馮時可，以美新爲劉棻作”[⑧]。《漢書》記，劉棻王莽時爲侍中，封隆威侯。

---

①〔明〕楊慎編，劉琳、王曉波點校：《全蜀藝文志》卷一五《詩》，線裝書局2003年版，第389頁。

②〔明〕劉大謨、王元正等纂修：嘉靖《四川總志》卷九《重慶府》，北京圖書館古籍珍本叢刊（第42册），據明嘉靖刻本影印，書目文獻出版社1996年版，第184頁。

③〔明〕過庭訓：《本朝分省人物考》卷一〇八《叙州府》，《續修四庫全書》史部第533、536册影明天啟刻本，上海古籍出版社1995年版。

④〔清〕文棨等纂修：同治《直隸綿州志》卷四九《藝文》，方志出版社2012年版，第1204頁。

⑤ 谷鶯編：《錦城詩粹》，四川人民出版社1987年版，第255頁。

⑥〔明〕楊慎：《丹鉛餘録》卷九，《文淵閣四庫全書》第855册，上海古籍出版社1972年版。

⑦ 徐復觀：《西漢思想史》卷二，華東師範大學出版社2001年版，第335頁。

⑧〔清〕費密：《弘道書》馮時可以美新爲劉棻作，民國九年（1920）大關唐氏怡蘭堂刻本（複印本）。

“劉棻嘗從雄學作奇字，雄不知情。”[①]“馮時可，松江華亭（今上海松江）人，隆慶五年進士。”[②]“奉詔起視蜀中學政，蓋辛卯（1591）孟秋十四日也。”[③]馮時可任蜀中學政三年，有善政，深得蜀地百姓擁護。在其離任之際，蜀地士民，“頗悵怏不欲去。馮子謀諧兩臺，請留不得”[④]。

《四庫全書簡明目録》記[⑤]，萬曆乙未（1595）遂州人鄭樸参較名家全集，摘其優者録之，編《揚子雲集》“厘爲六卷，而以逸篇之目附卷末，”[⑥]並爲文序之：

鄭樸曰：嗚呼！自莽大夫之言，信而子雲罪，案不可解矣。邇者解以泰和胡正甫，闡以秣陵焦弱侯。投閣之悲，美新之詬，一經湔袚，便成名儒，此余彙集意也。故子雲之可傳，不必以美新投閣淹也，而矧其詆焉者乎！[⑦]

同治《直隸綿州志》引明朝“辨數千言”爲揚雄“鳴冤叫屈”，以回應胡直“予悲守道君子，蒙誣逮千載。”[⑧]范淶“旨確有根據，足爲古人雪誣。”而生活在西漢的揚雄，其價值觀中没有東漢始興的“忠義守節”思想。徐複觀説“由宋儒所强調的君臣大義的關係，在西漢知識分子中是相當稀薄的。”[⑨]

4. 追尋遺蹤，詩贊子雲

萬曆《嘉定州志》載有“揚雄曾寓此”“先輩題詠頗多且雅”。綿州知州李在文也有類似記：“揚雄等所撰著不下百萬言”，“蓋文章必得於山水之助，而左綿接閣道之雄奇，泛緋江之華豔，其相長爲較深也。”[⑩]《犍爲縣誌・藝文志》開篇云：“文以載道，文存而道即有亦，以紀事文傳而事並傳，文之所系大矣哉。”明朝四川官紳吟詠和展現揚雄文化之作數量可觀，内容上各有側重，形式上諸體兼備，共同將揚雄文化推向縱深化。

洪武二十四年（1391），蔡禎訪嘉定州《子雲草亭》，作詩感懷興悼：

獨步城西路，蕭條一草亭。古苔環徑碧，修竹繞軒青。

---

①〔漢〕班固撰，〔唐〕顔師古注：《漢書・揚雄傳》卷八七上，中華書局 2005 年版，第 2650 頁。

②〔清〕張廷玉等纂修：《明史》卷二〇九《列傳》第九十七《馮恩》，中華書局 1974 年版，第 5522 頁。

③〔明〕馮時可：《西遷記》，載《馮元成选集》卷一三，《四庫禁毀書叢刊補編》第 62 册，第 72 頁。

④〔明〕馮時可：《西遷記》，載《馮元成选集》卷二四，《四庫禁毀書叢刊補編》第 62 册，第 82 頁。

⑤《四庫全書簡明目録・集部・别集類》，上海古籍出版社 1985 年版，第 579 頁。

⑥《四庫全書總目》・集部・别集類，中華書局 1965 年影印浙江杭州刻本。

⑦〔明〕鄭樸：《揚子雲集原序》，載《四庫全書・揚子雲集》，中華書局 1965 年影印浙江杭州刻本。

⑧〔明〕胡直：《衡廬精舍藏稿》卷一八，上海古籍出版社 1993 年版。

⑨ 徐復觀：《西漢思想史》卷二，華東師範大學出版社 2001 年版，第 282 頁。

⑩〔清〕文棨等纂修：同治《直隸綿州志》序，方志出版社 2012 年版，第 4 頁。

石鑿觀書處，碑鐫陋室銘。草元今已矣，千載仰遺型。①

蔡禎，字伯禧，嘉定州人，“登丁顯榜，歷左參政”②。考，應爲洪武二十四年（1391）辛未科殿試金榜第二甲第十二名賜進士出身③。官至廣東左參政。

夏宏，字仲寬，太平府姑孰（安徽當塗）人，天順年間將仕佐郎松潘軍民指揮使司、儒學教諭，請老後居蜀不返。夏宏尋訪嘉定州揚雄遺迹作詩譽觀鬥山因揚雄堪稱靈山勝地：

> 萬仞層巒雨後青，子雲於此結茅亭。縱將詞賦凌炎漢，何必文章擬易經。
> 載酒無人來問字，題詞有客爲鐫銘。紫陽書法春秋筆，千古兹山得地靈。④

成化年間，廣平（今河北永年）人程鼎曾到嘉定州作《壁津觀漲》⑤：

> 古亭無主山城裏，石徑斑斑土花紫。斷碣猶存漢字書，我來細讀良有以。
> 先生投閣真良圖，頹綱既倒誰能扶。西京節義久不泯，世上猶聞莽大夫。

戴錦敬佩揚雄“文高而行樸”，作《揚雄》⑥詩，抒情昭志：

> 雲嶺矗玉筆，錦江洄練文。山川發靈氣，蜀郡生子雲。
> 寂寞性所忍，雄談坐不聞。墨池染奇字，可但書八分。
> 法言准論語，太玄索羲文。始也食漢禄，駸駸近妖氛。
> 天械脱已晚，投閣非其君。愧乏太乙杖，吹嘘縱殲焚。
> 執是論出處，幽蘭斷奇芬。臨風重太息，俗轍何紛紛？

弘治十七年（1504），時任處州知府白翺，因母喪歸綿州故里。訪揚雄遺迹作《游西山留題》⑦詩，有“歇馬獨來尋故事，文章西漢愧揚雄”名句。此詩刻石，今存綿陽西山公園子雲亭側石壁。

正德十五年（1520），吉州貢新（今江西永新）人，綿州知州尹袞作《游西山》⑧詩，有“揚子仙游不可從，涪西山下訪遺蹤。山靈不記千年事，回首東風勸力農”之句。

---

①〔明〕蔡禎：《子雲草亭》，載周文華《樂山歷代詩集》，樂山史志資料季刊，1995 年，第 35 頁。〔明〕曹學栓：《蜀中名勝記》卷一一《上川南道》録爲“千載想儀型”。

②〔明〕劉大謨、楊慎等纂修：嘉靖《四川總志》卷一三《嘉定州》，北京圖書館古籍珍本叢刊（第 42 册），據明嘉靖刻本影印，書目文獻出版社 1996 年版，第 250 頁。

③〔清〕李周望：《國朝歷科題名碑録初集·明洪武至崇禎各科附》康熙五十九年（1720）編，第 54 頁。朱保炯、謝沛霖編：《明清進士題名碑録索引》，上海古籍出版社 1963 年版，第 1581 頁。

④〔明〕夏宏：《壁津觀漲》其七，載周文華《樂山歷代詩集》，樂山史志資料季刊，1995 年，第 43 頁。

⑤〔明〕程鼎：《壁津觀漲》其七，載周文華《樂山歷代詩集》，樂山史志資料季刊，1995 年，第 41 頁。

⑥〔明〕楊慎編，劉琳、王曉波點校：《全蜀藝文志》卷一五《詩》，綫裝書局 2003 年版，第 389 頁。

⑦〔清〕文棨等纂修：同治《直隸綿州志》卷四十九藝文，方志出版社 2012 年版，第 1206 頁。據《大明武宗毅皇帝實録》、乾隆《直隸綿州志》和太平鄉佛祖寺村的弘治八年、十二年聖旨碑兩通（志書稱爲“誥封碑”）考：《游西山留題》應是弘治十七年甲子，白翺在任處州知府，因母喪，歸綿州故里所作。

⑧〔清〕文棨等纂修：同治《直隸綿州志》卷四九《藝文》，方志出版社 2012 年版，第 1205 頁。

嘉靖元年，鄧州（今河南鄧州）人蘇民望到任綿州訓導，拜謁揚雄文化遺址，作《七律·游西山》[①]詩紀其事，有“出塵風景追三島，入畫書臺勝五城”之句。

屠應埈，嘉興平湖（今浙江平湖）人，嘉靖五年（1526）進士，爲詩文有奇氣，具揚雄之風，五言《送同年謝子儒致仕歸蜀》詩，有“莫待揚雄老，潛夫早著”之句。

萬崧，眉山人，任嘉定州官員時，作《竟秀亭》詩，有“賦似長揚才俊逸”之句[②]。

據倪宗新考證[③]，嘉靖二十年（1541）五月，楊慎唱酬著述之餘，與劉大謨游成都浣花溪，作《泛舟浣花東阜狷齋同賦》借景抒情“揚雄玄閣不寂莫”反駁開國謀臣劉基貶雄詩“笑揚雄寂寞”[④]。嘉靖二十一年（1542）春，升庵夕憩郫筒阿，訪子雲閣有《郫縣子雲閣》用以志一時之感：

落景登臨縣郭西，坐來結構與雲齊。平郊遠訝行人小，高閣回看去鳥低。
林表餘花春寂寂，城隅纖草晚萋萋。酒闌却下危梯去，猶爲風烟惜解携。[⑤]

嘉靖四十一年（1562），趙貞吉以揚雄淡泊名利典故，稱頌同鄉高公夏“作官不愛金滿篙”，引王充《論衡》典云：

吾聞成都富人載金錢，求名夜叩墨池邊。子雲但掩《法言》卧，天荒地老無由傳。[⑥]

趙貞吉，内江人，“舉嘉靖十四年進士，選庶吉士，授編修”[⑦]。與楊慎、任翰、熊過並稱“蜀中四大家”。趙貞吉回川途中，應河南巡撫蔡白石的邀請作《枝江名宦歌》。高公夏，内江人，“枝江有聲，祀名宦”[⑧]。同治《枝江縣志》記，高公夏嘉靖八年（1529）任知縣，三十二年（1553）被“詳請入祀名宦”，趙詩用揚雄“淡泊名利”無欲錢財典故點贊高公夏人品。

胡直撰《行路難》詩，有“忠信可以蹈吕梁，太行未必摧辀軥。揚雄美新誠淟涊（污濁），屈原沈湘何太荼”之句。

萬曆年間，永州永明（今湖南永明）人，綿州學正周淑作《游西山》[⑨]詩，有“揚子書臺草色侵”“遍題忘却利名心”之句，仰慕揚雄文化之情何其深切。

萬曆三十年（1602），范槲受其父四川參政范淶影響，效仿揚雄作《蜀都賦》，序云：

---

①〔清〕文棨等纂修：同治《直隸綿州志》卷四九《藝文》，方志出版社 2012 年版，第 1205 頁。
②〔明〕萬崧：《竟秀亭》，載周文華《樂山歷代詩集》，樂山史志資料季刊，1995 年，第 42 頁。
③ 倪宗新：《楊升庵年譜》年表八，中央文獻出版社 2013 年版。
④〔明〕劉基：《誠意伯文集》“沁園春·萬里封侯”，上海古籍出版社 1991 年版。
⑤〔明〕楊慎，張士佩編：《升庵集》卷三一，上海古籍出版社 1993 年版。
⑥ 宮長馳：《趙貞吉詩文集注》，巴蜀書社 1999 年版，第 76 頁。
⑦〔清〕張廷玉等纂修：《明史》卷一九三《趙貞吉傳》，中華書局 1974 年版，第 5123 頁。
⑧〔清〕張播、張兆蘭、黃覺：同治《内江縣志》卷六，同治十年（1871）刻本。
⑨〔明〕范槲：《蜀都賦》，萬曆刻本現藏於國家圖書館，二册。

古之賦蜀都者二，蓋自騷興四百年而揚子雲始賦蜀都，又三百年而左太冲再爲賦，又千二百年而范仲子又制斯賦。①

"以詩爲禮"，明代士人在表達了憑吊揚雄文化遺迹的感慨和尊崇，試圖通過以詩文重建和普及揚雄文化。同治《直隸綿州志》刊有明代13位官吏紳士詩文，其中7人譽揚雄，還不包括"州紳高第、高簡、金皋、金深，及郡守諸游人題詠甚多，惜剥落不能成讀"②。對揚雄遺迹，北宋大觀四年狀元、綿州知州劉知新（元鼎）考《漢書·揚雄傳》後頗有見地説道：

雄爲今之郫縣人，或曾僑寓左綿，後人即其所至之地，標名氏以志芳躅，皆事理所有，而世徒以劇秦美新爲子雲病，似謂其人，概無可取。③

結　語

明朝中後期，四川相當一部分入蜀地方官員"入鄉隨俗"認同揚雄文化價值，宣導並實施了揚雄文化的恢復重建，川籍體制内外的精英士紳們選擇了摇旗吶喊，互相唱酬。

首先，官吏中多元思想産生，爲揚雄文化再度興顯提供理論保障。明朝中後期是各種思想風潮激蕩的時代。揚雄文化重建倡修者和創修者同時又是思想解放干將，如胡直心學思想觀點和佛教相近，郭子章承襲王陽明的"王門心學"，范涞是著名的新安理學家等。官紳以個人的自發行爲，通過對揚雄的尊崇以任道者自居，既是對精神依歸的尋求，也藉此推行其思想以教化民衆，對世人"尊揚"思潮産生影響是可想而知的。

其次，士人對程朱理學"正統"地位認可度降低④，促成揚雄文化"死而復生"。在這個群體中，有進士戴錦爲代表川籍失意謫貶之人以及居於廟堂之外的文人雅士，期盼著有朝一日能重返朝廷，實現其濟世蒼生的理想。但歲月遥遥，仕途迷茫，同是淪落人，揚雄解嘲，以釋憤懣。

最後，程朱理學"正統"思想對縣級以下民衆影響微弱。萬曆二年（1574）神宗詔令："設廣西懷遠縣社師三名以撫按，題本縣久淪夷貊，新復生理，正興禮施教之日也"⑤。"正統"思想僅靠行政手段貫徹，朝政腐敗，地方官吏"時危心苦世難同"⑥，落實"正統"思想也就南轅北轍。廣西如此，遠離朝廷"正統"

①〔清〕文棨等纂修：同治《直隸綿州志》卷四九《藝文》，方志出版社，2012年版，第1205頁。
②〔清〕文棨等纂修：同治《直隸綿州志》卷一四《古迹》，方志出版社2012年版，第193頁。
③〔清〕文棨等纂修：同治《直隸綿州志》卷一四《古迹》，方志出版社2012年版，第193頁。
④ 參見劉建明：《明代中後期程朱理學影響減弱及其思想史意義》，《西南師範大學學報（人文社會科學版）》2006年第2期，第55頁。
⑤《明神宗實録》卷二八，臺北"中央研究"院歷史研究所校印。
⑥〔明〕程啟充、劉大謨：《凌雲聯句》，載周文華《樂山歷代詩集》，樂山史志資料季刊，1995年，第48頁。

思想“蜀郡僻陋”[①]之地基本也是大同小異。

明朝四川揚雄文化重顯體現出時代背景、官紳個體際遇與價值取向的差異性，在一定程度上也可以看作是官紳的心路歷程。朝廷、地方群體雖同屬國家官員，但職位不同、任職地點不同、責任不同，對揚雄文化的價值取向、解讀表達和評價也就不同。地方官紳對揚雄文化認同的詩詞雅頌，也多爲融入個人情感、人生思考、價值取向及自由與馳騁的再創造，從而引導了民間社會對揚雄文化的再認識，對後世影響深遠。

作者單位：西南大學歷史文化學院

①〔明〕周洪謨：《重修嘉定廟學記》，載周文華《樂山歷代文集》，樂山史志資料季刊，1990年，第56頁。

費密與彭縣

高光俊

内容提要： 費密是明末清著名的詩人和學者，他和他的家族在四川文化史上有極高的地位。其鄉梓之地四川新繁與彭縣毗鄰，新繁費家與當時彭縣楊家、趙家姻親，關係緊密，并保持了很長時間的互相影響。本文以費密的《費燕峰先生年譜》和《燕峰詩鈔》爲主綫，證之以其他相關史料，梳理費氏同彭縣地域的關係，以填補清初彭縣歷史記録的空白。

關 鍵 詞： 費密；彭县；新繁

費密是明末清初新繁人，著名的詩人和學者，著有《弘道書》《荒書》《中傳正紀》《聖門舊章》以及詩集《燕峰集》等，他和他的家族在四川文化史上有極高的地位。

新繁與彭縣毗鄰，新繁費家與當時彭縣楊家、趙家是姻親，他們關係非常緊密，很長時間都互相影響著。可以説，没有楊家、趙家，就没有作爲學者詩人的費密。從有關費密的《費燕峰先生年譜》和《燕峰詩鈔》中找到不少和彭縣人彭縣地域有關的材料。本文將這些材料與其他史料相印證，填補了不少清初彭縣歷史記録的空白。

本文引用的《費燕峰先生年譜》，系費密孫費冕編，民國十四年孫樹馨鈔本，《燕峰詩鈔》爲二自山房輯録本。

據《費燕峰先生年譜》記載，費密的祖父費嘉誥，字雲衢，是新繁縣明經，任明代大竹縣訓導。費嘉誥共有四個兒子：費經國、費經世、費經虞、費經濟。費密即是費經虞之子。費經虞字仲若，號鮮民，他去世后，費密等人私謚孝貞。費經虞是崇禎十二年己卯（1639）舉人，到明朝最後一年——崇禎十七年甲申（1644），也就是清順治元年的二月，獲得雲南昆明縣令的職務，前去上任去了。這一去，使得他幸運地在馬上到來的亂世活下來。他的兩個哥哥費經國、費經世，一個弟弟費經濟以及自己的一個兒子都死於那場戰亂。僥倖活下來的，還有費密。

一、費密在彭縣

費密的妻子是彭縣人楊雲鵬之女，這是費經虞在中舉那年就給費密定下的婚事。《費燕峰先生年譜》記載：“崇禎十二年己卯，十五歲。八月，孝貞先生舉鄉試。十月，孝貞先生爲先生聘婚與彭縣楊氏貢生諱雲鵬，字上九公女，母趙氏。”

這大概是費密一生中第一次與彭縣產生重要關聯。在崇禎十七年條下記載費密和舅父表兄前往彭縣鳳凰山讀書。年譜說：“正月，先生偕舅氏曹式穀（諱靖共），表兄正平（諱景彬）讀書於彭縣鳳凰山韓家庵。有老僧在樓誦華嚴經三十年，是夜夢一黑物入門如龍蟒，類具鱗角四爪。明日而先生至，獨衣黑。老僧未曰，公他日當以文名顯於世。”鳳凰山應該就是今彭州市丹景山鎮鳳鳴村境内法藏寺所在。韓家庵的老和尚非常凑趣，告訴費密等人一個怪事，還說，費密將來要以文名顯於世。假若費密真的聽到這個故事，恐怕會對他面對後來人生的艱難困苦時產生一種巨大的生存動力。好景不長，戰爭馬上就來了。年譜記載：“順治元年（1644）七月，隨母與兄避亂於化成院。”化成院在今彭州市隆豐鎮境内，鄰近馬牧河。大概這次是避當時川西各縣的民變，張獻忠這時還没有進入新繁和彭縣。不久，他們又回鄉去了。

年譜記載：“順治二月（當作年）乙酉二十一歲。三月，至彭縣。”

送道客還葛仙山

塵世真難住，深山返御風。
月來春殿濕，雲散玉壇空。
煮石娱仙女，彈琴遇老翁。
碧桃須再種，待我萬花中。

費密這首與葛仙山有關的詩，還能窺見明代彭州地區道教的狀況志一斑。也是費密給彭州地區留下的紀年最早的詩歌。

大約戰亂迫在眉睫，當年，費密虛歲二十一時，費密就和楊雲鵬之女成婚，并馬上躲進彭縣西山深處。年譜云：

> 四月，就婚楊氏。
>
> 八月，先生與楊氏兩家俱避入彭縣冠子山。楊氏世仕宦，豐與財而未有子。止生孺人。孺人父上九公爲賊拘擄，母趙太孺人以家事付先生。先生費數千金，得人力兼賂賊之偵訪者，始得出，復聚於冠子山。

有《移家入山》詩：

非爲求高隱，而來就此間。
晨光開遠樹，春氣結深山。

雀矢污梅實，蟲腥爛竹斑。
從今徐孺宅，不復在人間。”

費密以及他的彭縣親戚全都在八月間躲進彭縣冠子山。冠子山在今彭州市通濟鎮天台山前，宋代以來，這裏又稱“大隨山”，至今當地人稱之爲“鳳冠子山”，因山的形狀像鷄冠得名。這時發生了一件意外，費密的岳父楊雲鵬被亂兵抓去了。楊雲鵬衹有費密的妻子一個女兒，没有兒子，費密就做主，花了幾千兩銀子，才把楊雲鵬贖回來。此後，《費燕峰先生年譜》上再也没有提到楊雲鵬的下落。光緒《彭縣志》忠義志記載：“楊雲鵬，明經，賊至不屈遇害。”估計是費密去雲南尋找父親時，楊死於逃難途中了。

費密在彭縣西山逃難途中，寫了幾首詩，都還流露著少年意氣，没有把這次戰亂看得多嚴重。《燕峰詩鈔》里還録有兩首寫於彭縣西山深處的詩：

游彭縣白鹿山經閣
春來緑樹見巢禽，小馬輕衣處處尋。
僧到百年未是老，山行一日不爲深。
閑翁剥笋潜移坐，野婦提筐笑出林。
却慕古人真隱逸，此生長住在遥岑。

彭縣白鹿山楂木沱與王春生坐月
峰色涵雲濕，濤流灌耳鳴。
更饒佳絶處，山月入樓明。
我欲乘幽野，憑虚試吹笙。
直從花鳥老，不必學無生。

幾十年後，費密回想起他的這段經歷，寫給一起在西山躲藏的新繁同鄉的詩，氣象就大不相同了，詩如下（見《燕峰詩鈔》）：

寄李毓藩亂中向密與李避亂成都彭縣西山中
不到西山三十年，舊游踪迹尚依然。
如今老大重兵火，難得松風一覺眠。

《費燕峰年譜》的順治二年（1645）條下記載了他們在彭縣的經歷，是非常珍貴的史料，也足見當時戰争之殘酷。

九月，流賊屠彭縣王村、白鹿。先生兄歿於賊。復避於彭之香水寺。先生親支四房。伯父經國副榜、經世及叔父經濟俱邑廩膳生。亂中皆歿於賊。

十月，流賊屠彭縣、什邡沿山一帶，止離城五里不殺。復避入彭縣。

十二月，賊兵過彭縣，復避入冠子山。除夕至龍竹坪孟敬臺家。孟，蜀王後裔。

他們這樣東躲西藏到順治三年（1646），事情起了變化。年譜記載："十月，孺人舅氏趙公諱司鉉字翼黄自督師閣部王公諱應熊軍中歸，言孝貞先生在滇，知家中遭大亂，心不寧，且屢乞休不得。先生聞之，痛哭，遂去家隻身從兵戈蠻峒中入滇省親。"

曹太孺人楊孺人同戚屬俱回彭縣。

費密從妻子的舅舅趙司鉉口中得到了其父親費經虞的下落，牽挂父親，於是離開彭縣，間關萬里，九死一生，前往昆明。此後，估計他再也没有回過彭縣。

二、費密和彭縣趙家

彭縣趙家和楊家都是本地望族，新繁費家和他們聯姻不是偶然的。趙司鉉的父親趙之庠是明朝萬曆年間的舉人，趙司鉉則是崇禎年間舉人。

李調元編《蜀雅》卷四云："趙司鉉字翼黄，號退公，彭縣人。崇正（禎）舉人。官至四川建昌兵備道。"建昌兵備道一職是他入清以後的職務，當張獻忠入川時，趙司鉉是在督師王應熊部下任職。《蜀雅》是一本清前期四川詩歌選集，選入了趙司鉉的一首《拜將臺和費此度》：

高臺遥指碧流斜，何處東陵可種瓜。
砌下百蟲啼夜雨，江邊一雁落殘霞。
登臺事已成千古，守塚人誰置萬家。
曾向淮陰尋釣址，斷堤衰柳宿寒鴉。

趙司鉉因自身遭受戰亂之苦，後來積極投身平定匪亂，才升爲建昌兵備道的。《蜀雅》卷五録費密的次子費錫璜一首長詩《序數十年流離聚散事，遥寄蜀中趙安叔外舅、敏思表弟并呈楊周子舅氏》中提道：

獻賊屠巴蜀，四姓出漢中。
李宅竄信陽，楊費落江東。
趙氏客未久，先自歸蠶叢。
舅祖佐勤襄，撫蜀大有功。
西山除孽伏，掃滌諸魁雄。

嘉慶《彭縣志》卷四二有費錫璜《春江懷彭門》詩，也説：

沈牛鑿石亂山中，吾祖平川大有功。
千載犍爲遺子姓，幾年江漢逐飛蓬。
黄雲落入三巴日，白雨吹來萬里風。
尚憶姻親在彭縣，欲將書信斷歸鴻。

“舅祖佐勤襄，撫蜀大有功”和“吾祖平川大有功”都是指的趙司鉉。

據嘉慶《彭縣志》可知，趙司鉉有一個兒子趙弼。但據費密年譜，趙司鉉可能有三個兒子：趙弼、趙修、趙適。或者，趙修和趙適是同一人。

費錫璜在那首《序數十年流離聚散事，遥寄蜀中趙安叔外舅、敏思表弟并呈楊周子舅氏》後邊寫道：

> 二舅早鄉薦，出宰古平鄉。
> 滇亂蜀道阻，棄官來維揚。
> 萍聚四五載，再起倅南康。
> 惜哉未之官，中道遽淪亡。
> 三舅萬里來，暫會東海旁。
> 表弟載父櫬，母子相扶將。”

趙弼爲清順治丁酉（1657）科舉人，爲費密的内表兄弟。《蜀雅》卷一〇云：“趙弼，字子匡，號芙溪，彭縣人。順治丁酉舉人。有半山草堂集。子匡詩逸情雲上，有蓬蓬遠春之矣。”

《費燕峰先生年譜》順治九年（1652）條下記：“九月，舅氏趙子匡諱弼家爲賊掠去，先生訪知在灌縣，即往迎歸。”（按，趙弼爲趙司鉉子，不當云舅氏，或爲舅兄之誤）

《年譜》康熙六年（1667）條下記：“六月寄蜀中趙子匡書。”

《年譜》康熙八年（1669）條下云：“六月，趙子匡來迎，時爲平鄉令。八月，至平鄉縣署。”

這説明，大約在康熙八年（1669），趙弼開始任平鄉縣令（平鄉縣屬河北，在今河北省邢台市東南）。

《年譜》康熙九年（1670）條下：

> 六月，至平鄉縣。七月，還揚州。
> 九月，寄趙子匡書。

《年譜》康熙十一年（1672）條下：“十月，同張六飛至平鄉縣署中。”

《年譜》康熙十二年（1673）條下：“二月下旬，平鄉令趙子匡遣人持書來迎，遂辭徵君。三月，至平鄉縣署。”

《年譜》康熙十六年（1677）條下：“五月，爲趙芙溪跋唐子畏畫。”

《年譜》康熙十九年（1680）條下：“二月至揚州，得趙芙溪張六飛書。”

《燕峰詩鈔》録有費密贈趙弼詩《寄趙弼新築草堂望西山諸峰》：

> 卜築舊村好，芙蓉花滿溪。
> 月過人影散，春到鳥聲齊。
> 文木小裁榻，長垣厚護泥。

吾歸未有日，獨汝望峰西。

“芙蓉花滿溪”一句，巧妙地借寫景隱括了趙弼的號“芙溪”。嘉庆《彭县志》卷四二收费密《王氏小传》，是为赵弼原配作传。以上各條，均可以看出趙弼和費密的關係親密。

趙弼的死，《費燕峰先生年譜》没有記録。但康熙二十一年（1682）二月條下云：“祭趙芙溪。次日送殯泰州城外厝。”嘉慶《彭縣志》卷四二《趙芙溪小傳》云，趙弼卒於康熙二十年辛酉（1681）四月十五日。還説：“訥扶櫬自南秦州歸葬。”這兩處的記載，有矛盾處。據費錫璜的詩和《趙芙溪小傳》，趙弼升南康同知，未到任就去世了。費密於康熙二十一年（1682）祭趙弼，并説“泰州城外厝”。假定《年譜》殘缺或失記，可以説通。但一説泰州、一説秦州，顯然是嘉慶《彭縣志》錯了。前面費錫璜的詩可作旁證。趙弼晚年從平鄉縣令卸任后，流寓在江左泰州。還可能《趙芙溪小傳》的趙弼去世時間也有誤，趙弼可能應是康熙二十一年（1682）二月去世的。若此，“泰州城外厝”就通了。

回頭再來説趙適和趙修。《費燕峰先生年譜》康熙四年（1665）五月條下録《趙適自成都至江左》詩：

春仲夏瞿塘，嵐烟繞石梁。
峰文停月小，雨氣得花香。
歸路貧難遂，秋田亂已荒。
干戈人老盡，不爲爾沾裳。

《年譜》康熙二十二年（1683）條下云：“正月六日至揚州，會趙安叔（諱適，芙溪弟）

三月，爲趙安叔作草書。

《年譜》康熙二十九年（1690）九月條下：“寄趙安叔書。”
《年譜》康熙三十年（1691）八月條下：“得趙安，叔書。”

另外，《年譜》康熙二十一年（1682）二月條下：“趙子明（諱修，芙溪弟）自成都來，聞張五華訃。”

對比這兩條，可以認爲趙弼有兩個弟弟——趙適字安叔，趙修字子明。似乎没有問題。但《蜀雅》卷四云：“趙適，字子明，彭縣人。”加上前引費錫璜的詩，僅提到“二舅”“三舅”兩個人。且“二舅”是趙弼（平鄉令），身份已明確。

從此可以推測，可能《蜀雅》記載有誤，把兩個人混爲一個了；還可能趙適和趙修是同一個人，衹是名號比較多，或不同時期用了不同名號。

《蜀雅》卷四録趙適詩一首《雨中秋日費滋衡外甥省墓即事》，應該是費錫璜回四川老家掃墓時趙適的作品：

避秦先世去無聞，省墓秋來尚有君。
故國江山新入眼，幾家姻婭舊同群。
穎邊流寓思蘇轍，吴下詞人壓陸雲。
猶有前朝碑碣在，明年誰到薦春芹。

另外，《費燕峰先生年譜》給趙弼的兒子輩行迹也提供了不少綫索。年譜康熙二十九年（1690）九月條："寄趙安叔、敏思（諱守訥，安叔姪）書。"

《年譜》康熙三十五年（1696）六月條下云："得蜀中趙敏思書。"

據嘉慶《彭縣志》卷四二陸廷掄《趙芙溪小傳》載，趙弼有兩個兒子："子二人，長，訥，邑諸生。次，慤，幼。"那麼，上文趙敏思即是《趙芙溪小傳》里指的"訥"，亦即"守訥"。

另外一個兒子的信息，也能從《蜀雅》等處找到一點。

《蜀雅》卷六費錫璜詩《送趙敏畏表弟還蜀至蕪湖乃别》：

關山萬里絶烽烟，海角稽留更幾年。
此地已無堪戀處，故鄉猶有未開田。
空聞漢使求金馬，剩得遺民拜杜鵑。
自種葛山千畝稻，男兒何必乞人憐。

上文那個"次，慤"無疑是這首詩里指的"趙敏畏"了。慤的字义是誠實謹慎，恰好與嘉慶《彭縣志》卷四二《爲邑侯朱公建九峰書院記》的作者，曾任鎮江府金壇縣令的"趙守誠"相合。很可能，趙守誠即是趙慤，亦即"趙敏畏"。

三、費密與彭縣人劉蘇寰

順治初年，經過幾多波折，費密一家和岳母趙氏輾轉于雅安、滎經、洪雅各地，到順治九年（1652），還到灌縣尋回趙弼家人。順治十年（1653），他們全部經綿州往川北。《年譜》順治九年（1652）條下："十二月，偕戚屬楊氏、趙氏自成都北行，除夕至綿州。"

《費燕峰先生年譜》順治十年（1653）條下："三月至漢中府沔縣圓山寨，古米倉山，時彭縣老醫劉蘇寰（諱時雨）寓此山，先生遂奉父母主其家（按，主，疑當作住）。"

彭縣人劉蘇寰，名時雨，是費密困難中遇到的貴人之一。大概很早劉蘇寰就流寓於沔縣米倉山中。費密到米倉山，把父母家眷安頓下來，多靠劉蘇寰的照顧。因爲安頓好了親眷，費密才騰出時間來爲生活奔走。順治十年，費密前往江南揚州見伯岳父楊雲鶴，第二年初回到沔縣米倉山，向劉蘇寰先生學醫。《年譜》順治十一年（1654）條下："四月，從劉蘇寰學醫，後先生究心於《内經》《傷寒論》《金匱》諸書，爲《長沙發揮》，必先以劉先生名，不忘所學也。"這是費密有醫學著述的淵源。

此後，即使費密離開沔縣，前往揚州，或輾轉各地，都不忘給劉蘇寰書信。

《年譜》康熙六年（1667）條下："六月，寄蜀中趙子匡、楊緑雪、張五華、劉蘇寰……書。"

《年譜》康熙八年（1669）條下："八月，至平鄉縣署……寄陳時夏、張二澤、劉蘇寰先生書。"

《年譜》康熙九年（1670）條下："二月……得陳時夏、劉蘇寰書。"

《年譜》康熙三十三年（1694）條下又云："四月還上杭，先生爲嵐氣所中，病左體不仁，自服藥乃痊。"費密在這一年患了半身不遂，靠劉蘇寰那裹學來的醫學知識，將自己治好。大概這時劉蘇寰已經不在人世，他内心應該又感念劉先生的好處。

四、費密與彭縣楊家

費密的岳父楊雲鵬是彭縣貢生。杨云鹏的弟弟楊雲鶴明崇禎四年辛未（1631）考中進士，爲彭縣明代爲數不多的七個進士之一。

上文説到，楊雲鵬大概死於戰亂中，費密《年譜》失記。楊雲鶴則因在福建爲官，躲過了這場蜀中災難。楊雲鶴，字鳴九，順治年間爲福建汀漳監司，而且將家搬到江南揚州。這是費密移家江南的直接原因。另外一方面，費密後半生的大部分時間都在楊雲鶴家左近并交往密切，《年譜》所記關於楊雲鶴一家的史料，可以讓我們能够大概的了解他們的事迹。

《費燕峰先生年譜》順治十年（1653）四月條下記載，費密在沔縣安頓好父母親眷，南下揚州。《年譜》云："（順治十年）五月至江南揚州，住伯外父楊公諱雲鶴字鳴九宅中。"

"六月至福建上杭伯外父楊公署中，時爲汀漳監司。"

費密見到楊雲鶴一家以後，並没有停留多久即返回沔縣。大概他們商量好了移家江南的辦法。

《年譜》順治十四年（1657）條下："四月，伯外父楊公遣人來迎。……十月，奉父母出沔縣。"

《年譜》順治十五年（1658）條下："二月至揚州，住伯外父楊公宅中。"

這個時候的楊雲鶴在福建任職，因家在揚州，所以把費家眷屬安頓在揚州。此後兩三年，費密帶著親戚父母謀生，往來于揚州、泰州、建平縣、贛州之間。

《年譜》順治十八年（1661）條下："八月，得家書，伯外父楊公爲人誣陷搆訟。先生家已避難蘇州，遂還家省親，復至金陵視伯外父。力爲斡濟，始得脱然。”這次，楊雲鶴遇到點麻煩，費密全力斡旋，才讓伯岳父脱身。

《年譜》康熙九年（1670）條下記載：“七月，還揚州。戈莊被水淹。先生家已移入揚州住伯外父楊公西望樓。”

多年以後，費錫璜寫下《序數十年流離聚散事，遥寄蜀中趙安叔外舅、敏思表弟并呈楊周子舅氏》其中一段説到流落江東的楊雲鶴家族：

吾家與楊氏，江東長寄籍。
西望劍門關，如天歸不得。
墳墓邈河漢，棄爲狐兔窟。
天西落風雨，哀號如有失。
痛哭松楸遠，永爲參辰隔。
舅家居相近，千護囑匆忽。
悲凉一紙書，遥托西飛翼。

《年譜》康熙十年（1671）條下記載：“十二月……送伯外父楊公柩葬於上方寺側。”

費密一家從順治十五年（1658）開始，就住在揚州楊雲鶴家或其附近，得到楊雲鶴的扶助不少。康熙十年（1671），楊雲鶴去世。《燕峰詩鈔》録有費密《哭伯丈人楊公》詩：

歸志竟難就，殯宫在異鄉。
繐帷開一哭，從此隔幽篁。
抗直古來少，私恩念不忘。
後人皆好學，猶得繼文章。

另外，《年譜》康熙十六年（1677）條下云：“正月二日，趙太孺人歿於命，先生命孺人及次子錫璜俱服三年喪。蓋外氏散數千金得人力，楊氏、費氏兩家始得出彭縣新繁。故奉養趙太孺人數十年，一切喪中之費，皆先生主之。五月，送趙太孺人柩至揚州東關寶勝寺前藁葬。”

這條記載可見，費密非常感念岳母楊氏一家對費家的恩情。費密的岳母趙氏，也就是趙司鉉的姐姐或妹妹在丈夫死後，得到女兒一家的照顧，得享高壽。

從《費燕峰先生年譜》看來，楊雲鶴至少有四個兒子：楊嶠、楊岱、楊崑、楊岐。這部分記載也彌補了嘉慶《彭縣志》的關於彭縣楊家的記載闕失，一下子相關事迹就清楚起來。

《年譜》康熙五年（1666）條下：“三月……作文送楊方次（諱嶠，四川彭縣人，先生内弟）還蜀。”

康熙六年（1667）條下：“六月寄蜀中趙子匡、楊縑雪……書。”

康熙三十二年（1693）條下：“十二月上旬，至江西。吉水令楊公方次（先生内弟）迎先生至署中。”

《蜀雅》卷一二：“（楊）嶠，字嵰雲，彭縣人。康熙壬子舉人。”

楊嶠是費密内弟，可能是楊雲鶴的長子或説是比楊岱等三人更年長的孩子。他能够於康熙六年（1667）獨自歸蜀，可見他已經成年。至於楊岱於康熙六年（1667）還蜀的原因，大概是爲了準備康熙八年乙酉的鄉試。據上引《蜀雅》，康熙八年（1669）楊嶠没中舉，中了三年后康熙十一年（1672）壬子科的舉人。《蜀雅》云，楊嶠字嵰雲，年譜稱楊嶠字方次，又稱“楊縑雪”。從名與字的關聯看來，楊嶠更可能字“嵰雲”，蓋“嶠”與“嵰”都有“山高”的義項。這幾個稱呼無疑都是指楊嶠。《蜀雅》録楊嶠《樂府》詩一首：

城東飛燕落，城西落燕飛。
城南燕歸去，城北去燕歸。

這首詩平平而已，説不上高明。估計李調元没有看中楊嶠的詩才，僅僅稱楊岱三人爲“彭縣三楊”，而不是“四楊”。綜合上述，楊嶠爲楊雲鶴子，字方次，又字嵰雲，江西吉水縣令。

《年譜》康熙四年（1665）七月條下云：“與楊東子（諱岱，四川彭縣人，舉人。先生内弟）論文。”

《年譜》康熙十二年（1673）條下云：“三月，至平鄉縣署。得楊東子書，寄祝心谷詩一本，蜀事一本。”

據《蜀雅》，楊岱是康熙五年（1666）丙午舉人。可能楊岱在四川家鄉中舉后又逗留了幾年，到康熙十二年（1673）才回江南。這時費密在平鄉縣趙弼處，楊岱給費密寄信帶上兩本費密用得著的書。

《年譜》康熙十三年（1674）條下云：“九月，至揚州……楊東子執贄受業。”此後，楊周子、楊葛山先後於費密門下學習。

年譜康熙二十年（1681）條下云：“九月還揚州送楊東子北上。”

《燕峰詩鈔》有《郭老》絶句一首，下云：“東子公車，仔園、嗣文、葛山、周子往送之，郭老吴生作歌。”應該説的是這一年楊岱北上考試的事，因康熙二十一年（1682）壬戌是清廷禮部會試的年份。估計這一次没有考上。《燕峰詩鈔》附録一首王士正（禛）《送楊東子孝廉歸廣陵兼寄費此度》，大約是楊岱南歸時，王送他的詩。詩云：

淮南三月春江緑，游子歸帆指江曲。
客路驚逢黄鳥新，到家正及櫻桃熟。
楊郎風調絶世殊，少年能讀等身書。
手將玉麈都無别，瓊樹瑶林定不如。
去年壯游輕萬里，滟滪瞿塘片帆耳。

崢嶸赤甲羅胸中，突兀黄牛壓蓬底。
司馬橋頭駟馬歸，杜陵花發試春夜。
長安官舍一杯酒，却憶揚州初見時。
揚州城西蜀岡路，猶記當年冶游處。
歸語成都賣卜人，乘查欲訪支機去。

《年譜》康熙二十七年（1688）條下："二月至揚州。……楊東子楊周子邀看梅花。……三月三日，同孔東塘……楊東子紅橋泛舟，各賦七律。"

《蜀雅》卷一一録一首楊岐《紅橋泛舟》（原題《紅橋舟汛》，疑是原作汎誤認作汛，又誤倒），可能是這聚會留下來的：

日斜放艇向輕波，一帶園林隱碧蘿。
似爲畫簾人小立，故將簫鼓緩經過。

《年譜》康熙二十九年（1690）條下："十二月……得楊東子濟南書。"

《年譜》康熙三十一年（1692）條下："二月，楊東子除福建上杭令，邀先生并長子錫琮偕行。……五月，至上杭縣署。"

《年譜》康熙三十二年（1693）條下："正月三日，同楊東子至汀州府。"

楊岱當了福建上杭縣令，多半是請費密去幕下幫忙籌劃地方事宜。

以上詩《費燕峰先生年譜》中關於楊岱的記録，大體上可以看出楊岱的一些行踪。楊岱的年齡與堂姐夫費密相差較大，故曾拜在費密門下學習。楊岱爲李調元稱頌的"彭縣三楊"之首，《蜀雅》録其詩多首，簡介僅云："岱字東子，彭縣人，康熙丙午舉人。有郫山詩集。"沈德潛《國朝詩别裁集》大概據李調元《蜀雅》，録有楊岱詩二首，可見楊岱的詩歌上成就甚高，得到當時名家的認可。

上文可見，楊岱，字東子，楊雲鶴次子，福建上杭縣令，這裏恰好是其父親楊雲鶴的衙門所在。

《年譜》康熙十四年（1675）條下："七月回野田，楊葛山執贄受業（武舉，嘉峪關千總）。"

《年譜》康熙二十年（1681）條下云："十一月同楊葛山至周木公家拜親爲次子定聘。"

《年譜》康熙二十二年（1683）條下："三月……寄楊葛山書。"

《年譜》康熙二十三年（1684）條下："十二月……得楊葛山書。"

《年譜》康熙二十四年（1685）條下云："七月，楊葛山書來，迎先生至寶店住弘恩寺（按，當時費密入都奉費經虞行狀入史館）。"

《蜀雅》卷一一云："（楊）崑字葛山，號中洲，成都人。有三樹堂集。楊氏昆仲，矯矯者東子，此外則葛山亦儼然成家。"後録楊崑詩《雨中看荷花》：

一帶垂楊緑，乘流放畫船。
晴陰來水際，香氣入衣邊。

細雨低雙鷺，微風咽一蟬。
不妨霑濕好，盡日醉芳筵。

從楊岱跟著費密學習，楊崑也拜在費密門下。《年譜》記載楊崑的事迹不多，僅云“武舉，嘉峪關千總”，這得到費錫璜詩的印證。《蜀雅》卷六費錫璜詩《送楊葛山舅氏之官嘉峪關》云：

旅食三年猶未歸，又披繡甲赴戎機。
班超謀略留張掖，皇甫勛名著武威。
隴上射雕弓晚勁，城邊牧馬草春肥。
鄉關回首知何處，一片寒雲天外飛。

楊崑字葛山，應該是楊雲鶴在他鄉懷念故鄉的葛仙山留下的印記。

《年譜》康熙二十四年（1685）條下云：“三月，還揚州……爲楊周子作草書。”

《年譜》康熙二十四年（1685）條下又云：“六月……楊周子（諱岐，東子弟，先生内弟）執贄受業。”

《年譜》康熙二十七年（1688）條下云：“六月，楊周子遣人來迎，遂還揚州。”

《年譜》康熙四十年（1701）條下云：“八月病下痢，及門……楊周子……來問疾。……九月七日未時，先生卒。”

《蜀雅》卷一一云：“（楊）岐字周子，成都人。有《碧蘿亭稿》。《碧蘿亭稿》，皆悲壯之音。今擇其細意慰貼者。”大概是楊岐最年少，費密未及見其成名，故《年譜》記録相關事迹較少。但費密於康熙四十年（1701）卒時，楊嶠、楊岱、楊崑皆在外，衹有楊岐等其他門人在費密身邊。故《費燕峰先生年譜》記録了楊岐的幾首輓詩：

遺老孤蹤寄海濱，巴山萬里暗傷神。
盛年負笈牛溪夜，高坐談經鹿洞春。
此日蝶成江左夢，何時琴續廣陵人。
野田寂寞多荒草，忍見離離平蕪新。

搜羅史册序前賢，著述江東五十年。
先姊甘貧同灌溉，佳兒有志接經傳。
仲連蹈海非忘世，甯戚懸書豈執鞭。
惆悵生平多事迹，豐碑茂草泣重泉。

先生逸志古今稀，正脉人亡愿已違。
兵燹久殘鄉國路，衰遲長着芰荷衣。
少經瘴雨蠻中過，老愛春泉月下歸。
親串趨遲同酹酒，江村彈淚濕斜暉。

忘年愛我緣多病，今歲看花未倦游。
詩社平山邀几杖，麈談小閣待淹留。
禄辭升斗腰難折，書繼鍾王筆自幽。
幾許門墻述遺行，自慚下里續名流。

另外有一點，與楊家有關，附記於此。《蜀雅》録費錫璜《隴西公子行，贈表兄楊申佩》一長詩，有云：

隴西公子巴川客，天産奇英妙標格。
名成江左二十年，鳳皇未奮雲霓翮。

這裹説楊申佩是“表兄”“巴川客”，應該是楊雲鶴的後人。不過還不能查考楊申佩是楊嶠還是楊岱的兒子。《燕峰詩鈔》也有一首費密寫給楊申佩的詩《送楊申佩化貞還江寧》：

南去孤舟上晚潮，鵁鶄亂落荻根遥。
故鄉人盡江東老，莫到長干立斷橋。

費密一句“故鄉人盡江東老”，説盡費、楊兩家流落他鄉的感慨。

作者單位：彭州市磁峰鎮花塔村

因時變而制宜適：清代帝王的諸葛亮崇祀

孫光耀

内容提要： 諸葛亮作爲中國歷史上忠臣與智者的代表人物而備受歷代統治者推崇，清代帝王對他的崇祀更是達到頂峰。清代前期，承襲明制，對諸葛亮的崇祀主要體現在將其視爲人臣楷模，恢復對他的祭祀傳統並將其配享於歷代帝王廟中；清代中期，雍正、乾隆兩位帝王都極爲尊崇諸葛亮，特别是雍正帝將諸葛亮以“先儒諸葛子”之名從祀孔廟，此舉堪稱“盛世之典”；清代後期，世亂時危，清廷寄望於能有像諸葛亮一般的經世忠臣來救亡圖存，故而在科考殿試策論中頻頻提及諸葛亮。此外，清代對諸葛亮的官方崇祀遍布於全國各地，體現出“國家的在場”。總而言之，清代帝王對諸葛亮的崇祀貫徹有清一代之始終，但是在不同時期也有著不同的特點，反映出時代的變遷和實際的需要。

關 鍵 词： 諸葛亮；清代；崇祀

諸葛亮，字孔明，生於東漢光和四年（181），卒於蜀漢建興十二年（234），琅琊陽都（今山東臨沂市沂南縣）人。三國時期蜀漢丞相，傑出的政治家、軍事家。諸葛亮一生“鞠躬盡瘁、死而後已”，逝世後被追謚“忠武”，後世常尊稱其爲“諸葛武侯”，是中國傳統文化中忠臣與智者形象的代表人物。

諸葛亮生前已是聲名遠揚，在他身後，無論民間還是官方，皆從不同層面的利益需求出發，對其日漸推崇。特别是民間對諸葛亮的崇拜，促使統治者開始有意識地通過操縱諸葛亮信仰這一手段來實現社會控制和國家治理。於是，在蜀漢政權追謚諸葛亮爲“忠武侯”之後，晋代又封其爲武興王，唐代封其爲武靈王而且得入“武廟十哲”之列，宋代封其爲忠惠仁濟顯應王，元代封其爲威烈忠武顯靈仁濟王，明洪武二十一年（1388），朱元璋詔定歷代帝王廟從祀名臣三十七人，諸葛亮也名列其中。[①]

及至清代，對諸葛亮的官方崇祀達到頂峰。崇祀，即崇拜奉祀。清王朝的歷任帝王都極爲尊崇諸葛亮，將其視爲人臣之楷模，對他的崇祀除沿用明代規制外，

① 參見王瑞功主編：《諸葛亮研究集成》，齊魯書社 1997 年版，第 1749 頁。

不同階段也有著各自的特點，並時有創新之舉。其中最爲突出的一個變化就是，雍正二年（1724），諸葛亮以“先儒諸葛子”之名從祀孔廟，成爲儒家典範。

一、清承明制：清前期諸帝的諸葛亮崇祀

早在明代中後期，《三國演義》在全社會就已經大量刊行流播，上至王侯將相，下至鄉野村夫，幾乎無人不知書中的故事情節和主要人物。而書中著力塑造的忠誠與智慧的化身——諸葛亮自然也憑藉小説的推廣而日漸深入人心。滿清貴族對這一通俗小説更是超乎尋常的喜愛，清太祖努爾哈赤就痴迷於《三國演義》，也對諸葛亮極爲推重。他曾多次援引諸葛亮之言行來對子孫和臣下進行勸勉和警示。

立國之初，努爾哈赤就曾曉諭群臣應該像“古所稱皋陶、伊尹、周公、諸葛亮、魏征諸臣”那樣“勤敏恪慎、殫心厥職”，衹有這樣，才能使“君心嘉悦、眷顧日隆”，同時臣子們也能“生膺顯爵，没垂令聞，斯於臣職爲無負耳”。[①]

天命十一年（1626），身罹沉珂的努爾哈赤反復警示臣子：“爲大臣而計圖便安，罔思報效者，不誅不譴，何以懲惡？爲小臣而勒於職事，克殫厥心者，不加拔擢，何以勸善？”他以諸葛亮“身佐幼主，攝行國政”，“有罪必誅，雖親不庇；有功必舉，雖仇不遺”等至公至明、“載諸史册，至今稱述”的事迹要求繼任者“辨忠奸”“明賞罰”。恐怕此時他也自知時日無多，故而此番援引諸葛亮輔佐幼主之事可能頗具深意。[②]

康熙帝同樣非常尊崇諸葛亮，並經常引其“鞠躬盡瘁，死而後已”之語以自勉。

康熙十六年（1677），葉方藹充《孝經衍義》總裁，進講《通鑒》。康熙帝問他：“諸葛亮何如伊尹？”葉方藹對曰：“伊尹聖人，可比孔子；諸葛亮大賢，可比顔淵。”康熙帝“首肯”之。[③]

康熙四十七年（1708），在廢除皇太子胤礽之後，康熙帝按照傳統遣官告祭天地和太廟。他嫌翰林院所擬祭文未盡己意，爲“抒寫悃誠”，乃親自撰文並在文章裏引用了諸葛亮《出師表》中“鞠躬盡瘁，死而後已”這一名句。然而，大學士等認爲諸葛亮“鞠躬盡瘁，死而後已”之語“惟人臣可用，而人君則不可用”。針對這一議論，康熙帝表示“諸葛亮乃純臣，亮之此語非特人臣當如此，而人君益當如此。朕常爲諸臣言之爲人臣者猶有可諉，爲人君者將安諉乎？惟當敬天勤民，鞠躬盡瘁而已”[④]。將諸葛亮視作“純臣”，足見康熙帝對其之推崇。

康熙六十一年（1722），康熙帝駕崩。在遺詔中，他再次引用了諸葛亮“鞠躬盡瘁、死而後已”之語，認爲“爲人臣者、惟諸葛亮能如此耳”。雖然他是出於

---

① 《清實録·太祖實録》，中華書局 1986 年版，第 73 頁。
② 《清實録·太祖實録》，中華書局 1986 年版，第 139 頁。
③ 《清史稿》卷二六六，中華書局 1977 年版，第 9943 頁。
④ 《清實録·聖祖實録》第 3 册，中華書局 1985 年版，第 340 頁。

自矜之目的，旨在説明“帝王仔肩甚重，無可旁諉，豈臣下所可比擬”，但這番話之于諸葛亮，依然可以説是非常高的贊譽了。[①]

當然，清初帝王崇祀諸葛亮的最重要之舉乃是順治朝將其配享於歷代帝王廟中。帝王廟祭專指對歷代聖明帝王以及配享名臣的祭祀。入關之初，清承明制，對明代推行的歷代帝王廟之祀典也頗爲關注。尤其是在順治時期，天下初定，清室以少數民族問鼎中原，在帝王廟這一場域對歷代君王的祭祀實際上是在祭拜中華文明自上古開闢以來的所有先祖，“即等於從時間的縱深上來建立並鞏固一個廣大共同體的意識”，這有助於安撫人心，鞏固統治。[②]

順治二年（1645），清廷即著手重新確立歷代帝王廟的祭祀。户部尚書英俄爾岱奉命祭祀從遠古伏羲氏一直到勝朝太祖朱元璋的二十一位元歷代帝王，祀以太牢。與此同時，又遣禮部尚書覺羅郎球、工部尚書星訥、梅勒章京吴拜、兵部侍郎朱瑪喇等分祭配享功臣凡四十一人，祀以少牢。[③]其中，三國時期衹有諸葛亮一人得此殊榮。

順治十三年（1656），順治帝諭禮部：“今歷代帝王廟祭典雖已修舉，但十三年來，俱系遣官致祭。朕今欲於明春親詣行禮，以抒景仰前徽至意。爾部即酌議禮儀具奏”[④]。次年三月，他即到帝王廟中親祭歷代帝王，並行二跪六叩之禮。[⑤]由此可見順治帝重視帝王廟祭祀之程度，也可旁見諸葛亮之所受推崇。

除將其配享帝王廟之外，順治朝也逐漸恢復了地方上祭祀諸葛亮的傳統。“諸葛亮信仰，最初即是在鄉野社會具備廣泛基礎，其産生的强大的社會整合力量，被國家借用，形成制度化的祭祀儀式，再反向傳播進入鄉野社會，成爲國家實現社會控制的手段。在這個意義上，諸葛亮的信仰實現了國家與地方社會的同構。”[⑥]如湖南衡陽石鼓書院自宋代開始就有“崇祀漢臣諸葛亮及唐宋臣韓愈朱熹等諸賢”的傳統，然而到了明末，“兵火傾圮，祀典湮墜”，因而順治十四年（1657），偏沅巡撫袁廓宇上疏朝廷，希望能恢復祀典，以“表彰前賢，興起致祭”，順治帝欣然“從之”。[⑦]到康熙十一年（1672），“成都府屬紳耆請復武侯祠祀典”，也獲照準。[⑧]

清室以少數民族入主中原，既有的制度難以應對複雜的新局面，再加上缺乏建章立制的經驗，衹能蕭規曹隨，大量承襲明朝舊制。故而清初對諸葛亮的崇祀也大體延續了明代的慣例，如以諸葛亮爲人臣楷模來砥礪群臣，將諸葛亮配享歷

① 《清實録·聖祖實録》第3册，中華書局1985年版，第902頁。
② 王汎森：《思想是生活的一種方式》，北京大學出版社2018年版，第274頁。
③ 《清實録·世祖實録》，中華書局1985年版，第131頁。
④ 《清實録·世祖實録》，中華書局1985年版，第821頁。
⑤ 《清實録·世祖實録》，中華書局1985年版，第822頁。
⑥ 曾窮石：《諸葛亮信仰與社會控制：從宋代龍州修建武侯祠談起》，載《雲南師範大學學報》（哲學社會科學版）2017年第5期，第102頁。
⑦ 《清實録·世祖實録》，中華書局1985年版，第868頁。
⑧ 黄廷桂等：《四川通志》卷五，影印《文淵閣四庫全書》本。

代帝王廟，恢復諸葛亮的地方祀典等。更新更高的崇祀之舉還有待後來人。

二、盛世之典：清中期雍、乾二帝的諸葛亮崇祀

如果說清代前期對諸葛亮的崇祀主要集中於承襲明制的帝王廟祀典上，那麼到了清代中葉則有了全新的發展，其中最爲突出的就是諸葛亮得以在雍正朝從祀孔廟。

孔廟"從祀大典，乃乾坤第一大事"[①]。這一政教制度意在表彰孔門弟子及後世儒家接續儒學"道統"者。"制度變遷是理解歷史變遷的關鍵"[②]，不同的時代有著不同的政治環境和學術風氣，因而從祀孔廟儒者的取捨呈現出時代的特色。

清雍正二年（1724），雍正帝詔令以漢臣諸葛亮從祀孔廟，稱"先儒諸葛子亮"。諸葛亮並不以儒學著稱，通常也不被視爲一名儒家系譜中的"純儒"，但是在他去世一千五百年後，却得以榮登孔廟，成爲"扶持名教，羽翼聖經"的"真儒"，與之相關的政治文化背景頗爲值得關注。

其實，有關諸葛亮從祀孔廟的議論早在明末就已啓其端。明末世亂時危，世人推重經世之學。大儒黄宗羲曾力主以諸葛亮爲首的七位名臣從祀孔廟，理由是："此七公者，至公血誠，任天下之重，矻然抵住於疾風狂濤之中，世界以之爲輕重有無，此能行孔子之道者也。"[③]然而明清易代之際，天下鼎沸，無論明室還是清室，都無暇顧及孔廟祀典之更張，是故此議無果而終。雖然如此，黄宗羲的這一議論也爲諸葛亮得以在清代登堂入室從祀孔廟奠定了一定的輿論基礎。

百年之後，天下底定，清王朝在全國範圍内確立了穩定的統治，於是開始著意宣示文治教化。即位的第二年，雍正帝就詔令禮部等官署討論孔廟從祀人選，對"附享廟庭諸賢"中"有先罷而今宜複者"以及"有舊缺而今宜增者"，要相應進行恢復和增補。

各部經過商議，一方面認爲明代嘉靖朝改祀于鄉的林放、蘧瑗、鄭玄、鄭衆、盧植、服虔、范寧七人以及罷祀的秦冉、顏何、戴聖、何休四人，屬於"先罷而今宜復者"，可以"復其從祀"；另一方面"詳考先儒事實"，認爲"孟子門人樂正子、公都子、萬章、公孫丑，漢諸葛亮，唐陸贄，宋韓琦、尹焞、黄幹、陳淳、何基、王柏，元金履祥、許謙、陳澔，明羅欽順、蔡清，本朝陸隴其"等十八人屬於"舊缺而今宜增者"，可以"增入兩廡從祀"。

---

① 瞿九思：《孔廟禮樂考》卷五，《續修四庫全書》本，上海古籍出版社 2002 年版，第 45 頁。

② 諾思説："制度是一個社會的博弈規則，或者更規範地説，它們是一些人爲設計的、型塑人們互動關係的約束。從而，制度構造了人們在政治、社會或經濟領域裏交換的激勵。制度變遷決定了人類歷史中的社會演化方式，因而是理解歷史變遷的關鍵。"見道格拉斯·C.諾思：《制度、制度變遷與經濟績效》，杭行譯、韋森譯審，格致出版社·上海三聯書店·上海人民出版社 2014 年版，第 1 頁。

③ 沈善洪主編：《黄宗羲全集》第 1 册，浙江古籍出版社 1985 年版，第 193 頁。

然而，雍正帝對此次奏報的名單並不滿意。在他看來，“先儒從祀文廟，關係學術人心，典至重也。宜復宜增，必詳加考證、折衷盡善，庶使萬世遵守，永無異議”。而此番各部“所議復祀諸儒，雖皆有功經學，然戴聖、何休未爲純儒，鄭衆、盧植、服虔、范寧謹守一家言轉相傳述。視鄭康成之淳質深通，似乎有間。至若唐之陸贄、宋之韓琦，勳業昭垂史册，自是千古名臣。然于孔孟心傳，果有授受而能表彰羽翼乎？”至於“其他諸儒，是否允協”，“著再公同確議”。總而言之，孔廟從祀之人選要“務期至當，不易具奏”。[①]

“誰應該進入孔廟享受至高的榮譽，並不是由儒生自己決定，而是需要得到朝廷認可，因此朝廷可以借此來引導儒生的言論，間接地制約儒家思想的發展方向。”[②]所以，雖然孔廟從祀制度有其自身的運行法則，但是從祀儒者的選擇依然取決於皇權之手。諸葛亮與多位儒者共同入選本次禮部所奏名册，雍正帝雖然没有對他的從祀資格提出異議，但是却受囿于從祀傳統標準中重道德文章而輕經世事功的成見，質疑陸贄和韓琦等歷代名臣的從祀資格，要求各部再議。

面對雍正帝的質疑，“禮部等衙門遵旨再議”，最後提出“從祀孔廟宜復祀者六人：林放、蘧瑗、秦冉、顔何、鄭康成、范寧。宜增祀者二十人：縣亶、牧皮、樂正子、公都子、萬章、公孫丑、諸葛亮、尹焞、魏了翁、黄幹、陳淳、何基、王柏、趙復、金履祥、許謙、陳澔、羅欽順、蔡清、陸隴其”。理由是這些儒者“或親承訓論，遞衍源流，或遠契心傳，倡明正學。升諸從祀之列，予以延世之賞，人心公論，皆爲允合。”

雍正帝對此次所議之結果頗感切理饜心，認爲“諸臣參考周詳，評論公正”，提議的人選都是“扶持名教，羽翼聖經”的儒者，因而下令“著依議行”。[③]這是唐代以降，最大規模的孔廟增祀舉動。雖然陸贄、韓琦等最終被剔除出名單，但是諸葛亮還是得以順利從祀孔廟。其實，諸葛亮和陸贄、韓琦類似，都是“無講學之名，亦無釋經之作”[④]的經世名臣。然而兹事體大，爲何最終諸葛亮與陸、韓等人結果有别？

第一，這與諸葛亮的歷史形象甚至文學形象密切相關。諸葛亮是歷史上“鞠躬盡瘁，死而後已”的忠臣典範，而在《三國演義》中他更是被塑造爲集忠誠智慧於一身的“完人”形象。雍正時期，天下底定，出於教忠勸忠、鞏固統治的目的，自然需要樹立諸葛亮這樣既忠且能的臣子楷模以砥礪人心。在他名聲日顯之時將其從祀孔廟塑造爲新的儒學偶像不僅僅是士大夫階層的需求，更是整個國家共同體的需要。

---

① 《清實録·世宗實録》第 1 册，中華書局 1985 年版，第 327 頁。
② 干春松：《儒家制度化的形成和基本結構——對於儒家的一種新的解釋方式》，載《哲學研究》2001 年第 1 期，第 71 頁。
③ 《清實録·世宗實録》第 1 册，中華書局 1985 年版，第 374 頁。
④ 龐鐘璐：《文廟祀典考》第 10 册，江蘇廣陵古籍刻印社 1988 年版，第 47 頁。

第二，諸葛亮得以從祀孔廟也是因爲他頗受朱熹的稱贊，而程朱理學在有清一代又地位極高。細考之，朱熹曾在《近思録》中列舉了十六位聖賢人物，其中就有諸葛亮，並稱“諸葛武侯有儒者氣象”“孔明庶幾禮樂”[①]。而《近思録》中所舉的十六位聖賢除荀子、揚雄因特殊原因先入祀後罷祀外，此時未能從祀孔廟的僅武侯一人耳。

第三，與諸葛亮情況類似的范仲淹已經在康熙五十四年（1715）作爲“行道之儒”從祀孔廟，開創了經世名臣從祀孔廟之先聲[②]，所以諸葛亮此時得以從祀孔廟正是清代初年講求實際、重視經世之學這一風氣的延續。而他與陸贄、韓琦等人相比，更具典型意義，也更受清代帝王的推崇，因而得以榮登孔廟。

“德位相配”“治道合一”是中國古代政治的理想狀態，但是往往“德”“位”難以兩全，於是就有了“道統”與“治統”的分途。王夫之曾有言：“天下所極重而不可竊者二：天子之位也，是謂‘治統’；聖人之教也，是謂‘道統’。”[③]康熙帝在爲《日講四書解義》所作的序文中曾强調“萬世道統之傳，即萬世治統之所系也。”[④]此後清代諸帝也都深明儒家“道統”事關其“治統”的合法性與穩固性。從一定意義上來説，對孔廟從祀儒者的挑選就是以皇權爲代表的“治統”對儒家“道統”争奪和控制的過程，也即是帝王實現其“治道合一”理想的過程，是以雍正帝對孔廟從祀制度如此之關注。[⑤]

“如果説文廟是正統儒學象徵體系的核心，那麽文廟從祀制度就是這一核心的焦點，如同皇冠之上的寶石，璀璨奪目。”[⑥]就這樣，諸葛亮雖于經學無所表彰，於儒術未有發明，但在程朱理學的助推之下，以匡扶漢室、鞠躬盡瘁之功而得以從祀孔廟，成爲雍正朝的“盛世之典”。

乾隆帝和其父其祖一樣對諸葛亮非常推崇，在其即位初年取“向日日課所爲文，删擇編次合而録之”所成的《御制日知薈説》中，曾稱：“諸葛孔明爲三代以下第一流人物，約其生平，亦曰公忠二字而已。”[⑦]乾隆十二年（1747），他又再次肯定了諸葛亮從祀孔廟的意義。[⑧]而他的一生更是寫有多首詩文贊頌諸葛亮。讀《諸葛武侯傳》，他題詩贊曰：“盡瘁終身翊赤符，豈虞一本不勝扶。隴中已走

---

① 陳榮捷：《近思録詳注集評》，華東師範大學出版社 2007 年版，第 314 頁。
② 龐鍾璐：《文廟祀典考》第 10 册，江蘇廣陵古籍刻印社 1988 年版，第 60 頁。
③ 王夫之：《讀通鑒論》卷一三，《船山全書》第 10 册，岳麓書社 1996 年版，第 479 頁。
④ 《清實録·聖祖實録》第 1 册，中華書局 1985 年版，第 899 頁。
⑤ 干春松認爲：“思想觀念的制度化，就是在權力的支持下，賦予這種思想觀念以真理性的地位，並通過一系列具有强制性法律、習俗、實踐系統，來確保這樣的思想觀念的傳播、落實，並對其反對的力量進行控制甚至打擊。”見：《制度化儒家及其解體》，中國人民大學出版社 2012 年版，第 13 頁。
⑥ 劉續兵、房偉：《文廟釋奠禮儀研究》，中華書局 2017 年版，第 171 頁。
⑦ 愛新覺羅·弘曆：《御制日知薈説》卷四，影印《文淵閣四庫全書》本。
⑧ 《清實録·高宗實録》第 5 册，中華書局 1986 年版，第 957 頁。

生司馬，地下何愧鬼董狐。南北未忘先主志，桓文不道仲尼徒。錦官城外森森柏，丞相祠堂尚有無？”[①]又賦《諸葛武侯贊》一文，稱：“諸葛大名，星輝雲爛。惟公一身，存亡系漢”。[②]他還撰寫《蜀漢興亡論》，認爲“治亂之理”，“系於人君之用賢與不用賢”，而“昭烈之狼狽奔走，以未得孔明故也；後主之克守前烈，爲敵國所畏者，以孔明在相位故也；其用黄皓、陳衹而喪國敗家者，以孔明既殁故也”，所以諸葛亮這樣的“賢人”，實在是“國家之寶”。[③]

乾隆十六年（1715），乾隆帝御製《題琅琊五賢祠》，更是高度贊揚諸葛亮是位“全人”。

五賢祠，原名景賢祠，是明嘉靖年間沂州知州何格所建，祭祀諸葛亮、王祥、王覽、顔真卿、顔杲卿五位賢人，其中諸葛亮的坐像位於正殿居中供奉。當乾隆帝南巡途經山東時，當時的山東巡撫准泰向其奏請：山東沂州府舊有景賢祠修建完竣，請賜御筆。乾隆帝欣然准奏，御題匾額“千秋無賢”，又賜七言詩一首：“孝能竭力王祥覽，忠以捐軀顔杲真。所遇由來殊出處，端推諸葛是全人”。此外，乾隆帝還特别爲諸葛亮題寫匾額，稱其“忠貫雲霄”。准泰將此詩發交沂州府，“景賢祠”由此更名爲“五賢祠”。沂州府將乾隆皇帝之御筆製成鎏金匾，高懸於“五賢祠”正堂，又將《題琅琊五賢祠》的詩文刻碑立於祠内，建亭保護，名爲“御詩碑亭”。整個清代，五賢祠一直保存完好，成爲教忠教孝的有力教材。[④]

乾隆帝回京後，又對《題琅琊五賢祠》進行了潤色並題寫序言，最後定詩名爲《五賢祠並序》，稱：

> 沂州，古琅琊郡，漢諸葛亮故里，晋王祥、王覽，唐顔杲卿、顔真卿皆產其地，舊有景賢祠合祀之。嘉其純忠至孝、節烈彪炳，足表範人倫，紀之以詩：王祥王覽能全孝，真卿杲卿均致身。所遇由來殊出處，要推諸葛是全人。[⑤]

總之，乾隆帝贊美琅琊五賢“殊出處”，即都有特别出衆的地方，而在這五位賢人中，不論是“端推”還是“要推”，他都首以諸葛亮爲全人。

此外，清代中期對諸葛亮的崇祀還體現在吸取其治理邊疆地區和少數民族聚居區的經驗上。在處理大小金川叛亂之時，面對化外“苗蠻”“叛服靡常”“狡黠故智”的“反復情形”，乾隆帝認爲之前的平叛，前綫將領“既不能遽得要領，臨事又惟草率了局”，以致“官兵甫徹，旋復煽動，傷威損重，勞費實多”，故

---

① 王瑞功主編：《諸葛亮研究集成》，齊魯書社 1997 年版，第 1202 頁。
② 王瑞功主編：《諸葛亮研究集成》，齊魯書社 1997 年版，第 713 頁。
③ 王瑞功主編：《諸葛亮研究集成》，齊魯書社 1997 年版，第 647 頁。
④ 《乾隆沂州府志》，載《中國地方志集成·山東府縣志輯》，鳳凰出版社 2004 年版，第 20 頁。
⑤ 王瑞功主編：《諸葛亮研究集成》，齊魯書社 1997 年版，第 1202 頁。

而諭軍機大臣，要求他們“傳諭慶復、張廣泗等”，“將全蜀情形，通盤計度”，同時“稽之前事，如漢之馬援、諸葛亮、蠻中至今凛其遺烈”的“一勞永逸之利”，思考“如何可令蠻衆弭耳帖服，永爲不侵不叛之臣”[①]。一方面，乾隆帝曉諭群臣學習諸葛亮治蜀之經驗，另一方面，他也在試圖運用諸葛亮的象徵符號來建構一套話語體系，意在使諸葛亮崇拜逐漸成爲清王朝在邊疆地區推行的正統禮教的典型代表。這一嘗試不衹局限於乾隆一朝，而是貫徹於清代之始終。

值得一提的是，乾隆朝還有一段歷史的插曲。在四川安定後，乾隆帝要求地方官員查訪成都城内的名勝古迹，“如諸葛亮廟，杜甫詩所稱丞相祠堂者”，其“廟内古柏，是否尚存”，並和“杜甫詩中浣花草堂、萬里橋等處古迹”，“一并查明，繪圖貼説呈覽。”[②]這既體現了乾隆帝的附庸風雅，也反映出他對諸葛亮、杜甫等文化符號的格外看重。

三、救時之方：清後期諸帝的諸葛亮崇祀

從乾隆朝後期開始，清王朝已經逐漸步入了下坡路。嘉道之際，更被認爲是清代的“中衰期”。因而，清代中後期帝王對於諸葛亮的崇祀主要是推重其經世之功，諸葛亮之名往往多見於皇帝“策試”天下貢士的“聖諭”之中。這顯然是清廷需才孔亟，乃以諸葛亮爲楷模，希望能有“救時宰相”來挽狂瀾於既倒，扶大厦之將傾。

嘉慶末年，清朝國勢衰微，社會矛盾尖鋭，西部川、楚、陝白蓮教起義剛剛平息，北方又爆發了天理教起義，部分天理教徒甚至在太監的接應下冲進皇宫，“釀成漢、唐、宋、明未有之事”[③]。此時的清王朝時局動蕩，吏治腐敗，所謂“康乾盛世”已是明日黄花。面對危機四伏的政局，嘉慶帝打出“咸與維新”的旗號，力圖整飭内政，重整朝綱。在誅殺權臣和珅，罷黜和珅的親信死黨之後，廣開言路，黜奢崇儉，力戒地方上欺隱、粉飾、怠惰之風。

嘉慶二十五年（1820）殿試，主要圍繞“量才器使”和治河問題展開。嘉慶帝斥責當時的爲吏者“或怠玩因循，燕燕居息，以廢弛爲安静，以顢頇爲老成”，以致“獄訟積而不問，職事惰而不修”。而“曹參之治齊，寬而簡；諸葛亮之治蜀，嚴而詳。而二人皆以賢相稱。龔黄之治民以慈仁，張趙之治民以明敏。而四人皆以賢守著。爲道不同，同歸於治，其故若何？”在他看來，“悃愊之吏，可以寧人，而緩急或不足恃；武健之才，易以集事，而跅弛或至逾閑”。故而希望

① 《清實録·高宗實録》第4册，中華書局1986年版，第808頁。
② 《清實録·高宗實録》第15册，中華書局1986年版，第727頁。
③ 《清實録·仁宗實録》第4册，中華書局1986年版，第723頁。

“天下貢士陳繼昌等二百四十六人”討論諸葛亮、曹參等名臣“爲道不同，同歸於治”的“量才器使”的問題。嘉慶帝希望士子們“毋泛毋隱，毋襲陳言”。①

如果説嘉慶朝是“病在肌膚”，尚是“落日餘暉”，清王朝作爲“天朝上國”的餘威還在，那麼到了光緒朝，則已是“病在骨髓”了。朝綱日陵，國際屢啓，内外的連續挫折，迫使統治者更加講求實際，並關注武備等現實問題。

光緒二十四年（1898）於清廷可謂是多事之秋。二月十四日，李鴻章代表清王朝簽訂了中德《膠澳租界條約》，膠州灣被德强占；三月，中俄先後簽訂《旅大租地條約》和《續訂旅大租地條約》，旅順、大連等東北的重要港口和鐵路被俄國强占；四月二十一日，中英簽訂《展拓香港界址專條》，九龍半島又被英國强占……在重重壓力之下，光緒帝也開始積極尋求國家出路和救時之方。這一年的殿試，就主要圍繞與時局密切相關的“取士”問題和“征戰”事宜展開。

四月，光緒帝“策試天下貢士陸增煒等三百四十二人於保和殿”，要求士子們“臨軒發策，冀得嘉謨，以裨實政”。他認爲“人才出則國運昌，不可不亟講求也”，寄望於“海内賢士，酌古劑今，共圖上理”。同時，他也要求士子們思考“陳湯擊郅支”、竇憲“登燕然而刻石”、“諸葛亮屯漢中”等戰事問題。他表示：“凡此皆宰世之宏綱，經邦之要務也。朕以藐躬膺祖宗付托之重，宵旰憂勤，辟門籲俊。爾多士各殫見聞，毋泛毋隱。”②不久，光緒皇帝更進一步，頒布“明定國是”詔，開啓了轟轟烈烈的維新變法。

除以上兩例外，道光二十五年（1845），光緒二年（1876）等年份的殿試策論中也頻頻出現諸葛亮之名，且多與時事相關，可見清代後期統治者求治之亟，也可見他們對諸葛亮的偶像作用寄望之深。

當然，清代後期對諸葛亮的官方祭祀也在繼續。特别是地方上的諸葛亮崇祀在前代的基礎上得到繼續發展，具體表現在祭祀的規格更爲隆重、建修祠廟也更加頻繁。“地方進入王朝國家體系，除了所謂的‘納土稱臣’之外，很重要的一步就是將地方的‘過去’放入到王朝國家的‘歷史脉絡’之中，從而使得地方成爲有‘歷史’的‘文教’之地，而非無‘歷史’的‘蠻夷’之地。”③所以，地方上的祭祀活動其实是將地方的歷史納入到王朝國家的歷史書寫脉絡之中的重要手段之一。“對於諸葛亮這樣的先賢、神祇的崇祀有利於‘樹風聲、流顯號、美教化、移風俗、緯陰陽、正綱紀’的實現。這樣一來，國家‘神道設教’的意識理念便通過具體的地方祭祀圓融在基層社會之中。”當時，“全國範圍内孔明廟

---

① 《清實録·仁宗實録》第5册，中華書局1986年版，第879頁。
② 《清實録·德宗實録》第6册，中華書局1987年版，第480頁。
③ 曾窮石：《諸葛亮信仰與社會控制：從宋代龍州修建武侯祠談起》，載《雲南師範大學學報》（哲學社會科學版）2017年第5期，第107頁。

（祠）、諸葛廟（祠）、武侯祠還出現在臨沂、襄陽、東湖、桂陽、寶慶、廬州、岐山、沔陽、秦州等十餘個府縣。”經過官方批准，各地武侯祠對諸葛亮的祭祀從一開始的一年一祭，逐漸發展到春秋祭祀的一年二祭之定制。同時，祭祀時初用少牢之禮，清中期以後也改用太牢。①

清王朝崇祀诸葛亮之举，實際上是在通過塑造諸葛亮這一偶像符號來輔助其進行社會治理，使諸葛亮崇拜和武侯祠的修建，成爲國家在場的標志。最爲典型的就是在嘉慶朝和光緒朝，兩次以“顯靈”之迹，專門遣官告祭勉縣定軍山武侯祠。嘉慶八年（1803），在基本平定白蓮教起義之後，嘉慶帝思及兵燹曾擾及川、楚、陝三省地方，而“大兵所至，仰賴山川效靈神祇助順，用得師行貞吉，全奏厎平”，於是對三省“山川祠宇靈迹顯應處所”，如“定軍山漢臣諸葛亮祠”，遣欽差工部右侍郎初彭齡告祭，“修舉明禋，敬答鴻佑”。勉縣定軍山的武侯祠，其祭祀規格初用少牢，但此時經嘉慶帝御制祭文，並譴官員以太牢致祭後，乃升爲太牢之禮。至嘉慶十七年（1812），又舉行春秋二祀，“永著爲令”②。光緒五年（1879），又“以神靈顯應”，遣官告祭“陝西勉縣漢臣諸葛亮祠”，同時賜“匾額曰：萬古雲霄”。③

通過對諸葛亮的崇祀，可以强化邊疆地區百姓的國家認同，實現國家對邊疆的有效控制和社會治理。而伴隨著近代以來大清帝國的江河日下，在國事艱難之時，朝野上下均對諸葛亮這一偶像符號寄托了複雜的情感，官方認可並積極推動對諸葛亮的崇祀，是與國家著力重塑自身的權威認同並試圖加强對地方的控制相同步的。

四、清代帝王崇祀諸葛亮的原因

“‘太上有立德，其次有立功，其次有立言。’雖久不廢，此之謂不朽。”④諸葛亮“大名垂宇宙”，可謂千古不朽之人，而他在清代備受帝王推崇，深加考察，主要有以下幾個方面的原因：

其一，清代帝王要借用民間對諸葛亮的膜拜和神話，來教忠勸忠，以鞏固其統治。“民間的諸葛亮傳説被有文字特權的儒家精英加以改編和神化，從而在更寬廣的範圍内傳布，諸葛亮在民間漸漸形成了這樣的標志性符號化形象：智慧、好謀略、料事如神。此外，當官方在民間火熱的諸葛亮信仰的倒逼之下，吸收諸

① 參見劉森垚《論歷代的諸葛亮崇祀——以官方崇祀爲中心》，載《成都大學學報》（社會科學版）2014年第2期，第44頁。
② 《清實録·仁宗實録》第2册，中華書局1987年版，第556頁。
③ 《清實録·德宗實録》第2册，中華書局1987年版，第499頁。
④ 〔清〕阮元校刻：《十三經注疏》，中華書局1980年版，第1979頁。

葛亮進入國家祭祀系統中，亦看重了諸葛亮的另一個符號化標志——其作爲儒家代表的文化人格——飽讀詩書，忠君愛民。”[①]諸葛亮受蜀漢昭烈帝托孤之重，一生“鞠躬盡瘁，死而後已”，成爲傳統社會忠臣的代表。儒家所謂“可以托六尺之孤，可以寄百里之命，臨大節而不可奪”的忠貞精神在他身上得到了最好的詮釋，這也正符合清王朝扶持名教的“教忠之意”，可以借對他的崇祀來教化民衆，鞏固統治。

其二，清代帝王有意識地利用諸葛亮這一偶像符號來加强對邊疆地區的治理，並實現國家文化的同構。諸葛亮七擒七縱降服“南蠻”首領孟獲的故事廣爲流傳，治理南中的功績也載入史册。故而，他在少數民族和西南邊疆地區享有很高的威望，不衹是漢人爲他立廟設祭，很多少數民族也爲他四時祭祀。清廷自身即以少數民族入主中原，而所轄幅員遼闊，境内民族衆多，雖歷經數百年文明教化的努力，國家對邊疆地區的統治力量依然有限。在地方上修建武侯祠祭祀諸葛亮，進行國家層面的干預，可以使其作爲國家力量在場的象徵。另外，除了忠孝仁義等一般的儒家人格特徵外，諸葛亮還具有鮮明的儒家大一統思想的文化稟賦。他一生以“北伐中原，興復漢室”爲旗幟來號召天下士民，如此則歷史也賦予他以國家統一的符號意義。在他的身上，具有厚重的民族與國家認同元素。所以，清代帝王崇祀諸葛亮也是看重他對於治理少數民族和西南邊地的貢獻以及他的文化偶像凝聚作用。

其三，《三國演義》在清代盛行的影響不容忽視。“明清時期以皇帝爲代表的統治階級對《三國演義》的獨特喜愛，除了源於自身娛樂欣賞之外，更重要的是功利欣賞。特别是清朝時期統治階級充分挖掘了《三國演義》中可以利用的各種價值來爲維護自己的統治政權服務，所以對《三國演義》頗爲重視。”清代《三國演義》流布很廣、影響很大，甚至“曾被清政府視爲軍事和政治教科書使用，極受重視”。[②]蜀漢人物諸葛亮、關羽等借助小説的推廣而更加深入人心，康熙、雍正等帝王也都受此影響而對諸葛亮推崇備至。再加上諸葛亮在清代不時“神靈顯應”，護佑一方，所以對他的崇祀在清代達到頂峰也是順理成章之事。

五、結　語

就某種意義上而言，諸葛亮信仰成爲了君主與臣子、治統與道統以及中央與地方之間互動的紐帶。清代帝王從實際的利益考量出發，試圖通過對他的崇祀來加强國家治理，實現整個國家的文化同構。同時，“每一個時代的理論思維，從而我們時代的理論思維，都是一種歷史的産物，它在不同的時代具有完全不同的

---

① 曾窮石：《諸葛亮信仰與社會控制：從宋代龍州修建武侯祠談起》，第 107 頁。

② 黄晋：《〈三國演義〉在明清時期的傳播與影響研究》，東北師範大學 2012 年博士學位论文，第 71-72 頁。

形式，同時具有完全不同的內容”①。有清一代帝王對諸葛亮的崇祀貫徹始終，而隨著社會的變遷又不斷地因時制宜，在不同的時期有著不同的特點，這正是恩格斯這一觀點的具體體現。

要之，可以用兩個詞來概括清代帝王的諸葛亮崇祀：“一以貫之”和“與時俱進”。對諸葛亮的崇祀代代延續，始終恩典有加，這是一以貫之的方面；而具體的崇祀方式和特點則隨著時代的變遷和國家的需要而不斷變化，將諸葛亮從祀孔廟、在地方上推行諸葛亮崇拜等就是因時制宜、“與時俱進”的典型，而這一特點也更爲突出。

作者單位：華東師範大學歷史學系

① 中共中央馬克思恩格斯列寧斯大林著作編譯局編譯：《馬克思恩格斯選集》第 3 卷，人民出版社 1995 年版，第 465 頁。

試析民國前期成都文人的精神生活方式①

——以《吴虞日記》爲例

萬羅慧

内容提要： 隨著 1911 年辛亥革命的爆發，東西新俗漸入，成都學人的精神文化生活也在新舊交替中悄然改變。吴虞作爲土生土長的成都人生活在清末民初兩個時代的交替之間，其存留的日記大部分内容記録其在民國成都的日常生活狀況，其中的精神文化生活又是作爲學者的吴虞生活中不可或缺的一部分。本文以《吴虞日記》爲基礎，分析吴虞及其友人在民國成都的文化生活方式，歸納民國前期成都文人的精神生活特徵。

關 鍵 詞： 民國；成都；文人；文化生活；《吴虞日記》

古時“文人”即爲“文士”，與“武人”“武士”相對。漢代對文人的解釋是“讀書能文之士，擅長文章之人”②，此解釋文人爲讀書人，與今日無大差幾。吴虞乃文人，亦地道成都人。成都作爲一個歷史文化悠久的城市，蘊含著豐富的社會娱樂文化，“但成都在中國處於相對偏僻的地理位置及相對封閉的社會環境使晚清以來受外力冲擊較少，社會娱樂所發生的改變并不是非常激烈，直至民國前期，傳統的城市社會娱樂活動仍然在市民的文化娱樂生活中占據主導地位。但隨著風氣漸開，外部文化的影響加大，民國時期的成都社會娱樂文化在很大程度上在繼承和保持傳統特色的同時，也不斷地進行著現代性的更新”③。吴虞及其友人生活在近代社會轉型大背景下，其文化生活方式特徵既有古代文人的閑情雅致，也有與時俱進的新消遣。

近年來，學界多偏重於對吴虞的批孔思想、“非孝觀”和“豔體詩”等内容進行研究，而少推及吴虞生活的成都社會。王笛先生的《茶館：成都的公共生活的微觀世界（1900—1950）》一書中對於《吴虞日記》的重視與引用，大體可看出《吴虞日記》對於研究民國成都社會史的重要性。在《吴虞日記》的序裏，榮孟源

---

① 課題來源：四川省哲學社會科學重點研究基地儒學研究中心 2018 年度重點項目“尹昌衡年譜長編”（項目編號：RX18Z01）。

② 陳明遠：《文化人的經濟生活》，文匯出版社 2005 年版，第 2 頁。

③ 何一民：《成都通史》卷 7，四川人民出版社 2011 年版，第 454 頁。

先生提及吴虞的日記史料用途之一："是研究人民生活、生産變化以及社會狀況的珍貴資料。"[①]本文即從吴虞的日記切入，試圖考察吴虞生活的民國時期，成都學人在新舊交替時代下的文化娛樂方式。

一、民國前期成都文人新舊交替的休閑方式

（一）讀書看報

讀書看報是古今文人的通嗜之一，被視爲精神財富。吴虞在日記中記録的内容，除家庭瑣事、所見所聞、日常花銷外，就是與讀書看報相關，且時常在日記中做個人的讀書計劃。如 1912 年正月一日吴虞在日記中記道："今年宜研究子史、文學、哲學，勿預外事而自擾也。"[②]同月的十四日，吴虞又爲自己制訂看書之日計劃："此後上半日看新學書，下半日看舊學書，晚看報章或小説，以娛散情志。"[③]在這年六月，他又列出自己的功課書籍，即早上看哲學、午飯看史學，晚看文學書。另從吴虞在日記中記載的閲讀書目來看，他所覽書籍既包含新學的政治學、社會學、經濟學、刑法等，又有舊學的經、史、子、集等，這在一定程度上表現出時代轉型時期學者的特徵。

除看書外，每月訂閲報紙也是吴虞的讀書習慣之一，時《四川公報》《西方報》《天民報》《民視報》等皆是吴虞日常所讀之報。對於訂報價格，吴虞也做了記載，他在 1912 年六月初十日記道："買新字典預約卷一部洋七角，訂《天民報》《西方報》各一月共洋九角，付餘元洋一元。"[④]1915 年五月十一日：付《西蜀新聞》一月報費，錢四百五十文，報丁手。時灰面物價一斤一百文，一月一種報錢可買四斤多灰面，且吴虞每月所訂的報紙不止一種，由此可知吴虞一月花在讀書看報上的費用之多。

吴虞日常外出也常到老成都的源記（位於學道街）、志古堂、商務館、中華書局、昌福公司等書店購買所讀書籍。1913 年陰曆二月二十九日："飯後意如來，同往志古堂買《荀子》一部一元八角"，"在源記見《諸子學略説》底本頗精准，五六日後當出版，爲之快慰"。[⑤]1912 年正月二十五日："過商務館取《經濟學概論》一本一元八角，《社會學》一本五角。"[⑥]1912 年五月初二日："在昌福公司買《刑律講義》一部二册，付洋一元五角。"[⑦]此外，吴虞還常去圖書館、公園讀書看報。例如 1912 年六月初七日載："過公園看報，今日《天民報》

① 中國革命博物館整理：《吴虞日記》（上册），四川人民出版社 1984 年版，第 3 頁。
② 中國革命博物館整理：《吴虞日記》（上册），四川人民出版社 1984 年版，第 22 頁。
③ 中國革命博物館整理：《吴虞日記》（上册），四川人民出版社 1984 年版，第 23 頁。
④ 中國革命博物館整理：《吴虞日記》（上册），四川人民出版社 1984 年版，第 47 頁。
⑤ 中國革命博物館整理：《吴虞日記》（上册），四川人民出版社 1984 年版，第 31 頁。
⑥ 中國革命博物館整理：《吴虞日記》（上册），四川人民出版社 1984 年版，第 25 頁。
⑦ 中國革命博物館整理：《吴虞日記》（上册），四川人民出版社 1984 年版，第 40 頁。

登余詞七首"[①]，"至志古堂國民公報社小坐，即晤廖季平丈，同到裕文齋取篆聯"[②]。作爲學人的吴虞及其友人的精神休閑方式之一就是讀書看報，這不僅是讀書人之間身份的認同，是他們茶餘飯後的談資，更是他們的精神食糧，他們生活的一種樂趣、精神享受，是他們不可缺少的生活内容。

（二）游覽公園、花會

在讀書看報之餘，吴虞及其友人對出門郊游也意趣甚濃。吴虞在茶餘飯後散步飲茶的去處之一就是公園。中國過去衹有官家或私家的園林，在成都"第一座供民衆享用的城市公園，是建於 1911 年的成都少城公園"[③]。吴虞在日記中多次記載約友人游公園，從時間看吴虞口中的公園應指的是少城公園。1912 年三月初四日記載："午刻游公園，晤劉培之。"[④]隨後十二日至十四日，日記都記録與劉申叔、孫少荆等同游公園。吴虞在成都常去的公園場所還有怡園，在 1912 年農曆一月二十三日記道："午飯後同意如、介卿游怡園。"在同年二月初三日"午飯後，同意如游怡園，付票錢三十文。復游都統街、官學街、半節街……歸過閲報社晤梁少容飲茶"[⑤]，初七日"午飯後外晤劉季舟，同游怡園"[⑥]。

除了公園之外，花市也是吴虞及其友人常去之處。成都的花會歷史悠久，從清代到民國則達鼎盛。成都花會於每年農曆的正月末二月初在青羊宫或二仙庵舉行，花會除展示花木外，還有"奇木珍卉，連圃接畦，異鳥佳禽，層籠累立，農耕蠶器，與夫家居必須竹木各具，兒童游弄細物，麟萃其中。古書籍字畫，真贋參半，盈攤滿壁。游人場中簇擁，車馬郊路喧鬧，往來如織，積日不衰，始終三四十日而後罷散"[⑦]。1905 年，花會進行改整，仿新式博覽會的形式，整改了以前雜亂無章的的場面。"一年一度的花會便成爲春季成都最大規模的公共聚會，花會得到成都社會各階層、各職業的人的喜愛，給大家提供了各種類型、各種層次的娱樂。"[⑧]

成都人趕花會不僅是爲了購物，也是爲了春游參加娱樂活動。李劼人的小説《死水微瀾》裏就描述道："……四方的人，自然要不遠百里而來，買他們要用的東西。城裏的人，更喜歡來，不過他們並不像鄉下人是安心來買農具竹器的，他們來此的心情衹在蔑棚之下，吃茶喝酒，賞春游宴罷了。就是官宦人家、世家大族的太太、奶奶、小姐姐們，平日衹許與家中男子見面的，在趕青羊宫時節，也可以露出臉來，不但允許陌生的男子趕著看她們，而她們也會偷偷地下死臉來看

① 中國革命博物館整理：《吴虞日記》（上册），四川人民出版社 1984 年版，第 33 頁。
② 中國革命博物館整理：《吴虞日記》（上册），四川人民出版社 1984 年版，第 293 頁。
③ 陳世松、賈大泉：《四川通史》卷 7《民國卷》，四川人民出版社 2010 年版，第 640 頁。
④ 中國革命博物館整理：《吴虞日記》（上册），四川人民出版社 1984 年版，第 32 頁。
⑤ 中國革命博物館整理：《吴虞日記》（上册），四川人民出版社 1984 年版，第 26 頁。
⑥ 中國革命博物館整理：《吴虞日記》（上册），四川人民出版社 1984 年版，第 27 頁。
⑦ 李致剛：《成都花會考——即花會導游記》，載《川康游蹤》，中國旅行社 1943 年版，第 224 頁。
⑧ 何一民：《成都通史》卷 7，四川人民出版社 2011 年版，第 469 頁。

男子們，城裏的人之喜歡趕青羊宫，而有時竟要天天來此，這也是一大原因。”[①]吴虞在日記中記載自己與友人、家人時常來逛花市：“吴選樓約花市，晤余蒼一、王孟瑶、張衡之、劉豫波、廖季平、葉士峽。”1914年三月二十二日：“十二時游花市，晤楊善廷、衷幼卿。”[②]時成都文人常常相約一起逛游花市。1917年陰曆二月二十四記與妻子逛花市買花：“飯後余見雨止，至花市一游，香翁喜鐵脚海棠，余爲買一株，爲香翁四十二歲生日之紀念物。”[③]

除花市之外，吴虞還常趨商業場、草堂寺，同友人游玩望江樓、薛濤井：“午後移船泊望江樓下。同琢章、方潔雲、陶調元、曹峻甫諸君登岸游薛濤井，至方公祠飲茶而歸。”[④]

（三）茶館吃茶

據《成都通覽》載，清末成都街巷計516條，而茶館即有454家，幾乎每條街都有茶館。[⑤]可以説，茶館成了人們結交聚會的好去處。[⑥]自古以來文人與茶不可分，吴虞甚愛飲茶，但對飲茶的地方並不十分講究，檔次高低不一：有小的茶鋪，“余止得至附近茶鋪飲茶，久之復往，用錢一百文”[⑦]；有時也在茶館談事飲茶，“早飯後，意如來，同往會馬姓至茶館，將理由説明……”也時常在公園茗茶，“旋至養園茶社，晤嚴叔愚、劉曉南。同叔愚往群仙觀劇”[⑧]。吴虞除在外喝茶之外，在家中也存茶，1916年四月初八記道：“劉實夫處送來春茶八團四斤，每斤銀八角。”[⑨]傅崇矩的《成都通覽》解釋春茶爲“雲南之普洱茶也，本地亦有僞造者，亦有將茶鋪用過之茶葉曬乾另造，面加好茶數片者；叙府之僞造者亦多”[⑩]。

清末明初，一些大茶館開始把生意重點放到地方戲上，賣茶則退居其次。[⑪]不少新型茶館戲園開張，其中有的茶園被稱爲舞臺。例如吴虞常去的蜀舞臺，在售茶的同時，主要是爲演戲，成爲成都戲院的早期形態。成都的茶館不僅是喝茶看戲的去處，還是一個社會的微觀世界，從某種程度上反映了成都的經濟、政治、文化和社會的變化。

---

① 李劼人：《死水微瀾》，作家出版社1961年版，第160頁。
② 中國革命博物館整理：《吴虞日記》（上册），四川人民出版社1984年版，第124頁。
③ 中國革命博物館整理：《吴虞日記》（上册），四川人民出版社1984年版，第291頁。
④ 中國革命博物館整理：《吴虞日記》（上册），四川人民出版社1984年版，第53頁。
⑤ 何一民：《成都學概論》，巴蜀書社2010年版，第330頁。
⑥ 何一民：《成都學概論》，巴蜀書社2010年版，第331頁。
⑦ 中國革命博物館整理：《吴虞日記》（上册），四川人民出版社1984年版，第26頁。
⑧ 中國革命博物館整理：《吴虞日記》（上册），四川人民出版社1984年版，第138頁。
⑨ 中國革命博物館整理：《吴虞日記》（上册），四川人民出版社1984年版，第252頁。
⑩ 傅崇矩：《成都通覽》，成都時代出版社2006年版，第379頁。
⑪ 王笛：《茶館：成都的公共生活和微觀世界：1900—1950》，社會科學文獻出版社2010年版，第129頁。

（四）看川戲

晚清末民初，幾乎所有演戲的茶館都叫茶園。清代中葉以後，成都逐漸發展成爲西南地區人口衆多、文化藝術發達的城市，川戲是成都傳統戲曲演出市場上“非常流行，也極爲人所重視”的劇種，其“娛人之性，感人之深，也無有可以比擬的”①。改良後的茶園主要以售賣戲票爲主，以喝茶爲次。吴虞及其友人也常去這類茶園娛樂消費，當時著名的茶園包括悦來茶園、群仙茶園、可園、品香茶園、蜀舞臺、錦江茶園等。成都的文人在看戲的同時普遍愛好與戲曲演員結交，且爲伶人作文作詩，追捧戲子。吴虞在其日記中記載如下：

1913 年六月初一日：“飯後同少荆過品香茶園看碧秀演劇，劇爲《紅梅閣》，殊不見出色。②午飯後又往品香，陳碧秀演《訪友》。”

1914 年九月十八日記道：“是日，作贈陳碧秀詩四首，書與君物轉交，並書一份交《娱閑録》。”③

1915 年十二月三十日：“錦新舞臺劇碼有陳碧秀，乃往一觀，樓座付錢貳佰文。”④

從上述幾則日記可看出吴虞對名爲陳碧秀的戲曲演員的追捧。時陳碧秀所演《樊江關》《菱角配》《斬四姑》劇碼都甚得吴虞的喜愛，爲表達“欣賞”之意，吴虞爲陳作《贈陳碧秀詩序》《陳碧秀》、《陳碧秀集》等詩，後欲娶陳，遭陳拒絕，同時吴虞對陳的這般追捧也引起茶園内旁人的不滿。吴虞在 1913 年十月三十日記道：“今日有將劉文玉片與安瀾交去，李亮卿云你們舞文弄墨，鼓吹陳碧秀却是游戲，但園内各小旦多抱不平，説是碧秀認識名士，故得文字吹嘘，身價陡漲，我們莫有名士吹嘘，所以仍然寂寂。”⑤

除了陳碧秀，吴虞和其友人還捧名爲月月紅的演員。1914 年四月十九日記：“飯後過錦江茶園看劇，月月紅豐潤而妖嬈，張瓊燕瘦弱而嬌惰，因今日之劇，俱無情趣，不能窺其真相，尚難遽爲定評也。”⑥1914 年八月二十六日日記介紹月月紅：“伶人朱雲章，富順人，即世所稱月月紅者也。與詩人朱眉君同姓、同鄉，余既感名士美人後先輝映。”⑦同月二十八日，吴虞相邀友人作詩贈予月月紅：“遂到悦來，帆士、何雨辰、周君物諸人同坐。云余所作贈月月紅詩已裱好，前夜君物諸人同送去，並一一詳爲解釋。”⑧

吴虞在日記中除記載演員劇碼外，還對茶園看戲的價位有詳細記載。吴虞作

① 姜蘊剛：《成都舊話：華西大學社會學系公開演講》，載《文史雜誌》第 3 卷，1944 年第 5-6 期。
② 中國革命博物館整理：《吴虞日記》（上册），四川人民出版社 1984 年版，第 199 頁。
③ 中國革命博物館整理：《吴虞日記》（上册），四川人民出版社 1984 年版，第 146 頁。
④ 中國革命博物館整理：《吴虞日記》（上册），四川人民出版社 1984 年版，第 233 頁。
⑤ 中國革命博物館整理：《吴虞日記》（上册），四川人民出版社 1984 年版，第 152 頁。
⑥ 中國革命博物館整理：《吴虞日記》（上册），四川人民出版社 1984 年版，第 127 頁。
⑦ 中國革命博物館整理：《吴虞日記》（上册），四川人民出版社 1984 年版，第 142 頁。
⑧ 中國革命博物館整理：《吴虞日記》（上册），四川人民出版社 1984 年版，第 147 頁。

爲名士，其進出的茶園屬當時一流且座次稍好的。他時常在日記中記録自己看戲，如 1915 年四月二十八日：“孔周送來戲票，晝夜各一張，共一元四角，孤兒院辦捐也。”[①]1915 年九月初三日：“同升之至品香觀劇，付票錢四百文。”[②]1927 年正月三十日：“飯後過悦來茶園觀劇，特別座票戲一千四百文，與衛鄰買普通票一張，錢三百文。園中座客，男女均乏上流，……”[③]民國時期，成都各階層雖然收入差距大，但愛看戲之人能按著自己的收入在閑暇時間找尋自己的快樂。[④]三四百文一張的茶園戲票對於一般老百姓雖是奢侈，但按著自己的收入水準，百姓可以找到自己觀劇的好去處。吴虞這類文人身份的中産消費階層去茶園看戲喝茶也就成爲當時成都大多文人茶餘飯後的常事。

二、成都文人之新式娛樂消遣

（一）看話劇

話劇源自西洋，吴虞在日記裏稱其爲西劇，因不同於傳統戲劇的表現形式而被稱爲新劇，大多宣傳的是新思想，反對舊制度。[⑤]話劇傳到四川後，深受成都人民的喜愛，成爲城鄉居民喜聞樂見的一種公衆娛樂方式。民國成立一段時間後，風氣逐漸開放，大學生在紀念日校慶時也開始排練新劇，後來將話劇搬上了舞臺。

吴虞在日記中記載了當時觀看話劇的情況，如 1913 年八月初一日：“所演爲西劇《青年鏡》，頗佳”，“開明社送來女賓券一張，飯後香祖同女棱往觀看新劇”。時爲防止騷亂，保持良好的觀看秩序，話劇社實行的是男女分座，售票也分爲男女賓票，如同早期的茶園。同時，話劇社裏不同於茶館的是不售賣瓜子、烟茶，吴虞對此有自己的看法：“對於開明社不售瓜子及烟茶事，余贊成不售瓜子及烟，主張用茶而反對加非。”（1913 年八月十五）且話劇社上演的話劇主題大多宣傳新思想，貼近生活主題，如其在日記中記録的，1913 年八月十二日：“午飯後，過開明社，劇爲《妻党同惡報》，描寫繼母殘毒，令人涕泗。”[⑥]1914 年四月十二日：“晚至建平社看演《自由離婚》，寫女生之放縱惡劣，窮形盡像矣。”[⑦]1917 年三月二日：“鄧念陔在吴選樓處約余往談久之，始知壽潔之與星平决裂，因星平演《戲妻》一劇故也。”[⑧]

---

① 中國革命博物館整理：《吴虞日記》（上册），四川人民出版社 1984 年版，第 186 頁。
② 中國革命博物館整理：《吴虞日記》（上册），四川人民出版社 1984 年版，第 209 頁。
③ 中國革命博物館整理：《吴虞日記》（下册），四川人民出版社 1984 年版，第 346 頁。
④ 王澤華、王鶴：《民國時期的老成都》，四川文藝出版社 1999 年版，第 115 頁。
⑤ 陳世松、賈大泉：《四川通史》卷 7《民國卷》，四川人民出版社 2010 年版，第 682 頁。
⑥ 中國革命博物館整理：《吴虞日記》（上册），四川人民出版社 1984 年版，第 100 頁。
⑦ 中國革命博物館整理：《吴虞日記》（上册），四川人民出版社 1984 年版，第 126 頁。
⑧ 中國革命博物館整理：《吴虞日記》（上册），四川人民出版社 1984 年版，第 289 頁。

民國初期，成都的話劇處於萌芽狀態。直至抗戰時期，成都的話劇纔得到更大的發展，對市民生活有了更大的影響。《新成都》在總結抗戰時期成都人對話劇“趨之若鶩”的原因時，歸結爲“一般成都人均喜歡瞻仰明星風采”[①]。由於話劇從本質上來説是一項高雅的藝術，與普通市民有一定的隔膜[②]，所以萌芽初期話劇的觀衆大多爲吴虞及其友人這樣的文人。

（二）觀賞電影

民國時期，電影對成都這座城市的文化産生了巨大的影響。成都最早引進的電影是在 1903 年、1904 年，從日本游學歸來的傅崇矩帶回第一架幻燈式電影機。[③]1904 年，《成都日報》刊載了成都的第一條電影廣告；1924 年，成都的第一家電影院——新明電影院開業。[④]吴虞日記中多處提及成都的電影院，見證了成都電影業的發展。如 1927 年正月初六日，吴虞在日記中記與友人看電影：“王伯傑來，言智育電影院有電，亦言……”[⑤]1928 年二月十二日，記與家人看電影；“每日伊自看書，無多事頗煩，常同伊、七女往看電影。”[⑥]1928 年九月二十四日，記載新的電影院落成：“昌宜電影院，中曆十月初二日開演，已將落成矣。”1930 年正月十一日記道：“新明電影院今日演《可憐的秋香》，中國社會愛情片也。”[⑦]1930 年九月初三日：“飯後至新明觀有聲電影，座爲之滿。”[⑧]可見電影作爲新興的休閑娱樂方式，深受大衆的喜愛。1934 年，成都有 5 家電影院，且規模較大，可容納上千人；隨後的幾十年裏，成都又建成十幾家電影院。

電影院地理位置繁華的在商業中心、購物區，這些地段的電影票相對較貴，吴虞所去的新明和智育電影院，都是屬於第一輪的電影，也是成都上等的電影院。第一輪上映的電影的觀衆多爲“學界中人，如大學生、公務人員、新聞記者、大學教授及受過高等教育之太太們”[⑨]，消費的人群就是那些官紳士商和富人家的太太、小姐，電影院上的也是最新電影。在位置偏僻的地方，電影票就相對便宜，以價格低廉吸引下層觀衆，由此看電影院消費如同喝茶一般，也是要分階層的，但是民衆對看電影的認同和喜愛無多差别。

以上對新文化生活方式的描述雖不盡完備，但在一定程度上可得出民國前期文人或一般百姓的生活、消費方式跟隨時代在新舊交替中發生變化。文人的娱樂

---

① 周芷瑩：《新成都》，復興書局 1943 年版，第 213 頁。
② 何一民：《成都通史》卷 7，四川人民出版社 2011 年版，第 508 頁。
③ 何一民：《成都通史》卷 7，四川人民出版社 2011 年版，第 498 頁。
④ 成都文化局、成都市電影發行放映公司編：《成都電影志》（内部發行），2003 年版，第 60 頁。
⑤ 中國革命博物館整理：《吴虞日記》（下册），四川人民出版社 1984 年版，第 343 頁。
⑥ 中國革命博物館整理：《吴虞日記》（下册），四川人民出版社 1984 年版，第 397 頁。
⑦ 中國革命博物館整理：《吴虞日記》（下册），四川人民出版社 1984 年版，第 492 頁。
⑧ 中國革命博物館整理：《吴虞日記》（下册），四川人民出版社 1984 年版，第 526 頁。
⑨ 李聲震：《成都市電影業之社會地位》，華西協和大學文學院社會學系本科畢業論文，1944 年。

方式雖與普通民衆大體相同，但消費的層次、消費的性質和消費的收穫皆有不同，且文人在其日常的消遣中始終十分注重與自己的身份是否相當。

三、結　語

民國時期的成都文人大多處於新舊文化、社會動蕩的轉型階段。“這一時段的中國學人大多數尚看不清未來走向，其心態和生活樣態既有一定變型，又保留著基本形態，具有相當大的典型性。”[①]吴虞及其友人既是封建文化末端的士人，又是新時代的知識分子，在這承前啓後的階段，他們在保留舊的文化方式的同時也嘗試著各種新進的新鮮事物，使自己的生活日益變得豐富起來。對於這種“豐富”，有人解釋道：“他們日常生活的豐富性莫過於不舊不新、又舊又新，不中不外、又中又外的松散、自娱自樂的趣味，是一種儒雅、混沌、悠然的生活景象。”[②]之所以這樣認爲，在於這個時代的學人有其特殊性：首先，就生活的時代而言，他們處在過渡轉折時期，受到新舊思想文化的撞擊；其次，大多數的學人有出國留學經歷，换言之，他們是新時代的知識分子，受到中外知識的熏陶。因這些特殊性，有人總結道：“大時代的知識分子是最光彩的，也是最醜陋的；是最單純的，也是最複雜的；是最勇敢的，也是最怯儒的。”[③] 字裏行間道出這些知識分子在時代轉折中的迷茫與矛盾。

綜上，這群生活在時代轉折與社會動蕩背景下的成都文人有著自己的閑適，在保持自己原有生活樣式的基礎上，能快速接受新的娱樂生活方式。以吴虞及其友人爲代表的成都文人的精神生活方式既有古代文人的閑情雅致，也有與時俱進的新消遣。

作者單位：四川師範大學歷史文化與旅游學院

① 陳廷湘：《政局動盪時期中國學人的生存樣態》，載《社會科學研究》，2008年4月。
② 孫郁：《在民國》，浙江人民出版社2008年版，第190頁。
③ 許紀霖：《中國知識分子十論》，復旦大學出版社2003年版，第81頁。

《二笏山房詩文集》的發現及思想意義與藝術風格

景常春

内容提要:《二笏山房詩文集》是瀘縣近代曹斗垣先生的遺著，文章3卷，詩1卷，共4卷。其詩文欲求能振拔於當世，故其詩文非泛泛之作，思想意義頗爲豐富深刻，較有價值，詩文藝術風格也不凡。它歷史地記録了百姓民衆處於動蕩年代的苦難，揭露了民國社會的貪腐黑暗，對政治事件和社會治理提出了良好的建議，主張對軍閥土匪民衆施以儒家和睦思想教育等，具有較强的研究參考佐證價值，其人與著作都值得重視。

關 鍵 詞: 曹斗垣;《二笏山房詩文集》; 詩文思想意義; 藝術風格

前兩年, 筆者知國家圖書館出版社整理出版了一套《清代詩文集珍本叢刊》(以下簡稱叢刊), 是該館珍藏的 1339 種詩文集文獻彙編，這些詩文集的作者上起明末清初，下訖晚清民初。這些詩文集深刻反映了有清一代社會歷史的整體面貌和發展脉絡。因叢刊價格高達 36 萬元，一般圖書館均未購藏。2018 年秋，筆者在外省圖書館查閲書籍資料，偶見這套叢刊，即從後向前查閲各册，不意竟見《二笏山房詩文集》一書，勒口有瀘縣久康鉛石印刷社承印字樣，心想此書可能是川人之著。翻看了其中幾篇序、傳，見多提到瀘縣，乃深信爲蜀人之作。但作者及書名過去均聞所未聞，估計較爲稀珍，即設法收存，以後細讀。

經細讀，方悉這本《二笏山房詩文集》(以下簡稱《二笏集》)，共四卷，排印本署曹國佐著，其孫曹柏如整理付梓，民國三十七年（1948）瀘縣久康鉛石印刷社承印，鉛字仿古綫裝本，國佐執教校友高覲光（合江人，1900 年舉人）作序，陰懋德（瀘縣人，工詩善書法）題署詩鈔書名，側有手迹：“曹斗垣先生著，民國三十八年春其孫姊徐氏贈閲，光明記。”排印本書名詩文鈔，高覲光作序書名詩文集。卷之下方印“江陽（瀘縣舊稱，下同）曹氏珍藏”。卷一、二、三爲文，文章類有書函、序、跋、傳、記、祝詞、祭文、誄詞、墓誌銘、壽序、雜説等共96 篇。卷四爲詩，有古風 17 首、律句 21 首、絶句 21 首。後附《二笏山房楹聯鈔》，以龍門對版式排印，未分卷，按婚娶、生辰、春聯、開幕、新居、哀挽類而排，共有聯 174 副。其中挽聯居多，爲 109 副，幾乎均爲代親戚良朋所作，某些爲挽戰亂陣亡將士、去世於戰亂匪患者之聯，有較高的史料價值。

作者曹國佐名不見經傳，遍查蜀中各詞典、資料，以及托瀘州友人查閲地方志，都未獲一絲資訊。後閲讀《二笏集》全書，就作者有關情况歸納梳理，曹氏生平簡歷爲：譜名發遠，字斗垣，號斗園、庸庸子、蜀南老樵，四川瀘縣（今瀘州）人。生於 1861 年，約卒於 1939 年。2 歲喪父，4 歲失母，9 歲亡兄。此後乃刻苦好讀，光緒壬午年（1882）以古學受知於朱味蓮，光緒十八年壬辰（1892）州學優等廩膳生員，四赴鄉試未中，壯年絶意進取。光緒末年及民國二十年代，因戰亂避於鄉下南城與鼓樓山山寨數年，閉門讀書，著述立説。一生廣涉經史百家，尤好宋學古文辭，博覽古今名賢著作，近者如清初李光地至清末張之洞等人，甚至涉獵佛經。擅文且好作引證，喜作楹聯，與衆多同鄉文友相善，有正義感，有憂患意識，敢直言。高覲光作序稱其有鑒於“詩文之盛衰，與時升降……魏晋以後每變愈下……至清末葉以迄於今（指民國），愈變而愈不逮”，乃“選秦漢八家文、《歷朝詩教録》”等，“其詩文有得於古作者之意，不肯與時升降……而求能振拔於今世焉，是可以傳之其人矣”。終身以執教爲主，亦曾一度爲縣議員，晚年閑居。1909—1910 年，執教於瀘州府合江縣新式中學。1911 年後，執教於瀘州川南法校、瀘縣中學，以及友家私塾等，執教主不分新舊，祇論是非思想。除著有《二笏集》外，自中年始，先後編著有《周秦文粹》《兩漢八家文鈔》《古文經濟録》《江陽藝文偶鈔》《二林遺文合鈔》《孫子十家注節本》《道德經集注》《金剛經集注》《心經詳注》《歷朝詩教録》《張治安治心録》。

曹國佐《二笏集》中的文章，除幾篇作於清光緒末年外，其他爲入民國後之作，時間僅 20 多年，故詩文不多。因是其孫 10 年後整理付印，不知有無散失。曹氏在世約 80 年，從其刻苦好讀、善詩古文及治學看，不應祇有這麼少的作品。國佐因好讀而崇尚古文及古賢思想，有正義感，有憂患意識，作詩文欲求能振拔於當世，故其《二笏集》詩文雖少，但思想意義却頗爲豐富深刻，具有較强的研究參考佐證價值，詩文藝術風格也不凡，非泛泛之作，思想意義、藝術風格均較可取。謹擬此文公諸世人，經歸納主要表現在六個方面。本稿中所涉人物、事件、文章篇目等均出自《二笏集》，特予説明。

一、歷史地記録了百姓民衆處於動蕩年代的苦難

民國前半期，戰亂、匪患頻仍，各地軍閥割據，政局混亂，危機四伏，軍閥們爭權奪利，百姓苦不堪言。四川與雲、貴交界，三省軍閥派系林立，内部爭鬥，對外則爭權爭霸，搶奪地盤，互相混戰。據統計，入民國到 1933 年所發生的戰爭竟有 430 多次。曹國佐的後半生正處於這一時期，他親身經歷和目睹了戰亂、匪患的苦難，對百姓民衆處於水深火熱、提心吊膽、背井離鄉的生活，在其許多文章中做了真實的記録與描述。

曹國佐在序《江陽馬村李氏族譜》中說："因川滇戰事，盗賊蜂起，避亂城南。"這裏所説的川滇戰事，是指 1917 年 4 月至次年，雲南軍閥唐繼堯以護法討逆名義，通電討伐劉存厚，從而四川靖國戰争爆發。在這兩年的無數次激戰中，四川老百姓飽受苦難。作者説："人心惶惶，草木皆兵，風聲鶴唳，槍彈聲不絶於耳，寢食無安"，這種"入室操戈，互相魚肉，兄弟鬩墻，同種自滅同種，試問今日之戰義乎不義？且槍林彈雨，肉飛血濺，健兒究有何辜；横徵暴斂，賣妻鬻女，小民又有何辜？"作者在《四川邊防軍第二混成旅旅長李公傳》中記録，1926 年春，市面"米粟奇貴，斗米二萬錢，瀘陽（即瀘縣）軍民乏食，加以川黔構釁，黔人有窺瀘之謀"。黔軍王天培收買川軍駐瀘縣一營長，欲乘瀘縣駐軍兵少、缺乏糧食之機，圍城一月餘之久，意欲困死餓死全城軍民後奪之。在序毛炳勳的《避鄉録》中又説，1926 年 12 月，楊闇公、朱德、劉伯承組織和領導的瀘縣起義，至次年 5 月，被 10 萬川黔聯軍圍城進攻而失敗，序文説："丁卯（1927 年）之役，川黔軍圍瀘四十一日"，百姓群衆食物短缺，夜寐難安，紛紛"避於餓鄉"，但躲避之地仍然是荒凉破敗的貧困餓鄉。1932 年在《與合江馬路局書》中説得更詳細："黔省步步進取，民國以來，以德報怨，包藏禍心，戕我人民，侵我邊邑，據我叙永，奪我納溪，反客爲主……放官則全爲黔人。合（江）人某某主持清議，則黔軍誘而殺之；某某主張公道，則黔人磔（一種酷刑，把肢體分裂）而棄之；其餘則屠戳者衆。"曹氏曾講他的好友毛炳勳多次出走避亂："昔日宦游楚北，避全蜀之亂也；乙丑（1925 年）僑寓蜀東，避川南之亂也。"

百姓民衆在飽受戰亂之苦的同時，還要遭受匪患的苦難。國佐在《與劉敬五書》、民國二十年作《十楠山館詩草叙》中分别説："争路大激風潮，盗賊乘勢蜂起，鼓樓（山寨）環岩百里，間道數十，住岩不滿三百家，防不勝防，土匪、渝兵相繼入寨掃劫，舍間損失甚多。""辛亥萑苻盜起……（國）佐亦屢爲土寇所擾，今年敝廬劫燬一空，不敢歸去。"争路風潮，指 1911 年四川發生的"保路風潮"。萑苻，澤名。形容土匪搶劫已經處於苦難的民衆。曹氏講自己的房屋被劫燬一空，而且説他好友、詩人鄒宣律亦遭劫，土匪臨走並縱火將房屋連同藏書樓一并燒燬，劫匪對待文人也一樣殘酷無情。《與陳鐵蓀書》中則記録得更爲詳盡，文章開頭即説 1918 年至 1920 年，以熊克武、楊庶堪爲首的勢力主政四川，後分裂爲楊庶堪爲首的"九人團"和熊克武爲首的"實業團"。兩派不斷磨擦鬥争，爆發了倒熊之戰，最後實業團失敗，被逐出四川。在這場争奪戰的同時，土匪之猖獗而殘忍，世間少有。文章説："自熊楊弄兵以來，土匪乘勢蜂起，吾鄉慘遭惡賊，至再至三。富者以貧，貧者愈貧，蹂躪不堪，顛運無告，露宿草棲，因此而獲病死亡者不知凡幾……今賊焰愈張，奇之又奇，可謂異事驚倒百歲翁矣。劉叟年八旬餘，農家者流，十日中拉搕（意爲暴徒聚夥擒之）三次；許某小康之家，連年被劫，賊加以極慘之具，絶而復蘇，覆命許長跪對天盟誓始去；石盤寺側一農人，賊倒懸其足指，搕銀百數十兩；初八夜，李山（地名）門户練槍械被奪，身受重傷……沙坎槍斃保董，一夜連劫數户，碎甕擊缶，繫肘燒背。”地方軍閥的戰亂、盤剥民衆，正如作者在《代友挽周厚庵》上聯中説：“姻戚厭、凡塵西去，終年戰鬥，軍餉苦下民零丁，角端争、競促危亡，操戈同室，或鵵户相斃，或鷸蚌相持，悲哉黄種殘黄種，吴兒真木石心，倘長逝有知，願懇蒼穹救桑梓。”百姓深受匪患之害，則如《代友挽張伯言》上聯所描述的：“巴蜀無一片幹净土，深山深處，何方可避緑林，地棘天荆，匆忙藏到九泉，應不患倡狂賊寇。”

這些戰争、匪患使百姓深受其害，衹好背井離鄉，造成土地荒蕪、顆粒無收、民不聊生。曹氏在多篇文章中做了真實描述：“頻年饑饉，薪桂米珠，人食草根木皮，雜以白泥度日”，“饑民嗷嗷待哺，木皮草根，青葉白泥，苟延殘喘”。這就是民國戰亂頻仍、匪患不斷年代人民大衆遭受苦難的真實寫照。

二、揭露了民國社會的貪腐黑暗

北洋政府時期是近代史上最混亂的年代，也是最腐敗黑暗的時代，人民大衆飽受塗炭之苦，處於倒懸之急。其中最貪腐的首推種類繁多的苛捐雜税，當時的中央政府形同虚設，任憑割據軍閥胡作非爲。他們爲擴充其軍事實力，乃大肆搜刮民財，因此捐税、籌派款之風盛行。據史料記載，全國捐税名稱當在萬種以上。而川、滇、黔武裝政權收税惡化程度，已難以用抽血形容。熊克武執掌四川時，决定對全川實行防區制，即按各軍駐防地區劃撥地方税款，由各軍自行向各縣徵收。爲了養兵，各軍閥想盡辦法，增加税收，花樣百出的捐税上百種，諸如一擔捐、冬防捐、門牌捐、牛皮捐、菸烟捐，等等，甚至於上厠所也要交厠所捐，或是出所謂的籌派款。故當時劉師亮的一首打油詩諷刺道：“自古未聞糞有税，而今衹剩屁無捐。”

直到 1933 年，曹國佐在給老同學的《與陳北洋書》中還在講捐税的事情，而且是要他本人交納有關捐税、籌派款之事。文章詳述道：“接保董來函云：籌派各款，集議表决，予應派賑費烟苗款若干……烟苗罰金，此即最新名目。”這實際是過去不種植鴉片的“懶捐之説”。作者説，他雖有薄田幾塊，但因遠居鄉下友家課其孫，租人耕種。故極力申説，自己既不能種，也不應奪佃户所耕之地。又争辯駁斥説：“敝瀘於種菸者，按苗徵收，謂之菸捐。不種菸者，寓於門牌，謂之門牌捐。屬人不屬地，或一元餘，或僅一二角……予連界王姓，其田多予兩倍，而門牌未捐一錢……如罰及無辜，無地可種者尚如此罰金，有地可種者又將何如？相距稍遠者尚如此重罰，附近土著者又將何如？”但國佐最終仍然争辯駁斥無用，衹得交錢纔算了事。更有奇怪者，地方政府要求民衆預先墊付某種捐款、税款，可謂聞所未聞。曹氏在《與高岑蓀論墊款書》一文中即記録了此事，並尖鋭地論證了墊款存在七大弊端，是對百姓貪得無厭的進一步盤剥，是爲亢害人民的差役、掌管簿書案牘的小吏另開財路。所論七大弊端如："以有限之脂膏供無厭之揺詐，爲蠹役吏胥開財路；有勢雖巨富能免，無勢即小康不能容；一歲備數，則歲歲援以爲例；始也惟及富家，繼也漸及中户，近年則殃及農民，甚至有數十緡錢種者……忍心害理，因以爲利……重入輕出，且其還也愚者多未返璧，徒飽差役之私囊，上有還墊款之名，民無收墊款之實。其它弊竇，難以枚舉……所未詳者更不知凡幾……悍吏之來吾鄉，叫囂乎東西，隳突乎南北，譁然而駭者，鷄狗不寧，賦斂之毒甚於蛇。"作者引用明末清初思想家朱柏廬（名用純）的話說："'國課早完，即囊橐無餘，自得其樂。'今則國課已完，而不免追呼之憂，小民膏血何堪任此誅求也！"這就是民國官吏敲詐勒索人民大衆的醜惡行徑，曹氏曾在一文中對這些蠹蟲做了全面畫像："多敲骨吸髓，剥民膏，吞軍餉，私蓄銀行，廣購姬妾，遍購田園。"爲處理好此事，作者呼籲、希望："載糧上若干者，兩次完納，預上捐輸（猶捐納），於民有益，於上無損，較之墊蓋不利國、不利民，惟利於吏胥蠹役者相去甚遠，不可同年而語矣！"以此減輕百姓的負擔。

舊時的鄉下紳糧、甲長等每每互相勾結，爲非作歹，栽贓陷害普通群衆，這從一側面反映出民國時代的黑暗。曹氏在《復楊肇修書》中，即講述了鄉下一夥歹人誣陷良民之事。文章說，有王某欲催收牟某還錢，牟暫無，當時牟恰與妻發生口角、抓扯，一伙歹人因對王某十分不滿，即以此栽贓誣陷於他。牟某夫婦發生口角、抓扯時，有另一人在場，次日鎮長傳此人去作證，在半路被合伙歹人預謀派員對其謊稱：鎮長進城未歸，今日不必去，王某與牟某的糾紛明日在另一地處理。隨後紳糧、甲長等並寫好具結書、蓋章，以待面見鎮長時出示。又進一步散布謠言誣陷說王某與其幫手數人幾次在野外攔路搶劫、扭打牟某，等等。曹氏回復楊肇修者即爲鎮長，在信中詳盡地向其述說和分析了王某不存在與牟某的糾紛、搶劫、扭打，希望他不要偏聽偏信，秉公處理。

三、對政治事件和社會治理提出了良好的建議

民國時期，政治事件層出不窮，社會混亂多方面需要切實地治理。曹國佐具有憂患思想，儘管偏居一隅，却對政治事件、社會治理頗爲關心，並有針對性地提出一些良好建議，其見解也較獨到。

1925年5月30日，上海五卅慘案發生，當時稱"滬案"。在共産黨的領導下，掀起了更大規模的五卅反帝愛國運動，提出了懲辦凶手並賠償，取消領事裁判權，永遠撤出駐滬的英、日海陸軍等17項交涉條件。北京政府外交部也先後三次向駐京公使團領袖意國公使提出抗議，但公使團復函竟婉拒中國抗議，或答覆仍不著邊際。最後將此案作爲地方事件處理，即在上海談判。中國代表提出解決辦法13條，外國6委員最後竟拒絶繼續談判，交涉移北京進行。最後，上海公共租界僅

將總巡、捕頭免職，顧正紅案由上海交涉員與上海日本領事談判做做樣子而已等。

對於此事，曹國佐當時寫有篇《滬案私議》，文章針對罷工罷課罷市和談判無效，爲不損國格、不亡國而提出了建議。作者認爲："今聚百萬無餉無械無訓……病夫，而與節制之師比校，能保其必勝乎？戰而不勝，能不爲孤注一擲乎？孤注一擲是以全國人之生命，殉十數人之生命也。况爲虎作倀，排外者倏而媚外，愛國者變爲賣國，以同種滅同種，尤有出人意料之外者乎……今之滬案，不争不可爲國，力争又恐亡國。"較好的辦法是，"外交部宜與英公使將滬事始末，行文請美國判斷……美執世界牛耳，威爾遜主持公道，較之弭兵等會，似爲有力。毋出難題，自能完卷，既無損於國體，亦無傷於感情。彼此曲諒，和平解决，更宜崇教育以培元氣，興實業以收華工，柔遠人以化畛域。"從當時中國由懦弱、混亂的軍閥政府執政的情況而言，曹氏這個建議有一定的道理和可行性。

民國時期的保安團可以分爲三類，其中兩種是地方武裝：一種是省在各縣級政府建立的保安團隊，無論是裝備、訓練和資金，南京政府概不負責，完全由地方自籌；第二種是各地方軍閥自建的地方武裝，保安團由縣知事任總監督，經費由各地就地籌款。至於建多少個保安團、每個團有多少人員和裝備，完全取决於地方軍閥的財政能力。保安團的職責是輔助軍警維持地方治安。

由於匪患倡狂，防備問題是各地保安團最頭痛傷心之事。曹氏在各文章中曾有多方面的建議。如建議對身體强壯、有能力之家配槍，本人定會愛惜，不派保安團訓練費，本人也滿意；槍枝分散，不能被盜賊席捲；無事可震懾鑽洞和爬墻的盜賊，有事則頃刻火器齊聚等。江邊水畔，可責成水保，船以十家牌法相連，有事禁止夜渡；要充分利用地形險要之處，因地制宜，分兵把守，連成犄角之勢等。各縣要時不時對保安團進行整頓，但亦有假借整頓而敲詐庶民，或是考慮不當，欲擴大保安兵力，大有人人皆兵之想。作者對後類事做了强有力的、有針對性的分析。他在 1934 年的《與陳朗暄書》中説："聞新縣長整頓團務規則，實事求是，除盜安良，一掃因循陋習……然智者千慮必有一失，愚者千慮必有一得，此虞舜所以舍己從人，武侯所以集思廣益，虚公無我，彌見胸襟之大……聞精選隊外，大閭練埃户（指貧窮、單丁家庭）兵六十名，小閭五十，欲使人人皆兵，惡匪聞風遠竄。"但作者駁論指出：以前瀘縣於"神龍祠練壯丁百名，以爲十鄉游擊隊，（相反）犯劫案八十餘人。蓋君子有勇而無義，爲亂；小人有勇而無義，爲盜。况有勇而無食，餓死不作賊，兵卒中有幾人。左氏有言：'不有居者，誰守社稷；不有行者，誰扞牧圉。'（此話意爲）不有耕者，誰完團課；不有鄉兵，誰禦暴客。蓋兵貴精不貴多。祈於埃户兵六十、五十中，變通减少，庶不至朽腹擊賊，而賦斂亦有來源……蘇東坡云：'女户單丁，蓋天民之窮者，古之王者首務恤此。而今陛下首欲役之，富有四海，忍不加恤。'……然民事不可緩，軍糧不可缺"。作者進一步分析了無人耕必然産生更多貧困户的危害，並另提出辦法説："饑饉之歲，十室九空，遍野哀鴻，嗷嗷待哺。民貧則奸邪生，貧生於不足，不足生於不農，不農則不地著……擇善而從，愛民如子，減少兵額，加惠單丁……求治不必太急，以兵衛民而自無不安也。練兵不必太多，寓兵於農而自無不警也。節制之師，徵兵不如招募，有勇知方，一可當百，何憂乎綠林。”

又如清末以後，外國新文化傳入中國，國内亦多有采用以補自己之短，政界、學界等均出現了新氣象。興建鐵路公路，各地此起彼伏，但對於窮鄉僻壤是否興建，却值得深思。1932 年，瀘縣擬修建從合江至貴州赤水的公路，引起了曹氏的關注，他在《與合江馬路局書》中，極力闡明没有必要的看法。雖然他也知道交通暢達如張之洞所説的優越性，但仍提出了反駁意見。作者引用張之洞的話説：“士有鐵路則游引易往，師友易來；農有鐵路則土直糞壤，皆無棄物；商有鐵路則急需者應期，重滯者無阻；工有鐵路則機器無不到，礦産無不出；兵有鐵路則養三十萬精兵，可以縱横戰守于四海。鐵路所不到之處則先修馬路，瞬息千里……履天涯宛若比鄰。”但作者另又反駁認爲：“凡事貴因時制宜，尤貴因地制宜。瀘合數縣頻年饑饉，薪桂米珠，人食草根木皮，雜以白泥度日。雖路款按糧攤派，然田土典當，糧重粗少者甚多……入不敷出者亦多。况一年四征，又有荒糧團款、烟苗罰金諸費，小民之膏血幾何，安能勝此鉅款。此以時論，馬路似當緩辦者矣。川黔接壤，緩急相通，不分畛域。巽清……歲恤滇餉數十萬金，黔餉數十萬金，以遵義財賦之區，易永寧（指永寧道，轄瀘縣、合江、宜賓各縣共 20 多個）僻陋之地。黔省……侵我邊邑，據我叙永，奪我納溪，反客爲主……今死者骨肉未寒，濺血未幹，諸公豈遂忘之，又欲仰人鼻息，解衣抱火，開門揖寇乎。昔秦惠王欲滅蜀……蜀使五丁鑿路，乃得并吞，人皆笑蜀之愚……今又勞黔人用計而自掘丘墓，毁田園，剥脂膏，開道路以迎之，試問與蜀王孰仁且智？此以地論，馬路尤當緩辦者矣……晚近來野心所在皆是……諸公試思，黔人果能天下一家、中國一人？”修建馬路“稍緩須臾，能寬一分則民受一分之惠。不然，他日前門把虎，後門進狼，四面楚歌，徒喚奈何。”作者據理反駁，竭力爲百姓、爲地方着想，可謂用心良苦。

四、主張對軍閥土匪民衆施以儒家和睦思想教育

對於争權奪利、製造戰亂的軍閥，以及危害百姓的土匪、盗賊，曹國佐除了揭露批駁外，更重要的是采用和睦相處的儒家思想來加以教育，從思想上根本上解決戰亂、匪患。他在《先德備忘録序》中明確説：“人生於宇宙之中，無論爲治世亂世，均寄耳……地球於大千世界中不啻太倉稊米，渺乎小哉！四海同胞，居此小如稊米之地，不相親相愛，而乃以血肉之軀與槍彈相搏，欲以此寄居土壤據爲己有，豈非病狂喪心乎！况於九萬里地球而亞洲……而中國……而僅四川……而僅爲瀘縣，則其細已甚，而乃爲此區區戰争不息，其眼光之小益可笑

矣！” 作者另從孟子思想論道：“人之所以異於禽獸者，以其禮義也，不以禮義自處，甘喪人格，是無以成己也；不以禮義處人，是無以成物也。”正是針對以上問題和基於自己的思想，作者於 1900 年編輯了《歷朝詩教録》（據其女婿蕭傳習《岳丈曹斗園先生壽序》：“瀘縣城鄉圖書館均有。”），從西晋至清朝 200 多種書籍中，選録具有思想價值、可用於教化民衆的詩歌2000多首，目的是浸潤、培育人的心靈，使之達到理想的境界，提高社會的倫理道德水準，進而促進社會的和諧、完善。“詩教”大約在孔子之後不久就已形成。“詩”在孔子那裏專指《詩經》，後來範圍擴大，泛指詩歌。曹氏在此書自序中講：“昔帝舜命夔教胄子，詩言志，歌詠言，實爲千古説詩之祖。孔子稱詩教温柔敦厚，歐美唱歌以養性情，詩可廢乎……厚人倫，美教化，移風俗，風雅頌尚矣……所選有益風化之詩也。”清末曾國藩湘軍將領之一李元度編寫有八卷本《小學弦歌》，此書是蒙學課本。按程頤意旨，全書分爲“教”與“戒”兩大類，“教”有孝、忠、夫婦、兄弟之倫等十六門；“戒”有貪、淫、殺、争競等十二門，所選古詩具有很好的教育作用。當曹氏得知摯友李赦虎家藏有此書，即急切托堂侄曹習之借用，選録部分詩作入己編之集。曹氏彙編《歷朝詩教録》之心意，誠如自云：“時賢不忘祖國，大聲疾呼，直欲於長夜漫漫喚醒同胞之夢。”

曹氏采用孔孟和睦相處的思想對軍閥、土匪、民衆加以教育，乃是着眼於全社會、普天下的太平。作者認爲，這些軍閥不是爲了保衛“社稷，非救人民也，欲擴個人勢力也……同種自滅同種，試問今日之戰義乎不義乎！”如經常同種相殘，争城奪地，戰亂匪患不斷，廣大百姓逃離，土地荒蕪，普天下稻菽顆粒無收，其全社會將是“神農之教曰：‘有石城千仞，湯池百步，帶甲百萬，無粟弗能守也。’孫子注（管子語）云：‘兵無財，上不來；兵無餉，士不往’”的局面。“聖人言治，富之在教之先，去食在去兵之後。”作者又在《與陳朗暄書》中通過列舉古今中外因缺糧餉而兵敗來説明其重要性：“方今中外注重富强，蓋必富而後能强，未有貧乏而能强者也！試以往事證之：項羽有拔山蓋世之雄，百戰百勝，而垓下之圍一敗塗地者以食盡也；德國陸軍冠全球，器械之精，開千古未有之奇，而聯軍之戰，一蹶不振者以餉匱也；美國常備預備不如英法之多，而糧車可繞地球三周，威爾遜所以爲五洲盟主。”如此，是戰亂匪患不斷好，還是安居樂業、五穀豐登好呀？“人貴自治，而後家族能自治，家族能自治，而後社會能自治。”作者熱忱希望全天下民衆，均如在《江陽馬村李氏族譜序》中引用清初李安溪（即李光地）所説的一樣：“‘以父母之心爲心，天下無不友之兄弟；以祖宗之心爲心，天下無不睦之族人；以天地之心爲心，天下無不和之種族。’天地大父母也，四海大同胞也，種學大譜牒也！推民胞物與之量，五族本出一家，無論黄白紅棕黑種，莫非吾兄弟叔侄也……能以天地生物之心爲心，更何忍同種相殘，争城奪地……天地萬物視同一體，由據亂而升平，由升平而太平，皞皞熙熙，豈不盛哉！”

從以上曹氏的闡述可以看出，他所認爲對全社會人等用和睦相處的孔孟思想來加以教育的重要性、方向性，如真能實現，人類就是個皞熙太平的社會了。

五、提倡並崇尚爲人正直與做有作爲之人

正直就是合乎法則的、規矩的，做人做事都公正、正派、正氣。正直的人就是不畏强勢、維護正義、敢説敢爲、胸懷坦蕩，是人格高尚、道德品行兼優的君子。人也不能庸庸碌碌一生，應做有建樹、有成就之人，無論是幹出一番大事業還是小事業，衹要都達到了目標，就是有作爲者。

細讀《二笏集》爲文友的詩文集序、壽序、傳、墓誌銘等文章，文章所説的對象無論是宦者文人，還是普通人士，無一不是爲人正直、有作爲之人，可以看出曹國佐提倡並崇尚這種人的思想。并且他在這兩方面並非空空説教，而是身體力行。前面所説其文章反映的幾種思想，敢言敢説，發表的意見看法都是爲人正直的表現，正如他在《與陳鐵蓀書》自云："我苟問心無愧，人言何足重輕，錯節盤根，始識利器，奈何因噎廢食乎。"他所編著的《周秦文粹》等 12 種專著，都具有益世作用，足可證明他是有作爲之人。如《兩漢八家文鈔》，據查史上僅有明朝崇禎年間張采輯有本《兩漢文選》，由（蘇州）金閶委宛齋刻印，可見曹氏編著己作是有眼光的。又如作者的《曾東石傳》一文，訂正了方志、清嘉慶《四川通志》、《四川歷代文化名人辭典》（四川文藝出版社 1992 年版）的一誤再誤之謬。曾東石，指明朝曾璵，字少岷，號東石，瀘縣人。正德三年（1508）進士，任户部郎中。以忤權宦劉瑾出知建昌（今江西城南）府。善詩文，下筆千言即就，與新都楊慎、岷山章懋等爲友。章懋輯其遺著刊世，名《少岷拾存稿》。兄璠，弘治己未武進士；父海寬，有大德，施德於人不求聞達。1519 年寧王朱宸濠在南昌發動叛亂，波及江西北部及安徽南部，璵以一介書生提一旅，協助王守仁破賊，立功甚偉。但《瀘縣志》《四川通志》《四川歷代文化名人辭典》均作璵"攻南康，下九江"。曹氏考陽明（王守仁）《擒獲宸濠捷音疏》：璵實爲"取南康"，未下九江。當時宦官忌功，陽明屢疏不報，故東石有功不賞。方志、通志、辭典均無曾東石生卒年，曹氏此文記東石生於成化庚子年（1480），卒於嘉靖壬戌年（1562）。另，曹氏參考曾家清初刻本族譜，發現《瀘縣志》人物小傳記載璵父子事迹，以海寬列於璵後，鬧出父子倒置笑話；再有，東石的裔孫顯祚、亨祚被賊寇所俘，罵賊不屈而死，作者認爲也應補入《瀘縣志》"忠節"章。如今後再編《瀘州志》等，曹氏此功當予以重視。

《二笏集》爲文友的詩文集作序、壽序、傳、誄、墓誌銘等共 31 篇，涉及 31 人，在此不能逐一引述作證正直、有作爲者，乃略舉幾篇以見各自事迹。曹氏總的認爲文友的詩文作品都是有所感觸，吐露心聲，"發於詩文，其大者可以供史

家之采用，其小者可以備志乘之搜羅，非苟作也”。

《四川永寧道沈公傳》，記述了沈守廉在瀘縣爲官爲人正直、敢作敢爲的事迹。守廉（1842—1923），號潔齋，浙江海鹽人。父炳垣，道光二十五年（1845）進士，任廣西學政。咸豐七年（1857），以抵禦太平軍，城破遇害，謚文節。守廉因蔭恩官郎中，積勞於光緒九年（1883）授四川永寧道觀察。在瀘縣革賭、禁娼、清詞訟、嚴懲貪官，發展生産、振興教育，事事用心。1884—1885 年，瀘縣連續兩年大旱，他廣開粥廠 5 個，施粥救民，减少餓死，病者醫治，老弱者由鄰里相保並代送；瀘縣城隍祠每年演戲耗數千金，沈去查辦説：神明本身是聰明正直的，這些錢他不會享用，乃將其錢徵收去救饑；某豪富慶壽，去祝賀者上千人，沈雜於人群中往祝，見其倉儲豐盈，即募穀若干；等等。1887 年沈將離任，滿城士民送詩詞、牌匾、傘蓋等無數，攔道挽留不住，乃换下他朝靴一隻，高挂道台轅門，警惕後來之官以他爲樣。孔子任中都宰時政績甚著，離職時有留靴的美舉。作者直接把守廉喻爲孔子。兩年後之春一夜，縣城東關外失火，撲不滅延燒半城，至道署挂沈靴處截然熄滅，全城百姓無不感嘆，作者説：“公已去矣，區區一靴尚能禦災捍患，謂公之精誠足以動天地感鬼神乎。”

林基深（1727—1794），字漢柏，號樹庵，乾隆十二年（1747）舉人。父中麟，乾隆七年（1742）進士，歷官多地。有《冲然堂文集》行世。曹國佐《林樹庵先生傳》詳記林有作爲事迹：鄉試前，有某人極好功名，基深甚鄙視，某即請一群名士與林談藝作文，欲爲難於他，結果均被林之絶倫才學擊敗。隨後，對方又在會試時設法埋藏試題成文於林試案下予以陷害。殿上面試乾隆帝亦疑而試之，限林一炷香内作琴棋書畫禮樂射禦書數十藝，樹庵揮筆而成，十藝各有獨到處。皇上嘆賞不已，並命呈其父《冲然堂文集》，御批云：“林家父子，頗知文理，憐其才而宥之。”又問道：先生堅定不作第二人想，今爲人中傷，會元當屬於誰？林回道：“無出某右矣”公榜時果然。後絶意進取，歸里講學著述。曹氏亦稱道樹庵：“時蜀中論文者，首推林家父子，彭氏丹棱樂齋（彭端淑、肇洙、遵泗兄弟）伯仲也。”萬慎（1856—1923），名致璋，字斐成，號慎子，瀘州人。秀才，光緒八年（1882）捐資爲翰林院孔目。中日甲午戰争爆發，投筆從軍海疆，作《從軍海疆感事留别十二首》等許多詩，充滿抵禦外侮、洗雪國耻的主戰派觀點和愛國憂民的政治熱情。後任安岳鳳山書院山長、瀘州中學堂堂長。入民國，任銅梁知事、諮政院議員、叙永、瀘州修志局總纂。曾與蘇啓元等結成怡園詩社，並參加朱德組織的振華詩社。有《山憨山房詩文集》《萬斐成先生聯稿擷晶》。萬去世時，曹氏連作三副挽聯而稱頌其爲人，如“山憨存、數卷詩文，臣以寒士來，以寒士去，宦游春夢一場，廉吏安可爲也”“天實爲之何哉？幾册古文爲絶學，此時崇尚新潮，毁冕列冠，無復有人識楊子”。

蘇啓元（1856—1935），近代大詩人。與其子俊、健有“瀘縣三蘇”之譽。字乾樞，號潛孚，晚號蘇山，光緒二十年甲午（1894）副貢生。好學工詩，見書即購，博觀約取，間以著述，尤斤斤於出處進退之節。國佐早年與之同學，亦爲同教、文友，深知蘇在詩文方面甚有成就，很是推崇。《蘇山詩草》於1923年成書，次年成都鴻文石印局刊刻，國佐特爲之作序，稱道蘇"好爲古文辭，陳言務去，有作者風，尤工韻語。遇忠孝節烈事，生氣勃發，寫鬚眉顔貌，活現紙上，見者皆嘆其妙造自然……洋洋灑灑數千言立就……錦城爲人才淵藪，然未若髯之絶倫逸群也"。在《與徐斗珊書》中亦稱道"蘇山詩根柢蟠深，鎔鑄古人，自成一家"。蘇山去世時，作者特致挽聯再表敬意："此翁工韻語，工文辭，披數萬言藏書，古調獨彈，長吟髯老蘇山集；與我同游庠，同食餼，是五十年契友，吞聲死別，怕讀眉陽墓誌銘。"

總之，曹國佐文章的思想較爲豐富，如還有倡導節儉、重視規則禮法制度等，在不盡述。

六、《二笏集》的多種藝術風格

詩文藝術風格是否千篇一律，是衡量文人水準高低的標準之一。《二笏集》的詩文對聯藝術風格不一，讀之不忍釋手，具有較高的欣賞性。主要表現在四個方面。

一是言辭犀利尖鋭，有很强的説服力。如曹氏爲文友鄒宣律作《十柟山館詩叙》，論鄒詩之價值作用説：鄒"非世之所謂詩人也。先生爲王壬秋高弟……古貌古心，夙耽吟詠，短章零墨，人争誦之。讀先生之詩，想見其爲人"。隨後作者講，聖人以"思無邪"總括爲《詩經》之主旨，又歷數漢魏以來雖然作者林立，能源出風雅者却不是很多，衹有唐宋的幾個大詩人"波瀾壯闊，天骨開張，時有諷刺之語、亂離之慨，可備輶軒之采輯……此外美人香草，非不別饒風韻，然馳騁鄭衛，曲終奏雅，浮華俗豔，其弊也贊"。這是揚雄對司馬相加賦的評價，説相如賦那様奢靡華麗，規諷正道的言辭遠不及勸誘奢靡的言辭，就像鄭國、衛國的音樂，前面絶大部分都是奢靡之音，在曲子結束時才有典雅純正的樂音，要想通過這個對人施行教化，不是兒戲嗎？曹氏又説：有的"説理之詩，非無關於勸誡，然有理障而無理趣，塵羹土飯，正而不葩，其弊也腐"。説這種詩如同以塵土爲飯，以稀泥爲羹，衹能游戲而不可食，是無用之物。然後評價鄒詩恰與上相反：去"浮靡迂陋之習而出以性靈，溯其瓣香所在，殆於白詩諷喻爲近……令人得性情之正……雖隱於詩酒，而善談名理，憂時愛國之心時時形於筆墨"。作者説理清晰，用馳騁鄭衛、曲終奏雅、塵羹土飯作喻，言辭犀利尖鋭，有很强的説服力。

鄒宣律（1856—1933），字鶴儕，瀘縣（瀘州）人，歲貢生。少穎悟，好讀書，擅詩詞賦。光緒初入尊經書院肄業，秋試輒不第，乃益爲詩。初學袁枚，繼學吴偉業，後乃上溯兩宋三唐六朝漢魏及古歌謠。故其古近體皆工，爲瀘詩一大宗。

隱居十楠山館。卒年七十八歲。著有《十楠山館詩抄·詞抄》行世。

二是引經據典並溯源，闡述深刻。議論文不能衹説觀點，要以理服力，須引經據典、追溯淵源。曹氏深知此道理，故其文也具有此特點。如他的自序《歷朝詩教録》，有人知道後對他説，史上彙編各種詩文集無數，無美不備，如今提倡新學，那些舊文化都束之高閣了，你再費神編此書是勞而無功。作者即一一爲之解答説，史上各家所編之書，無論是《昭明文選》還是漢儒宋儒箋注，都未具有勸誡之義，與我之書大不相同，並引論舜帝詩言志、孔子説詩教温柔敦厚等觀點爲證，闡述深刻。再看《李赦虎先生七十壽序》一文。李赦虎（1861—1937），原名李偉，字石府，號射虎、赦虎，光緒十五年中舉。北京陸軍貴胄學堂講師。辛亥革命後回到瀘州潛心鑽研學問著述，對十三經很有研究，尤其是《易經》造詣很深，遺著《聲白集初編二編三編》，其思想包羅萬象、博大精深，有人説它是一部李氏“人生教科書”。壽序，祝壽的文章，明中葉以後開始盛行。壽言或壽序、壽頌，是士人階層的人情交際應用文，要體現人情社會的特點，即多贊美之詞，文章能做到贊而不諛、恰如其分纔是真正的高手。曹氏這篇壽序即贊而不諛，以赦虎精研易學爲重點，引經據典、溯本論源加以論證贊美。文章從伏羲創立八卦，影響黄帝神農、唐堯虞舜，直到老子首遵伏羲之教，闡明道德，成就半部易理。又説朱熹集諸儒大成、合理數撰《周易本義》，識家山爲禪學；以至清朝雖偏重漢學，亦有蜀中劉沅析先天後天精蘊，以儒釋老發明聖道，等等。由此轉而説“赦虎先生上窺羲軒姚姒（指軒轅虞舜夏禹）商周，下考漢唐宋元明清，傍參儒墨釋老景婆基回，證以西學，融會貫通，發前人所未發……於易有《易孝合參》《易學玩參》《周易從宜讀本》”。最後用先哲之話喻赦虎先生是“善讀書者讀天地無字之書，易無不包。蓋天下之書，皆可以注易，盡天下之書，皆不足以注易”。文章説理透徹，論證縝密深邃，但無脂粉虚美之味，如此壽序無愧於李赦虎先生。

三是以小説手法爲文，筆墨新穎傳神，故事性强。如爲文友王鐵珊《鑄錯齋詩草》作序，文章首先以傳奇色彩入題，講蘇東坡降生其母夢禪師托宿，後東坡詩文俱有佛理；王陽明爲老僧入定化身，故理學文章俱能卓然自立。講鐵珊出生前其母夢夫帶一沙彌入門授學，印證了鐵珊好吟詠而如嚴羽所説詩通於禪；鐵珊中舉後官川藏連接處丹巴、同普，爲蜀之右臂，西藏咽喉，並以精練文字描述此地風土人情，公署近梵宇，鐵珊宛如一大禪師；後吐番侵犯，同普失守，鐵珊困於佛寺五個月，當地部民聯名請求酋長釋放他回鄉。這一切都好像與如來有不解之緣，否則何以能傍佛逃生。曹氏開初也覺好奇而有疑，及閲《前定録》始信確鑿可憑。由此認爲鐵珊以沙彌而詩人而爲宰官，如蘇東坡、王陽明一樣以高僧而爲大家大儒，均是前定。作者深有“序君之集，相見恨晚”之嘆。又如《屈思誠先生傳》，極有故事情節。屈名達人，字思誠。其父即甚仗義，曾貸款爲友捐官，友歿又破産代還欠債，被債主扭打墜水而亡，訴訟多年未斷。思誠性敏好讀書，尤嗜朱熹誠意正心之説。咸豐時，思誠被李永和部將周某任爲文牘。周某於璧山搶得一有風姿富家女，賜婚於屈。屈想自己守身如玉，豈能乘顛沛流離、處境艱難之危玷污名節，但又怕轉賜於他人，又會損害其女，乃假意答應。回頭又誠心告知女子，你我都是同難人，怎會忍心相害，實爲救你之意。知女子姓瞿，爲附近山寨人，屈、瞿音相近，乃以兄妹相稱。不久，爲使之脱離虎穴，屈向周某慌稱，附近山寨有親戚，我軍常轉戰，有女子終是拖累，欲送之到山寨親戚家寄居。周同意。思誠全女子節之事一直秘而不宣，後離部後娶妻生子名光燭。到了1885年璧山縣學有陳生見一生員寫榮昌附生屈光燭，因問他認識思誠否。回曰是父。陳生驚呼：此乃我母銘心鏤骨而感德不忘者也！今科君必高中。結果二人均中舉，光燭連捷中進士，官江西德安知縣，有政聲。這類文章讀之如同欣賞小説，故事戲劇性均甚强，文筆新穎，是較爲少見的傳記寫法。

四是詩聯樸實無華，淡雅而兼有豪壯之氣。曹氏的詩雖較少，但也頗爲可賞。其古風之作具有魏晋之味，擬古而具樸實，不事雕琢。其17首古風如《賀楊子惠瀘廬》共70餘句："西蜀古天府，山峙川水渟……瀘縣古江陽，林巒若畫屏……三分水，二分竹，一分屋，半負城廓半山麓……先生何如入瀘籍？廬是瀘廬公鄉宦，爲我三瀘造福澤……"。其絶句律詩又淡雅而兼有豪壯之氣，如《贈羅蜀良》二律之一："詩家宗派法家流，健筆能翻鸚鵡洲。拍案縱談中外事，舉杯長嘯海天秋……"。而他的楹聯則大多淡雅而曉暢，如《代友題春聯》："池北叙天倫，醉月飛觴，桃李園亭春夜水；城南餘地步，問花聽鳥，梧桐庭院午晴初。"《賀中華醫館開業》："中流砥柱鎮東洋，解饑結筋，是精於醫者；華氏奇方入西域，代毛洗髓，適子之館兮。"《陸軍基地大祭陣亡官兵》："無物者暫有之形，不朽者後世之名，戰士擬肴函，封爲崇塚開追悼；魂魄結兮天沉沉，鬼神聚兮雲冪冪，健兒好身手，死在沙場是善終。"

不過，曹國佐的文章也有思想認識過於保守之處，如其《猩猿進化爲人辨》，不承認人類進化論，祇信任中外遠古神話傳説的盤古、伏羲、亞當、夏娃造人，認爲人是動物進化的簡直是自辱其祖宗。這種文章在《二笏集》中僅此一篇，可能是作者未接觸過西方文化的緣故，而其他詩文則均具有有益的思想意義，其人與著作都值得重視。

作者單位：四川省楹聯學會

蜀學文獻

巴蜀科技發展成就與科技文獻整理

李勇先

内容提要： 巴蜀人民在幾千年歷史發展過程中，通過長期不斷的生産生活實踐，取得了一系列領先中國和世界的科技成果，爲巴蜀地區社會經濟發展和人類文明進步做出了巨大貢獻，有的科技成果至今仍發揮着重要作用。這些科技成就主要體現在天文曆算、氣候氣象、冶金製造、紡織技術、鑽井與井鹽、天然氣和石油開采、造紙與雕版印刷、醫藥衛生、水利興修等許多方面[①]，爲後人留下了許多寶貴的科技文獻資料，具有十分重要的學術價值。

關 鍵 詞： 巴蜀；科技發展成就；科技文獻處理

一、巴蜀歷代科技成就及其文獻成果

（一）天文曆算與氣象

我國是農耕文明最爲發達的國家之一，人們在長期生産生活實踐中積累了有關晝夜交替、日月盈昃、星宿出没、四季變化、陰晴雨旱等天文氣象知識，以及變化的特點和規律。爲了更好地安排農事活動，指導農業生産，出現了最初的曆法，即所謂“觀象授時”。先秦文獻《山海經》中被公認爲巴蜀人著作的《海内經》《大荒經》裏就已有“日月所出”“日月所入”的記載，這是我國古代典籍中較早的觀象資料。目前已知巴蜀最早的天文學家是先秦和漢代典籍中所記載的萇弘，他精通天文、曆法、氣象，凡“天地之氣，日月之行，風雨之變，律曆之數，無所不通”[②]。而巴蜀最傑出的天文學家當推漢武帝時期巴郡閬中人落下閎，他“明曉天文，隱于洛下”，在漢武帝授命下，編製了我國第一部比較完整的曆法《太初曆》，代替了秦代的顓頊曆，確定了以孟春正月爲歲首（春節從此確立）的曆法制

---

① 有關巴蜀科技史研究的著作主要有：馮漢鏞《巴蜀科技史研究》，四川大學出版社 1995 年版；袁庭棟《四川文化史》，上海人民出版社 1998 年版；查有梁、周遂志《巴蜀科技史略》，四川人民出版社 2010 年版。

② 〔漢〕劉安等：《淮南子》卷十三《氾論訓》，中華書局 2009 年版。

度，“然後日辰之度與夏正同”，並將二十四節氣納入曆法，一直沿用到現代。落下閎主張的渾天説，是當時全世界最先進的宇宙結構學説，爲此，他第一次製作了重要的天文儀器渾天儀和渾天象，“始立儀象之權輿”①，爲我國天文學的發展做出了極其重要的貢獻。除落下閎以外，巴蜀地區還出現了衆多知名的天文學家，如桓子《新論》云：“揚子雲好天文，問洛下黄閎以渾天之説。”此外，續修蔡邕《續漢書・天文志》的三國蜀漢巴西西充國人譙周，“精天文數術”、製作黄道游儀和水運渾天儀的唐代梁令瓚，被譽爲“推步之妙，天下一人”、編製《武成永昌曆》《正象曆經》的前唐司天監、五代前蜀時蜀人胡秀林，製造世界第一臺用水銀驅動的太平渾天儀和機械鍾的北宋巴中人張思訓，繪製世界上公認的最早的一幅完整石刻天文圖的南宋隆慶府普城人黄裳，南宋端宗時作《本天曆》的蜀人楊某②，我國著名女天文學家、著有《心香閣考訂中星圖》的清代江津人江蕙等，都是我國古代巴蜀著名的天文學家。其中，蜀人梁令瓚創造的黄道游儀爲唐代先進曆法《大衍曆》的編修提供了有利條件。他還同高僧張遂（一行）合製水運渾天儀，在世界天文學史上具有劃時代的意義。他在天文儀器製造史上的另一偉大貢獻，是在和一行製造渾天儀的同時發明了自動報時裝置，這是世界上最早的機械鍾。南宋天文學家黄裳於光宗紹熙元年繪製的《天文圖》，是世界上現存星數最多、時間最早、準確度較高的星圖。全圖共繪恒星一千四百四十顆，而歐洲直到十五世紀著録於星圖和星表的星數纔一千零二十二顆。英國著名科學史專家李約瑟在其巨著《中國科學技術史》中高度贊揚黄裳的《天文圖》，評價他繪製的《天文圖》比歐洲領先三百多年。以上這些都是“天數在蜀”的最好證明③。而歷代研究天文曆法的巴蜀學者也有相關著作傳世，主要有西漢揚雄《難蓋天》一卷，東漢翟酺《援神句命解詁》十二篇，唐代有袁天罡《太白會運逆兆通代記圖》一卷、李遠《龍紀聖異曆》一卷、趙蕤《長短經天文篇》一卷，宋代有張商英《三才定點陣圖》一卷、《大象列星圖》三卷、張大機《蓋天圖新式翠微洞隱書寶軸司天玉匣秘書金鍵要訣》一卷、賈浚《曆法九議》一卷、張方《夏時考異》一卷、李燾《七十二候圖》一卷、魏了翁《正朔考》一卷，明代有冷逢辰《周正考》一卷、楊慎《夏小正解》一卷，清代有唐樂宇《步天簡法圖》一册、寇宗《菊逸山房天學三正考》、李調元《夏小正箋》《月令氣候圖説》各一卷、吕調陽《釋天》一卷、《重訂談天正義》一卷、何志高《渾天易象》一卷，清末民初有廖平《漢志三統曆表》一卷、吴之英《天文圖考》四卷、宋育仁《夏小正説例》一卷、《夏小正文法今釋》一卷、《夏小正文法舉例》一卷，民國有陳觀潯《堯典月令中星異同説》一卷。其中，後漢翟酺字子超，廣漢雒人，拜光禄大夫，遷將作大匠，善圖緯、天文、曆算，是當時著名的天文曆算學家。

① 朱文鑫:《天文考古録》，民國二十二年商務印書館鉛印本。
② 《本天曆》與《奉元》《會天》三種曆書皆不傳於世。
③ 參見袁庭棟:《四川文化史》第四章“科技”，上海人民出版社 1998 年版。

在氣象氣候方面的成果，主要是民國學者利用現代科學技術和方法對巴蜀氣象氣候進行觀測記録以及相關研究，與傳統氣象氣候知識有根本不同。民國時期，四川省政府建設廳專門編有《氣象年報》，共五卷，民國二十六年至三十年四川省政府建設廳鉛印本出版。而學者個人的研究成果主要有蔡廉洲輯《調查川邊各縣沿革疆域氣候表》、胡焕庸《峨眉山之氣候》、劉世楷《四川氣候志》等，這爲人們研究民國時期四川氣象氣候史提供了寶貴的資料。

在與天文曆法緊密相關的算學方面，巴蜀地區也做出了巨大貢獻。其中著名的有兩位人物。一是唐代岐州雍縣人，著名天文學家、數學家、易學家，精通天文、曆算、陰陽、道家之説的李淳風，他晚年與袁天罡一起定居於具有悠久天文學傳統的閬中，一生中重要的天文、曆算學著作都是在這裏完成的。他所著《乙巳占》不僅是一部重要的星占學著作，而且也是世界氣象史上最早的專著。唐初修撰《晋書》，其中《天文》《律曆》《五行》三志爲李淳風所撰，尤爲精微。李淳風在數學方面的主要貢獻，是編定和注釋了《周髀算經》《九章算術》《海島算經》《孫子算經》《夏侯陽算經》《張丘建算經》《綴術》《五曹算經》《五經算術》《緝古算術》等著名的十部算經，後被用作唐代國子監算學館的數學教材。第二位學者是北宋安岳人秦九韶，他撰有《數書九章》十八卷，該書采用的大衍求一術、三斜求積術和秦九韶演算法都具有世界意義，代表了中世紀世界數學發展的最高水準，在世界數學史上占有崇高地位，領先歐洲數百年，他也因此成爲中外公認的世界級數學家。清代數學家宋景昌爲該書作《劄記》四卷。

（二）冶金製造

巴蜀自古出産銅、鐵等礦物資源，蘊藏豐富。《史記・貨殖列傳》記載："巴蜀亦沃野，地饒卮薑、丹砂、石、銅、鐵、竹木之器。'《華陽國志・蜀志》云："其寶則有璧玉、金、銀、珠、碧、銅、鐵、鉛、錫、赭……丹黄、空青"[①]等，這爲冶金業的産生和發展提供了重要條件。在距今數千年前的三星堆和金沙遺址中發現了古蜀时期大量青銅器、金銀器，從中可見古蜀人精湛複雜的冶鑄技術，尤其是在青銅合金、焊鍍、雕鏤、箔飾等方面達到了相當成熟的程度。而巴蜀冶鐵歷史可以追溯到先秦時期，《禹貢》有梁州貢鐵的記載，这可从近年來在巴蜀地区陸續出的土斧、削等鐵製農具中得到證明。

巴蜀冶鐵技術的大發展是在秦漢時期。臨邛不僅成爲西南冶鐵之都，而且也是秦國最大的冶鐵基地，政府在成都還專門設立鐵官進行管理，極大地推動了巴蜀冶鐵業的快速發展，成爲當時科學技術和生産技術革新的重要標志。秦漢時期，政府設立了許多大型官營作坊，秦設蜀郡"工室"（東工），漢設蜀郡"工官"（西工），蜀漢設作部，專門從事鐵器、車船製造以及冶銅、漆器、蜀錦、製玉、製陶、

① 〔晋〕常璩：《華陽國志》卷三《蜀志》，清嘉慶十九年題襟館刻本。

製鹽等手工製作，科技水平得到進一步提高。甚至在蜀漢時期還根據杠杆原理製造出了我國第一部具有較高自動化水平的木牛流馬，反映了當時巴蜀的製造技術水平。

在非冶金類製造技術方面，主要體現在製玉、製陶、製作漆器等方面。僅廣漢三星堆遺址就發現了二百多件圭、璋、琮等十餘種類型各異的玉器，在成都金沙遺址中出土的玉器更多，有近二千件，足見當時製玉之盛、玉器製作技術和工藝的成熟。而漆器最早見於三星堆遺址，其精致的雕花木製漆器反映出當時漆器製作的精湛水平。後來在成都商業街戰國船棺葬中更是出土了大量的漆器，包括漆樂器、漆禮器和漆生活用具，種類多樣，製作工藝精妙，圖案色彩豐富。西漢揚雄《蜀都賦》就記載了成都漆器業的繁榮景象，"雕鏤扣器，百技千工"[①]。漢代以後，成都一直是全國漆器的重要生産基地。到了唐代，以漆器爲代表的手工製造技術達到了新的高峰，尤其是金銀平脱漆器工藝在唐代十分流行，製作精巧，花紋美觀，反映了當時高超的漆器製作水平[②]。

反映巴蜀金屬鑄造和器物製造方面的文獻，值得一提的有費著《錢幣譜》和《器物譜》。《錢幣譜》記載了巴蜀地區歷代鑄造錢幣的情況、錢幣的種類、幣值以及相互换算。譜中述及古代蜀中使用銅錢的情況。公孫述據蜀，廢銅錢，置鐵官錢。譜中特別記述了唐宋時期巴蜀鑄造錢幣、錢幣使用以及先後多次改鑄的情況，是研究當時四川經濟狀況的重要文獻資料。而《器物譜》是宋代巴蜀地區流傳的各種器物的集錦，主要叙述了玉璧、玉印、淳于（古禮器）、古鐵鑑、銅印、古器、不金印、唐鐵券等，這些器物及其上面的文字反映了當時精湛的鑄造工藝。

（三）紡織技術

巴蜀紡織業歷史悠久，在我國紡織史上占有重要地位。早在先秦時期，巴蜀之地就以織錦和織布聞名於世。傳説中的嫘祖（又名累祖）爲西陵氏（今四川鹽亭縣）之女，軒轅黄帝元妃，她發明了養蠶，史稱"嫘祖始蠶"。傳説古蜀國第一位蜀王蠶叢氏也是以種桑織錦爲業，説明古蜀很早就成爲中國絲綢的發源地，這可從近年來出土的蜀錦實物殘片和織錦機殘件得到證明。在成都土橋曾家包東漢石刻上，刻有織布機和織錦機的圖像，皆爲足踏織機，這是當時世界上最先進的織機，科技含量很高[③]。成都富於"錦、繡……桑、漆、麻、紵之饒"[④]，也因此成爲我國南方絲綢之路的起點。秦漢三國時期，政府不斷擴大織錦規模，並設立專門的錦官進行管理。歷代政府還將蜀錦作爲財政收入的重要來源。《華陽國志》

① 〔漢〕揚雄：《蜀都賦》，載〔宋〕扈仲榮等編《成都文類》卷一，影印文淵閣《四庫全書》本。
② 參見謝元魯：《成都通史》第三卷《兩晋南北朝隋唐時期》，四川人民出版社 2011 年版。
③ 參見羅開玉、謝輝：《成都通史》第二卷《秦漢三國（蜀漢）時期》，四川人民出版社 2011 年版。
④ 〔晋〕常璩：《華陽國志》卷三《蜀志》，清嘉慶十九年題襟館刻本。

記載，司馬錯滅蜀後，在夷里橋南設立“錦官”，“得其布、帛、金、銀，足資軍用”。除蜀錦外，蜀布也是巴蜀所産的重要紡織品，行銷海外，如漢代張騫出使大夏時就發現有出産於蜀地的筒潤細布。秦漢三國時期，成都已是蜀錦生産製作的主要基地，並設錦官進行管理。兩晉隋唐時期，巴蜀絲織業得到進一步發展，西晉左思《蜀都賦》描述了成都“闠閻之里，伎巧之家，百室離房，機杼相和”的盛況。《隋書・地理志》也説蜀地“人多工巧，綾錦雕鏤之妙殆侔於上國”[①]，不僅工藝精湛，而且色彩富麗，織造技術處於全國最高水平。唐人張何《蜀江春日文君濯錦賦》對唐代蜀錦做了相當細緻的描述。這些精美的蜀錦不僅行銷全國，而且還通過絲綢之路輸出到東南亞、南亞、西域諸國以及西亞等地。到了宋代，巴蜀仍然是“絲帛所産，民織作冰紈綺繡等物，號爲冠天下”[②]，這種盛況顯然繼承了唐代以來的繁榮。可以説，在唐宋以前上千年的以織錦爲代表的高級絲織品生産中，成都始終保持在全國的中心地位[③]。

總結中國古代紡織精湛工藝的著作主要以宋末元初成都人費著所撰《蜀錦譜》最具代表性。該書記述了宋代元豐六年吕大防知成都府時官辦錦院織錦和民間機户織錦的情況及其變遷，其中關於宋代蜀錦的品種和花樣的記述，是古代文獻中最爲系統而詳盡的。

（四）建築技術

巴蜀建築也是巴蜀科技成果的重要體現。從廣漢三星堆遺址和成都十二橋發掘的商代晚期大型木結構遺址可以看出，巴蜀建築不僅在結構和用途上充分體現其用於民居、宫廷、陵墓、廟宇等方面的多樣性，而且其構件之豐富、建築結構之複雜反映了當時巴蜀建築技術已處於相當高的水平。而巴蜀人在建築方面卓有成就者首推隋代著名工藝家、建築家何稠。何稠，字桂林，益州郫（今成都郫都區）人。從小聰明伶俐，善製作。主要成就有：設計建造“行殿”及“六合城”，爲隋煬帝製造交通工具“任意車”等。另外，巴蜀地區現存的明清重要祠觀寺廟建築、藏羌碉樓、棧道橋梁建築等都體現了巴蜀人巧奪天工、獨具匠心的建築技術。

（五）農業技術和農産品加工

巴蜀農業文明起源於新石器時代晚期。現存古代文獻《山海經》就記載中國農業始祖后稷死後葬於成都平原核心地帶廣都，説明“都廣之野”在中國農耕文明史上所具有的重要地位。《山海經・海内經》：“西南黑水之間，有都廣之野，后稷葬焉。爰有膏菽、膏稻、膏稷，百穀自生，冬夏播琴，鸞鳥自歌，鳳鳥自舞，

① 〔唐〕魏徵等：《隋書》卷二十九《地理志》，中華書局點校本 1973 年版。
② 〔宋〕楊仲良：《續資治通鑑長編紀事本末》卷十三《李順之亂》，書目文獻出版社 2003 年版。
③ 參見謝元魯：《成都通史》第三卷《兩晋南北朝隋唐時期》，四川人民出版社 2011 年版。

靈壽實華，草木所聚，爰有百獸，相群爰處。”司馬遷説：“后稷之興在陶唐、虞、夏之際。”[1]説明早在蠶叢、魚鳧之前的后稷時代，廣都就已開始農耕生產，故《山海經》列舉出當時廣都地方已經種植菽、稻、黍、稷等多種農作物。到殷周之際杜宇入蜀，教民務農，號稱杜主君，農業種植技術不斷提高，進一步促進了巴蜀地區農業的發展。隨着春秋戰國時期蜀地鼈靈、李冰治水，興修水利，“民得安居”“蜀得陸處”，爲蜀地農業經濟發展提供了優越條件，出現“民食魚稻、亡凶年憂，俗不愁苦”[2]的局面。秦漢時期，巴蜀地區自流灌溉技術得到推廣，尤其是都江堰灌溉工程“旱則引水浸潤，雨則杜塞水門”，省力效增。鐵器農具、工具、兵器、日常生活用具的廣泛運用，以及牛耕的普及，則極大地促進了巴蜀地區農業經濟的全面發展，盆中丘陵和盆周山地得到進一步開發，農耕面積不斷擴大，精耕細作水平和農作物産量也不斷提高，冬水泡田、施肥、水牛耕地、耙地、播種育秧、插秧、中耕除草、稻田養魚等農業技術不斷提高[3]。此外，巴蜀農業技術成就還表現在家畜飼養、畜牧、漁獵等方面。在農産品加工方面，主要體現在釀酒、製茶和製糖等方面。歷代巴蜀學者對農業科技成果也進行了大量總結，其代表性著作主要包括：在農業生産經驗總結方面，有宋陳旉《農書》三卷、清張宗法《三農記》(一名《全致富奇書三農紀合纂》)二十四卷、陳開沚《裨農最要》三卷；在製茶、茶藝和茶史研究方面，有五代前後蜀毛文錫《茶譜》一卷、宋唐庚《鬥茶記》一卷、明萬邦寧《茗史》二卷；在蠶桑養殖方面，有宋孫光憲《蠶書》二卷、陳旉《蠶書》一卷，明陳述《農桑風化録》一卷，清李拔《蠶桑説》一卷、趙敬如《蠶桑説》一卷、李鳳翰《蠶桑説》以及曾逢吉刻石《蠶桑十二事圖》；在動物養殖方面，有明楊慎《動物考》一卷；在釀製用麴方面，有宋田錫《麴本草》一卷；在釀酒工藝方面，有宋蘇軾《酒經》一卷；在提煉蔗糖工藝方面，有宋王灼《糖霜譜》一卷；在飲食烹飪製作技術方面，有清李化楠《醒園録》二卷；在園藝栽培技術方面，有宋陸游《天彭牡丹譜》一卷、明楊慎《植物考》一卷、清李調元《醒園花譜》二卷。其中《蠶桑十二事圖》爲清嘉慶十七年任昭化縣令的曾逢吉所繪。曾逢吉，湖北京山縣人，爲政清廉惠民。曾下令在縣内四通八達的驛路及書院、寺廟植桑樹十萬余株，百姓因此養蠶致富。嘉慶二十二年任廣元縣令，繼續倡導農桑。上任第二年，全縣植桑二十三萬一千六百三十九株，並造册上報，缺一補二，同時發出告示，規定償格，“親寫匾額，旌表勤勞”。經官民十二年苦心經營，至道光七年，“千里驛道，皆桑樹成蔭，勝過何陽桃花、江南柳色”。道光七年升任松潘同知。爲了讓繼任者不要荒廢這項惠民政策，曾逢吉在離任前精心繪製了《蠶桑十二事圖》，刻碑立於昭化縣先蠶祠内。《蠶桑十二事圖》碑高一

① 〔漢〕司馬遷:《史記》卷四《周本紀》，中華書局點校本 1982 年版。
② 〔漢〕班固:《漢書》卷二八下《地理志下》，中華書局點校本 1975 年版。
③ 參見羅開玉、謝輝:《成都通史》第二卷《秦漢三國（蜀漢）時期》，四川人民出版社 2011 年版。

點三米，全長五點八米。《蠶桑十二事圖》碑中《選桑椹》《種桑》《樹桑》《條桑》四圖，展現了我國清代培植桑樹的情景，這些方法在今天植桑活動中仍然被采用。《窩種》《種蠶》《喂蠶》《起眠》《上簇》《分繭》《醃蠶》《繅絲》八圖，一一展現了清代人養蠶、繅絲、紡織的全過程。這組石刻圖碑成爲我國十分珍貴的實物史料和古代科普創作藝術的瑰寶。此外，他還著有《栽桑瑣言八則》《樹桑三利》《樹桑五法》《書院官桑記》等書。

民國時期，隨着西方農業科技知識在巴蜀的傳播和普及，出現了一系列有關巴蜀農業資源調查、農田耕作、育種育苗、家畜養殖、蠶桑改良等方面的著作。如稻麥、棉花種植與果圃改良方面，有四川省稻麥改進所輯《四川省稻麥改進所工程報告》，柯象寅、楊立炯《川西平原之稻作》，經濟部中央農業實驗所編《四川植棉淺説》，錢復初《種梨全法附復園推廣改良蒼溪種雪梨樹苗説明書》；在蠶業改進方面，有尹良瑩《四川蠶業改進史》；在家畜保育方面，有四川省家畜保育所編《四川省家畜保育所近況概述》《第二届建設行政會議四川省家畜保育所工作報告書》；在農牧資源調查方面，有李明良《四川寧屬農牧調查報告》、曲仲湘《西康泰寧附近草地之初步研究》、四川省農業改進所編《四川省農業改進所施政報告》；在動植物研究方面，有方文培《峨眉植物圖志》（第一、二卷）等。其中尹良瑩所撰《四川蠶業改進史》共分十章，詳述四川自然條件與養蠶業的關係，自上古以來的養蠶沿革，蠶業與桑樹的分布區域，産量與運銷情況統計，高、中等專科教育，南充、西充、三臺、鹽亭、成都、樂山、合川等各主要養蠶縣份的蠶業史、産量及貿易概況，桑苗的繁殖、原種培育、蠶桑繭絲的試驗研究及改進蠶業管理等。

（六）鑽井與井鹽、天然氣和石油開采

食鹽是人類生活不可或缺的日用必需品，歷史上許多重大移民活動與戰争都與争奪鹽業産地有關。而巴蜀之地富於鹽泉。如《華陽國志·蜀志》記載，南安（今樂山市）有“鹽溉”，爲“蜀王開明故治”[①]，説明早在開明時期，這裏就已成爲古蜀國取滷煮鹽的重要産地。隨着秦漢時期鐵器的廣泛使用，巴蜀鹽井開采範圍不斷擴大，開采數量和鑿井深度也不斷增加。秦漢三國時期，巴蜀是全國最著名的井鹽生産區，尤其是成都的井鹽生産技術，代表了全國最高水平。秦人李冰在任蜀郡太守時，首先在廣都開鑿鹽井，《華陽國志·蜀志》記載：“秦孝文王以李冰爲蜀守，冰能知天文地理……又識察水脉，穿廣都鹽井”，“蜀於是盛有養生之饒焉”[②]。西漢宣帝時，又“穿臨邛、蒲江鹽井二十所”[③]，並在當地增設鹽鐵

① 〔漢〕酈道元：《水經注》卷三十三《江水注》，影印文淵閣《四庫全書》本。
② 〔晋〕常璩：《華陽國志》卷三《蜀志》，清嘉慶十九年題襟館刻本。
③ 〔晋〕常璩：《華陽國志》卷三《蜀志》，清嘉慶十九年題襟館刻本。

官進行管理。到西漢晚期，巴蜀已有十餘縣産鹽[①]。東漢三國時期，巴蜀豪族紛紛私開鹽井，井鹽業得到空前發展，以至於“家有鹽銅之利”。到了唐代，隨着鹽井開采技術的進步，陵州鹽井得到開發，可“直下五百七十尺，透兩重大石，方及鹹泉”[②]。《元和郡縣圖志》記載：“益部鹽井甚多，此井最大。”[③]到了北宋，陵州井研縣出現了小口深井的卓筒井，“自慶曆以來，始因土人鑿地植竹，爲之卓筒井，以取鹹泉，煮煉鹽色”，由於該法“一筒致水數斗，凡筒井皆用機械，利之所在，人無不知”[④]，於是“其民盡能此法，爲者甚衆”[⑤]，使“筒井”[⑥]技術得到推廣，巴蜀井鹽産量得到很大提高。到了清代，隨着人們對鹽礦地質結構知識的積累日益豐富，鑿井技術不斷創新，鑽井深度可達到一千米左右，打出了世界上最深的鹽井，並且發明和掌握了當時最先進的地下注水工藝，這種異井注水方法大大提高了成片鹽井産量，從而促進了川南自流井、川北南部、閬中等地井鹽業的發展和繁榮[⑦]。

巴蜀地區天然氣儲量十分豐富，全世界最早開采天然氣的地方也是巴蜀地區。我國先秦文獻《周易》《山海經》中很早就發現了“澤中有火”“陰火潛燃”、令丘之山“多火”等現象，説明巴蜀地區從戰國晚期在挖掘鹽井過程中就發現了天然氣資源。西漢揚雄《蜀都賦》裏最早出現“火井”名稱，説明至少在西漢時期巴蜀人就對“火井”有了比較深入的了解和認識。《太平御覽》卷八六九引揚雄《蜀王本紀》記載：“臨邛有火井，深六十餘丈，火光上出。人以筒盛火，行百餘里猶可燃也。”[⑧]東漢三國時期，成都臨邛在采鹽過程中充分利用天然氣煮鹽，“取井火煮之，一斛水得五斛鹽，家火煮之，得無幾也”[⑨]。晉代左思《蜀都賦》、郭璞《鹽池賦》中都專門提到“火井”，所謂“火井，鹽井也”[⑩]。由於天然氣長期與鹵水並出，從明代開始，自流井地區的天然氣資源得到規模開發，成爲全世界開發利用天然氣時間最長、歷史最久的氣田。同時，在天然氣開發利用過程中，伴生的石油也得到開發，楊慎《丹鉛總録》《藝林伐山》、李時珍《本草綱目》、曹學佺《蜀中廣記》、張瀚《松窗夢語》、何宇度《益部談資》等書中，有“其泉皆油”“油井”“油水”“石油”“井水如油”等記載。這些被開采的石油主要用於日常照明。早在

---

① 參見羅開玉、謝輝：《成都通史》第二卷《秦漢三國（蜀漢）時期》，四川人民出版社 2011 年版。
② 〔唐〕杜光庭：《道教靈驗記》，載《雲笈七籤》卷一百十九，《正統道藏》本。
③ 〔唐〕李吉甫：《元和郡縣圖志》卷三十三，中華書局 1983 年版。
④ 〔宋〕蘇軾：《東坡志林》卷六，中華書局 2007 年版。
⑤ 〔宋〕文同：《丹淵集》卷三十四《奏爲乞差京朝官知井研縣事》，影印文淵閣《四庫全書》本。
⑥ 〔宋〕蘇軾：《東坡志林》卷六，中華書局 2007 年版。
⑦ 參見袁庭棟：《四川文化史》第四章“科技”，上海人民出版社 1998 年版。
⑧ 〔宋〕李昉：《太平御覽》卷八六九引揚雄《蜀王本紀》，影印文淵閣《四庫全書》本。
⑨ 〔晋〕常璩：《華陽國志》卷三《蜀志》，清嘉慶十九年題襟館刻本。
⑩ 〔梁〕蕭統：《文選》卷四載左思《蜀都賦》劉逵注引《地理志》，民國年間上海商務印書館影印《四部叢刊》本。

四百多年前，巴蜀的石油開采利用技術無疑也是走在了世界的前列[①]。

巴蜀地區地質結構獨特，蕴藏了豐富的天然氣、鹽、鐵、煤等礦物資源。人們在開采利用這些資源的過程中，對地質礦藏構造、分布的認識不斷加深。如《山海經》對礦物岩石的描述非常出色，是我國第一部礦物岩石著作。其中所記録的礦物岩石多達八十九種，産地四百餘處，描述的内容有礦物硬度、颜色、光澤、透明度、磁性、形狀、功用、共生關係、可熔性等方面，如“符禺之山，其陽多銅，其陰多鐵”。從礦物命名中也可以看到，《山經》把礦物分爲金、玉、石、土四類，這是世界上最早的礦物分類。就岩礦知識而論，《山經》比古希臘最早的狄奥弗拉斯（Theophrastus，前 371—前 285）的《石頭志》還要早，内容也更加豐富。《山海經》對地質礦藏的記載就包括有關巴蜀地區的内容。而反映巴蜀地質礦藏研究成就的專著主要集中在民國時期，在此以前，主要分散記載於各類地理文獻、地方志、類書、辭書等著作中，專門著作較少，其中比較重要的有清吴鼎立《自流井風物名實説》、清佚名《四川南閬鹽務圖説》等。民國時期，相關論著已經相當豐富，主要有四川省政府建設廳編印《江巴富瀘間地質礦産調查報告》，四川省政府建設廳特派礦區測繪隊輯《四川省政府建設廳特派礦區測繪隊二十五年度工作報告暨二十六年度工作計劃書》，四川省政府建設廳編《川西南地質礦産調查報告》《上川南地質礦産調查報告》，實業部地質調查所等編《四川地質調查報告書》，劉丹梧《四川礦産勘查紀實》，趙亞曾《秦嶺山地及四川之地質研究》、劉之祥《寧屬北部地質與礦産》，李承三《西康地質調查旅行記》，譚錫疇、李春昱《四川西康地質志》《西康東部礦産志略》等。其中如《上川南地質礦産調查報告》，“上川南”包括成都、華陽、雙流、仁壽、青神、井研、犍爲、樂山、屏山、峨眉、滎縣、威遠、富順、資陽、簡陽等地。具體到鹽、煤鉛等礦藏方面，有熊楚《自貢地質産鹽業問題》、鍾榮敏等撰《自貢之鹽業》以及經濟部工礦調整處編《嘉陵江下游煤礦視察報告》《馬邊鉛礦探礦報告與小規模煉鉛廠工程計劃書》等，其中《嘉陵江下游煤礦視察報告》介紹鐵路沿綫各礦以及裕蜀、寶源、燧川煤礦、龍王洞煤田情況，包括位置、交通、組織、地質煤層、儲量、産額、運輸、煤價等。此外，民國時期新編地理著作如鄭勵儉《四川新地志》、黄尚毅《四川地理學》、胡焕庸《四川地理》、張克林《四川地理表解》、樓雲林《四川》、葉育之《四川史地表解》、陳宗棠《四川鄉土常識》、林超《嘉陵江流域地理考察報告》等書中也有關於四川地質、礦藏、氣候、水利、農業、畜牧等内容的記載。

（七）造紙與雕版印刷

我國早在東漢時期就發明了造紙術，是世界上最早發明造紙術的國家。成都造紙業的興起始於隋代。宋末元初成都學者費著《箋紙譜》就説：“雙流紙，出於

① 参見袁庭棟：《四川文化史》第四章“科技”，上海人民出版社 1998 年版。

廣都……疑紙名自隋始也，亦名小灰紙。”雙流即今天雙流區。雖然當時的廣都紙質量不高，價格便宜，所謂“品最下”，“價亦最賤”，但“用最廣”，具有很强的適用性。到了唐代，成都已成爲全國著名的造紙業中心，主要以生産“大小黄白麻紙”出名，成爲官府指定用紙，無論是皇帝詔令、政府公文用紙，還是昭文館、集賢院、官府藏書機構等都指定用成都麻紙鈔寫，又稱爲“蜀郡麻紙”[①]“益州麻紙”[②]“小麻紙”[③]等，可見當時成都麻紙産量之高，深受社會各界廣泛喜愛。此外，成都造的皮紙薛濤箋、金花箋、十色箋、魚子箋、滑石箋等都是其中具有代表性的品種，成爲當時文人雅士不可或缺的書寫用品[④]。而唐代巴蜀造紙業的發達又爲雕版印刷業的興起奠定了基礎。

我國是世界上最早發明雕版印刷術的國家。目前世界上發現最早的印刷品是在敦煌石窟中發現的唐懿宗咸通八年刊刻的《金剛經》。中唐以後，雕版印刷逐漸在民間普及，成都發展成爲全國最主要的印刷業中心，宋代朱翌説：“雕印文字，唐以前無之，唐末益州始有墨板。”[⑤]我國國内現存最早的印刷品是唐印《成都府成都縣龍池坊卞家印本陀羅尼經咒》，該物出土於 1944 年成都市望江樓一唐人墓中。在國内外現存的幾件印刷品中，凡標明了刻印地點的都是“西川過家真印本”。此外，1909 年斯坦因在敦煌發現的《劍南西川成都府樊賞家曆》雕印於唐僖宗中和二年，它是成都樊賞私家刻印的曆書。從中可見，在我國所發現的早期印刷品中能够確定刻印的地點都是成都，由此推知全世界雕版印刷術的發源地很可能就在成都，“尤以益州成都較爲發達”[⑥]，當時民間刻印的曆書“已滿天下”[⑦]。唐僖宗避亂入蜀時，著名藏書家柳玭曾在成都訪書，見到”重城之東南，其書多陰陽雜記、占夢、相宅、九宫五緯之流，又有字書、小學，率雕版印紙，浸染不可盡曉’[⑧]。甚至成都西川刻印的《唐韻》五卷、《玉篇》三十卷還通過日本僧人傳入到東瀛。随着唐代佛教的興盛、社會文化的繁榮，人們對佛經、曆書、術數、字書以及啓蒙類書籍的大量需求，促使各種雕印書籍大量出現，而唐代成都造紙業的發達，又爲雕版印刷的産生和發展提供了必要條件[⑨]。五代時期，巴蜀地區安定的社會環境繼續維持雕版印刷的興盛局面，前蜀時，曾用五年時間刻印杜光庭《道德真經廣聖義》三十卷，堪稱精品。前蜀還刻印了一部僧貫休《禪月集》，這是目前確知我國古代所刻印的第一部個人詩文集。後蜀宰相毋昭裔除主持蜀石經刊刻外，還

---

① 《新唐書》卷五十七《藝文志》，中華書局校點本 1975 年版。
② 《唐六典》卷九《太府寺》，清光緒二十一年廣雅書局刻本。
③ 《唐會要》卷三十五《經籍》，上海古籍出版社 1991 年版。
④ 參見謝元魯：《成都通史》第三卷《兩晋南北朝隋唐時期》，四川人民出版社 2011 年版。
⑤ 〔宋〕朱翌：《猗覺寮雜記》卷六，影印文淵閣《四庫全書》本。
⑥ 劉國鈞：《中國書史簡編》，書目文獻出版社，1981 年版；張秀民：《中國印刷史》，上海人民出版社 1989 年版。
⑦ 《全唐文》卷二十四，中華書局 1983 年版。
⑧ 〔宋〕葉寘：《愛日齋叢鈔》卷一柳玭《柳氏家訓序》，影印文淵閣《四庫全書》本。
⑨ 參見謝元魯：《成都通史》第三卷《兩晋南北朝隋唐時期》，四川人民出版社 2011 年版。

主持雕版刻印《九經》《文選》《初學記》《白氏六帖》等，這是目前所知我國古代刻印的第一批文學總集和類書。到了宋代，成都地區的雕版印刷更臻於完美，成爲全國三大印刷業中心之一，有"宋時蜀刻甲天下"之説。宋初刻印的《開寶藏》，又稱《蜀藏》，是我國歷史上也是世界上刻印的第一部《大藏經》。南宋時，成都還雕刻了兩部大型類書《太平御覽》和《册府元龜》，各一千卷，規模宏大。此外，眉山是繼成都之後巴蜀地區又一處刻書業中心，南宋紹興年間所刻《宋書》《魏書》等'眉山七史'工程浩大。其他如什邡、臨邛、雙流、金堂、瀘州、銅梁、潼川、遂寧、綿竹、嘉州、犍爲、忠州、資州、夔州等地都有大量坊刻圖書。

而反映宋代雕版印刷精湛工藝的還有在北宋成都刻印的世界上第一張紙幣交子。當時製作交子"同用一色紙印造，印文用屋木人物，鋪户押字各自隱密題號，朱墨間錯，以爲私記"①，屬套色印刷，上有加密印記，工藝複雜。參與印製的有掌典十人，帖書六十九人，印匠八十一人，雕匠六人，鑄匠二人，雜役凡十二人，從中可見當時用楮皮紙印製交子的工藝和規模，表明成都雕版印刷水平已經遠遠地走在了世界前列②。

對於蜀紙製造技術的總結，首先要推北宋綿竹人蘇易簡所撰《文房四譜·紙譜》，它是全世界第一部論述造紙的專著。另一部有關造紙的著作是宋末元初費著的《蜀箋譜》。該書記述了成都地區造紙原料、造紙過程、造紙工具和造紙業集中地點百花潭，這爲研究成都造紙史提供了重要史料。從《蜀箋譜》可知，蜀紙的製造都采用蔡倫法，"箋紙有玉版，有貢餘，有經屑，有表光"，都是用浣花潭水造紙。書中還詳細記述了蜀紙的種類，當時有百韻箋、青白箋、學士箋、小學士箋、以及仿蘇州紙做的雜色粉紙"假蘇箋"，"紙以人得名者，有謝公，有薛濤"。謝公有十色箋，而薛濤製箋衹深紅一色。書中還對唐代女詩人及其創製薛濤箋作了記述，並將蜀紙與蘇州紙、徽州紙、池州紙進行了比較，還記述了廣都紙、雙流紙的品種和用途，以及當時仿製的五代南唐後主李煜所特製的名紙"澄心堂紙"的情況。

對於成都印製世界上第一張紙幣交子的情況，費著《楮幣譜》也有詳細記載。北宋真宗時，蜀人發明的交子最初衹在民間發行和流通。天聖元年（1023），交子改由政府發行，在成都設立專門機構交子務負責。該書記載所印交子"表裏印記，隱密題號，朱墨間錯，私自參驗，書緡錢之數，以便貿易"，具體反映了交子發行的經過和南宋慶元三年（1197）以前四川地區紙幣交子和錢引發行中的重要事件。如大中祥符末設置"益州交子務"，熙寧年間設置鈔紙院，大觀元年改交子務爲錢引務，紹熙五年始創鈔紙場，即造紙作坊等。同時書中記述了交子、錢引的改造額和每界的流通時間、交子的不同面額、錢引的印製數量、名稱和色彩。對於成都設立鈔紙場專門製造紙幣的記載，以及南宋四川錢引圖案樣式的詳細記述，爲

① 〔宋〕李攸：《宋朝事實》卷十五《財用》，影印文淵閣《四庫全書》本。
② 參見袁庭棟：《四川文化史》第四章"科技"，上海人民出版社 1998 年版。

人們了解宋代紙幣發行提供了珍貴資料。

（八）醫藥衛生

巴蜀醫學發展的歷史源遠流長，在先秦文獻《山海經》中就已經對巴蜀醫藥有明確記載，如《海内西經》記載“開明東有巫彭、巫抵……皆操不死之藥以拒之”。《大荒南經》記載：“有巫山者，西有黄鳥，帝藥八齋。”《山海經》共記録了“百藥爰在”的各種藥物一百三十餘種，記録各種疾病三十多種以及相關的治療方法。這些都是在《神農本草經》之前極其寶貴的醫藥史料，反映了古代巴蜀地區早期醫學發展的情況[①]。

巴蜀地區複雜多樣的地理環境藴藏了豐富的藥材資源。《華陽國志・巴志》就記載“其藥物之異者有巴戟、天椒”，在我國最早記載藥物産地的《名醫别録》中記録了産於巴蜀的藥物有八十種，以至有“天下有九福，藥福數西蜀”“炎黄覽衆草，異種多西川”等説法，這就爲巴蜀醫學的發展奠定了物質基礎。早在東漢就出現了像涪翁、程高、郭玉等幾位確切可考的巴蜀名醫。西漢末、東漢初涪縣（今綿陽市）人涪翁被譽爲“針灸之祖”，其所著《針經》和《診脉法》是我國最早的針灸學與脉學專著之一。涪翁傳弟子程高，再傳郭玉，郭玉後爲太醫丞，針灸之法遂廣傳宇内。東漢另一位著名學者廣漢新都人段翳精製“合膏藥”，爲人治療頭部外傷，見於《後漢書・方術列傳》，是我國古代文獻中記載最早使用膏藥的人。唐宋時期，巴蜀醫學得到全面發展，出現了一大批醫學名家，如唐代成都名醫昝殷，擅長婦産科和藥物學。唐大中年間，他將前人有關經、帶、胎、産及産後諸症的經驗效方及自己的臨症驗方共三百七十八首編成《産寶》三卷，又名《經效産寶》，其後周頲作《三論》附於書後。該書是我國現存最早、流傳最廣的婦産科專著，對後世醫家産生了廣泛影響，具有很高的文獻學和臨床學價值。北宋青神名醫楊子建在此基礎上撰寫的《十産論》，是我國醫學史上專論産科的重要的著作。唐代還有一部重要的醫學著作是陸贄的《陸氏集驗方》。陸贄，字敬輿，蘇州嘉興人，爲裴延齡所譖，貶忠州别駕。在州十年，家居瘴鄉，人多癘疫，乃抄撮方書爲《陸氏集驗方》五十卷行於世。五代前蜀時，波斯籍人李珣定居蜀地梓州，他將世代積累的香藥知識與親身實踐經驗結合起來，撰寫了一部專記海外藥物的專著《海藥本草》，該書是我國第一部專門記載外來藥物的藥典，在《證類本草》和《本草綱目》中被大量引用。五代後蜀時期，由韓保昇主持編修的《蜀本草》（原名《重廣英公本草》）是整個五代時期最重要的本草著作。我國最早的本草著作《神農本草經》記載藥物三百六十五種。南朝梁代著名醫藥家、煉丹家陶弘景增《名醫别録》三百六十五種，因著《本草經集注》七卷。唐顯慶年間，蘇恭請重修《本草》，唐高宗命長孫無忌等又增一百十四種，廣爲二十卷，謂之《唐本草》。至後

① 參見袁庭棟：《四川文化史》第四章“科技”，上海人民出版社 1998 年版。

蜀孟昶時，韓保昇等又加以“補緝辯證”，“增益之，謂之《蜀本草》”。到了宋代，成都名醫唐慎微編撰了一部《經史證類備急本草》，該書規模宏大，内容詳博，藥物衆多，方藥並舉，集宋代以前中藥學成就之大成，將我國本草學在《神農本草經》、南朝梁陶弘景《本草經集注》、唐蘇敬《新修本草》以及宋劉翰主修《開寶新詳定本草》《開寶重定本草》、掌禹錫等主修《嘉祐補注神農本草》、蘇頌主修《嘉祐圖經本草》等基礎上向前推到了一個新的高度，是一部集前代和當代本草學之大成的巨著，成爲研究中藥學的重要文獻，明代李時珍《本草綱目》就是以《證類本草》爲基礎和藍本來編撰的。與唐慎微大體同時，四川閬中人陳承也將《嘉祐本草》和《圖經本草》合編爲《重廣補注神農本草並圖經》，從中可見唐宋時期巴蜀地區是我國以本草學爲重心的傳統醫學最受關注的地區之一[①]。

唐宋時期，巴蜀醫學還在食療本草、曲藥本草等領域取得了重要成果，如唐昝殷著《食醫心鑒》，五代客居蜀地的陳士良著《食性本草》，宋初田錫著《曲本草》、郭長孺《蔬食》等。其中，《食性本草》是古代食療學科中規模最大的著作。而《蔬食》作者郭長孺，成都人，博學多聞，經史諸子、浮屠黄老、陰陽地理、醫卜之術，皆究其妙，善治雜病，又精食物療法，著《陰陽雜證圖説》《蔬食》兩書。在生物醫學方面，巴蜀醫學也做出了重要貢獻。皇祐初，趙尚寬任忠州知州，“俗故有畜蠱殺人，乃揭方書於衢，教人服藥，造毒者悉捕殺之，由是乃息”，“方書”即《治蠱方書》。宋代大文豪眉山人蘇軾也對醫學頗有研究，後人將其醫學著作與另一位科學家沈括有關醫學方面的論述合編爲《蘇沈良方》，並傳於世。此外，宋代巴蜀人在研究《難經》方面有突出貢獻。《難經》又名《八十一難》《黄帝八十一難經》，是在《素問》《靈樞》基礎上提出八十一個問題進行重點討論，然後歸納成書。《難經》最早見著於《隋書·經籍志》，《隋書·經籍志》提到三國時吴太醫令吕廣曾注《難經》，這是已知的《難經》最早注本。唐代楊玄操在吕廣注本基礎上重新編次，並明確提出《難經》爲秦越人所作。北宋初期，王九思、王鼎象、王惟一曾先後校勘《難經》，其中翰林院醫官王惟一校勘的《難經》是在吕注本和楊注本的基礎上完成的，並刊行於世。南宋時，李元立以秦越人原撰爲基礎，匯集整理南宋以前九家校注《難經》著作，編成《難經十家補注》。後人據此書重刻改訂，編成《王翰林集注八十一難經》，簡稱《難經集注》。而四川仁壽人虞庶也著有《注難經》五卷。虞庶曾“寓居漢嘉，少爲儒”，後“棄其業，習醫，爲此書，以補吕、楊所未盡”。在針灸學方面，四川成都人史崧著《靈樞經音注》二十四卷，貢獻最大。《靈樞經》，即《黄帝内經·靈樞》，簡稱《靈樞》，是一部中醫理論著作。《素問》與《靈樞》同爲《黄帝内經》之重要組成部分。《黄帝内經》是我國現存最早、最重要的一部醫學著作，是中醫學理論體系形成的奠基之作。《靈樞經》早期爲九卷，八十一篇。南宋紹興年間，成都人史崧“校正本文九卷八十

① 參見粟品孝：《成都通史》第四卷《五代（前後蜀）兩宋時期》，四川人民出版社 2011 年版。

一篇，增修音釋"，將其改編爲二十四卷本《靈樞經音注》，成都轉運使司"爲之詳定，以送秘書省"，成爲現存最早和唯一行世的《靈樞》版本。

明清時期，巴蜀醫學繼續得到發展，許多重要的醫學著作不斷問世，如明瀘州韓懋《韓氏醫通》、清代成都女醫學家曾懿《醫學篇》、邛州鄭欽安《醫理真傳》《醫法圓通》《傷寒恒論》、新都楊鳳庭《失血大法》、彭州唐宗海《中西匯通醫經精義》《六經方證中西通解》《血證論》等。其中，曾懿的著作被後人重輯爲《診病要訣》《雜病秘笈》《幼科指迷》《寒温指迷》《婦科良方》《外科纂要》等六種，以《曾女士醫學全書》之名鉛印傳世，該書是我國醫學史上罕見的女醫學家著作。而唐宗海提出"中西醫匯通"的主張，並貫穿於他的醫療實踐及其著作之中，是我國中西醫結合成就最高的一代宗師[①]。此外，巴蜀醫學的發展與産生於西蜀的道教關係密切，尤其是道教的丹道養生對巴蜀醫學貢獻甚巨。

（九）水利工程技術

巴蜀地區，尤其是成都平原，因其特殊的地理環境，經常遭遇洪水侵害。傳説中的大禹是中國歷史上治水的英雄，《尚書・禹貢》記載："大禹導江，東别爲沱。"全國各地都有大禹治水的傳説，所謂"芒芒禹迹，畫爲九州"。此後鼈靈繼承大禹之志，治理巴蜀洪水。到戰國時期，李冰任蜀郡太守期間，"乘勢利導，因時制宜"，建造都江堰，立萬世之功，同時又治理筰道文井江，導洛治綿，"自湔堰上分穿羊摩江，灌江西"[②]，解决了岷江右岸的農業用水，使成都平原"水旱從人，不知饑饉"，綿、洛爲"浸沃"。西漢時期，蜀守文翁也在蜀中大興水利，"穿湔江口，灌溉繁田千七百頃"[③]，使"郫、繁爲膏腴"。此後，歷代巴蜀水利興修不斷加强，並形成行之有效的歲修制度。巴蜀人在長期治水過程中，積累起了無壩引水、榪槎、竹絡籠石、干砌卵石埂與木樁、分水治沙、行水輸沙、竹編攔水等先進且科學的水利工程技術[④]，這爲巴蜀地區農業發展提供了重要保障。而巴蜀著名水利專家除大禹、李冰以外，還有明代普州人（今安岳縣人）湯紹恩，他在明嘉靖年間任紹興知府時，主持修建了中國古代規模最大的擋潮排水閘工程——三江閘。四百多年來，三江閘及其堤壩成功地阻擋了海潮的一次次侵襲，保護了紹興平原不再受鹹潮之害，使紹興平原成爲旱澇保收的膏腴之地，這是中國水利史上繼夏禹治水、秦守李冰修都江堰等之後又一偉大治水工程，代表了我國傳統水利工程建築的最高水準。

---

① 參見袁庭棟：《四川文化史》第四章"科技"，上海人民出版社 1998 年版。
② ［晋］常璩：《華陽國志》卷三《蜀志》，清嘉慶十九年題襟館刻本。
③ ［晋］常璩：《華陽國志》卷三《蜀志》，清嘉慶十九年題襟館刻本。
④ 參見羅開玉、謝輝：《成都通史》第二卷《秦漢三國（蜀漢）時期》，四川人民出版社 2011 年版。

二、《巴蜀珍稀科技文獻匯刊》的編纂

巴蜀在幾千年的歷史發展中，取得了舉世矚目的科技成就，在各個領域創造了一系列中國第一和世界第一，并爲後世留下了大量的珍貴文獻。《巴蜀珍稀科技文獻匯刊》作爲《蜀藏》叢書的重要組成部分，經過長達十年的資料搜集、整理和編纂，即將完成，這也是中華人民共和國成立以來第一次全面、系統編纂整理巴蜀科技文獻成果。《匯刊》將歷代巴蜀籍學者以及非巴蜀籍學者所編有關巴蜀科技方面的著述按照一定的體例進行編纂，全書分爲氣候氣象、地質礦産、動植農牧、天文曆算等四類，每類之下又按照作者時代先後順序進行排列。其他如醫學類、水利類則分别編入《巴蜀珍稀醫學文獻匯刊》和《巴蜀珍稀水利文獻匯刊》。

作者單位：四川大學歷史文化學院

詩人陳子昂《陳氏宗譜》尋覓記

李竹梅

内容提要： 爲了佐證陳子昂故居所在，退休幹部馬成書萌發了尋覓《陳氏宗譜》夢想，歷時三年時間，費盡千辛萬苦，終於找到了殘缺不全的《陳氏宗譜》。爲了保存原貌，他托人裝裱成册。十多年後，經過作者動員，馬成書獻出宗譜，掃描成電子文檔，捐獻給遂寧市檔案館，他自己保存原件。兩年之後，陳子昂研究會成立，作者將電子文檔獻給研究會，並再次尋覓完整的手抄本，却得知原譜衹是"經單薄"。

關 鍵 詞： 陳子昂；故居；《陳氏宗譜》；尋覓

一

《陳氏宗譜》，即初唐大詩人陳子昂的族譜。

爲何要尋覓《陳氏宗譜》？這得從頭説起。

陳氏宗族中出了一位在唐文學領域有重大影響的人物，他就是陳子昂。陳子昂，字伯玉，初唐詩人，詩歌革新家。射洪金華鎮武東鄉人，生於公元 659 年，卒於公元 700 年。此種説法見於 1989 年以後出版的《辭海》，吴明賢、彭慶生等學者便持此説法。

陳子昂既是關心國計民生、剛正不阿的政治家，又是遏制齊梁頹波、振興有唐一代詩風的傑出詩人。進入政壇，他抱著"感時思報國，拔劍起蒿萊"的雄心壯志，向朝廷上了一系列諫疏指陳軍國大事。諫章交上，力匡時弊，提出了"王政之道，莫大於安人"的政治綱領。他主張德政仁政並施，息兵緩刑，選賢去佞，整飭吏治，節用愛民。他明辨是非，洞察時弊，爲國圖安，爲民請命，不畏刑戮，公開宣傳"殺之事小，存國之利大"。他尖鋭指斥武則天大興冤獄、窮兵黷武、重用奸佞等弊政。

他一生在矯正時政弊端的同時，又自覺地肩負起了革除詩歌弊端的重任。唐朝以前的文學多追求形式和技巧，脱離現實，内容貧乏，文風浮靡。而唐初，由於六朝詩風相沿已久，積習已深，仍然没有多大改變。

爲了掃除齊梁以來形成的詩風，陳子昂從理論和寫作實踐兩個方面做了英勇卓絶的鬥爭。他强調興寄，提倡詩歌要繼承《詩經》“風”“雅”的優良傳統，要有感而發，不作無病之呻吟，注重現實内容和剛健質樸的表現形式。與滿懷建功立業的抱負和慷慨指陳時弊的作爲相一致，他提出了高於同時代人的革新理論。他在《修竹篇·序》中大聲疾呼：“文章道弊五百年矣!”號召詩人們反齊梁，追漢魏，向風雅之作、漢魏之篇、正始之音學習，寫出有“興寄”“骨氣端翔、音情頓挫、光英朗練、有金石聲”的詩歌。他的詩歌創作，也是以反映社會現實、謳歌美好理想、贊頌高尚情操、體現剛健質樸的詩風爲主的。他所創作的 120 多首詩歌，具體實踐了他自己的詩論主張，以其清新的語言、豐富的感情、爽朗剛健的風格，一掃齊梁及初唐宫廷詩人頹靡的詩風，爲唐詩的健康發展奠定了基礎。他因此被李白、杜甫譽爲“麟鳳”“雄才”，被王適奉爲“海内文宗”。現代史學家范文瀾稱他爲“唐古文運動最早的奠基人”。

但他的政治抱負，始終未得到施展的機會。武則天雖多次召見他，却一直未重用他，使他被迫過早地結束了政治生涯，辭官歸隱，不久被武三思指使射洪縣令段簡加以迫害，冤死獄中，年僅 42 歲。他的主要著作有《後史》《江上人文論》《奏議》《陳伯玉集》(10 卷)等。其代表作《登幽州臺歌》被譽爲古典詩歌中的“千古絶唱”。

陳子昂雖然倒下了，但他爲唐詩的發展所起的開拓性作用却是巨大的，影響是深遠的。在他的革新主張的影響與感召下，纔相繼出現了王維、孟浩然、岑參、王昌齡、李白、杜甫等一批風格各異、流派不同的作家。

中唐時期的重要詩人白居易、元稹及文學家韓愈、柳宗元，直至晚唐時期的詩人皮日休、杜荀鶴等都程度不同地從陳子昂的詩歌理論和創作實踐中吸取過營養，受到過啓示。白居易則把陳子昂和杜甫並稱，説：“杜甫陳子昂，才名括天地。”

作爲陳子昂的故鄉人，我們爲家鄉出了陳子昂這樣的先賢而倍感欣慰，我們將傳承陳子昂的遺風，努力弘揚優秀的傳統文化，爲繁榮射洪的文藝事業做出新的貢獻。尋覓到《陳氏宗譜》也是其中一項責無旁貸的工作。

2001 年 8 月 9 日晨，四川新聞網出現了一則新聞，標題爲《陳子昂魂歸何處？》，文中提出質疑：“一代文豪，他的家鄉究竟怎麼了？”原來，2001 年 7 月，亞洲“沱牌杯”排球賽在中國射洪舉行。其間，來自日本、韓國、馬來西亞等 7 國的 10 多名隊員結伴參觀陳子昂陳列館，却見新建在仿古城墻上的陳子昂陳列館已經拆除，他們失望而歸。馬成書得知這一消息後，立即叫賈克誠的外孫女回復網友：陳子昂魂歸故居天寶寨！從那以後，馬成書决心把天寶寨打造成標誌性建築物，請城建局設計師梁光林繪製了“陳子昂故居旅游規劃示意圖”，真正讓陳子昂魂歸天寶寨，並通過陳子昂文學社社長喬爾霞向縣上打了《陳子昂文學社爲發展射洪經濟打造川中精品旅游縣的報告》。

陳子昂故居旅游规划示意图 2003年12月绘制(图一)

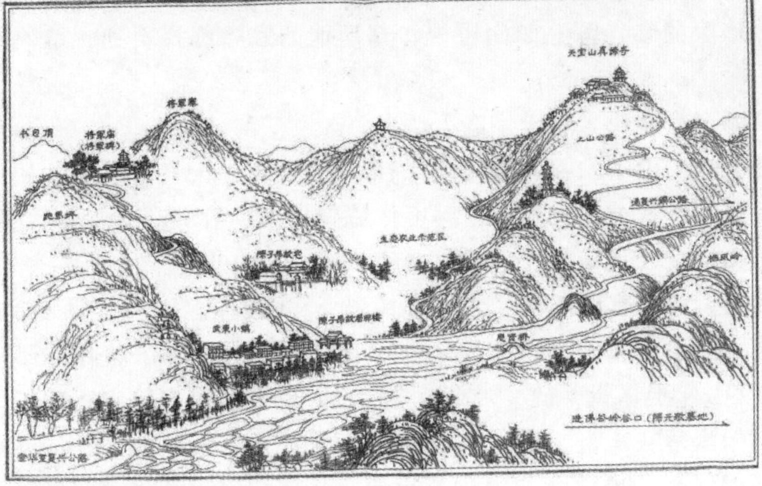

陳子昂故居何在？據 1990 年 12 月出版的《射洪縣志》載："陳子昂，字伯玉，唐高宗顯慶四年（659 年）出生，家住射洪縣武東山下，故宅今屬武東鄉沙嘴村張家灣。"但在一段時期出現了争議，甚至還有遷居一説，特别是清朝光緒年間就寫進了《嶽池縣志》甚至《四川通志》。

2008 年 10 月 9 日，一篇圖文結合，署名胡佐斌、皮宗福的題爲《子昂故居今何在？嶽池驚現記載》的文章源於新華網，被中國經濟網、中華古玩網轉載，百度貼吧的"大唐吧""射洪吧"網友紛紛轉發跟帖評論。該文作者對《嶽池縣志》和《四川通志》的記載進行了實地考證，找到了古"讀書臺"，挖出了一些殘碎的古磚頭瓦礫，其分析有理有據，對陳子昂被段簡迫害死於獄中的歷史論斷提出質疑，於是陳子昂遷居或其後人遷居就有了可能性。文章結尾説："筆者認爲，無論是陳子昂本人，還是陳子昂的後人，《四川通志》所載遷居之事是可信的，而非信口妄載之舉。"

一個署名敖雪松的網友在一篇題爲《陳子昂故居今何在》的文章中也對《嶽池縣志》提出了思考："《嶽池縣志》1995 年由嶽池縣地方志辦公室刊印，其書名下的括弧内注明爲'清光緒版選印'。該書關於陳子昂的記載主要有兩處，一處是 13 頁關於關隘的介紹時寫道：'嶽門鎮隘，縣東，離城三十里，相傳陳子昂自射洪遷居於此，七世同居。今有子昂讀書臺，又名孝義臺，載《通志》。'一處是 116 頁關於古迹的介紹時寫道：'孝義臺，一名讀書臺。唐陳子昂之後由射洪遷居於此，七世同居，唐時旌表之，《通志》載廣安。'"既然清光緒版《嶽池縣志》就有記載，似乎很有權威性，很有説服力。

我没有到過嶽池，也没有見過《嶽池縣志》和《四川通志》，作者引文真假我無法考證。既然有了争議，《射洪縣志》所載是否準確，依據何來，似乎需要弄清楚。

作爲射洪人，我覺得弄清先賢故居何在真相，是我們的責任。那麼，唯一能佐證的依據就是《陳氏宗譜》，同時它也爲研究陳子昂提供了有力依據。再説，社會各界這麼關心，縣上如此重視，却連他的宗譜都找不到，這不能不説是一大遺憾。

到哪里去尋找《陳氏宗譜》呢？

2003 年 10 月 21 日，應射洪縣金華鎮武東山天寶寨管委會馬成書之邀，我與射洪籍臺灣作家黄輝先生，遂寧市作協副主席、射洪縣文聯名譽主席黄少烽老師，陳子昂文學社社長喬爾霞，理事賈克誠等一行 12 人作客天寶寨，次年 10 月，再訪天寶寨，於是寫成散文《天寶寨情思》，先後在多家刊物發表或被轉載。

爲了證明武東山下馬家溝是陳子昂故居遺址，爲了讓陳子昂魂歸天寶寨，馬成書 1991 年退休後，於 1993 年開始致力於天寶寨真諦寺重建工作。他要讓陳子昂的遺像坐落在三臺、鹽亭、射洪、蓬溪、大英、遂寧五縣一市境内海拔最高的天寶寨山頂上。20 多年來，他爲重建、培修、守護真諦寺，付出了常人難以承受的辛勞；他節衣縮食，把积攒的退休金幾乎都花在了與天寶寨相關的善事上。他花了幾年時間尋找《陳氏宗譜》，可惜找到的《陳氏宗譜》已殘缺不全、滿目瘡痍，拿起來就掉灰，衹要輕輕一捏就成碎片，很難保管。並且，因爲没有封面和前面幾頁，是否真是《陳氏宗譜》，很難界定。老先生曾經説要將此譜交與我保管，但後來 10 餘年間我與他失去了聯繫。

2015 年 7 月 9 日，遂寧市文史委、市檔案館組織我們參觀檔案館，提出希望大家尋找史料。於是我想起了《陳氏宗譜》，下决心要找到它。通過四處打聽，終於聯繫上了馬老先生，時年他已是 84 歲白頭翁。我把檔案館發的征稿資料交給他看，動員他把這珍貴的文物獻給檔案館，並告訴他，我想把他尋譜的曲折經過寫成史料。最後他答應送掃描影印件，他自己保存原件。因爲他在 2004 年花了 100 多元錢將其托表成册，纔使殘本保存下來。雖然在裝裱過程中掉落了一些字，但他對費盡千辛萬苦尋來的東西視爲珍寶。於是我陪同他和他的老伴——原射洪中學副校長梁廣芝老太太一道去施樂打印部掃描原件。因爲原件紙張較大，對折後還有八開，很難掃描完整。有的頁碼經過多次掃描纔勉强完成。據説馬家溝當地還有兩位陳氏農民有自己的手抄本，估計内容比此本完整。本來打算等秋凉後與馬老先生一道去尋找手抄本，彌補殘本的缺失，可惜一直没有找到機會。

回顧我對馬老先生尋谱经历的采訪，根據他長達 8 頁的《尋譜原因和經歷》，以及長達 6 頁的《補充覓譜原因和經過》的手寫稿壓縮，現將馬成書尋譜經歷整理如下——

據曆書載，陳子昂之父陳元敬梓州射洪人也，本居潁川居射洪治東十里武東山下馬家溝故宅住居。

自射洪縣委、縣府 1988 年 6 月 15 日“陳子昂學術研討會”和 1992 年 8 月 26 日“陳子昂國際學術交流會”的兩次盛會後，有人就以伯玉鄉的書包頂，龍寶的獨坐山陳子昂墓地爲由，否認其出生故居。其因，伯玉鄉後山書包頂，相傳陳子昂去世後他的書包埋在那裏，因此説陳子昂故居在伯玉鄉書包頂下；龍寶獨坐山下是陳子昂墓地，因此説陳子昂故居在獨坐山下。兩地各自報送書面材料給文化局，馬成書也報送陳子昂故居天寶寨風景區書面材料，其目的都是借用歷史名人發展旅游業，把文化局負責接待的工作人員給弄糊塗了。究竟哪里纔是正宗的陳子昂故居？必須找到陳氏族譜作爲鐵證。於是馬成書萌發了尋覓陳氏族譜的夢想。

到哪去找？向誰找？没有一點綫索，犹如大海撈針。經多方打聽，終於有一天，有人告知馬家溝黄粱樹坡上出身書香世家的陳天超在畫陳子昂遺像，馬成書如獲至寶，庚即前往拜訪。可是陳天超説他還想找呢，“文化大革命”前，他在父親手裏看到過，後來，父親擔心“紅衛兵”抄家，自己將它毁了。結果没人來抄家，這纔後悔莫及。陳天超提議先去棚子溝坡上找陳青雲，再去柏樹嘴、甕陳溝、陡磨子陳姓家族找，重慶合川縣還有一支陳姓也可以去找。這麼大的範圍，犹如大海撈針，難度太大。近則，武東鄉地盤横順 10 千米都是高坡陡坎；遠則，到重慶 300 千米更無目標，對於一個年過七旬的老人來説，無疑是對生命的挑戰。

馬成書雖已年老，但决心已下，邁出了第一步，就不會走回頭路。“老驥伏櫪，志在千里；烈士暮年，壯心不已。”他吟詠著曹操的詩句，不斷鞭策自己：世上無難事，衹怕有心人；衹要功夫深，鐵杵磨成針。他决定由易到難、由近及遠，衹要自己活一天，就不停止尋夢足迹，不找到族譜誓不甘休！他開始了下一站，到棚子溝找陳青雲。

中華人民共和國成立初，馬成書是馬家溝一村農會主席，1953 年到武東鄉政府工作，任民政委員兼婦女主任。1954 年加入中國共産黨。曾任鄉黨委副書記、乡人民代表。幾乎全鄉老少都認識他，可他認不完全鄉人，尤其是比他年小的。1958 年，他調離武東。40 年後重回故鄉，鄉民格外熱情。可是見到陳青雲，與陳天超説的一個樣：《陳氏宗譜》在“文化大革命”前看到過，中被毁了。並肯定説：棚子溝灣頭没有了。於是馬成書又到柏樹嘴坡上尋訪年齡最大的兩位鄉民，結果也讓人失望，他們問啥子叫族譜，没聽説過。馬成書不灰心，又到甕陳溝，到陡磨子尋訪，往往是要找的人因事外出不在家，往返幾次回訪都無果而歸。至於合川，不僅路途遠，而且漫無目標，茫茫人海，哪里去尋？

馬成書常説：人要多做善事，多爲子孫造福，多爲群衆謀利，多爲自己積德。他是這樣説的，也是這樣做的。從 1998 年開始，他就用自己的退休金購買紙筆墨硯，爲村民義務寫春聯。每年國慶節後就開始寫，寫够 500 副。到了臘月，就邀請賈克成、夏運林、龐宗權一道，到弟弟馬興書家住下，然後就到各村各隊將寫好的春聯免費分送到各户，這樣堅持了 3 年。後來爲了給真諦寺籌集一點資金，要爲天寶寨植樹 1000 多株，於是每副對聯收紙張錢 5 毛，用於購買樹苗，並借送春聯之機尋譜，這樣又堅持了 3 年。馬成書義務寫春聯的善舉得到鄉親們的擁護，當天寶寨植樹需要義工時，大家一呼百應，上山義務植樹，讓歷來衹長草不生樹的天寶寨幾年時間就緑樹成林。

俗話説：好人有好報。馬成書的善舉感動了鄉民，他爲尋覓陳氏宗譜勞心費神也引起了鄉民的同情。2004 年 1 月 6 日上午，馬成書送春聯到九村支部書記范華江家，時至中午，就在他家吃午飯。説到天寶山未來的發展，馬成書又感嘆覓譜之憾。范華江提供了一條綫索：陳中育家裏有，但此人相當保守，對一般人根本不會承認。儘管自己與他是多年好友，也衹准看，不准帶走。後來經過多次周旋，纔借出來請人抄了幾頁。馬成書看到了書寫不够工整的手抄本散頁，看到了希望，興奮得徹夜難眠。

踏破鐵鞋無覓處，得來仍需費工夫。陳中育家住何處？范華江説不清楚，衹説在六村與四村交界處的公路邊。2004 年 4 月 6 日上午，馬成書搭上侄女婿任常江的摩托車沿路尋訪，終於找到了陡磨子溝陳中育家，開門見山道出了覓譜緣由，並直接告知在范華江家裏看到了手抄散頁。經過耐心解釋説服，答應衹看一下，陳中育纔從他的堂屋頂端的墻縫裏取出一捆用薄膜裹著的捲筒。打開一看，是兩本——原本和新抄本。因年久和保存不善，原本邊角紙已經腐朽，舊紙基本喪失了功能，稍微翻重、翻快一點就會掉下腐朽的小紙塊。馬成書看後决定借走原本，承諾一月後歸還，打好借條，寫上住處和歸還時間。

爲了保持殘譜的原貌不至於毁滅，馬成書先後到縣城的三家裝裱鋪加固殘存部分，但裝裱鋪都不願做，説爛得拿不上手了，没法做。如果花時間抄寫，又不能保持原貌，没有説服力。於是又去找大興街裝裱鋪梁上益，經過幾番交涉，對方終於答應做。做工相當慢而細緻，盡量做到不脱落或少脱落，有些地方不能用刷子，衹能一個字一個字用手粘貼。

在裝裱期間，陳中育托人催促還譜。長 46.5 厘米、寬 31.5 厘米的原譜裝裱做成後，馬成書看到很可愛，决定不歸還大樣原譜，通過縮小複印，做了一個小樣本。於是四月下旬，馬成書到了陡磨子溝陳中育家，給他做工作，動員他自覺自願捐獻原譜，存放於天寶山風景區“伯玉堂”展覽，爲弘揚陳氏宗族文化和陳子昂傳統文化，光宗耀祖，啓發教育後人，爲澄清陳子昂故居所在地是非做出貢獻。陳中育終於答應獻出原譜，留著小樣，於是當面在原譜封面寫上“獻譜人 陡磨子陳中毓”。

馬成書歷盡了艱辛，吃盡了苦頭，費盡了精力，耗費了經濟，磨破了嘴唇，踏破了幾雙鞋，翻山越嶺，餐風宿露，走村串户，終於找到了《陳氏宗譜》，夢想成真。

由此可見覓譜之苦和馬老先生覓譜之决心、之貢獻何其大也。

從《陳氏族譜》中看不出陳子昂或其後人遷居的痕迹。偶然間我還發現 1991 年 8 月出版的《射洪舊縣志類編》油印本與《陳氏宗譜》所記載的人名出現誤差。《射洪舊縣志類編》272 頁第 4 行“陳光，字孔明，子昂長子，登進士，官至朝議大夫”，第 12 行“陳易輔 ·《舊四川通志》：光長子……”而《陳氏宗譜》記載：“昂

公有二子 光復 光宗……陳光復 姚氏生男一丁易輔”，這就證明《舊四川通志》也有誤差。

謹摘録《陳氏宗譜》關於陳子昂父輩及後人住宅何處於後：

第九頁：陳元敬，李氏生男二丁，長子良，二子昂。敬公，梓州射洪人也，本居潁川居，射洪治東十里武東山下故宅住居生長……陳子昂，謝氏生男二丁，長光復，二光宗……昂公，字伯玉，梓州射洪人也，本居潁川居，射洪治東十里武東山下故宅住居生長……

第十一頁：長房，子昂之長子陳光復，姚氏生男一丁易輔。光復公，字孔明，梓州射洪人也，本居潁川居，射洪治東十里武東山下故宅住居生長。復公登進士，官拜朝議大夫，詩入正聲集，終商州刺史……二房，子昂之二子陳光宗，宋氏生男一丁簡輔。宗公，梓州射洪人也，本居潁川居，射洪治東十里武東山下故宅住居生長。宗公學有淵源政多勵勩……

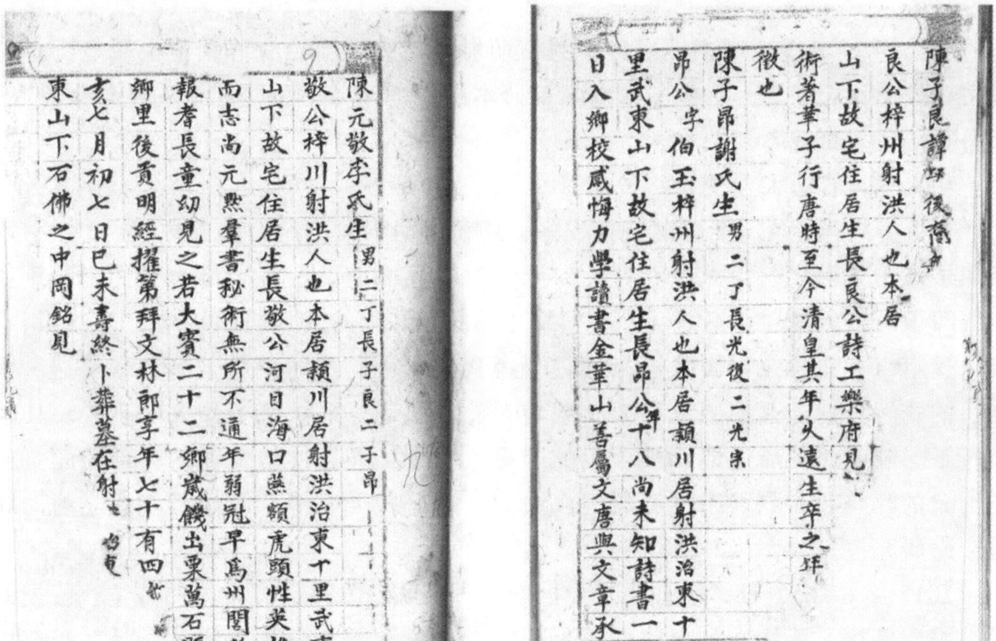
陳元敬李氏生男二丁長子良二子昂
敬公梓川射洪人也本居穎川居射洪治東十里武東
山下故宅住居生長敬公河目海口燕頷虎頭性英雄
而志尚元默羣書秘術無所不通年弱冠早爲州閭所
報耆長童幼見之若大賓二十二鄉歲饑出粟萬石賑
鄉里後貢明經擢第拜文林郎享年七十有四
亥七月初七日已未壽終卜葬墓在射
東山下石佛之中岡銘見

陳子良
良公梓州射洪人也本居
山下故宅住居生長良公詩工樂府見
術著華子行唐特至今清皇其年久遠生卒之年
徵也
陳子昂謝氏生男二丁長光復二光宗
昂公 字伯玉梓州射洪人也本居穎川居射洪治東十
里武東山下故宅住居生長昂公年十八尚未知詩書一
日入鄉校感悔力學讀書金華山善屬文唐興文章承

另有一誤，很多人解釋伯玉的來歷：“伯者長也，玉者貴也”，因而取名陳伯玉。其實陳子昂不是長子，而是二子。謹摘録田某《陳子昂全傳》兩段話於下，供參考：

《陳子昂全傳》第 10 至 11 頁：“夫人向元敬道：‘我體内的孩子是頭號胎，顯得尊貴，又有道姑送和田玉來慶賀，就爲他取名玉兒如何？’”……“伯者長也，玉者貴也，叫他伯玉如何？”

對於陳子昂的年齡也有不同説法。查《陳氏宗譜》，有這樣的記載：“其富欲害家人納錢二十……中子昂之見捕自巫卦成驚曰天命不祛……憂憤死果死獄中享

年四十有三”但没有具體的生卒年記載。（説明：兩處省略號是殘缺部分）

2017年5月2日，黄少烽老師給我發微信説：“李竹梅，你寫那個文史資料對研究陳子昂有用的，如果不是常住遂寧，你應參加即將成立的陳子昂研究會的工作。”當時，黄老師受縣委宣傳部主要領導的委托，正在籌建射洪縣陳子昂研究會，物設會長、副會長及理事會人選。他所説的“文史資料”就是指的《陳氏宗譜尋覓記》。我想，既然黄老師對我寄予厚望，我就應該爲研究會做點事情。後來，知道正式確定由謝德鋭擔任會長，我就告訴謝會長：“我知道《陳氏宗譜》，對研究陳子昂有用。”他很吃驚：“《陳氏宗譜》？哪個陳氏哦？”我説：“陳子昂。”“真的嗎？！”“真的。”我告訴他：我會把掃描電子文檔影印件捐獻出來。8月23日，我和謝會長一道，在施樂打印部將影印件打印出來，將其尊容公諸於世。

二

2015年捐獻殘譜影印件以後，我就萌發了與馬成書（我尊稱他爲馬老師）一道去尋找《陳氏宗譜》手抄本，以彌補殘本缺失的欲望。可是因老先生年歲已高，交通不便，一直找不到機會。

功夫不負有心人，機會終於來了。

習近平總書記在《把心貼近人民——談新形勢下領導的信訪工作》一文中引用了陳子昂《感遇·十九》詩句“聖人不利己，憂濟在元元”。習總書記的引文重新發掘陳子昂詩歌的現實意義，再次把陳子昂推出來了。2017年4月27日，四川省委、遂寧市委領導來射洪陳子昂讀書臺考察調研，聽了黄少烽老師對《感遇·十九》的講解，對陳子昂感遇詩很感興趣，於是引起了射洪縣委領導的重視。1300多年了，陳子昂的詩還能够被今天的領導人引用，並以此教育黨的幹部要認真傾聽群衆的呼聲，可見陳子昂詩歌的生命力。於是縣委宣傳部開始籌劃成立射洪縣陳子昂研究會。

2017年6月16日，經射洪縣委批准，射洪縣陳子昂研究會即將成立。我把尋覓《陳氏宗譜》手抄本的想法告訴了即將上任的謝德鋭會長。謝會長是個很有血性的中年人，一聽説尋覓《陳氏宗譜》，自然是熱血沸騰，高興得很。

謝德鋭1963年出生於射洪縣青崗鎮，1984年參加工作，曾擔任副鄉長、鄉鎮企業法人。1992年春天，改革開放的春風激蕩著他不甘貧窮的胸懷。1993年5月，乘著政策鼓勵幹部下海經商的東風，他縱身跳入商海，消滅了貧窮，邁進了小康。於是，他内心深藏著的文學夢也就迅速膨脹起來。正當生意如日中天、紅紅火火時，2014年秋天，他毅然棄商從文，開始了没有分文收入的詩詞歌賦創作。伯樂識英才，文藝界同仁看到了他的膽識和經濟實力，負責籌建陳子昂研究會的縣文聯名譽主席黄少烽老師看到了他的領導能力和文學素養，於是推薦他擔任陳子昂研究會會長。這位有闖勁、有幹勁、有事業心、有冒險精神的首任准會長，盤算著遠景規劃和近景規劃，决心要幹出一番成績來，要用自己後半生的熱情爲家鄉的文化事業做出貢獻。他想，要是能找到陳子昂的家譜，那就找到了陳子昂研究會的鎮宅之寶，對研究陳子昂有至關重要的意義。

説幹就幹。2017 年 7 月 12 日，豔陽高照。謝會長駕著他的寶馬，載著我和馬老先生出發了。10 多年前，馬成書尋譜，没有交通工具，没有具體目標，靠一雙脚艱難地翻山越嶺，大海撈針，吃盡了苦頭。今天大家去尋譜，有目標，有信心，一路上，那心情就像那火熱的太陽，那種興奮就甭提了。

車過金華涪江大橋，就進入武東鄉境内，順著涪江往北直奔書包頂。相傳陳子昂死後，後人將他的書包埋在那山頂上；又傳是陳子昂貪玩，把書包遺失在了山頂上，後來取名爲書包頂；還有一説，陳子昂愛去跑馬坪跑馬，常把書包放在那山頂上，於是人們就把那山叫作書包頂。轉過幾座山灣，下車一問路邊的鄉民，説我們已經走過頭了。據説山上啥也没有，有香客搭了個簡易的棚燒香。説起陳子昂，當地人饒有興趣，説周邊的山山水水都有關於陳子昂的故事，而且講得頭頭是道。因爲趕時間，我們没有逗留。謝會長記下了電話，説等以後有空了再去聽他們講故事。

我們坐上車往回走，在金華涪江大橋東頭進溝，順著金蓬路直奔陡磨子村。馬老師告訴我們：這條路通往復興鎮，以前沿途 20 幾里都是東風鹽廠，20 世紀 80 年代後期鹽廠關閉，鹽灶和曬鹽的棚相繼拆除，鹽井也陸續填埋，衹有主廠房還在，但是已經改爲了民房。據説，這裏的鹽業發達，如果追溯到唐朝，最初的井鹽開采，與陳子昂的家族不能説没有關係。

説話間，陡磨子村就到了。陳中育家住在路邊的高坎上。這座嶄新的單層平房面朝東南背靠山，磚混結構，青花白底瓷磚貼墻，很牢實的不銹鋼金屬門窗防盗，屋前是寬敞的水泥壩。左側拐出來的那間敞屋是車棚，裏面停放著一輛小汽車，一輛三輪摩托車。單家獨户，前無遮擋，後有靠山，這讓寸土寸金的城裏人打心眼裏羡慕。

看到馬成書帶著客人來到，全家人都出來迎接。我們走進屋去，堂屋正中神龕上供奉著“天地君親師”“海内文宗”（陳子昂）。兩個孫女拿著紙杯在飲水器接上開水端給客人。天氣很熱，身材魁梧結實、略微顯胖的陳中育光著頭，赤裸著上身，穿著短褲，一對濃黑的眉毛像兩把掃帚横在眯縫著的眼睛上面。交談中，我們瞭解到陳中育不叫陳中毓，今年 77 歲，1985 年從森工局退休。説到譜，陳中育後悔莫及，説他侄娃子陳曉東找他追回。謝會長耐心地向他宣傳介紹陳子昂研究會的其中一項任務是要建立一個陳子昂圖書資料館，把陳子昂散落在民間的資料，在自願捐獻的情况下彙集起來供研究，亦可以對外宣傳，以避免在傳承過程中散失；作爲研究會的成員，我們都是盡義務，不是以營利爲目的。馬成書拿出隨身帶的《陳氏宗譜》原本複印小樣，説原本字迹有脱落，希望對照手抄本彌補原本脱落部分。陳中育老人終於拿出手抄本供我們觀賞。

我更想知道這譜是怎麽傳承下來的。據陳中育講，他的爺爺叫陳懷凱，68 歲去世，當時陳中育 18 歲。爺爺從上輩傳承譜以來就身不離譜，譜不離身。爺爺去世後，把譜傳給幺爺陳懷瑜，幺爺去世後傳給父親陳正業。過去説：茅草房，朒朒香；大瓦房，光框框；有錢人住草房，窮人住瓦房。所以陳中育的婆婆一直不准修瓦房。後來合作社成立小隊，叫父親騰出一間屋做保管室，這譜怎麽辦？往哪里藏？於是父親就把譜藏在茅草房的隱草下面。看到手抄本，謝會長想借去抄一本，我考慮還是借去掃描，打消陳中育擔心遲遲不歸還的顧慮。可是陳中育始終不表態。他兒媳石秋蘭答應改天送到城裏去守著我們掃描，留下了電話號碼。但是後來，我一次又一次聯繫她，她都找理由推却了。2017 年 9 月 16 日，陳子昂研究會正式成立，邀請石秋蘭作爲陳子昂後裔參會，却聯繫不上。第二次尋譜無果而終。

離開陡磨子溝，我們去了天寶寨。車到半山坡，上不去了。這坡太陡，不但考驗司機的技術，還得考驗車子的馬力。這條凝聚著馬成書幾年心血，3 米寬，2.5 千米多長的之字形水泥公路於 2000 年 12 月 25 日開始修建，每天上百人務工，歷時 50 多天，一直修到了山頂上。爲了省時間，馬老師帶我們抄近路，走天然氧吧小路上山。我們擔心 86 歲高齡老人的安全，於是我走前面，謝會長走後面，馬老師走中間。小路隱藏在柏樹叢中（這些樹也是馬老師的“政績”），又陡又滑，我手脚並用，真正是用四肢在“爬”山，爬一小段，我就得坐下來喘息一陣。回頭向下看，馬老師杵著木棒，一步一步走得很穩健。我豎起大拇指説：“馬老師，加油！”馬老師説：“衹要是上天寶寨，什麽危險都不在脚下，渾身就有使不完的勁！”

經過寶露水出口處，就到了真諦寺。登臨山頂，俯瞰來路，覺得缺少了10多年前那種心曠神怡、一覽衆山低的感覺。不是衆山長高了，而是此山頂已被蔥蘢的樹木環抱，望不見衆山的全貌了。我們參觀了觀音殿和伯玉堂。所有建築都是磚木結構，水泥涂墻，小青瓦蓋頂，空間寬敞。觀音殿裏塑著身高1.8米的觀世音菩薩、釋迦摩尼、阿彌陀佛石雕塑像，殿前一副余博文撰、馬成書書寫的對聯：座開白蓮度衆生彼岸同登了却前因後果，心如明鏡悟真諦迷途知返頓覺今是昨非。觀音殿后面是伯玉堂，身高 1.8 米的陳子昂石雕遺像手握書卷莊嚴肅穆地站立堂中；身高1.5米的書童和女將軍遺像站立兩旁。堂前是余博文撰、馬成書書寫的對聯：橫掃齊梁開一代詩風萬頃波濤立砥柱，綜合儒法標百世政綱三唐冠冕贊雄才。橫聯：海内文宗。除了化緣籌集部分資金，兩殿8尊石像耗資1.5萬元，全是馬成書的幼子馬東明出資。

天寶山真諦寺旅游景區規劃圖 2003年12月（圖二）

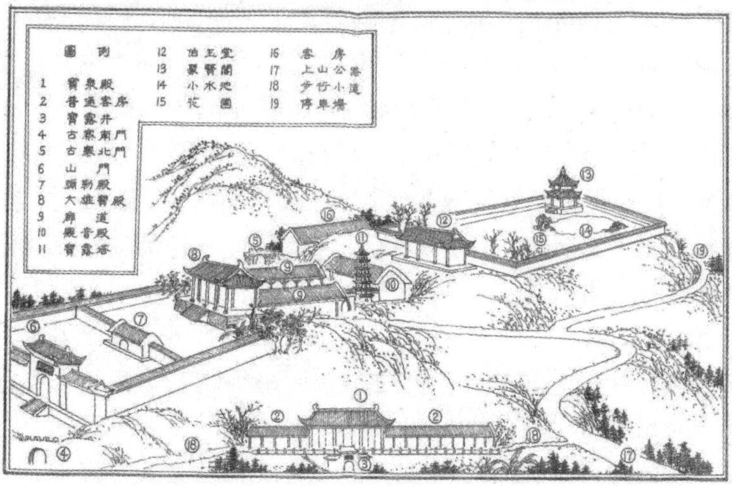

令馬成書揪心的是：目前天寶寨缺少管理人員，自己年歲已高，老伴失去記憶，離不開自己照顧；寨上兩個出家人難以維持生計；上山的車道也需要維護。

不知不覺，時間已過中午 12 點。我們衹好戀戀不捨下山返城。

三

時間過得真快，轉眼間就到了 2019 年。我又想起尋譜之事。1 月 15 日，我到馬老師家裏去，説我想去尋譜。正好馬老師的老伴——梁廣芝校長的女兒梁曉惠在家，她積極支持，説過兩天她就要走，要去就趕快去，趁著她在家裏可以照顧老媽。於是我馬上給謝會長打電話。聽説尋譜，謝會長儘管感冒未愈，還沙啞著嗓子，不停地咳嗽，却毫不猶豫，當即决定 16 日早上 9 點出發。

天氣真好！冬日的陽光灑滿大地，一切都顯得生機勃勃，不是春天勝似春天，暖身又暖心，爲我們舒暢的心情更增添一份喜悦。謝會長開著車，帶著夫人蒲老師，我們一行四人很快就到了陳中育家。陳中育老伴在家，説陳中育上街了，剛走，等會兒就回來。於是我們决定去找范華江。

車輪飛旋在鄉村水泥公路上，我又懷念起沿途的鹽井、鹽灶房和曬鹽棚。那兩張 1969 年 4 月 8 日在東風鹽廠職工籃球場的集體老照片又跳入我的腦海。那時候我上初三，由工宣隊的工人師傅帶著我們到工廠學工。當時射洪規模最大的工廠就是東風鹽廠，我們與鹽廠工人同吃同住同勞動，時間一個月。在那個特殊的年代，在那散落在山溝裏的工廠裏，我們用飛揚的青春，十六七歲的清純，刻下了生命旅程中那道令人難忘的風景。

馬老師説：還剩下最後一處鹽灶房没拆，還有一個大磧没有填埋，我們可以去看看。車子小心翼翼地開進了僅能容納兩個車輪寬的村村通、户户通公路。在一處田壩中間，我們看到了一個大坑，圍著走了一圈，估計直徑有 15 ~ 25 米（也許不止）。坑中間矗立著四根造型獨特的石柱子，周圍是約 3 米高的石板圍成的坑壁，石板以下沉積著水。馬老師説：坑底是用黄泥築成的圓弧底，估計中間最深處離地面有六七米深，在石柱上面鋪上木板和泥灰就可以曬鹽、濾鹽。大磧附近，是最後一處鹽灶房，可惜已經變成了正在修建的庭院式新農房。據過路的村民説，年前鹽灶房纔拆除了，早來一個月還能見到。哎！一聲嘆息，在我們心靈上留下了陰霾，明媚的陽光灑在身上，也難以驅趕心中的那份苦寒。順著機耕道往前走，一路都是大小不等的磧，大約有 10 多個，最小的直徑約有 2 米左右。大概是因爲缺勞動力吧，這些倖存的磧還没被填埋。在回來的路上，我們看到一個更大的保存完好的磧。我想：這是否可以打個報告作爲遺迹保存下來呢？是否也可以申報世界遺産呢？在大英縣，我們見過卓筒井，却没見過這樣的磧，而且面積之大、數量之多，是大英不及的。

爲什麼叫作“磺”？没人説得清，也許是因爲用黄泥巴築底築墻，所以馬老師説叫“黄”。這磺究竟有何用處？我查不到資料，於是想起曾經在射洪鹽場管理處金華場務所工作，後來在縣人大辦公室退休的幹部郭定銘老先生，便向他諮詢。他有另一種説法——露天的磺叫大磺，用來儲備鹵水，中間的石柱子是用來支撑人字形草棚避開天花雨水的。曬鹽水的名叫“枝条架”，是用斑竹枝搭成的，用脚踩的水車把鹵水抽起來灑到棚架上晾曬，它既用於曬鹽，也用於防止雨水進入池子污染鹵水、稀釋鹵水增加成本。鹽灶房裏面的是小磺，直徑衹有兩三米，深度衹有一米左右，是用來儲備濃縮後準備放進鍋裏煮鹽的鹵水。曬鹽的灰壩則在磺的旁邊平壩上。

在離馬成書老家不遠之處有一座上百年的石拱龍橋，稱爲上拱橋；順著這條小河往南走，在馬家溝出口處有一座同樣的橋，稱爲下拱橋。這橋中心處一面是龍頭，一面是龍尾，橋身是龍背。“文化大革命”中，紅衛兵破“四舊”，砸壞了龍角，橋身仍保存完好。走過龍橋，讓我想起了傳説中的思賢橋，我一定要去看看它的尊容。

穿過一片玉米地，沿坡脚有一股細細的溪流，那溪流拐個 90 度的彎，變得寬而深，融入了一條小河溝。馬老師指著拐彎處與小河溝之間那個深溝説：這裏就是思賢橋的位置，十五六歲時，他下地做莊稼要從板板橋上走過。這橋有兩處可以過，靠山脚一處是板板橋，靠河邊一處是石墩子，小河那邊有一眼鹽井，有鹽灶、灰壩。據説小溪和小河都是古河道，後來纔變窄變淺了。我納悶，除了附近有一叢斑竹，怎麼也看不見一點兒橋的痕迹，鹽井鹽灶也不知去向。除了傳説，恐怕當地的年輕人甚至有很多中老年人也説不清思賢橋在什麼地方。

馬老師青少年時期，曾聽外祖母李開清和鄉鄰講述思賢橋的故事。

馬家溝一村與十村交界處的小地名叫天鵝抱蛋，因小圓堡山與天寶山尾端相連山勢象形而取名。圓堡山脚下有一條依山而行的古小河道，沿河道有一條石板鋪成的小路，是上至復興、鹽亭，下至金華的交通要道。由於時代的變遷，河流改道，小河道已經成了小溪流，石板路也不見了，順著溪流衹留下一條羊腸小徑。順小河道拐彎向東約 100 米的坡脚處，有一條寬約 3 米的排洪溝，與山溝中間的小河相連。因排洪溝阻斷了南來北往的行人，於是就在上面搭上木板供行走，稱爲板板橋。橋下頭靠坡脚有家幺店子，供行人歇脚、喝水、飲酒、住宿、購買生活必需品。

傳説詩聖杜甫仰慕陳子昂，前往射洪武東鄉馬家溝探訪其故居。途徑板板橋到達陳子昂家，看到家宅荒凉，景象凄慘，悲從心來。陳家後人告知杜甫陳子昂是被萬惡的縣令段簡害死獄中的，杜甫聞之心中更加悲傷，久久不能平静，掃興而返。走到板板橋，悲憤難忍，舉步難行，坐在橋上沉痛哀念：陳子昂先賢太可惜了！陳子昂先賢太可惜了！當地人感到奇怪：一個陌生人對陳子昂的死爲何像親人一樣悲痛？於是便問他姓甚名誰。他回答：我是遠方人，姓杜名甫字工部。他在板板橋邊的店裏住了一宿，第二天走後，人們纔反應過來：他是大詩人杜甫！店主後悔没有把他接待好。因陳子昂年長杜甫 50 有餘，生前開了一代詩風，杜甫崇拜、思念先賢陳子昂，因此前來拜訪。後人爲了紀念後賢杜甫，就把此板板橋命名爲思賢橋，流傳至今長達 1300 多年不衰。可惜而今面目全非，衹留下一個美名——思賢橋遺址。

杜甫訪陳子昂馬家溝故宅後，寫詩抒發感慨，盛贊陳子昂。杜甫《陳拾遺故宅》："拾遺平昔居，大屋尚修椽。悠揚荒山日，慘淡故園烟。位下曷足傷，所貴者聖賢。有才繼騷雅，哲匠不比肩。公生揚馬後，名與日月懸。同游英俊人，多秉輔佐權。彦昭超玉價，郭振起通泉。到今素壁滑，灑翰銀鉤連。盛事會一時，此堂豈千年。終古立忠義，感遇有遺編。"

時間不早了，我們驅車去找范華江。

范華江今年 84 歲，家住武東鄉九村，又叫土地嘴村。他生病躺在床上已經一年多。他 1954 年開始當村支部書記，當了 20 多年。問及陳子昂家譜，他否認自己有，因爲不關他姓范的，留著也没用，范家的族譜已經寫出來了。他指著桌上説：那就是范家的族譜。這與馬老師曾經在他家看到過散頁的説法不一致，也許，時間久了，老人記不清了，散頁早已遺失。他叫我們去找鄧多海。鄧多海有個兄弟叫鄧多和，住在鄧家灣（又叫太陽灣）離這裏不遠的半坡上，户户通公路修到了他家的院壩裏。

於是我們驅車去找鄧多和。來到山脚下，望著樹木蔥蘢的半山坡，我們有些生畏。雖然路修得寬闊漂亮，但是坡太陡，不熟悉路況，我們還是不敢把車開上去，於是步行上山。

聽見幾聲犬吠，主人打開了雙扇大門。走進寬敞整潔的庭院，我們目瞪口呆：哇！這哪像是農户呀？真像個漂亮的地主莊園！簡直比城裏那些所謂的花園别墅氣派得多，這纔是真正的别墅！環顧四周，假如站在高處看這座庭院，就像一把龍椅坐落在半山腰。見我們打聽陳子昂家譜，住在院子裏的男女老少都出來迎接。没有見到鄧多和，鄧家老大鄧多軍的兒子鄧國江介紹：三爹鄧多海是個文化人，早年在射洪（金華）衛校畢業，喜歡研究陳子昂，用左佬子寫字。他給我們提供了鄧多海的電話號碼。這家老太婆津津樂道地向我們講述：傳説陳子昂死後抬了48口棺材出去埋，每口棺材一樣重，都裝著陳子昂的書，所以哪口是裝的陳子昂，埋在什麽位置，没人知道，爲了保密，把抬棺材的人全都殺了。（後來在龍寶山陳子昂墓地，當地傳言陳子昂死後埋了72口棺材，還有人説是36口棺材，龍寶山附近到處都是，現在重修的衹是衣冠墓）聽此傳言，我們覺得毫無依據，一笑了之。因爲馬老師走得慢，還没走上山來，我們没有久留，告别主人往回走。剛出院門，馬老師杵著木棒上來了。見到馬成書到來，主人格外熱情，硬要留我們吃午飯，説現在生活好了，吃飯不是問題。

趕到復興鎮街上，吃過午飯，我們再回到陳中育家，陳中育老人早已等候在家了。他一改上次的冷漠，態度很熱情。他説：陳子昂家的祠堂就在武東鄉寨子坡下沙嘴村張家灣，1953年還在。馬成書證實他也看到過，真有其事。陳中育現年79歲，是陳氏後裔陳迺弼的後人。他説不能以不同班輩不認親，因爲弟兄多了無法改名，就各自另立字牌。他還説，據先輩傳説，陳子昂的先祖是從河南遷入射洪，來時由12個人抬著一架大羅盤選擇風水寶地，最後選中了馬家溝。據查《陳氏宗譜》記載的“本居潁川”在今河南省禹州市。潁川，郡名，秦王嬴政十七年（公元前230年）置，據潁川陳氏資料載，潁川是陳氏始祖改姓之地。

我們很納悶：據説張獻忠剿四川，把四川人剿光了，陳家後裔是怎麽躲過了剿殺的？陳中育講起了一個傳説故事：那天正是端午節，張獻忠的部下殺到柳樹往北上來，遇見一個逃難的婦人，這婦人帶著三個孩子，背上背一個，手上牽一個，肚子裏懷一個。部下問道：“背上背的是誰？手上牽的是誰？”婦人道：“背的是别人的孩子，牽的是自己的孩子。”部下問：“爲啥不背自己的孩子？”婦人道：“自己的孩子叫他走他就走，别人的孩子不走我就衹好背著走。”部下説：“你這人的心好，我的心就壞，我還是改一改壞心。今天是端午節，你告訴那些人，叫他們扯窩石菖蒲，把陳艾挂在門上，來的人看見門上的陳艾就不殺這家的人。”於是，消息一個傳一個，很多人家户門上都挂上了菖蒲陳艾，所以上半縣的人很多都躲過了劫殺。端午節門上挂菖蒲陳艾就成爲射洪人的習俗沿襲至今。

説到陳子昂的譜，謝會長翻著馬老師隨身携帶的小樣本對陳中育講，他研究過，覺得這不是正譜，也不是唐朝傳下來的，從字迹看，像是民國時期用毛筆手寫的，寫得很工整。後面的内容是現代人自己填上去的。陳中育解釋説：他的爺爺的名字都是添上去的。問到這譜最早是傳給誰的，他説陳子昂的譜，馬家溝衹有四本，陳伯玉傳給老祖宗陳迺弼一本，由陳迺弼重新設立 28 輩分，傳給天天陳大禎收管，陳大禎死後傳給祖祖陳永德，祖祖傳給爺爺陳懷愷，爺爺傳給幺爺陳懷瑜，幺爺傳給父親陳正業。父親把譜交給四兄弟陳中洪，四兄弟交給哪個就不知道了。陳中育從森工局退休回來衹得到一本清單簿，清單簿的封面、輩分列表和前面的頁碼被蓬溪縣一個叫陳朝會的小學教師借去撕走了，前面的頁碼上記載了歷代世祖所有人的名册。説到此，陳中育很氣憤。没有封面，究竟撕掉了幾頁，老人説不清楚，我們也聽不明白，以爲他説的是用來包裹譜的陰丹布。老人反復解釋，我們纔聽清楚，叫“清單簿”。翻開小樣本重新標注頁碼的第 5 頁，纔發現上面寫著“陳氏歷代祖例後裔名目譜注”。問及陳朝會，據説已經去世了。

似乎弄明白了：原來 10 多年前，馬成書老先生費盡千辛萬苦尋來的却不是正譜，而是清單簿，相當於譜的目録。此次尋譜，這算是新的、最大的收穫，我們都很激動。謝會長希望陳中育老先生提供綫索，幫助我們尋找正譜，爲陳家後人光宗耀祖，把陳中育的名字載入史册。並且説：自己這幾年損失上百萬，放著生意不做，來爲打響陳子昂這張名片盡義務，我們大家都應該有緊迫感，盡快尋找到正譜，不能讓它失傳。

正譜去了哪里？必須找到陳中洪。陳中洪在哪里？會不會交出譜？陳中育説：恐怕陳中洪那裏很難問出來。

正説著，陳中洪就來了。陳中育進屋去拿出手抄本，大家用手牽著四雙角，讓我一頁一頁拍了照。問起正譜在哪里，陳中洪爽快地回答：在陳中凡那裏。他願意帶著我們去找陳中凡，並留下了電話號碼。

時間不早了，我們與陳家人一起合影留念，帶著滿滿的收穫和喜悦，離開了陡磨子溝。

四

爲了尋找更準確的資料，春節前夕，我和馬成書老師去射洪涪江三橋東頭看望寄住在鄧多軍女兒家裏的鄧多海老人。

老人紅光滿面，穿著一身厚厚的舊軍裝，熱情接待我們。他自我介紹説，他今年 72 歲，是五保户，政府每月救濟 400 元，老齡補助 70 元，吃藥住院免費，生活不成問題。1974 年經熟人介紹上了射洪（金華）衛校，因爲偏癱，右手殘疾，没有安置工作，就學習《易經》，懂得陰陽五行，陳中育家的紅白喜事都是他幫忙。説到陳譜，他説陳中育請他幫忙抄了一本，就連老本子都還給陳中育了。他取出筆墨，用左手在紙上寫了幾個毛笔字，看筆迹，還真是他抄寫的。問到清單簿，鄧多海説，那叫經單簿，不叫清單簿。由此説來，可能陳中育不識字或識字不多，不然封面上名字給他寫錯了他怎麽也不知道？鄧多海説，陳中育六兄弟，其母親去世請他看陰地，做道場，請他抄了經單簿。

經單簿，類似於碑文，要刻上死者的生卒年月時辰、安葬地點和子孫後人的名字。過去，有錢人家裏老人去世要請道士或陰陽先生做大道場，念經超度亡魂，就要請人寫經單簿，作爲念經人爲亡魂超度、開路、祈求死者來生、保佑死者家人安康等活動清單，大道場七七四十九天，小道場七天或三天。經單簿上面記載了祖籍地以及自一世祖開始的各代祖先的名諱、生卒時間、葬地山向、家族字派。這些經單簿，大多數在超度亡靈後就燒掉了，很少有人保存下來。但是作爲後世需要，也有的保存下來了。

鄧多海老人因逐字抄謄，把這經單簿上的内容記得較爲清楚。他説：陳子東、陳子南、陳子西、陳子北，與陳子昂是同爺隔父的兄弟，陳中育是陳子南的後人。這與陳中育説子東、子南、子西、子北與子昂是親弟兄有差異。但是，我對照經單簿查證，鄧多海和陳中育説的都是錯的。陳中育是陳子西之後，子西生陳域，陳域生陳嘉泰，陳嘉泰生陳典，陳典生陳迺弼，陳中育是陳迺弼的第六代後裔，是陳子西的第十代後裔，而陳迺弼生於清朝乾隆年間。但是東南西北四陳是陳應鳳所生，其爺爺叫陳進賢，往前追溯很多代纔追溯到陳子昂的孫子陳簡輔。而陳子昂的爺爺叫陳辨。儘管從陳迺弼開始，已經重新排列輩分，没有按照陳氏家族的原始輩分排列，這本經單簿記載的内容，從陳子昂的孫子輩之後就分支了，隔了若干代（懷疑中間有斷代）後，以陳子西的後裔爲主。最遺憾的是，經單簿前面幾頁被撕掉，毁了與陳子昂相關的較爲完整的内容。可以肯定，陳中育是陳子昂的後裔了。

網上，一個叫張清平的作者寫的一篇題爲《陳子昂：生於喧囂，死於孤獨》的文章中説："據 1988 年四川省射洪縣陳子昂故里武東鄉發現的《陳氏族譜》殘卷記載，陳氏家族自始祖陳胡公滿開始，經西漢陳平、東漢陳寔、三國陳祗，直到陳子昂，共綿延了六十一代。西漢陳平是陳子昂的二十八代世祖。在楚漢交争時，陳平侍漢高祖劉邦，六出奇計，官拜右丞相，封曲逆侯（《史記》卷二六《陳丞相世家》)。"（注：應爲《史記》卷五十六，《陳丞相世家》第二十六）説明《陳氏族譜》確實存在。

説到陳子昂的墓地爲何没有葬在故居，馬成書老先生講了這樣一個傳説：聽説武三思授意縣令段簡害死陳子昂於獄中。陳子昂生前知道段簡害他，擔心死後遺體遭段簡侮辱，於是吩咐後人不要把自己葬在馬家溝，要求葬到樂至或者合川，因爲那裏有陳氏家族。由於樂至是陸路，不便運輸，合川是水路，方便用船運送，於是選擇運往合川。當時縣城在金華，金華位居涪江邊，水碼頭異常繁華，擔心被段簡發覺而受阻，於是後人將陳子昂遺體運往龍寶山梓江口去偷渡，並打算舉家遷居。到了梓江口，正欲上船，被人告密。段簡派人將陳子昂遺體攔住，不准運走，迫令就地安葬在獨坐山下梓江與涪江交匯處。按理，是應該葬在山坡上，却葬在了梓江水碼頭邊，衹要兩江漲大水，墓地就有被淹的危險，可見這不是陳子昂後人有意爲之，迫於段簡授意就理所當然。我深爲陳子昂嘆息！生前遭迫害，死後也不得安寧！好在經歷了1000多年，直到中華人民共和國成立初期，陳子昂墓地還存在。但是，聽説它曾經又經歷過一次劫難。

據黄少烽老師回憶，1966年4月，他還在遂寧安居區做教師，縣文化館與縣政協組織了一個考察組去陳子昂有關地方進行考察。考察的結果，經過整理，用鋼筆字在標有紅頭“射洪縣文化館用箋”上記載下來，文末蓋上了“射洪縣文化館”公章，並注明“1966年4月10日”。資料記載了三個內容：一是陳子昂故居，“據當地老農説：陳子昂家，坐落武東山，面向思賢橋，有大花園、大院壩等。經查考其族譜，與傳説基本相符。大花園、大院壩等地名現尚存在。‘陳氏族譜’現保存在武東公社貧農陳中行家裏”。二是“陳子昂墓，在射洪縣城東北金華區所屬共和公社，距縣城二十七華里。墓的左邊是陳公祠，墓的上邊是龍寶山。墓的前面二百五十米，即梓江河與涪江合流之處。墓長八米，墓高六米。墓碑上刻‘海内文宗’四字。墓右有石刻護墓護祠禁令”。三是“陳公祠是陳子昂後代爲他修建以祭祀他的。這個祠堂面對龍寶山，長約十米，寬約五米，現爲共和人民公社的小禮堂”。但是後來，聽説大約在 20 世紀 70 年代初期，當地的農民毀了墳塋，在上面挖了一個大坑，用於蓄水儲糞。粉碎“四人幫”後，縣政府組織力量將大坑填埋，重建陳子昂墓地，樹碑立傳，於是一座雄偉高大的陳子昂墓和石刻碑群重新屹立在龍寶山下。每年清明節，陳子昂研究會都會派代表去憑吊先賢，我們特地去尋找陳公祠。陳公祠早已不見，圍著那棵大黄角樹的，已是一所新建的小學校。

正譜還能尋到嗎？根據陳子昂後裔繁衍的分支，各自另續族譜，會有幾種版本？陳中洪、陳中行所存的版本是否爲同一個分支同一個版本？這也許是我們需要繼續尋譜的理由。

2019 年 2 月 14 日完稿

2019 年 4 月 17 日再修改

附：陳子昂故里軼事兩則

其一

筆筒嘴的傳説

關於陳子昂的傳説很多，特别是武東周邊的山名地名。比如黑水浩，傳説是陳子昂洗筆的地方；聖燈寺是陳子昂讀書照燈的地方；筆筒嘴是陳子昂丢了筆筒的地方。幾年前我去過武南鄉筆筒嘴，聽當地人説過筆筒嘴的傳説。

金華鎮武南鄉筆筒嘴山清水秀、雲蒸霞蔚，是難得的風水寶地。射洪前清舉人趙琴就出生在這裏。據傳，趙琴自幼聰穎，才智過人，啓蒙就在這筆筒嘴結廬讀書。十年寒窗，鄉試入舉，成爲乾隆年間射洪縣第一個舉人。後入仕爲官，不久，深感和珅把持朝政，官場腐朽黑暗，心灰意冷，辭官返鄉，因仰慕先賢陳子昂，遂傾其所有家資，在筆筒嘴修建文昌廟，開館授學，以文章澤被後人。自此，筆筒嘴賢才輩出，文昌廟香火旺盛，遠近聞名。

筆筒嘴最初不叫筆筒嘴，祇是一無名的小山嘴。此處群山爲屏，趙河環繞，風景極佳，常令人駐脚留戀。有一術士曾路過此處，驚嘆此地爲難得的風水寶地。風聲傳開，便常有墨客騷人來山嘴下趙河邊賞玩，吟詩作賦，舞文弄墨。

不知何日，一白髮老叟來到此處，審視良久，便在趙河邊結廬而居。老叟骨格清奇，行爲舉止古怪，平日不與人語，多時垂釣河邊。興情所致，飲酒放歌，吟詩作畫，視周圍無物。

其時，少年陳子昂智識未開，亦放蕩不羈，祇顧四處游玩，寄情於山水之間。

一天，陳子昂游到此地，偶與老叟交談，甚爲投機，經過一天一夜的促膝長談，二人遂結爲忘年交。下月，陳子昂帶著書僮，挑著書箱，來到老叟廬下，拜老叟爲師，接受教誨，從而叩開了一代文宗的智靈。陳子昂大變其身，一掃往昔的紈絝，勤奮攻讀，學業上一躍千里。

一年後，陳父派人來催陳子昂去金華山攻讀，臨別之時，陳子昂拿出平日所用的一個純金筆筒，贈與老叟，作爲致謝留念之物。老叟拿著金筆筒看了又看，隨後，竟出乎意料地將金筆筒揚手扔進了趙河裏，説了一句："此物應爲本處鎮地之寶！"四鄉多事之徒聞之，紛紛前來打撈，但都無果而終。此後，人們便將這個無名山嘴稱爲筆筒嘴。

其二

天寶山情思

——訪初唐詩人陳子昂故居紀實

説起武東鄉的天寶山，射洪人幾乎家喻户曉。天寶山歷史悠久，清朝刻印的《射洪縣志》就有記載。明末，八大王張獻忠剿四川時，當地農民爲了抵禦侵凌，躲避殺戮，在山頂修建了寨子，取名天寶寨，後又將武東山下的真諦寺移建到山上。山上自古就没有樹，全是茅草；也没有水，農民上山砍草全靠用竹筒背水磨刀。20 世紀 70 年代，人民回應政府號召緑化山坡，纔有今天緑樹成林果滿坡。

山頂上，抗戰時期就建有航標塔爲飛機導航，那是因爲此山爲同是丘陵地區的三臺、鹽亭、射洪、蓬溪、遂寧、大英五縣一市境内最高峰，海拔 674.4 米。20 世紀 80 年代電視差轉臺建此山嶺，用天綫塔代替了航標塔，直到現在。

山頂上有條小驛路，上通三臺、鹽亭縣，下接金華鎮。登臨山頂，大有一覽衆山低之感受。遥望四周，群山逶迤，氣勢磅礴，山外有山，層層疊疊，如巨浪翻騰。這使我想起一個偉人的詩句，真可謂是"倒海翻江卷巨瀾！"

極目天邊，雲山相接，灰蒙蒙連成一片，頓覺地球的博大廣袤。看看脚下，仿佛置身於地球之巔。向南望去，縣城郊外的平安寨、凉帽山、老鴉山盡收眼底。順著山頭平視前方，幾座山頭彙聚馬家溝，被稱爲"五馬歸槽"，緊緊鎖住天寶山這風水寶地。一條公路從"馬嘴"邊蜿蜒穿過，連接復興、金華。西邊，武東山像一條巨龍，順著涪江向南延伸，大有順江歸海之勢。威嚴的將軍廟傲然挺立"龍頭"，猶如龍角指天；寬闊的陳子昂跑馬坪橫卧"龍頸"，仿佛伯玉公還在信馬由繮；越過"龍背"，金華鎮的高樓大厦隱約可見。遠望東方，棲鳳嶺上白雲朵朵，如盛開的白蓮，更像美麗的鳳冠。夜晚，向北眺望，三臺縣城燈光依稀閃爍，宛如天邊星辰。早上看旭日耀長空，傍晚觀落霞染蒼穹，那美景讓人心曠神怡。

山脚下，一道淺彎避風向陽，茂密的果樹林中掩映著星星點點的農家小院，那就是水井彎，是開拓一代詩風的初唐詩人陳子昂的故居遺址。但因年代久遠，已面目全非。除公路邊一座重建的彩色牌坊作證外，已没有留下任何古迹讓人去憑吊。1989 年和 1992 年，陳子昂學術交流會兩次在射洪召開，人們把目光都盯在金華山陳子昂讀書臺和獨坐山下陳子昂墓地，却很少有人去研究天寶山下陳子昂祖祖輩輩居住的故地。我深爲我們的先祖叫屈。

1000 多年前，陳子昂心系國運，憤世道不公，留下了“前不見古人，後不見來者。念天地之悠悠，獨愴然而涕下”的千古絶唱。他忠於朝廷，却又剛正不阿，敢於直諫朝政弊端。他蒙冤受屈，含恨九泉，也許他更憾生養他的故居竟連歷史遺迹也不曾留下。

有人説，陳子昂仍在悲淚，他把英靈寄托給天寶山，把眼淚灑在高高的天寶寨。

奇怪的是，在陳子昂國際學術交流會之後，1993 年 2 月，兩個村民在山頂挖出了水。雖然衹有一小氹，但那從五色土縫中像珍珠般滲出的甘露，却演繹了一出出神話般的故事……

勤勞的農民羅其鬥在天寶山上種地，他想：山這麼高，從山下挑一擔水上山足足半天功夫，要是山上有水該多好啊！地質隊探親回家的工人何慶仕也在山上種地，他也幻想能找到水源。有一天晚上，他倆做了同一個夢：一位慈祥的老太婆告訴他們山上有水。當他們相互告知自己做了相同的夢後，便開始圍繞四周找水源。終於挖到一處，見到一點濕氣，土帶膠質，抓起來成砣，撒下去散開，見了太陽就變硬。過了幾天上山來看，原來挖出的坑裏有一氹水。於是他們將坑擴到兩尺見方，隔兩天來看又有一氹水。他們就把坑挖到 1.5 米深，後來，水又滿了。羅其鬥接根管子把水放進他的池子裏稀釋化肥，何慶仕則擔水去澆地。

一個多月後，來自鹽亭縣的一個婦女在山上放鞭炮。放牛人聽見了覺得好奇。問其原委，那婦女説，她媽媽久病無錢醫治，睡夢中，一老嫗叫她去天寶寨取水爲母親治病，她照辦了，果然靈驗，今天來還願。於是那氹水便成了“神水”。有人説，那是觀音菩薩降下的甘露；也有人説，那是陳子昂灑下的眼淚，借助觀音菩薩點化成了寶露。消息傳開了，遠近的人都來朝神水，天寶山成了人山，莊稼被踩死了，公安局、派出所也出動了，可怎麼也擋不住潮水般的人群。没有水了，有的人便挖一團濕土回去熬水喝。後來廣興鄉農民捐資在山頂重修廟宇，塑起了菩薩。

自來水廠退休幹部馬成書喝了那水，覺得味道甘純、爽口潤心，決定爲子孫造福。於是上山考察水源，設計打井（其實是鑽山打洞），增加積水面、盛水量。按照他的設計，在原出水處打出了一個徑深 6 米、高 1.8 米、寬 1.5 米的山洞。走進去看，發現洞壁呈黄、紅、白、橙、褐五色，土縫中滲出魚鱗般的水珠。爲了防止水源污染，他打算用水泥封閉洞口，於是用豆子石和卵石相間做了過濾層，插進根鐵水管，管口安上水嘴。這就是我們現在看到的寳露神井。

爲了滿足人們生活用水，又設計在離此井 30 米處打了同樣一口井，徑深 8 米，洞口高 1.8 米，寬 2 米，出水量更多。兩井相加，每天出水 4 噸有餘。

打好了井，馬成書又集資修起了上山的路，小汽車可開上山頂。而今，他還在編織美夢，要打造射洪品牌——開發陳子昂故居旅游景區。而今，已經重建起真諦寺，新建了陳子昂紀念堂、旅館等，讓普天下人來瞻仰這個卓有成就而又不幸的先賢的誕生之地，品嘗天寳甘露。喝著寳露水，漫步天寳寨，站在古寨南門前，我驚喜地發現，這天寳山像一艘航船，那平平的、呈拋物綫的山頭就像船頭，那電視差轉臺上的天綫塔不正像船上的桅杆麼！站在山頭那個用紫羅蘭拼成的巨大"佛"字面前，我遠望東邊的鳳嶺，近看西面的龍山，俯視山下的稻田，突然想起海南島佛教聖地東山嶺上的天然船形巨石上刻著"仙舟""慈航普渡"的字樣，難道這就是"慈航苦作衆人舟"麼！

我盼望著，天寳山——陳子昂故居早日成爲旅游勝地，成爲人們休閑娱樂、接受文宗星光、暢飲寳露的人間仙境，讓射洪人的祖先陳子昂含笑九泉！

2004 年 10 月

作者單位：四川省作家協會

《瑶臺風露》評點《古風》五十九首考述

——《古風》組詩的整體性探究

劉鎧齊

内容提要:《瑶臺風露》是清代未刊刻的李白五言古詩選本，由鮑瑞駿（號桐華舸）抄寫、王鴻朗（字笈甫）選定，精選精評，具有較高的學術研究價值。尤其是書中對於《古風》五十九首的評點，發前人之未發，多有創見。然而百餘年來，該書却並未受到學術界的充分關注，其評詩者笈甫先生亦是名不見經傳，莫不如滄海之遺珠，殊爲抱憾。於是本文整理和分析了《瑶臺風露》中有關《古風》五十九首的評點，並在此基礎上對其整體性稍加探究，以期將笈甫先生睿見卓識之一二披露於世，或對於李白《古風》五十九首的研究有所啓迪。

關 鍵 詞:《瑶臺風露》; 王鴻朗;《古風》五十九首; 整體性

《瑶臺風露》是迄今所知現存唯一的李白五言古詩選本，現藏於四川江油李白紀念館。其卷首題“李青蓮五古精選”“笈甫乏本桐華舸鈔”，卷尾落款“同治六年歲次丁卯中秋桐華舸主人手鈔”，可知該書是由笈甫選定、桐華舸手鈔，成書於同治六年中秋。

在陳伯海《唐詩書目總録》、張忠剛《全唐詩大辭典》、郁賢皓《李白大辭典》以及詹锳《李白全集校注彙釋集評》等資料彙編中，都對《瑶臺風露》有所提及。另有王定璋《〈瑶臺風露〉——新發現的李白五古精選精批手抄本》一文，介紹該書的文物價值與文學意義，但均未考定其抄寫者“桐華舸”和評選者“笈甫”究竟何人。

《瑶臺風露》的抄寫者本名鮑瑞駿，字桐舟，號桐華舸。其生平資料見於《歙縣志》卷七《人物志·文苑》:

> 鮑瑞駿字桐舟，歙縣人，咸豐壬子舉人，力學能文。同治時，以軍功官山東館陶知縣，擢候補知府，歷鄭、魏、齊、楚之郊，詩篇宏富，爲時所稱。著《桐華舸詩集》，又著《褒忠詩》《詠史詩》，表章明季及咸豐時忠

烈，鹽官王鴻朗及同縣汪鴻達、鮑康爲之序。[①]

其評點者本名王鴻朗，字笈甫。其生平資料見清人潘衍桐《兩浙輶軒續録》：

王鴻朗，字笈甫，海寧人。候選知府。汪曾唯曰：笈甫善屬文，工繪事。幼隨父客楚北，長游山左。中歲復至楚北，元瑜記室，名動公卿。詩文遺稿均未刊，潘椒坡大令刻其《畫鍾馗題記》一卷。[②]

王鴻朗先生評點《古風》時稱“願與天下慧業文人共賞之”。今筆者將《瑶臺風露》中關於《古風》五十九首的評點整理出來，亦如此意，願將笈甫先生之睿見卓識披露於世，以供學界參考。

一、王鴻朗《古風》五十九首評點述評

《古風》五十九首《其一・大雅久不作》，王鴻朗先生做眉批曰：“此章總旨乃五十八首之綱領細評。”“峽哀乃東野之騷，《古風》五十九首乃太白之騷也，首尾回合成一篇大文字。”又旁批道：“五十九首發端。”將《其一・大雅久不作》看作《古風》五十九首綱領的觀點大概以笈甫爲先，而其“首尾回合成一篇大文字”之語更是發前人之未發，將《古風》組詩當作一個相互聯繫的整體來看待。

《其二・蟾蜍薄太清》眉批作：“此爲王皇后被廢而作。閨門爲王化之始，故《風》首二南之《關雎》《鵲巢》。”旁批曰：“所以大雅不作而有吾衰之嘆也，故以此爲五十八首之發端。”王鴻朗先生認爲其二是仿效《國風・周南》以《關雎》爲首之意，因閨門和諧是王化的開端，故而閨門不净亦是大雅不作的起始。

《其三・秦皇掃六合》眉批曰：“此承上首來言明皇平韋武之亂何其英武，今乃判若兩人，則奸臣蒙蔽之罪不可勝誅也。似賦而實比。”王鴻朗認爲此詩以秦王影語唐明皇，言其被李林甫、安禄山等奸臣蒙蔽。《其四・鳳飛九千仞》眉批曰：“‘銜書’十字，言非無忠諫之目，其如君之不聽何？”“奸邪競進，賢臣去矣，有心人挽回無術，飆車羽駕，但聽其影滅音沉耳。他年設祭韶州，悔之晚矣。‘此花非我春’五字沉痛異常，世人當作游仙詩讀，一何可笑？”他認爲此詩是寫忠良見朝中奸邪當權，祇得隱身遁去，羽駕求仙非其本意，實出無奈。王鴻朗做旁批稱其三、其四“承蟾蜍蝕月來，皆大雅不作之根”，可見君主任奸邪而遠賢良纔是大雅不作的根本原因。

《其五・太白何蒼蒼》眉批曰：“此從上首‘此花非我春’句拍到自己，言世不我用，身將隱矣。乃‘吾衰誰陳’之根也。玩‘蒼然五情熱’句，知太白非果於忘世者。”《其六・代馬不思越》眉批曰：“此承上首末句（“吾將營丹砂，永世

① 許承堯編：《中國地方志集成・安徽府縣志・民國歙縣志》，江蘇古籍出版社 1998 年版，第 297 頁。

② 〔清〕潘衍桐編，夏勇、熊湘整理：《兩浙輶軒續録》，浙江古籍出版社 2014 年版，第 4638 頁。

與人别”）來言胡騎至矣，徵調紛紛，世之人苦乃至是，吾與之别非恝置也。故雖將營丹砂，猶不能自禁其五情之熱也。”王鴻朗認爲太白從始至終都心繫天下，試圖於危難之中拯救社稷蒼生，然而他却不能爲世所用，故而避世求仙衹是其不得已而爲之，並非真正超然出世。

《其七·五鶴西北來》前人皆作游仙詩解，而王鴻朗却稱“此指當時膴仕之得意者”“蓋真仙人未有以仙人自居者，玩‘自道’二字，諷刺微婉”。他説“自道安期名”一句，是在諷刺那些身居高位之人，當此亂世之中而猶自騎鶴吹笙“棄我如遺”。又稱：“收二句（“願餐金光草，壽與天齊傾”）乃反言之以鼓其痛詆，與下一首皆甚言其上恬下嬉、醉生夢死也。”《其八·咸陽二三月》銜上一首詩意，其七寫的是上層貴族的醉生夢死，這裏寫的便是市井平民的醉生夢死。而《其九·莊周夢蝴蝶》又與其八相銜，眉批曰：“此從‘但爲此輩嗤’句推進一層，言萬事更變，忽焉没矣，而吾棲皇無已，宜甚爲所嗤也。”王笈甫認爲這是太白見當時權貴衹顧享樂不顧社稷，自己終是“棲皇無已”無人提携，遂發“富貴故如此，營營何所求”之感慨。

《其十一·黄河走東溟》眉批曰：“然而日落矣，海逝矣，春容去而秋鬢改矣，營營者徒爲人所嗤矣。此首方入‘吾衰’正面。收又倒盤。”旁批曰：“結又拓開，恰好呼起下二首。”太白在此處自嘆年貌衰朽，既是對其一“吾衰竟誰陳”的呼應，又是對前詩的總結，而末兩句（“吾當乘雲螭，吸景駐光彩”）又開啓了下文。《其十二·松柏本孤直》和《其十三·君平既棄世》則與其十一詩意相接，眉批曰：“此二首承前章而罊衍之，借子陵、君平以自況也。”説太白是拿子陵和君平自比，抒發自己内心的抱負。王鴻朗稱其十三“大有河圖鳳鳥之慨，見吾衰之正也。”《論語·子罕》：“鳳鳥不至，河不出圖，吾已矣夫。”[①]“鳳鳥河圖”即謂天下不太平、政治不清平之意，因此王鴻朗認爲該詩是從正面表達了“吾衰竟誰陳”的旨意。

《其十四·胡關饒風沙》則又是一轉，眉批曰：“‘松柏’、‘君平’二首收顯‘吾衰’，‘胡關’以下則寄其蔓草荆榛之感也。”“管韞山云此爲哥舒翰開邊而作，以時事爲比興，尤見詩心之奇幻，猶醫者治病，隔二隔三之法。”王鴻朗稱此詩是對其一“戰國多荆榛”句的呼應。他認爲其十四以下的四首——《其十五·燕昭延郭隗》《其十六·寶劍雙蛟龍》《其十七·金華牧羊兒》《其十八·天津三月時》詩意都是一脉相銜的。其十五繼其十四寫胡關征戰而作：“於此而欲挽之，非賢才勇進不可。”其十六繼前首“糟糠養賢才”而作：“糟糠養之，則賢才爲黄鶴舉矣。豈知其作用固如此乎？非無寶劍，但少風胡耳，此又銜上首來。”其十七又繼前首講賢才遁去而作：“别匣潛鋒，賢才去矣。有志者當早求之，無爲觀望因循，身未去而髪已白，徒思采蕊煉精，作亡羊補牢之計也。上首言引用賢才不可不知，此首言知有賢才則用之不可不早。”其十八則是據前首“不知繁華子，擾擾何所迫”一

① 〔宋〕朱熹：《宋本論語集注》，國家圖書館出版社 2016 年版，第 101 頁。

句發衍“若此者，即上章所云擾擾之繁華子也。寶劍潛鋒，水深山邈，所得者不過此酣豢富貴之庸才耳。”王鴻朗稱這是“荆榛蔓草”之感。他還引其十八中“七十紫鴛鴦，雙雙戲庭幽。行樂争晝夜，自言度千秋”句，以説明其七“仙人緑雲上，自道安期名。兩兩白玉童，雙吹紫鸞笙”句内含諷刺之意，兩詩相互呼應。

《其二十一・郢客吟白雪》眉批曰：“‘郢客’一首，所指‘吾衰竟誰陳’也，文勢至此一束”。旁批稱：“忽逗正意，此古人章法不苟處。”其意乃該詩作曲高和寡之嘆，亦是恨無知己之感，合於“吾衰誰陳”之旨。

《其二十二・秦水别隴首》眉批曰：“采薇蕨而賦阜螽，對雨雪而懷楊柳，此太白所欲於蔓草荆榛之没陳之後以進風雅者也。承接分明，人自不得其綫索耳。”《國風・召南・草蟲》：“喓喓草蟲，趯趯阜螽。未見君子，憂心忡忡。”[①]《小雅・采薇》：“昔我往矣，楊柳依依。今我來思，雨雪霏霏。”[②]皆爲感悟傷時之慨。王鴻朗認爲此詩亦如此，是太白所欲“進風雅者”。《其二十三・秋露白如玉》眉批曰：“此從上首“秋蛾春蠶”推進一層，所謂無聊之極，姑以瞻逢作慰藉耳。‘揮涕惻愴’（其二十二“揮涕且復去，惻愴何時平”句）即所謂‘自結束’（其二十三“人生鳥過目，胡乃自結束”句）也。語意相銜。”又曰：“‘吾衰誰陳’故‘志在删述’，‘夜夜當秉燭’五字乃是倒鉤逆挽法。”稱其二十三末一句“夜夜當秉燭”是對其一“我志在删述”句的呼應。

《其二十四・大車揚飛塵》衍其二十三“物苦不知足，得隴又望蜀”句意而發，寫當時趾高氣揚、貪心不足之權貴。眉批曰：“‘大車揚塵’，自鳴得意。豈知鼻息幹虹蜺者，意氣又出其上，得隴望蜀，豈有已時？”“此亦與上首語意相銜，蓋世道如此，乃正聲所由微、哀怨所由起也。”此處道出正聲微而哀怨起的原因。《其二十五・世道日交喪》眉批曰：“此首特爲‘正聲何微茫’句搜源爲文字之提筆。”王鴻朗稱此詩與其一的“正聲何微茫”句遥相呼應。

《其二十六・碧荷生幽泉》旁批曰：“此首香草。”《其二十七・燕趙有秀色》旁批曰：“此首美人。”正是《離騷》“香草美人”的比喻，即前所言“哀怨起騷人”。眉批曰：“上首香草，此首美人、騷人之哀怨如此，此首從‘大雅不作’之後，賴以繼微茫之正聲者也。”《其二十八・容顏若飛電》眉批曰：“銜上首‘草晚風寒’（“常恐碧草晚，坐泣秋風寒”）而下，此其所以爲哀怨也。”旁批稱“君子變猿鶴，小人爲沙蟲”一句“此即兵戈啖食之意，哀怨之所由深也”。可見此三首皆爲太白衍發《離騷》之旨意，更顯哀婉深沉。

《其二十九・三季分戰國》“三季分戰國，七雄成亂麻”句旁批：“此衍荆榛句意也。”“王風何怨怒，世道終紛拏”句旁批：“‘王風’二字用明點，起句題點戰國，是倒叙法。”“聖賢共淪没，臨岐胡咄嗟”句旁批：“此即憲章已淪句意。”《其三十・玄風變太古》旁批曰：“此衍‘王風’‘戰國’二句意也。《其三十一・鄭客

① 〔宋〕朱熹：《詩集傳》，中華書局2011年版，第11頁。
② 〔宋〕朱熹：《詩集傳》，中華書局2011年版，第137頁。

西入關》旁批曰：“此衍‘狂秦’句意也。”眉批曰：“騷人之哀怨由於戰國之荆榛自是而豺虎相啖食，迄於狂秦極矣。此處三首皆發明第一章四五六句之旨而皀衍之，特以倒挽出之，以見參差變化。”王鴻朗認爲此三首是對其一“王風委蔓草，戰國多荆榛”“龍虎相啖食，兵戈逮狂秦”“正聲何微茫，哀怨起騷人”的呼應。

《其三十二·蓐收肅金氣》“蓐收肅金氣，西陸弦海月”句旁批：“此即蔓草荆榛之謂。”“良辰竟何許，大運有淪忽”句旁批：“此憲章已淪之謂。”“天寒悲風生，夜久衆星没”句旁批：“此正聲微茫之謂。”“惻惻不忍言，哀歌達明發”句旁批：“此哀怨起騷人之謂。”眉批曰：“‘正聲微茫’‘騷人哀怨’，前數首皆分寫，此首方合寫，氣味淵渾。”其三十二多與前詩呼應，正是對“正聲微茫”“騷人哀怨”的總結。

《其三十三·北溟有巨魚》眉批曰：“此首正言揚馬所激之頹波耳，特以比喻出之。”認爲此詩與其一“揚馬激頹波”句相呼應。《其三十四·羽檄如流星》旁批曰：“世亂則文運自衰，夾入時事，局陣迷離不可方物。”眉批曰：“此首特以穿插見奇，與上下語意似不相蒙，細玩之，則揚馬而没，文運日衰，國由憲章日淪，亦世變爲之也，仍是一綫相衔。”王鴻朗認爲這是孟子所謂的“迹熄詩亡”之旨，即文運關乎世運的意思。

《其三十五·醜女來效顰》眉批曰：“此所謂建安以來不足珍之綺麗也。”《其三十六·抱玉入楚國》眉批曰：“侈於文者其質必雕，富於詞者其骨必弱，徒矜其綺麗而不能進求其本原，適以招木伐蘭英之譽，方此其所以不足珍也。”可見此二首是對其一“自從建安來，綺麗不足珍”句的呼應。

王鴻朗做眉批稱“正聲微而騷人怨”乃是“世運爲之”之故，太白欲“以删述爲己任”，《其三十七·燕臣昔慟哭》以下皆太白自叙之詞：“‘孤蘭’一首，婉約深至，‘登高’一首，跌蕩淋漓，皆承‘燕臣’一首，自寫身世之感。”又説“蓋靈均之心即太白之心也”。《其四十·鳳饑不啄粟》眉批曰：“此太白自喻其立品之高。”《其四十一·朝弄紫沂海》眉批曰：“此太白自喻其用心之專及至神合冥通，直欲化去。”王鴻朗稱這幾首詩皆爲太白自寫其身世，其核心乃是對屈原《離騷》的繼承與發揚。

《其四十二·摇裔雙白鷗》眉批曰：“此言詩當出於自然，不可存一毫雕琢，方能追大雅而馳騷人也。”此詩説的是寫詩應當出於自然，不飾雕琢。

《其四十三·周穆八荒意》眉批曰：“‘吾衰誰陳’乃托於詩以自見，所由比於删述者，貴有合於興觀群怨之旨，以下皆自明其詩之旨趣。”“約略言之，則‘周穆’一首，嘆君志之荒也；‘緑蘿’一首，惜賢臣之去也；‘八荒’一首，慨讒夫之昌也；‘一百’一首，痛權臣之侈也；‘桃花’一首，責文臣之貢諛而無忠諫也；‘秦皇’一首，感時君之好土木而竭民力也；‘美人一首，謂賢才之隱遁；‘宋國’一首，指僉壬之偉登也；‘殷後’一首，悲忠黨而獲罪也；‘青春’一首，傷婞直而見尤也；‘戰國’一首，是以田成喻禄山諸人也；‘倚劍’一首，傷賢士之無名也；‘齊瑟’一首，喟才人之失足也。”王鴻朗稱其四十三至其五十五皆爲太白以刪述爲己任、托詩以自見，合於興觀群怨而通於大雅。

《其五十六·越客采明珠》眉批曰：“此首挽合前後，所由吾哀誰陳而自信其垂輝於千春者也。步步收束，至爲完密。”王鴻朗將此詩作爲挽合前後的收束和總結。

《其五十七·羽族稟萬化》眉批曰：“太白所謂希聖有立者，其自命如此。”又稱“願銜衆禽翼，一向黄河飛”句是“扶世立教所以垂輝千春”之意；“飛者莫我顧，嘆息將安歸”句是“吾衰誰陳”之意。《其五十八·我到巫山渚》眉批曰：“所由志在刪述而竊比於獲麟之絶筆也。”此二首即爲其一“希聖如有立，絶筆於獲麟”句的呼應。

《其五十九·惻惻泣路歧》眉批曰：“此爲五十九首之總結。至此淒涼哽咽，往後低徊，看似頭聲尾聲，其實滴滴歸入‘大雅不作、吾衰誰陳’八字收筆，拓開烟波無際，與第一首起筆相稱，是爲大結束。”末一句“嗟嗟失權客，勤問何所規”，王鴻朗稱其切中太白“志在刪述”之意。

他在五十九首末尾做眉批道：“五十九首之脉絡真如蛛絲馬迹、草綫灰蛇，看似浩渺無涯，其實滴滴歸源，一絲不亂，非吾笈甫冥心探索，《廣陵散》不幾真絶響耶!”

王定璋先生在《〈瑶臺風露〉——新發現的李白五古精選精批手抄本》一文中稱：“(笈甫翁)明確指出李白的古風的特徵是抒發鬱結於胸的激情，絶非等閑文字。”又稱：“(笈甫翁尊崇“風騷”的主張)這與李白推崇《詩經》爲正聲，贊美屈原的文學成就合拍……抄本評選者論詩又能從大處著眼，小處落筆，聯繫歷史背景和詩人的身世，知人論世地探索詩歌的寓意所在，這樣導出的結論當然勝人一籌。”①應該説大致總結出了王鴻朗評點的優點。但應當指出的是，王鴻朗對《古風》五十九首的評點尚有不足的地方，比如他機械地用《其一·大雅久不作》的詩句來闡釋其餘篇目，有的解析分明與原詩本意不相符，他仍强爲之辯，殊爲混淆。

儘管如此，王鴻朗自視爲李白知己，他於李白詩意玩味之精、點評之細，的確有其獨到之處。而其中最具創見性的貢獻，當屬他對《古風》五十九首整體性的揭示。

二、《古風》五十九首首尾回合成一篇大文字

“《古風》五十九首首尾回合成一篇大文字”是王鴻朗評點《古風》五十九首

① 王定璋：《〈瑶臺風露〉——新發現的李白五古精選精批手抄本》，載《天府新論》，1985年6月，第50-54頁。

的核心觀點，其意思大概包含以下兩個方面：第一，《古風》組詩在內容上是相通的，各篇圍繞共同的主題，表達一個統一的主旨；第二，《古風》組詩在結構上是具有一定邏輯綫索的，各篇之間相互聯繫、前後照應。簡單地來説，即《古風》五十九首在内容和結構上都具有整體性的特點。

其實關於《古風》五十九首的整體性，錢志熙先生於2010年在《文學遺産》上發表的《論李白〈古風〉五十九首的整體性》一文，就已談到了這個問題。他認爲《古風》五十九首在内容上具有一種統一性，"世道之治亂"是《古風》組詩的總綱，而其一"大雅久不作"則是整個《古風》組詩的序引，後面的詩篇均是圍繞序詩的主題來展開的，與其一"大雅久不作"中各句遥相呼應。錢志熙先生還舉例説：其三十五"醜女來效顰"與"大雅久不作"句相呼應，其二十九"三季分戰國"與"王風委蔓草"句相呼應，其五十三"戰國何紛紛"與"戰國多荆榛"句相呼應。若從内容上看：其十、其十三、其十五、其三十、其三十六、其三十七、其五十、其五十一、其五十八都是涉及春秋戰國的，其三、其三十一、其四十八都是涉及狂秦暴政，其四、其五、其七、其十七、其十九、其二十、其四十、其四十一則又都是因狂秦暴政而避世遠游的游仙詩。因此，《古風》的整體性正表現在政治、歷史、現實的主題與神仙、玄道、隱逸主題之間的聯繫上。[①]

錢志熙先生從内容入手，將《古風》組詩中涉及同一題材的篇目歸類到一起，看到了各篇之間的聯繫，更看到了後詩對前詩的呼應，從而確立了《其一・大雅久不作》的序詩性質。這一觀點，可説是與王鴻朗不謀而合了。

下面筆者以表格形式對王鴻朗的評點稍作歸納，以扼其要旨：

主題	篇目	評點歸納
綱領	《其一・大雅久不作》	五十八首之綱領細評
大雅久不作	《其二・蟾蜍薄太清》	閨門爲王化之始，五十八首之發端
	《其三・秦皇掃六合》	其三、其四皆承其二，是"大雅久不作"之根
	《其四・鳳飛九千仞》	
吾衰竟誰陳	《其五・太白何蒼蒼》	以下是"吾衰竟誰陳"之根
	《其六・代馬不思越》	
	《其七・五鶴西北來》	
	《其八・咸陽二三月》	
	《其九・莊周夢蝴蝶》	
	《其十・齊有倜儻生》	

① 錢志熙：《論李白〈古風〉五十九首的整體性》，載《文學遺産》2010年第1期，第24-32頁。

续表

吾衰竟誰陳	《其十一·黄河走東溟》	入“吾衰竟誰陳”之正面
	《其十二·松柏本孤直》	其十二、其十三皆銜其十一而來，又以“吾衰竟誰陳”收束
	《其十三·君平既棄世》	河圖鳳鳥之慨，見“吾衰”之正
王風委蔓草，戰國多荆榛	《其十四·胡關饒風沙》	以下是“蔓草荆榛”之感
	《其十五·燕昭延郭隗》	
	《其十六·寶劍雙蛟龍》	
	《其十七·金華牧羊兒》	
	《其十八·天津三月時》	“荆榛蔓草”之謂
	《其十九·西上蓮花山》	與其十七、其十八相銜
正聲何微茫，哀怨起騷人	《其二十·昔我游齊都》	凡言仙人及求仙者皆寓言托興之詞，當以《離騷》之意求之
	《其二十一·郢客吟白雪》	所指“吾衰竟誰陳”也，收束文勢
	《其二十二·秦水别隴首》	於“蔓草荆榛”之後陳之，以進風雅者也
	《其二十三·秋露白如玉》	
	《其二十四·大車揚飛塵》	此乃正聲所由微、哀怨所由起也
	《其二十五·世道日交喪》	“正聲何微茫”之謂
	《其二十六·碧荷生幽泉》	此首香草
	《其二十七·燕趙有秀色》	此首美人
	《其二十八·容顔若飛電》	此所以爲哀怨也
	《其二十九·三季分戰國》	騷人之哀怨由“戰國多荆榛”自“龍虎相啖食”而迄於“兵戈逮狂秦”極矣（其二十九、其三十、其三十一皆發明其一此三句之旨）
	《其三十·玄風變太古》	此衍“王風戰國”句意也
	《其三十一·鄭客西入關》	此衍“狂秦”句意也
	《其三十二·蓐收肅金氣》	正聲微、騷人怨，前數首分寫此首合寫
揚馬激頹波	《其三十三·北溟有巨魚》	此首正言揚馬所激之頹波耳
	《其三十四·羽檄如流星》	揚馬而没，文運日衰，國運由憲章日淪
綺麗不足珍	《其三十五·醜女來效顰》	所以謂建安以來不足珍之綺麗
	《其三十六·抱玉入楚國》	方此其所以不足珍也

续表

<table>
<tr><td rowspan="20">我志在删述，垂輝映千春</td><td>《其三十七·燕臣昔慟哭》</td><td>正聲微、騷人怨而以删述自任，此首乃文之大轉折，以下皆太白自叙之詞</td></tr>
<tr><td>《其三十八·孤蘭生幽園》</td><td>其三十八、其三十九：皆承其三十七自寫身世之感，蓋靈均之心即太白之心也</td></tr>
<tr><td>《其三十九·登高望四海》</td><td></td></tr>
<tr><td>《其四十·鳳饑不啄粟》</td><td></td></tr>
<tr><td>《其四十一·朝弄紫沂海》</td><td></td></tr>
<tr><td>《其四十二·摇裔雙白鷗》</td><td></td></tr>
<tr><td>《其四十三·周穆八荒意》</td><td>所由比於删述者，合興觀群怨之旨，以下皆自明其詩之旨</td></tr>
<tr><td>《其四十四·緑蘿紛葳蕤》</td><td></td></tr>
<tr><td>《其四十五·八荒馳驚飆》</td><td></td></tr>
<tr><td>《其四十六·一百四十年》</td><td></td></tr>
<tr><td>《其四十七·桃花開東園》</td><td></td></tr>
<tr><td>《其四十八·秦皇按寶劍》</td><td></td></tr>
<tr><td>《其四十九·美人出南國》</td><td></td></tr>
<tr><td>《其五十·宋國梧臺東》</td><td></td></tr>
<tr><td>《其五十一·殷後亂天紀》</td><td></td></tr>
<tr><td>《其五十二·青春流驚湍》</td><td></td></tr>
<tr><td>《其五十三·戰國何紛紛》</td><td></td></tr>
<tr><td>《其五十四·倚劍登高臺》</td><td></td></tr>
<tr><td>《其五十五·齊瑟彈東吟》</td><td></td></tr>
<tr><td>《其五十六·越客采明珠》</td><td>由"吾衰誰陳"而自信其垂輝於千春者也，挽合前首</td></tr>
<tr><td rowspan="2">希聖如有立，絶筆於獲麟</td><td>《其五十七·羽族稟萬化》</td><td>太白自命"希聖有立"</td></tr>
<tr><td>《其五十八·我行巫山渚》</td><td>所由"志在删述"而竊比於獲麟之絶筆也</td></tr>
<tr><td>總結</td><td>《其五十九·惻惻泣路岐》</td><td>歸入"大雅久不作，吾衰竟誰陳"，五十九首之總結</td></tr>
</table>

王鴻朗稱《其一·大雅久不作》"此章總旨乃五十八首之綱領細評"。他實際上是把其餘五十八首的思想内容全部囊括在《其一·大雅久不作》之中，並用其一的詩句來加以闡釋，將該詩視爲整個《古風》組詩的大綱。

既然王鴻朗稱"《古風》五十九首首尾回合成一篇大文字"，那麼我們首先應當弄明白的是這一篇“大文字”表達了什麼，即《古風》五十九首的總旨問題。

錢志熙引明代朱諫《李詩選注》的觀點，稱《古風》五十九首詩的基本主題是“世道之治亂，文辭之純駁，人物之邪正”，其中“世道之治亂”是關鍵。他還解釋道：“所謂‘世道之治亂’，是指三代以下，春秋戰國以來的治亂之情，兼及李白當代的政道輿情，側重於刺亂。”[①]該是把《古風》組詩的主旨論述得比較到位的了。

《孟子·離婁》曰：“王者之迹熄而《詩》亡，《詩》亡然後《春秋》作。”[②]是説隨著王政的敗落，《詩》這種以《風》《雅》《頌》寄托諷喻的文學形式也慢慢衰亡了；而《詩》的諷喻不作時，以《春秋》爲代表的用史事明是非、喻褒貶的文學却又興起了。也就是説，文學是社會歷史的反映，每個時代都有每個時代獨特的文學形式，文學的發展與社會政治興衰息息相關。桐華舸主人鮑瑞駿在跋語中稱“古詩五十九首即亞聖迹熄詩亡之旨”，即是此意。縱觀《古風》五十九首，皆“文運關乎世運”之意也。衹不過在組詩的創作之中，這一大宗旨又分成了幾個相互聯繫又各自區别的小主題。

通過以上對王鴻朗評點的歸納和整理，或可以將《古風》五十九首的思想内容大致分爲“大雅久不作”“吾衰竟誰陳”“戰國多荆榛”“哀怨起騷人”“我志在删述”五個主題。（實際上，王鴻朗評點的原意是用《其一·大雅久不作》的詩句分别來概括餘詩的主旨，也即將其餘五十八首的思想内容分爲“大雅久不作”“吾衰竟誰陳”“戰國多荆榛”“哀怨起騷人”“揚馬激頹波”“綺麗不足珍”“我志在删述”“希聖如有立”八個主題。但筆者細審王鴻朗的評點，或有不符合《古風》原詩詩意的地方，當是其强加附會所以致誤，後文有相關論述。筆者遂將其中明顯與詩意不合者去掉，從而歸納成這五個主題）筆者現根據《古風》五十九首原意，結合王鴻朗先生的評點，試對兹五題略作闡釋。

“大雅久不作”一題。“大雅”即《詩經·大雅》。《詩大序》曰：“雅者，正也，言王政之所由廢興也。政有大小，故有小雅焉，有大雅焉。”[③]故而此處所謂“大雅久不作”指的是反映王政興廢大事的文學作品許久都没有再出現了。該思想主題在《古風》組詩中的具體表現，則是探究“大雅久不作”之根源。如《其三·秦皇掃六合》，王鴻朗謂此篇是以秦始皇影語唐明皇，稱其爲奸臣所蒙蔽。又如《其四·鳳飛九千仞》，王鴻朗認爲是寫賢臣“言非無忠諫之目，其如君之不聽何”，於是衹好明哲保身、尋仙歸隱。因爲君王受奸臣蒙蔽，不聽忠諫，是以“銜書空入”、“羽架飆車”，而無人作此“大雅”也。其根源便是王政不興以致斯文衰落。

“吾衰竟誰陳”一題。孔子也曾説過：“甚矣，吾衰也！久矣，吾不復夢見周公！”太白此處言“吾衰竟誰陳”亦如此意，都是人之衰朽而志不能酬的哀嘆。又

---

① 錢志熙：《論李白〈古風〉五十九首的整體性》，《文學遺産》2010年第1期，第24-32頁。
② 〔清〕焦循撰、沈文倬點校：《孟子正義》，中華書局2017年版，第473頁。
③ 《十三經注疏》委員會：《十三經注疏·毛詩正義》，北京大學出版社1999年版，第17頁。

據《本事詩·高逸》載："白才逸氣高，與陳拾遺齊名，先後合德。其論詩云：'梁陳以來，豔薄斯極。沈休文又尚以聲律。將復古道，非我而誰與！"[①]可見"吾衰竟誰陳"實則包括兩個方面的意思：一方面，太白自感年紀衰老，欲復古道而力不能濟；另一方面，太白以恢復古道爲己任，哀嘆除自己而外更無他人可以相繼。如《其十一·黄河走東溟》，便是從第一個方面來表現這一主題的："春容舍我去，秋髪已衰改。人生非寒松，容貌豈长在。"直言年貌衰老。又如《其十三·君平既棄世》末"海客去已久，誰人測沉冥"兩句，似有聖賢淪没而無人爲繼之義，則又是從第二個方面來表現這一主題的了。

"戰國多荆榛"一題。"戰國"即指春秋末齊、楚、燕、韓、趙、魏、秦七國争雄的亂世局面；而"荆榛"亦是荒蕪蕭索之意象，皆是謂當今時局動蕩，國家日漸衰敗，民生凋敝不堪。《其十四·胡關饒風沙》就是這一主題的代表：直寫邊關戰事之凶、戍邊征人之苦，以刺今上窮兵黷武；"白骨横千霜，嵯峨蔽榛莽"一句更是點照了主題。

"哀怨起騷人"一題。"騷人"即指屈原《離騷》，是説繼《大雅》的正聲不作以後，諸如《離騷》一般的哀怨之詞便興起了。太白在創作《古風》時，多效仿屈原《離騷》而自寫，常以"香草美人"之比，訴説忠良受奸邪讒害、遭君主疏離之哀怨。如《其二十四·大車揚飛塵》寫當時"中貴鬥鶏"者的不可一世，《其二十五·世道日交喪》寫世人不采芳枝而棲惡木，皆是騷人不平之怨辭。

"我志在删述"一題，却是太白效仿孔子序《書》删《詩》"述而不作"之意。王鴻朗稱："自《周穆八荒意》以下十五首皆感時傷事，直言之、婉言之、雄廣言之、反復言之，明是非而寓褒貶，所以自托於《春秋》也。今其事或不盡傳，難於穿鑿，然以唐史證之，知人論世，亦可得其二三。"在王鴻朗看來，自《其四十三·周穆八荒意》以下的十五首都是表現時事之作，以春秋筆法爲之，寄寓褒貶。可見這一主題在《古風》中的表現則是用感時傷事之言，明是非而寓褒貶，以期立教於後世。

另外，若從題材上來看，寫尋仙問道的詩篇在《古風》五十九首中亦占據了不小的比重，即所謂的"游仙詩"，如其四、其五、其七、其十七、其十九、其二十等。乍看之下，其思想情旨似不在上述五個主題之内，但王鴻朗於游仙詩的解讀也自是獨具一格，他評點《其十九·西嶽蓮花山》和《其二十·昔我游齊都》時稱："不知太白詩中凡言仙人及求仙人者，皆寓言托興之詞，猶屈子所謂'令豐隆''求宓''登閬風''濯洧盤'耳。世人眼光如豆，當作尋常游仙詩讀，故訝其不倫，試以《離騷》之意求之，自然冰釋。"他認爲太白的求仙問道祇是托詞，其本質乃是仿效《離騷》的神游天界，去而難舍、求而不得，乍看之似乎飄然灑脱，細思之實則沉痛非常。也就是説，王鴻朗認爲《古風》中的"游仙詩"雖然從表

① 〔清〕王琦注：《李太白全集》，中華書局 2014 年版，第 79 頁。

面上看寫的是尋仙問道，實際上亦是對屈騷的繼承和發展，因此也可以將此類“游仙詩”歸入“哀怨起騷人”一題之中。

兹五題雖然側重點各不相同，實則都是圍繞著“文運關乎世運”的大宗旨來展開的，共同組成了《古風》這一篇“大文字”。儘管這五個主題僅僅是筆者從王鴻朗的評點中歸納而出的，或者尚不能無遺漏地包羅組詩的所有内容，但應當説已經大致把握住了《古風》的基本思想要旨。要之，王鴻朗認爲《古風》五十九首這一篇“大文字”講的是：因爲“大雅久不作”，所以李白要以復古爲己任，上溯風騷，並以孔子爲榜樣，以詩文來反映王政得失和時代興衰的大事，明是非而寓褒貶，垂教於後世。

由此而言，《其一・大雅久不作》作爲《古風》五十九首的大綱，該篇所表達的思想内容就是整個《古風》組詩的主旨；而根據《其一》各句意思的不同，又把這個大主旨劃分成若干個小主題，其餘各篇便是分别圍繞著這幾個小主題來創作的。或者説，《其一》本就是太白爲《古風》組詩所編寫的序詩。因此，我們可以説《其一・大雅久不作》就是《古風》五十九首的總旨，其餘各篇都是對這一總旨的闡釋和發散。王鴻朗先生這一結論將《古風》五十九首所表達的的思想情旨具體到了《其一・大雅久不作》之中，較之錢志熙先生所總結的“世道之治亂”“文辭之純駁”“人物之邪正”三個方面，或離李白創作《古風》組詩的本意又更近了一步。

不僅如此，王鴻朗認爲，從結構上分析，《古風》組詩亦是一個首尾呼應、相互聯繫的整體，具有一定的内部邏輯綫索。其餘五十八首以《其一・大雅久不作》作爲綱領，依照該詩行文順序的先後，圍繞五個主題依次展開：大雅久不作→吾衰竟誰陳→戰國多荆榛→哀怨起騷人→我志在删述。通過筆者在前文所歸納出的表格可以看到，雖然有少許篇目打破了這個既定的順序，但《古風》五十九的邏輯綫索大致是從頭至尾一脉相承的。

當然這其中不乏王鴻朗穿鑿附會之處，爲了貼合既定的邏輯綫索，王鴻朗有時不顧該詩的原意，强加闡釋，造成了許多失誤。如《其三十三・北溟有巨魚》，王鴻朗評之曰：“此首正言揚馬所激之頽波耳，特以比喻出之。”認爲這是對其一“揚馬激頽波”句的呼應。然而該詩用莊子《逍遥游》中“北冥有魚”的典故，或是太白以鯤作比，自言其志，並未見與“揚馬”有何聯繫。又如《其三十四・羽檄如流星》，蕭士贇曰：“此詩蓋討雲南時作也。首即徵兵時景象而言，當此君明臣良、天清地寧、海内澹然、四鄰無警之時，而忽有此舉。問之於人，始知徵兵者，討雲南也。乃所調之兵，不堪受甲，所謂驅市人而戰之，如以困獸當虎，窮魚餌鯨，吾見師之出而不見師之入矣。末則深嘆當國之臣，不能敷文德以來遠人，致有覆軍殺將之恥也。”[①]應該説已將此篇的詩意解析地相當明白了。而王鴻朗却

① 〔清〕王琦注：《李太白全集》，中華書局2014年版，第116、117頁。

評曰："此首特以穿插見奇，與上下語意似不相蒙。細玩之，則謂揚馬而没，文運日衰，國由憲章日淪，亦世變爲之也。仍是一綫相銜。"硬拿此詩與其一的"廢興雖萬變，憲章亦已淪"句扯上聯繫，與原詩本意不符，難以使人信服。

儘管王鴻朗的評點或有穿鑿附會與原詩詩意不一致之處，但這並不能否定在《古風》五十九首之中，的確有許多詩篇之間是存在邏輯上的聯繫的。例如《其二十五・世道日交喪》中，"不采芳桂枝，反棲惡木根。所以桃李樹，吐花竟不言"一句，有怨恨世俗親奸邪而遠忠良之意，關照"哀怨起騷人"的主題。接下來的《其二十六・碧荷生幽泉》談荷花秀色絶世而無人傳其馨香，《其二十七・燕趙有秀色》講美人秀色傾城却空自獨處盼想君子，很明顯都是效仿屈原《離騷》中"香草美人"的比喻。其二十六與其二十七兩詩在遣詞造句上多有相似之處，在意思上亦與其二十五一脉相承。而《其二十八・容顏若飛電》則以"君子變猿鶴，小人爲沙蟲"一句，在怨懟中寫出更深層次的悲哀：人生倏忽即逝，而功業難就，君子也好，小人也好，最終都無一成功。足見這幾首詩不僅在邏輯上一脉相承，而且在表達上也是層層遞進的。

又如《其五十九・惻惻泣路岐》，該詩先以楊子泣路歧、墨子悲素絲的典故開頭，極言世途多變，又用張耳、陳餘反目和蕭育、朱博有隙的例子，説明人心反復，末以茫然失歡作結。蕭士贇曰："此詩譏市道交者。太白罹難之餘，友朋之交道，其不能始終如一者，諒亦多矣。徒有一類失歡之客，勤勤問勞，亦何所規益乎！"[①]蕭士贇認爲此詩是李白在譏刺那些在落難時棄自己於不顧、不肯施以援手的人，還感嘆如今身邊的朋友衹剩下一幫失歡之客，對自己毫無幫助。若照如此解，便覺有些囫圇吞棗，食而無味了。再看王鴻朗評語："至此凄涼哽咽，往後低徊，看似頭聲尾聲，其實漓漓歸入'大雅不作、吾衰誰陳'八字收筆，拓開烟波無際，與第一首起筆相稱，是爲大結束。"稱此詩與其一起筆相照應，是五十九首之總結。前文提到"吾衰竟誰陳"實際上有兩方面的意思，這裏關照的就是第二層意思，太白以恢復古道爲己任，奈何人心不古，終於無人相繼。一衆背離古道而失魂落魄之人，不知以何爲規、不知去往何處，衹得臨路而泣。因此太白纔要"志在删述"，立教爲規。如這般作解，該詩豈不正與《其一・大雅久不作》首尾回合、遥相呼應了嗎？

總之，關於《古風》組詩是否具有整體性這個問題，學術界目前還未達成共識；而王鴻朗的"《古風》五十九首首尾回合成一篇大文字"這一觀點，也僅僅是其個人的見解。正確與否先不論，他這種以整體性眼觀看待組詩思想内容、從内部聯繫推敲篇章結構的研究方法，或可爲我們認識和把握《古風》五十九首打開一扇新的大門。

① 〔清〕王琦注：《李太白全集》，中華書局2014年版，第137、138頁。

三、關於《古風》五十九首整體性的争議與猜想

其實關於《古風》五十九首的整體性問題，學界目前尚且存在許多争議。

從根本上講,《古風》五十九首是否具有組詩的性質就存在諸多質疑。喬象鍾先生在其著作《李白論》中提道：

《古風》是李白晚年自己選擇、組合的大型組詩，其所涉及的主題思想，很大部分與開元、天寶時間的重大政治事件有關，反映了這個歷史時期人民的情緒。是歷史的詩的記録。”①

喬象鍾先生從《古風》組詩的主題思想上分析，認爲其内容多是反映開元、天寶年間的重大政治事件，乃是李白有意創作組合，而非後人編排而成。

但郁賢皓先生在《李白〈古風〉五十九首芻議》一文中對此提出駁斥：

因爲李陽冰《草堂集序》明明指出：“草稿萬卷，手集未修，枕上授簡，俾予爲序。”所謂“草稿”“未修”，正説明李白自己並没有整理編集，而且這一組詩既未按内容性質編排，又未按寫作年代順序爲次……如果確系李白自己“選擇”“組合”，何以竟混亂得無次第可尋？因此，竊以爲這一組詩的組合編排絶非李白所爲……至於“五十九首”的名稱，很可能是逐漸增成的。②

郁賢皓先生從李白詩集的編排歷史和《古風》版本的流變過程角度思考，認爲“此組詩非一時一地之作，亦非一人所編集”③。

孫傑先生撰《〈古風五十九首〉略探——成就李白詩名的扛鼎之作》也説到《古風》篇目的流布與定型，他認爲直至明末清初，“‘五十九首’之數似乎纔開始爲人們所廣泛認同”④。

詹锳先生《李白詩文繫年》爲《古風》五十九首中的三十首編年，其中《其五十八・我行巫山渚》和《其五十九・惻惻泣路岐》皆爲乾元二年（759年）作，而《其二・蟾蜍薄太清》却爲開元二十二年（724年）作，其間横跨三十五年之久。⑤若按此説,《古風》則無組詩性質。

對此，錢志熙先生在《論李白〈古風〉五十九首的整體性》一文中這樣回應：

這些觀點，對於《古風》五十九首創作上的組詩性質，是有所質疑的；但却不能作爲《古風》原非組詩的確鑿證據……可見《古風》五十九首，

---

① 喬象鍾撰：《李白論》，齊魯書社1986年版，第126頁。

② 郁賢皓：《李白〈古風〉五十九首芻議》，載《中國文學研究》1989年第4期，第3-11頁。

③ 郁賢皓注：《李白選集》，上海古籍出版社2013年版，第72頁。

④ 孫傑：《〈古風五十九首〉略探——成就李白詩名的扛鼎之作》，載《文學評論》2011年第7期，第124、125頁。

⑤ 詹锳編：《李白詩文繫年》，人民文學出版社1984年版，第24、59頁。

原本就是李白集子裏獨立的一組詩。它可能經過後人的編輯，甚至有某些竄亂次序、分合篇次的地方，但如果以此完全否定其原本在創作上的組詩性質，似乎過於絶對化。①

筆者贊同錢先生觀點，竊以爲《瑶臺風露》對《古風》五十九之評點亦可稍作佐證。

若非《古風》本就是李白致力創作的大型組詩，他怎會爲組詩編寫序詩《大雅久不作》？若《大雅久不作》並非《古風》組詩之綱領和序詩，其餘篇目又怎會對《大雅久不作》的詩意多有呼應？

王鴻朗稱“《古風》五十九首首尾回合成一篇大文字”，不管《古風》篇目是否真爲五十九之數，李白都是圍繞著“文運關乎世運”的大宗旨來進行創作的。他便是想要拼湊出一篇大文字來，反映歷史重大事件、書寫時代興衰、褒貶王政得失，最終得以效仿孔子，立教於後世。因此，他基於這一目的所創作出來的詩篇，都或多或少、無一例外地映帶著《古風》的色彩。

於是就如錢志熙先生所言：“所以從理論上講，《古風》五十九首與上述《感遇》等組詩，甚至李白作品中的其他以漢魏比興言志之體寫的五言古體，都可算是古風。也許正是這個原因，葛立方所見《太白集》的編者，將五十九首之外的其他編者認爲應該屬於古風的五古詩編入其中。這正可證明，《古風》五十九首是李白創作的最大規模的一組古風詩。”②

另外，筆者在前文歸納出的王鴻朗評點《古風》五十九首的邏輯綫索，或可回應郁賢皓先生對《古風》組詩的排序“混亂得無次第可尋”的質疑。按王鴻朗先生的評點，《古風》五十九首是以其一爲綱領、其二爲發端，其後分别圍繞“大雅久不作”“吾衰竟誰陳”“戰國多荆榛”“哀怨起騷人”“我志在删述”五個主題依次展開、按序排列，最後以其五十九爲總結，與其一形成首尾呼應的結構。可見《古風》實是一個相互聯繫的有序整體。

儘管王鴻朗先生的評點之中尚有許多牽强之處，但反過來想，那些不合與於邏輯綫索的少數特例亦可能是李白以後的編者錯排了組詩次序或將别詩誤入《古風》之内。如《其二十一・郢客吟白雪》，詩中以陽春白雪與下里巴人作比，作曲高而和寡之嘆；王鴻朗評曰：“所指‘吾衰竟誰陳’也，文勢至此一束。”觀其前後篇目，皆是圍繞“戰國多荆榛”的主題來寫的，此首獨發“吾衰竟誰陳”之嘆，甚爲突兀。若將該詩的位置稍作調整，放到其十四之前，歸入“吾衰竟誰陳”這一小主題中，是否就有所好轉了呢？又如《其五十八・我行巫山渚》，評曰“所由志在删述而竊比於獲麟之絶筆也”，王鴻朗認爲太白這首詩是太白以尋訪“神女”來比喻孔子“絶筆於獲麟”，然而在筆者看來，二者無甚聯繫。詩中“巫山”“神

---

① 錢志熙：《論李白〈古風〉五十九首的整體性》，載《文學遺産》2010 年第 1 期，第 24-32 頁。
② 錢志熙：《論李白〈古風〉五十九首的整體性》，載《文學遺産》2010 年第 1 期，第 24-32 頁。

女”“襄王”等語亦是效屈原也，隱含“騷人起哀怨”之意，與前後篇目文意皆不相違。然而，觀《其十三・君平既棄世》中，有句“寂寞綴道論，空簾閉幽情。騶虞不虚來，鸑鷟有時鳴”却似有王鴻朗所謂“絶筆於獲麟”之意。是否爲後來的編者顛倒了二詩的位置呢？

以上僅僅是筆者個人不成熟的猜想，但如果王鴻朗先生對《古風》組詩的整體性把握大致正確的話，我們依據其内在思想情旨和邏輯綫索來探究各篇的編排順序亦不失爲一種辦法。

值得注意的是，《其七・五鶴西北來》一詩，前人都當作游仙詩解，而王鴻朗先生標新立異，稱“此指當時膴仕之得意者”。又説“蓋真仙人未有以仙人自居者，玩‘自道’二字，諷刺微婉”。筆者細查該詩，在清代實有兩個不同的版本：

> 一作：五鶴西北來，飛飛凌太清。仙人緑雲上，自道安期名。兩兩白玉童，雙吹紫鸞笙。飄然下倒影，倏忽無留形。遺我金光草，服之四體輕。將隨赤松去，對博坐蓬瀛。
>
> 一作：客有鶴上仙，飛飛凌太清。揚言碧雲裏，自道安期名。兩兩白玉童，雙吹紫鸞笙。去影忽不見，回風送天聲。我欲一問之，飄然若流星。願餐金光草，壽與天齊傾。[①]

《瑶臺風露》作：五鶴西北來，飛飛凌太清。仙人緑雲上，自道安期名。兩兩白玉童，雙吹紫鸞笙。去影忽不見，回風送天聲。我欲一問之，飄然若流星。願餐金光草，壽與天齊傾。

前兩個版本是清人王琦在《李太白全集》中所收録的，《瑶臺風露》中收録的第三個版本則是將前兩個版本混雜而成。以現存李詩版本資料尚難以定奪前兩個版本孰對孰錯。不過，僅從文本上分析的話，第一個版本寫的是跟隨赤松子凌雲飛仙，無諷刺之意，與尋常游仙詩同；而第二個版本中却真如笈甫所言，似有諷刺當時“膴仕之得意者”不我肯顧之意。恐是因版本流傳過程中所造成的接受的偏差。筆者以此爲例，意圖説明王鴻朗先生確是獨具慧眼之人，其《古風》五十九首的評點亦非憑空臆斷之詞，當真是冥心探索，以求太白之真意也。

“桐華舸主人”鮑瑞駿在《古風》五十九首後作跋語道：

> 古詩五十九首即亞聖迹熄詩亡之旨。唐以詩取士，故文運關乎世運，旁通曲鬯，太白一生本領具見於此。至其用筆遣詞，寓沉摯於俊逸之中，含悲哀於清新之内，仙骨珊珊，非復人間節奏，所加硃評，真太白功臣也。

前文提到過，“亞聖迹熄詩亡之旨”指的是《孟子・離婁》中所謂“王者之迹熄而《詩》亡，《詩》亡然後《春秋》作”[②]之意。鮑瑞駿在跋語中點明了《古風》

---

① 〔清〕王琦注：《李太白全集》，中華書局2014年版，第86、87頁。
② 〔清〕焦循撰、沈文倬點校：《孟子正義》，中華書局2017年版，第473頁。

五十九首“文運關乎世運”的主旨，還强調了該組詩重要的價值和地位——“太白一生本領具見於此”。正因爲《古風》五十九首於俊逸清新之中還藴含著沉摯的悲哀，看來“仙骨珊珊，非復人間節奏”，實則又未有一毫一厘脱離人間之處，這纔令人更加難以捉摸。後人之所以對《古風》五十九首存在諸多分歧和質疑，亦是未得其要領之故。王鴻朗就是在冥心探索《古風》五十九首的要領，倘若他在《瑶臺風露》中的評點有助於我們進一步瞭解李白的真意，或誠如鮑瑞駿所言，其真乃太白之功臣也！

作者單位：四川師範大學文學院

《清代人物生卒年表》四川尊經院生補正

——兼探《四川尊經書院舉貢題名碑》中的官年[①]

魯小俊 劉 妍

内容提要：《清代人物生卒年表》著録了不少四川尊經書院生徒，其中王蔭槐、蘇兆奎等人的生卒年需要訂正，鄒增祜、邵從恩等進士的生卒年可以補充。此外，兩位仁壽籍毛姓院生——毛澄和毛瀚豐，容易誤作一人，需要注意區分。根據其他資料參證可知，《四川尊經書院舉貢題名碑》中也存在官年現象。

關 鍵 詞：《清代人物生卒年表》；尊經書院；《四川尊經書院舉貢題名碑》；官年

江慶柏先生編著的《清代人物生卒年表》（人民文學出版社 2005 年版，以下簡稱《年表》）是清人疑年録的集大成之作，其中著録了不少四川尊經書院生徒。在江先生的千辛萬苦中，也偶有疏忽和遺漏。因此，補正尊經院生的生卒年及相關史實，對於深入細緻研究尊經書院，將是一件有必要的基礎性工作。

考訂生卒年，如果遇到不同文獻記載互歧，資料的可信度往往有區别。例如，科舉朱卷、同年齒録、官員履歷，因爲可能存在官年問題，其可信度較低。而且，由於“年輕化”是清代官年現象的基本特點，朱卷、齒録、履歷中的生年往往晚於實際出生年份。[②]衹是在没有其他資料佐證的情况下，可暫以朱卷、齒録、履歷所記爲據。總之，需要多加辨析，不宜固守一家之説。

具體到尊經書院，譚宗浚《尊經書院十六少年歌》（以下簡稱《少年歌》）集中記録了部分院生的年齡，可以用作佐證的參考。該詩歌詠 16 位 30 歲以下的院生，作於光緒五年（1879）。[③]但根據相關文獻判斷，詩中院生的年齡，不是按照 1879 年計算的。玆將詩注中的姓名和年齡列示如下：

---

① 基金項目：教育部人文社會科學研究規劃基金項目“《清代人物生卒年表》補正研究”（18YJA870008）。

② 參見拙文《清代官年問題再檢討》，載《清史研究》2015 年第 1 期，第 90-101 頁。

③ 譚宗浚：《荔村草堂詩鈔》卷八《使蜀集下》，《續修四庫全書》第 1564 册，上海古籍出版社 2002 年版，第 258 頁。

姓名	年齡	姓名	年齡	姓名	年齡	姓名	年齡
楊鋭	21	范溶	24	張肇文	27	曾培	26
廖登廷	27	傅世洵	23	任國銓	23	吴昌基	22
張祥齡	22	邱晋成	30	周道洽	24	顧印愚	21
毛瀚豐	27	彭毓嵩	27	宋育仁	19	戴孟恂	28

以上16位院生，有的後來聲名卓著，但出生年份往往有異説。如楊鋭，有1855年和1857年之説（詳後文）；宋育仁，有1857年和1858年之説[①]。有不同文獻的明確記載且無異説者，唯有顧印愚，他生於“咸豐五年乙卯（1855）十二月二十日”[②]。因是歲末，陽曆已入1856年；而本文僅考察尊經院生的出生年份，因此無須考慮歲末的陰曆陽曆轉换問題，仍算作1855年。顧印愚的年齡可以用作參考值，從而根據《少年歌》中歲差推算其他人的年齡。

一、需要訂正生卒年者

1. 王蔭槐（P.56）

又名紀常，字蘇銘，號植青、直清，威遠人。光緒五年（1879）優貢，十一年（1885）舉人，十二年（1886）進士。歷任翰林院編修、國史館協修、則例館纂修、會典館協修。尊經書院舊有“院中八景”之謔稱，其一即“北碑王熟”，意謂“王植青慣寫北魏碑”。[③]《蜀秀集》收其課藝兩篇。他的生卒年，《年表》據《光緒十二年丙戌科會試同年齒録》記作“1852年—？”。按，光緒二十三年（1897）四月二十日，丁樹誠赴尊經書院看望宋育仁，宋言及“王植青編修，去歲亦在京下世”。[④]據此可知他的卒年爲光緒二十二年（1896）。

2. 蘇兆奎（P.236）

字鳳岡，華陽人。光緒二十三年（1897）舉人，三十年（1904）進士。歷任湖南宜章知縣、洋務局候補道員、靖州知事、東川道尹。《尊經書院課藝三集》收其課藝七篇。他的生卒年，《年表》據《光緒三十年甲辰恩科會試同年齒録》記作“1878年—？”。按，《吴虞日記》1938年8月12日（陰曆七月十七）：“蘇鳳岡去世，年六十四。”[⑤]據此可推知其生年爲光緒元年（1875），同年齒録所記當爲官年，減了三歲。其生卒年可記作“1875—1938年”。

---

① 黄宗凱等：《宋育仁思想評傳》，西南交通大學出版社2007年版，第3頁。

② 顧印愚：《成都顧先生詩集》，卷首程康識語，《清代詩文集彙編》第782册，上海古籍出版2010年版，第109頁。

③ 丁治棠：《仕隱齋涉筆》卷七《雅謔》，四川人民出版社1985年版，第173頁。

④ 丁治棠：《丁治棠紀行四種》卷四《晋省記》，四川人民出版社1985年版，第153頁。

⑤ 中國革命博物館整理：《吴虞日記》下册，四川人民出版社1986年版，第778頁。

3. 楊鋭（P.243）

字叔嶠、鈍叔，綿竹人。光緒八年（1882）優貢，十一年（1885）舉人。十五年（1889）考授内閣中書。戊戌變法時被捕遇害，爲“戊戌六君子”之一。《蜀秀集》收其課藝三十三篇，《尊經書院初集》收其課藝五篇。他的生卒年，《年表》據《楊叔嶠先生文集》附録黄尚毅《事略》記作“1857—1898年”。按，檢黄尚毅《楊叔嶠先生事略》[①]，並未見到關於生年的記載，“1857年”之説，未知何自。王夏剛《戊戌軍機四章京合譜》對此問題有過辨析：“不少記載將楊鋭生年繫於1857年，但根據《中國第一歷史檔案館藏清代官員履歷檔案全編》中所收楊鋭的檔案，楊鋭在1898年44歲，可知他生於1855年，另外王闓運在1894年日記裏稱楊鋭已經四十歲，因此筆者認爲楊鋭生年爲1855年。”[②]檢楊鋭的官員履歷：光緒二十四年（1898），“四十四歲”。[③]可推知生年爲咸豐五年（1855）。官員履歷中可能是實年，也有可能是官年。如果是官年，一般會更年輕。所以楊鋭如果生於1857年，却在履歷中改爲1855年，這個可能性比較小。再檢王闓運《湘綺樓日記》光緒二十年（1894）十二月十日：“楊生鋭、顧生印愚”“皆四十矣”[④]。這則資料提示兩條資訊：一是楊鋭、顧印愚同歲，二是當年皆四十歲，即生於咸豐五年（1855）。關於楊、顧同歲，《少年歌》亦可爲證：“綿竹楊鋭，字叔嶠，年二十一。”“成都顧印愚，字華園，年二十一。”[⑤]而前面已經提到，顧印愚生於咸豐五年（1855）。由此可知，楊鋭生於咸豐五年（1855）之説，更爲可信。

4. 李滋然（P.296）

字命三，號樹齋，長壽人。光緒十四年（1888）舉人，十五年（1889）進士。歷任廣東電白等縣知縣、學部七品小京官。《尊經書院二集》收其課藝兩篇。他的生卒年，《年表》據《光緒十五年己丑科會試同年齒録》記作“1851年—？”。按，其會試朱卷亦作：“咸豐辛亥年（1851）三月初六日吉時生。”[⑥]又，張鋆衡《李滋然墓表並銘》：“辰正，含笑端坐逝矣。時辛酉（1921）二月二十五日，距生於道光丁未年（1847）三月初六，壽七十有五。”[⑦]王樹楠《陶廬老人年譜》辛酉年（1921）：“二月二十四日，門人長壽李滋然卒於京師。”“年七十有五。”[⑧]推算生年，亦是道光二十七年（1847），可知會試朱卷、同年齒録所記皆爲官年，減了四歲。故可記其生卒年爲“1847—1921年”。

---

① 楊鋭：《楊叔嶠先生文集》卷首，《續修四庫全書》第1568册，上海古籍出版社2002年版，第260-262頁。

② 王夏剛：《戊戌軍機四章京合譜》，中國社會科學出版社2009年版，第44頁。

③ 秦國經主編：《清代官員履歷檔案全編》第6册，華東師範大學出版社1997年版，第488頁。

④ 王闓運：《湘綺樓日記》，嶽麓書社1997年版，第1977頁。

⑤ 譚宗浚：《荔村草堂詩鈔》卷八《使蜀集下》，《續修四庫全書》第1564册，上海古籍出版社2002年版，第258頁。

⑥ 顧廷龍主編：《清代朱卷集成》第61册，臺北成文出版社1992年版，第351頁。

⑦ 民國《長壽縣志》卷十四《金石》，民國三十三年鉛印本，第18頁b。

⑧ 王樹楠：《陶廬老人年譜》，《北京圖書館藏珍本年譜叢刊》第182册，第680頁。

5. 傅世煒（P.774）

字桐澄，華陽人。光緒十一年（1885）舉人，十五年（1889）進士。歷任翰林院編修、陝西鳳翔知府、西安知府。晚年參加中國地學會。其會試朱卷“受知師”一欄有“錢蘭坡夫子，浙江海昌，咸豐己未科舉人，四川候補知縣，前主講尊經書院”[①]，可知他也曾肄業尊經書院。他的生卒年，《年表》據會試朱卷記作“1854 年—？”。按，其弟傅世洵也曾是尊經院生。據《少年歌》可知，傅世洵比顧印愚年長兩歲，其生年應是咸豐三年（1853）。由此可判定其兄傅世煒會試朱卷上的生年，應是官年。衹是没有其他文獻資料參證，可暫且以此記之。關於傅世煒的去世情况，民國《華陽縣志》本傳云：“及聞德宗崩，而世煒病。病革，趺坐説偈而逝。”[②]清德宗卒於光緒三十四年（1908），傅世煒之卒當在此後不久。《地學雜誌》第一年第五號（宣統二年五月）刊有訃聞：“三月十六日，評議員傅桐澄先生逝世，公議撰聯挽之。”[③]可據此補充他的卒年，爲宣統二年（1910）。

6. 廖平（P.815）

原名登廷，字旭陔、勖齋，改名平，字季平，號四益，改號四譯、五譯、六譯，井研人。光緒五年（1879）舉人，十五年（1889）進士。歷任龍安府教授、射洪縣訓導、綏定府教授、四川軍政府樞密院院長、四川國學學校校長，兼任華西大學、成都高等師範學校教授。《蜀秀集》收其課藝九篇，《尊經書院初集》收其課藝一篇。他的生卒年，《年表》據章炳麟所撰墓誌銘記作“1851—1932 年”。按，章炳麟《清故龍安府學教授廖君墓誌銘》：“年八十二而卒，則民國二十一年（1932）六月也。”[④]以虚歲之俗例推斷其生年，當即咸豐元年（1851）。然廖平之孫廖宗澤《六譯先生年譜》則謂：“咸豐二年壬子（公元一八五二），二月初九日亥時先生生。”[⑤]又，據年譜，是年正月十四日，廖平之祖廖正傳卒。[⑥]家中兩件大事在同一年，日期相隔如此之近，親屬一般不會記錯。章炳麟所記當有一年之誤。廖平之女廖幼平編《廖季平年譜》附録《清故龍安府學教授廖君墓誌銘》，即將“年八十二而卒”徑改爲“年八十一而卒”。[⑦]故廖平的生卒年仍應以《六譯先生年譜》爲據，記作“1852—1932 年”。

---

① 顧廷龍主編：《清代朱卷集成》第 66 册，臺北成文出版社 1992 年版，第 426 頁。
② 民國《華陽縣志》卷十六《人物》第七之十，民國二十三年刻本，第 2 頁 b。
③ 中國地學會：《本會記事·傅桐澄先生逝世》，《地學雜誌》第一年第五號，宣統二年（1910）5 月，第 67 頁。
④ 章太炎：《太炎文録續編》卷五下，《近代中國史料叢刊續輯》第 13 輯，文海出版社 1975 年版，第 15 頁。
⑤ 廖幼平編：《廖季平年譜》，巴蜀書社 1985 年版，第 1 頁。
⑥ 廖幼平編：《廖季平年譜》，巴蜀書社 1985 年版，第 2 頁。
⑦ 廖幼平編：《廖季平年譜》，巴蜀書社 1985 年版，第 95 頁。

二、進士生卒年可補充者

據《年表》凡例，該書收録人物的條件之一是“考中進士者”。因此可以補充以下曾在尊經書院肄業的進士。

1. 鄒增祜

字受丞，涪州人。光緒十七年（1891）舉人，二十一年（1895）進士。官至廣東嘉應知州。《蜀秀集》《尊經書院二集》各收其課藝三篇。按，《吴虞日記》1924年2月17日（陰曆正月十三）：“鄒受丞先生於冬月初二日午時去世，享年六十有七。”①其卒在上年十一月初二，公曆爲1923年12月9日。推算生年，當爲咸豐七年（1857）。故其生卒年可記作“1857—1923年”。

2. 邵從恩

字銘叔（一作明叔），青神人。光緒二十三年（1897）拔貢，二十八年（1902）舉人，三十年（1904）進士。歷任法部主事、紳班法政學堂監督、四川軍政府民政部長、國務院法制局參事兼法政大學教授。《尊經書院課藝三集》收其課藝三篇。按，彭静中《“和平老人”邵從恩》：“一八七一年十二月二十日（清同治辛未年冬月初九日）出生於一個耕讀之家。”“79歲的和平老人邵明叔先生，帶著安慰、希望的心情，面含幸福的微笑，於1949年10月1日晨，離開了世間。”②故可記作“1871—1949年”。

3. 范溶

字玉賓，華陽人。光緒十四年（1888）優貢，十七年（1891）舉人，二十年（1894）進士。歷任福建平和知縣、湖北道員。《蜀秀集》收其課藝十七篇，《尊經書院初集》收其課藝四篇，《尊經書院二集》收其課藝一篇。按，其官員履歷：光緒二十一年（1895），“四十歲”③；宣統元年（1909），“五十四歲”④。據此其生年當爲咸豐六年（1856），39歲成進士。然民國《華陽縣志》本傳云：“成進士，選庶起士，年已四十餘矣。”⑤官員履歷所記疑爲官年。據《少年歌》，范溶比顧印愚年長三歲，其生當在咸豐二年（1852）。成進士之年是43歲，與縣志本傳所記不矛盾。關於卒年，民國《華陽縣志》本傳：“改道員湖北，引見出京，行及武昌而没。”⑥檢官員履歷，引見之日爲宣統元年（1909）十一月十六日⑦，則其卒當在是年歲末或明年歲初。故可記其生卒年爲“1852—1909/1910年”。

---

① 中國革命博物館整理：《吴虞日記》下册，四川人民出版社1986年版，第161-162頁。
② 全國政協文史委編：《文史資料選輯》第1輯（總101輯），文史資料出版社1985年版，第173頁。
③ 秦國經主編：《清代官員履歷檔案全編》第28册，華東師範大學出版社1997年版，第193頁。
④ 秦國經主編：《清代官員履歷檔案全編》第8册，華東師範大學出版社1997年版，第229頁。
⑤ 民國《華陽縣志》卷十六《人物》第七之十，民國二十三年刻本，第1頁b。
⑥ 民國《華陽縣志》卷十六《人物》第七之十，民國二十三年刻本，第1頁b。
⑦ 秦國經主編：《清代官員履歷檔案全編》第8册，華東師範大學出版社1997年版，第230頁。

4. 周鳳翔

改名翔，字紫庭，號嗣芬，彭山人。光緒十七年（1891）舉人，十八年（1892）進士。歷任刑部主事、員外郎、四川東文學堂監督、通省師範學堂監督、學務公所議長、高等學堂總理、四川教育總會會長、四川高等學校校長、成都高等師範學校校長。《尊經書院二集》收其課藝七篇。按，其鄉試朱卷："咸豐十一年（1861）七月十三日吉時生。"[①]《彭山縣志》本傳："清咸豐十年（1860 年），7 月 13 日生於彭山武陽鄉三角井（今彭山縣青龍鎮千佛村）。""民國 16 年農曆冬月十八日病逝，終年 68 歲。"[②]鄉試朱卷所記生年當爲官年，減了一歲。故可記作"1860—1927 年"。

5. 鄭鍾靈

又名敬先，字嵩生，閬中人。光緒二十一年（1895）舉人，二十四年（1898）進士。歷任廣西桂平知事、浙江富春知事、錦屏書院山長、保寧府公共學堂監督、保屬聯立中學校長。《尊經書院二集》收其課藝一篇。按，《閬中縣志》本傳記其生卒年爲"1855—1932 年"。[③]

6. 哲克登額

字子貞，號明軒，又名趙明軒、哲明軒，蒙古族，旗籍，成都駐防。光緒二十三年（1897）舉人，二十九年（1903）進士。歷任古宋知縣、省通志局編修、組合小學校長、成都旗民生計會會長。書院"院中八景"之一即"滿洲問道"，意謂"調滿城哲生（哲克登額）"。[④]《尊經書院初集》收其課藝兩篇，《尊經書院二集》《尊經書院課藝三集》各收其課藝一篇。按，趙澤永《蒙古族進士哲克登額》："清咸豐五年（1855 年），哲克登額就出生在這樣一個生活貧苦的八旗兵下級軍官的家庭裹。""1940 年，他 85 歲時安詳地病逝家中。"[⑤]《成都滿蒙族志·文史學者哲克登額》亦稱："清咸豐乙卯年（1855 年）五月生。""1940 年歿，享年八十五歲。"[⑥]可據此記作"1855—1940 年"。

7. 徐冕

字東平、大昕，遂寧人。光緒二十八年（1902）舉人，二十九年（1903）進士。授吏部主事，辛亥後歷任二十軍軍長秘書、四川邊防軍總司令秘書、遂寧縣男中教員、師範學校教員、女中校長。《尊經書院課藝三集》收其文一篇。《遂寧縣志》本傳記其生卒年爲"1868—1935 年"。[⑦]

---

① 顧廷龍主編：《清代朱卷集成》第 334 册，臺北成文出版社 1992 年版，第 49 頁。
② 四川省彭山縣志編委會編：《彭山縣志》第 26 編《人物》，巴蜀書社 1991 年版，第 648 頁。
③ 四川省閬中市地方志編委會編：《閬中縣志·人物》，四川人民出版社 1993 年版，第 1020 頁。
④ 丁治棠：《仕隱齋涉筆》，四川人民出版社 1985 年版，第 173 頁。
⑤ 成都市政協文史委編：《成都文史資料》第 30 輯，四川人民出版社 1997 年版，第 139、141 頁。
⑥ 《成都滿蒙族志》，成都市滿蒙人民學習委員會 1993 年編印，第 67、68 頁。
⑦ 《遂寧縣志》第 27 篇《人物》，巴蜀書社 1993 年版，第 978 頁。

8. 曾培

字松生，號篤齋，成都人。光緒五年（1879）舉人，十六年（1890）進士。歷任兵部主事、山東廣饒知縣、川漢鐵路公司總理。《蜀秀集》收其課藝十二篇。《尊經書院初集》收其課藝一篇。按，其鄉試朱卷："咸豐壬子年（1852）三月二十日吉時生。"[①]但據《少年歌》，曾培比顧印愚年長五歲，其生年當爲道光三十年（1850），鄉試朱卷所記應是官年，減了兩歲。故可記作"1850年—？"。

三、毛澄和毛瀚豐

毛澄（P.74），字叔雲，又作菽畇、澍雲、叔耘，號稚澥，仁壽人。光緒二年（1876）舉人，六年（1880）進士。歷任山東定陶、曆城、泰安知縣。吴宓"磊落蜀兩生"詩句自注："吾鄉喬樹枬、毛叔雲兩先達，在尊經齊名，爲張文襄所激賞，當時有'蜀兩生'之稱。"[②]他的生卒年，《年表》據《光緒六年庚辰科會試同年齒録》《稚澥詩集》喬曾劬記記作"1844—1906年"。按，毛澄《稚澥詩集》喬曾劬記："光緒丙午（1906）卒於滕縣任所。"[③]《仁壽縣志》本傳："清道光二十三年（1843）生於仁壽鎮子場（今屬騎虎鄉）。""三十二年（1906）六月五日卒於滕縣任所，終年63歲。"[④]卒年無異説，唯生年記載有一歲之差。疑同年齒録所記爲官年。

尊經書院有兩位仁壽籍毛姓生徒，另一位是毛瀚豐，字鶴西，又作霍畦、霍西。我們可以根據《少年歌》中他和顧印愚的歲差，推斷他生於道光二十九年（1849）。而"毛公叔耘原名席豐，登第後改名澄，又字稚澥"[⑤]，因爲原名有個"豐"字，後人很容易將兩人混爲一談。如《萬首論詩絶句》："毛瀚豐，字鶴西，仁壽人。進士，官至普洱知府。"[⑥]毛瀚豐是舉人，官雲南[⑦]；毛澄（毛席豐）是進士，官山東。《丁治棠紀行四種》卷三《往留録》提到王植青、毛霍西"皆優貢北榜同年"[⑧]，由此可知毛瀚豐與王蔭槐（號植青）一樣，都是光緒五年（1879）優貢。而毛澄（毛席豐）在此前的光緒二年（1876）已經中式舉人。新出土的《四川尊經書院舉貢題名碑》中二人俱在，分别作："仁壽毛澄穉澥，年四十四。""仁壽毛瀚豐霍畦，年三十二。"[⑨]亦可證兩者非同一人。毛席豐後來改名澄，是

① 顧廷龍主編：《清代朱卷集成》第332册，臺北成文出版社1992年版，第341頁。
② 吴宓著，吴學昭整理：《吴宓詩話》，商務印書館2005年版，第264頁。
③ 毛澄：《稚澥詩集》，民國十六年成都重刻本，卷首。
④ 四川省仁壽縣志編委會：《仁壽縣志》第27篇《人物》，四川人民出版社1990年版，第561頁。
⑤ 毛澄：《稚澥詩集》，民國十六年成都重刻本，卷首尹端跋。
⑥ 郭紹虞等編：《萬首論詩絶句》，人民文學出版社1991年版，第1605頁。
⑦ 《大清縉紳全書·光緒二十三年夏·雲南省》，榮禄堂刊本，第2頁b。
⑧ 丁治棠：《丁治棠紀行四種》卷三《往留録》，四川人民出版社1985年版，第117頁。
⑨ 党躍武主編：《四川尊經書院舉貢題名碑》，四川大學出版社2013年版，第14頁。

否有避免與同學毛瀚豐混淆之意，也未可知。

最易引起誤會之處在於，張之洞兩次提到尊經少年，既有毛席豐，又有毛瀚豐。光緒二年（1876）三月，張之洞《登眉州三蘇祠雲嶼樓》詩有句云："共我登樓有衆賓，毛生楊生詩清新。范生書畫有蘇意，蜀才皆是同鄉人。"自注云："仁壽學生毛席豐、綿竹學生楊鋭、華陽學生范溶，皆高材生，召之從行讀書，親與講論，使肄經學。"[①]這裏的毛席豐就是毛澄，應無疑義。

次年，即光緒三年（1877）正月初六日，張之洞致函譚宗浚，首次提及"五少年"，稱五人"皆時文詩賦兼工，皆在書院""皆美質好學而皆少年，皆有志古學者，實蜀士一時之秀"。名單包括楊鋭、廖登廷、張祥齡、彭毓嵩、毛瀚豐五人，毛瀚豐名下注云："仁壽學生。深穩勤學，文筆茂美。"[②]有研究者認爲，張之洞兩次提到的仁壽籍毛姓院生是同一人，都是毛澄。如李曉宇博士《尊經書院與近代蜀學的興起》指出，張之洞在光緒二年（1876）"提到的這三個人都是尊經書院的首批學生，其中'毛席豐'應爲'毛瀚豐'之誤。"[③]《尊經·疑古·趨新——四川省城尊經書院及其學術嬗變研究》附録三《尊經院生征略》毛澄小傳，亦稱毛澄爲"尊經五少年之一"。[④]這裏實將五少年中的毛瀚豐誤作毛澄。

按，光緒三年（1877）正月，楊鋭（光緒十一年舉人）、廖登廷（光緒五年舉人）、張祥齡（光緒十一年拔貢、十四年舉人）、彭毓嵩（光緒十四年副貢，二十年舉人）皆未獲得科第，而毛澄在前一年即光緒二年秋天已經中式舉人，不當與其他四人並稱少年。此時未獲科第的毛瀚豐（兩年後即光緒五年始成優貢，鄉試科份未詳）與楊、廖、張、彭並稱，於理亦合。概言之，毛澄（毛席豐）、毛瀚豐皆曾爲張之洞所拔識，提出"五少年"之説時，因毛澄已獲科名，故以毛瀚豐代之。至於後來譚宗浚作《少年歌》，裏面自然也不會有毛澄了。有的文獻中稱毛澄"號瀚豐"，如《仁壽縣志》本傳："毛澄字叔雲，號瀚豐，又名稚澥。"[⑤]很有可能緣於誤以爲毛瀚豐就是毛澄，"瀚豐"是他的號。查遍第一手的文獻資料——毛澄《稚澥詩集》，找不到任何有關毛澄"號瀚豐"的説法。

四、《四川尊經書院舉貢題名碑》中的官年

2013年4月出土的《四川尊經書院舉貢題名碑》（以下簡稱《題名碑》），共著録院生50人，其中34人注明年齡，除去兩人籍貫、姓氏有闕，實際有32人的年齡可供參考。列示如下：

---

① 苑書義等主編：《張之洞全集》第12册，河北人民出版社1998年版，第10495頁。
② 苑書義等主編：《張之洞全集》第12册，河北人民出版社1998年版，第10133頁。
③ 李曉宇：《尊經書院與近代蜀學的興起》，載《湖南大學學報》（社會科學版）2008年第5期，第43頁。
④ 李曉宇：《尊經·疑古·趨新——四川省城尊經書院及其學術嬗變研究》附録三《尊經院生征略》，四川大學2009年博士學位論文，第252頁。
⑤ 四川省仁壽縣志編委會：《仁壽縣志》第27篇《人物》，四川人民出版社1990年版，第561頁。

姓名	年齡	姓名	年齡	姓名	年齡	姓名	年齡
陳况	30	王幼懷	38	吴博文	26	曾鑒	28
周道洽	33	王光棣	34	包崇祐	32	陳萱蔭	25
陳瀟	34	周紹暄	29	葉大可	34	邱晋成	38
鄒兆麟	29	毛澄	44	吴福連	32	包崇金	26
顧印愚	31	陳緯元	37	林芝蘭	26	劉全璧	23
何在清	34	王繩生	33	蒲九莖	28	戴孟恂	34
余堃	29	羅荃	27	楊士欽	25	郭武勳	24
江俶	35	張祥齡	33	毛瀚豐	32	黄秉湘	22

據胡昭曦先生考證，碑文的撰著時間爲 1885 年 10 月 28 日。[①]以上 32 人中，年齡有其他資料可資佐證者 17 人，根據佐證資料的來源可分爲三類：

（一）有詩集、墓誌、方志等資料佐證者 7 人，其中相合者 4 人：陳况、顧印愚、張祥齡、楊士欽；不合者 3 人：陳緯元、邱晋成、郭武勳。

陳况，顧印愚《西山歌送陳子經同年歸》有句云：“子經二十有五歲。”[②]詩作於庚辰年（1880），可推知其生於 1856 年。顧印愚 1855 年生，已見前述。張祥齡，生於“咸豐癸丑（1853）四月十六申時”[③]。楊士欽，民國《江津縣志》本傳：“先生卒民國三年，年僅五十有四。”[④]可推知生年爲咸豐十一年（1861）。以上 4 人，可以確定《題名碑》所記爲實年。

陳緯元,《年表》(P.450)據陳緯元《孱亭詩集》張政序記其生於 1850 年，1885 年應爲 36 歲。邱晋成，生於道光二十六年（1846）[⑤]，1885 年應爲 40 歲。郭武勳，《富順縣志》記其生卒年爲“1858—1930”年[⑥]，1885 年應爲 28 歲。以上三人，陳緯元在《題名碑》中“年長”一歲，是何原因，尚不清楚；邱晋成、郭武勳則分别“年輕”兩歲、四歲，邱、郭的《題名碑》年齡是應該是官年。

（二）可據《少年歌》推知年齡者三人：周道洽、毛瀚豐、戴孟恂。

根據《少年歌》中的年齡差和顧印愚的生年（1855 年），可推算周道洽 1852 年生，毛瀚豐 1949 年生，戴孟恂 1848 年生。周、毛、戴三人在《題名碑》中分别“年輕”一歲、五歲、四歲，他們的《題名碑》年齡也應該是官年。

（三）可據科舉朱卷、同年齒録、官員履歷推知年齡者七人：余堃、江俶、王光棣、毛澄、葉大可、曾鑒、黄秉湘。

① 党躍武主編：《四川尊經書院舉貢題名碑》，四川大學出版社 2013 年版，第 33 頁。

② 顧印愚：《成都顧先生詩集》卷一，《清代詩文集彙編》第 782 册，上海古籍出版 2010 年版，第 111 頁。

③ 廖平：《四譯館文集·清誥封朝議大夫張君曾恭人墓誌銘》，民國十年四川存古書局《六譯館叢書》本，第 28 頁 a。

④ 民國《江津縣志》卷 7 之 3《文學》，民國十三年刻本，第 21 頁 a。

⑤ 王重豪：《清代宜賓修志名人邱晋成》，《宜賓文史資料選輯》第 22 輯，宜賓市政協文史委 1993 年編印，第 38 頁。

⑥ 四川省富順縣志編委會編：《富順縣志》卷 29《人物》，四川大學出版社 1993 年版，第 693 頁。

余堃，會試朱卷："咸豐己未年（1859）九月初二日吉時生。"[①]則 1885 年 27 歲。

江俶，《年表》（P.199）據同年齒録著録其生於 1851 年，則 1885 年 35 歲。

王光棣，《年表》（P.43）據同年齒録著録其生於 1851 年，則 1885 年 35 歲。

毛澄，《年表》（P.74）據同年齒録著録其生於 1844 年，則 1885 年 42 歲。

葉大可，官員履歷：光緒二十一年（1895），"四十四歲"。[②]可推知生年爲 1852 年，則 1885 年 34 歲。

曾鑒，官員履歷：光緒三十一年（1905），"四十一歲"[③]。可推知生年爲 1865 年，則 1885 年 21 歲。

黄秉湘的情况較爲特殊，既有方志傳記，又有朱卷、履歷。《永川縣志》本傳："清咸豐十一年（1861）出生。""宣統二年（1910）在武漢任中病故。"[④]會試朱卷："同治甲子年（1864）正月初四日吉時生。"[⑤]官員履歷：光緒二十一年（1895），"二十八歲"。[⑥]以這三條資料推算，1885 年分别爲 25 歲、22 歲、18 歲。

以上七人的朱卷、齒録、履歷年齡與《題名碑》相比：王光棣"年長"一歲，江俶、葉大可一致，余堃、毛澄、曾鑒分别"年輕"兩歲、兩歲、七歲。黄秉湘最有典型性：縣志本傳所記生年最早（1861），《題名碑》、會試朱卷"年輕"三歲（1864），官員履歷再"年輕"四歲（1868）。

從時間上看，《少年歌》、《題名碑》、會試朱卷、同年齒録、官員履歷存在先後關係，而"年輕化"又是清代官年現象的基本趨向，由此可以判定：《題名碑》中邱晋成、郭武勳、周道洽、毛瀚豐、戴孟恂、黄秉湘的年齡是官年；余堃、毛澄、曾鑒、黄秉湘在《題名碑》後也使用過官年。在將《題名碑》視作重要文獻資料的同時，注意到這些細節問題，將有助於更準確地考辨書院和科舉的一些史實。

作者單位：武漢大學文學院

① 顧廷龍主編：《清代朱卷集成》第 68 册，臺北成文出版社 1992 年版，第 287 頁。
② 秦國經主編：《清代官員履歷檔案全編》第 28 册，華東師範大學出版社 1997 年版，第 209 頁。
③ 秦國經主編：《清代官員履歷檔案全編》第 7 册，華東師範大學出版社 1997 年版，第 490 頁。
④ 四川省永川縣志編委會：《永川縣志·人物》，四川人民出版社 1997 年版，第 883、884 頁。
⑤ 顧廷龍主編：《清代朱卷集成》第 80 册，臺北成文出版社 1992 年版，第 269 頁。
⑥ 秦國經主編：《清代官員履歷檔案全編》第 28 册，華東師範大學出版社 1997 年版，第 193 頁。

四川大學歷史文化學院資料室藏《蜀學四變記》殘鈔本考述

徐 陽

内容提要： 四川大學歷史文化學院資料室典藏部收藏有一册殘鈔本題《蜀學四變記》。是書記述廖平經學思想前四變，其體例乃依據經學四變的順序條列各階段的代表論著。該鈔本至今尚未被刊行或著録，是研究廖平思想流變以及近代四川學術文化史的一份鮮爲人知的資料。鈔本共分四卷，今殘存目次、廖平自記、卷一、卷二以及卷三之前七葉，有校改筆迹。其目次與内容並不完全一致，應當没有最終寫定。鈔本殘存内容與現已失傳的丙午本《經學四變記》存在不少相通之處，可能是以後者爲主要来源的一種尚未寫定的重編本。鈔本的謄録時間在民國元年（1912）至三年（1914）2月之間。其重編者與廖平學派存在淵源，主張以廖平經學代表“蜀學”。其謄録者則應當是一位不甚了解廖平經學思想，甚至缺乏基本經學常識的書手。該鈔本引用了不少廖平著作及其相關論著，引文中可能保存了一些《廖平全集》《廖平著述考》未見的佚文、佚目。部分引文還具有一定校勘價值。《蜀學四變記》殘鈔本作爲民國初年以廖平之學建構四川地方學派的嘗試，進一步豐富了對清末民初“蜀學”論的認識，其學術意義值得更深入地發掘。

關 鍵 詞：《蜀學四變記》；《經學四變記》；廖平；蜀學

近代四川學術文化在中國近代以來的文化變遷中具有獨特價值與重要意義①。文獻的发掘与整理無疑是研究该議題的基础。在整理四川大學歷史文化學院資料室典藏部收藏綫裝書的过程中，整理者發現了一册殘鈔本題《蜀學四變記》。是書前有“則柯”自記，“則柯”即四川近代經學家廖平。檢今《廖平全集》未收題《蜀學四變記》者，《廖平著述考》亦未著录是書②。該書是有關近代四川學術文化的一份鮮爲人知的資料，涉及近代“蜀學”概念的形成、廖平學術思想流變等學術界關切的問題，具有刊謬補缺的重要意義。爲幫助今後學者更好地利用是書，兹將《蜀學四變記》的一些基本情況考述於下。

① 参詳劉復生、徐亮工、王東傑等著：《近代蜀學的興起與演變》，四川大學出版社2017年版。
② 《廖平全集》，上海古籍出版社2015年版；鄭偉：《廖平著述考》，四川大學出版社2014年版。

一、叙 録

《蜀學四變記》爲楷書鈔本，綿紙藍格（疑似公文用紙），紙高約 26.6 厘米、广約 17.3 厘米，版框高約 21.1 厘米、广約 14.2 厘米，半葉 11 行，行 26 字，有校改痕迹，綫裝 1 册，計 55 葉[①]。書衣鈐“四川國學院所藏金石圖書之印”方形朱文印、“四川大学图书馆 藏書”圓形朱文印。原書共分四卷，今殘存目次、廖平自記、卷一、卷二以及卷三之前 7 葉。殘存部分中，左側雙邊下部及多處頁面被蟲蛀壞，字迹模糊。

書前有總目“蜀學四變記目次”，全引如下[②]：

蜀學四變記目次

一卷

今古癸未

今古學考　春秋圖表　覆鄧室主人書

二卷

尊今抑古戊子

知聖編　古學考　穀梁義疏 俟聖録 坿趙孔昭書

三卷

小大戊戌

皇帝王伯分經表 知聖續篇 公羊義疏

周禮皇帝疆域考 生困録 大學解

四卷

天人 ~~辛丑~~壬寅

地球進化退化經運表説 上下天人學 三才三統考 楚辭新解 山海經新解 道家詩易説 中庸解[③]

按，此總目與全書實際目次並不完全一致（詳後）。總目後即廖平自記，具引於下。鈔本中有校改補入文字，亦出注説明：

> 按癸未至今。二十四年矣。初以王制周禮。同治中國。分~~别~~周孔[④]同異。襲用東漢法也。繼以周禮與王制不兩立。歸獄歆莽。用西漢法。然今學囿于王制。六藝中國一隅之書耳。戊戌後言大同。久乃訂周禮爲皇帝書。與王制□□不同。一内一外。兩得其所。凡有血氣。莫不尊親。鄒子説大□□子乃免拘墟。壬寅後因梵宗大有感悟。始知書盡人學。詩易早遨游六合

---

① 鈔本未標註葉數。本文爲方便討論，將原書書衣後第 1 葉作爲起始，依次連續編號，計 55 葉。

② 按，凡録入鈔本原文，以刪除號，例如“~~辛丑~~”，代表原文刪改之文字，“□”與“⊏ ”代表因殘損或本人學力有限而未能識别之文字，“■”代表鈔本原文空缺之文字，一“□”或“■”分别代表一字，“⊏ ”代表若干字，以“。”代表原文圈點，以“.”代表本文添加的句讀。

③《蜀學四變記》，第 1 葉 a 面-b 面。

④ “周孔”二字係補入。

以外矣。因据以改正詩易舊稿。蓋至此~~勿~~而上天下地無不通。仙佛亦千萬年後經學博士之大宗。由聖人而求至神。其小大淺深。亦猶道德之于仁義。必至無聲無臭。而後超變化而行鬼神。嗟乎星紀再周。歸宿四變。苟不先狗馬填溝□。□尚有進乎此。然而其至此已叨神明之誘導。師友之贊成。□□□謂既竭吾才。或無盡極中亦無無盡極。恐久而散佚。又知己遼隔。聞其説而未詳其旨。因屬~~同學~~及門[①]。條列舊文。坿以佚事。編爲四卷。聊以當年譜耳。丙午季春，則柯自記於中岩[②]。時年五十四矣。[③]

據自記可知，該書記述廖平自光緒九年癸未（1883）至光緒三十二年丙午（1906）之間經學思想的四次變化。

玆將書前總目、卷前小目、卷内小題整理爲下表，以便檢尋：

《蜀學四變記》目次對照表

	書前總目	卷前小目	卷内小題
卷一	今古癸未 今古學考 春秋圖表 覆葪室主人書	今古癸未	今古學考上 今古學考下
卷二	尊今抑古戊子 知聖編 古學考 穀梁義疏 俟聖録 坿趙孔昭書	尊今抑古戊子 古學考 周禮删劉 知聖編 尊經經學目録 致葪室主人書	尊經書院課藝目録 周禮删劉叙例 周禮删劉舉例十二證月[④] 知聖篇卷上 附致葪漢閣主人書
卷三	小大戊戌 皇帝王伯分經表　知聖續篇 公羊義疏 周禮皇帝疆域考　生困録 大學解	小大 百種解題一卷 周禮經傳集説疏證簡明凡例 尚書周禮説集説[⑤]凡例第四變 周禮十圖 尚書十圖 論跋 趙孔昨[⑥]書 致廣益叢拈[⑦]書	四益館經學目録一卷井研藝文志 經學叢書百種解題四卷井研藝文志 初變記今古學考 二變記知聖編　古學考　坿趙孔昭書　葪室ㄈ 三變記小大學考 （全册終）
卷四	四卷 天人　辛丑壬寅 地球進化退化經運表説 上下天人學 三才三統考 楚辭新解 山海經新解 道家詩易説 中庸解	不存	不存

① "及門"二字係補入。
② "於中岩"三字係補入。
③ 《蜀學四變記·自記》，第 1 葉 b 面-2 葉 a 面。
④ 按，"月"當爲"目"，説詳後。
⑤ 按，"説"當爲"證"，説詳後。
⑥ 按，"昨"當爲"昭"，説詳後。
⑦ 按，"拈"當爲"報"，説詳後。

上表之總目與殘存的小目及各卷内容並不完全一致，説明該鈔本應當尚未被最終寫定。

二、考　證

《蜀學四變記》殘鈔本是一部什麽著作？其抄寫完成於何時？我們可以獲知哪些有關鈔本重編者、謄録者與校改者的信息？該書内容與廖平的其他著作存在什麽關係？厘清以上問題，是我們利用該鈔本的基本前提。本節將嘗試對這些問題提出自己的意見。

（一）殘鈔本的性質：丙午本《經學四變記》的一種尚未寫定的重編本

廖平經學凡有六變。據上節所引鈔本自記已知，《蜀學四變記》主要記載了他在癸未（1883）至丙午（1906）間經學思想的前四次變化。而在廖平現存通行著作中，專門記述其前四次經學思想變化的著作則有《四益館經學四變記》一書（以下簡稱《經學四變記》)。《蜀學四變記》與《經學四變記》的記述對象相同，二者之間存在什麽關係？對該問題的解答將有助於理解《蜀學四變記》殘鈔本的性質。

在比較《蜀學四變記》與《經學四變記》的關係之前，有必要厘清現存《經學四變記》的不同系統。據 1913 年廖平之姪廖師政識語云，《經學四變記》乃廖平四變以後由其門人記録，略有三本。三本《經學四變記》詳略不一，體例亦各自不同①。其中一本乃光緒三十二年丙午（1906）三月，廖平赴青神講學時編成。内容由廖平口述，文字由其門人鄭可經筆述②。此本共四卷，即所謂丙午本、四卷本或鄭本《四變記》(以下簡稱“丙午本”)。該本今已失傳。另一本即有廖師政 1913 年識語之己酉（1909）本。己酉本“最爲簡明”，實則僅存綱目，收録於廖平《孔經哲學發微》③。第三種《經學四變記》的筆録本，廖師政識語並未詳述，《六譯

---

① 《孔經哲學發微·經學四變記己酉本》，《廖平全集》第 2 册，第 664 頁。

② 廖幼平：《廖季平年譜》，巴蜀書社 1985 年版，第 67-68 頁。又，廖宗澤撰《六譯先生年譜》原稿稱《經學四變記》編成於光緒三十二年（1906）十月，據《經學四變記》原序落款云“丙午季春”可知，年譜原稿實誤。參見廖宗澤：《六譯先生年譜》原稿，《廖平全集》第 11 册，第 352 頁；廖平：《經學四變記·自序》，《經學六變記》，《廖平全集》第 2 册，第 543 頁。
按，廖幼平編《廖季平年譜》一書收録的廖宗澤《六譯先生年譜》，乃原稿之簡編本。爲方便區别，今引簡編本年譜徑稱“《廖季平年譜》”，引廖宗澤撰年譜原稿稱“《六譯先生年譜》原稿”。

③ 廖師政識語云：“四益四變至今約八年”，據己酉本《四變記》本文，廖平四變始於光緒三十一年（1905)，推知廖師政作識語之年即 1913 年。見《孔經哲學發微·經學四變記己酉本》，《廖平全集》第 2 册，第 664-669 頁。

先生年譜》原稿則直云“未見”[①]。在此三本之外，最爲通行的《經學四變記》版本乃劉師培根據丙午本所作之摘編本（以下稱“劉申叔摘本”）。該本分爲一卷，經廖平審定後，最早刊於民國二年（1913）四川《國學雜誌》第六號，先後收入《四益館叢書》《六譯館叢書》中[②]。

現存可資比較之《經學四變記》，唯己酉本與劉申叔摘本。後者改變了丙午本“條列舊文，附以佚事”“聊以當年譜耳”[③]的做法，全以敘述體表述廖平經學四變的歷程，自與丙午本有所區别。但該本相較僅存綱目的己酉本，尚保留了丙午本原書目次與廖平自序，頗有助於我們將其與《蜀學四變記》比較。今將劉申叔摘本所引丙午本目次與原序全引如下：

卷之一

今古 癸未

卷之二

尊今抑古 戊子

卷之三

小大 戊戌

卷之四

天人 壬寅

序曰[④]：癸未至今二十四年矣。初以《王制》《周禮》同治中國，分周、孔同異，襲用東漢法也；繼以《周禮》與《王制》不兩立，歸獄歆、莽，用西漢法。然今學囿于《王制》，則六藝雖博，特中國一隅之書耳。戊戌以後，始言“大同”，乃訂《周禮》爲皇帝書，與《王制》大小不同，一內一外，兩得其所。“凡有血氣，莫不尊親”。蓋鄒衍之説大明，孔子乃免

① 《六譯先生年譜》原稿，《廖平全集》第11册，第368頁。按，廖師政識語云：“四卷本經劉申叔摘刊於《蜀學》雜誌，今以此本（今按，即己酉本）最爲簡明，先爲登録，然後及其詳備者。”審其辭氣，所謂“詳備者”似乎即《年譜》原稿所云之“未見”者。見《孔經哲學發微·經學四變記己酉本》，《廖平全集》第2册，第664頁。又，鄭可經跋《知聖篇》云：“甲辰，《四變記》成。”甲辰，即光緒三十年（1904）。鄭可經爲光緒三十二年（1906）四卷本四變記之筆述者，記錯《四變記》編成時間的可能性較小。是否在丙午本、己酉本之外，還存在一本“甲辰本”《四變記》？該本是否就是廖師政並未明言的第三種《經學四變記》？因缺乏更多資料論證，闕疑待考。見《知聖篇·鄭跋》，《廖平全集》第1册，第229頁。

② 參見《廖平著述考》，第31-35頁。按，四川《國學雜誌》第六號刊《經學四變記》暫未找到，據《廖平全集》點校説明云，此本與後所刊劉申叔《經學四變記》皆爲同版改隸，没有文字改易。爲方便引用，本文所用劉申叔摘本均引自收録於《經學六變記》中的《經學四變記》。參見《廖平全集》第2册，第541-550頁。

③ 《經學四變記·自序》，《經學六變記》，《廖平全集》第2册，第543頁。

④ 原作“序曰”，《廖平全集》本改題“自序”，見《廖平全集》第2册，第543頁。

拘墟。壬寅後，因梵宗大有感悟，始知《書》盡“人學”，《詩》《易》則遨游六合外，因據以改正《詩》《易》舊稿。蓋至此而上天下地無不通，即道釋之學，亦爲經學博士之大宗矣。竊以由聖人而求至神，其大小淺深，亦猶道德之于仁義，必至無聲無臭，而後超變化而行鬼神。嗟乎!星紀再周，歸宿四變。苟不先狗馬填溝壑，或尚有進乎此。然所詣至此，其得於神明誘導、師友贊成者，寔非淺鮮。顔子稱“既竭吾才”，此之謂矣。近著書逾百種，恐久而散佚；又知已遼隔，或僅聞鄙説，未詳大旨之所在。因屬及門，條列舊文，附以佚事，編爲四卷，聊以當年譜耳。丙午季春，四益館主人自叙。[①]

比較丙午本《經學四變記》目次與上節所引《蜀學四變記》總目，二者均爲四卷，且對廖平經學四變的分期完全一致。將丙午本《經學四變記》序言與《蜀學四變記》自記比勘可知，二者皆作於光緒三十二年（1906），其内容與文辭也高度相似，僅有少數文字不同（引文下劃綫處），可以看作同一篇序言的不同版本。

除了記述對象、分卷、目次與自序有相通之處，《蜀學四變記》鈔本的某些取材也可旁證該書與丙午本《經學四變記》有所關聯。今《蜀學四變記》卷二收録《尊經書院課藝目録》一篇。此目内容大抵出自廖平任尊經書院襄校時。光緒十四年（1888）他應張之洞之邀赴粤前，與餞别的朋友、學生共同將此課藝單目寫定，相約按題目分任編纂。此單目後由鄭可經輯出。此目今《廖平全集》失收，《廖平著述考》亦未著録。唯見刊於 1915 年《國學薈編》第 7 期[②]。《國學薈編》刊出此目時，卷端題“尊經書院課藝目録”，版心則題“鄭本四變記　二變”。似乎此單目與丙午本《經學四變記》（即鄭本四變記）之二變部分存在關聯。考之《六譯先生年譜》原稿可知，此單目確曾收入丙午本之二變部分。《年譜》原稿有云：“《二變記》一本詳列尊經課藝題目及諸同學姓名者”。[③]今《國學薈編》刊出此單目時，版心題“鄭本四變記 二變”，文末也附有分任各題目者之姓名籍貫，可知《年譜》原稿所謂“《二變記》一本”應該就是丙午本《經學四變記》的二變部分，所謂“尊經課藝題目”即《國學薈編》所刊之《尊經書院課藝目録》。簡而言之，《尊經書院課藝目録》一篇曾收録於現已失傳的丙午本《經學四變記》卷二（即二變部分）之中。該篇刊於《國學薈編》者即從丙午本中摘出。與丙午本《經學四變記》相同，今《蜀學四變記》卷二（即二變部分）亦收録有此單目（唯删去文末所附之姓名籍貫）。可見《蜀學四變記》此部分内容與丙午本《經學四變記》也存在相通之處。

另外值得提出討論的是，《蜀學四變記》與丙午本《經學四變記》均分作四卷，

---

① 四川《國學雜誌》第六册在叙後有“壬子冬將前記摘編以付棗梨，四益館主人又識”十九字。見《廖平全集》第 2 册，第 543 頁。

② 鄭可經輯：《尊經書院課藝目録》，《國學薈編》1915 年第 7 期，第 17-24 葉。感謝浙江大學黄一彪同學、四川大學江震同學爲查找本資料提供的幫助。

③ 《六譯先生年譜》原稿，《廖平全集》第 11 册，第 319 頁。

其内容亦有相通之處，二書是否乃同書異名？我認爲《蜀學四變記》絶非丙午本《經學四變記》原本。據現存丙午本原序稱，該書爲“條列舊文，附以佚事”“聊以當年譜耳”。今《蜀學四變記》雖備引“舊文”，却並未附載“佚事”，推知該書與丙午本《經學四變記》已有差異。又，殘鈔本中還抄録了部分劉申叔摘本的内容（《初變記》《二變記》《三變記》[①]）。如前所述，劉申叔摘本刊出已晚在民國二年（1913）。殘鈔本中的這部分内容絶非丙午本《經學四變記》所當有。那麼，《蜀學四變記》是否有可能與廖師政提及的第三種《經學四變記》筆録本爲同書異名的關係？由於缺乏更多證據支持，該問題衹能暫時闕疑待考了。

綜上，《蜀學四變記》與丙午本《經學四變記》在記述對象、分卷、目次、序言、内容等方面均有相通之處。但前者並未全部保存後者的原貌，鈔本中還有部分時代更晚的劉申叔摘本的内容。據此不妨對《蜀學四變記》的性質提出一種推測：該鈔本有可能是丙午本《經學四變記》在流傳過程中的一種重編本。重編本改題原書名“經學”爲“蜀學”，在内容上則以丙午本《經學四變記》爲主要依據進行增删重編。又根據上節叙録所列鈔本目次前後矛盾處可知，該書的重編尚未最終完成。因此更確切地説，《蜀學四變記》或者是丙午本《經學四變記》的一種尚未寫定的重編本。

（二）正文謄録之年代

前小節已據《蜀學四變記》引用劉申叔摘本内容，判斷該鈔本正文抄成之年代必晚於丙午本《經學四變記》成書時。本小節則欲從避諱及稱本朝例、所引書目斷限、印鑒等方面詳細討論該鈔本正文謄録之年代。

1. 避清諱與稱清朝爲本朝

《蜀學四變記》鈔本正文中存在避清諱與稱清朝爲本朝的現象。

避清諱處：鈔本卷二引《知聖篇》卷上（按，當爲《知聖篇撮要》，詳後）云“孔子受命製作爲元聖”[②]。民國二年（1913）四川《國學雜誌》第十號連載之《家學樹坊·知聖篇撮要》此句作“孔子受命製作，爲玄聖”[③]。《家學樹坊》成書於光緒二十八年（1902），民國二年（1913）先刊載於四川《國學雜誌》第十號，民國三年（1914）又由成都存古書局刊行[④]。可知《知聖篇撮要》於民國初年刊出時，曾追改避清諱處，而《蜀學四變記》中仍避“玄”爲“元”。

---

① 《蜀學四變記》卷三，第 53 葉 a 面-55 葉 b 面。

② 《蜀學四變記》卷二，第 36 葉 a 面。

③ 廖師政編：《家學樹坊·知聖篇撮要》，四川《國學雜誌》1913 年第 10 號，21 葉 a 面。

④ 《廖平著述考》未著録民國二年（1913）四川《國學雜誌》本《家學樹坊》。又，《廖平著述考》及《廖平全集》校點説明，均以是書民國三年（1914）刻於存古書局。見《廖平著述考》，第 260 頁；《廖平全集》第 2 册，第 755 頁。然據廖幼平《六譯先生已刻未刻各書目録表》，是書乃民國四年（1915）刻於存古書局。參見《廖季平年譜》，第 183 頁。今難以獲得存古書局刊刻原本核實，未知孰是，暫從《廖平著述考》及《廖平全集》校點説明。

鈔本卷二引《致蓟漢閣主人書》云“或以元遠爲疑”[①]。民國二年（1913）《國學雜誌》第十號刊登之《家學樹坊·附致箌室主人書》此句作“或以玄遠爲疑”。《致蓟漢閣主人書》即《致箌室主人書》，作於光緒二十六年（1900）[②]，後收入《家學樹坊》附於《知聖篇撮要》下。鈔本此句避清諱“玄”爲“元”，一同上條。

稱清朝爲本朝處：鈔本卷三正文引劉申叔摘本《經學四變記·初變記》云“乾嘉以前經説（中略）爲本朝絶業”。鈔本校改者修改正文之“本朝”爲“一代”。於民國二年（1913）刊出的劉申叔摘本《經學四變記》此句亦作“一代”[③]。

根據鈔本避清諱與稱清朝爲本朝的情況，是否可以認定《蜀學四變記》的正文部分抄成於晚清？該鈔本避清諱以及稱清爲本朝是否有可能因爲後代抄寫時未及追改？這還有待下文進一步檢驗。

2. 所引書目斷限

《蜀學四變記》正文所引書目，當以劉申叔摘本《經學四變記》成書時間最晚。據上文所述，鈔本正文所引劉申叔摘本尚稱清朝爲“本朝”，至民國二年（1913）在《國學雜誌》刊出時，已將“本朝”改爲“一代”。劉申叔摘本在《國學雜誌》刊出時改“本朝”爲“一代”自與時局變化有關。而《蜀學四變記》所引劉申叔摘本尚稱清爲“本朝”，應該是依據該書在民國二年（1913）正式刊出前的底稿。按，劉師培於 1911 年隨端方入川彈壓“保路運動”，當年陽曆 11 月，端方行至資州被殺，劉師培被拘。民國元年（1912）年 1 月，他被營救釋放，旋至成都，任四川國學院院副。至民國二年（1913）6 月，劉師培起程離開四川[④]。在成都期間，劉師培與廖平過從甚密[⑤]。據廖平自叙劉申叔摘本《經學四變記》云“壬子冬將前記摘編以付棗梨”[⑥]，知劉師培依據丙午本摘編當在民國元年（1912）。鈔本所引劉申叔摘本底稿雖避清諱及稱清爲本朝，然據劉申叔摘本形成時間可知，《蜀學四變記》正文最後謄録時間必不早於民國元年（1912）。

3. 印鑒

據上節叙録，該鈔本書衣上鈐有機構收藏印鑒兩枚。其中時代最早的一枚乃“四川國學院所藏金石圖書之印”方形朱文印，可知最早收藏該鈔本之機構爲四川國學院。梳理四川國學院之存廢始末，也有助於我們推斷《蜀學四變記》的年代。民國元年（1912）6 月，川省成立國學院作爲“全省國學機關”。由於和源自存古學堂的四川國學館職能相當重合，同年，四川國學院遂經批准合并國學館。至民

① 《蜀學四變記》卷二，第 46 葉 b 面。
② 《六譯先生年譜》原稿，《廖平全集》第 11 册，第 335 頁。
③ 《經學四變記》，《經學六變記》，《廖平全集》（據民國二年《國學雜誌》本整理），第 2 册，第 544 頁。
④ 陳奇：《劉師培年譜長編》，貴陽人民出版社 2007 年版，第 304-306、319 頁；《六譯先生年譜》原稿，《廖平全集》第 11 册，第 364-365 頁。
⑤ 《六譯先生年譜》原稿，《廖平全集》第 11 册，第 365 頁。
⑥ 《經學四變記》，《經學六變記》，《廖平全集》第 2 册，第 543 頁。

國三年（1914）2 月，川省正式停辦四川國學院，改組專辦“四川省國學學校”[①]。此後，上述印鑒“四川國學院所藏金石圖書之印”應該隨之停用。可知《蜀學四變記》鈔本入藏四川國學院的時間，當在民國三年（1914）2 月之前。

綜合以上三方面的判斷，本文認爲《蜀學四變記》鈔本正文謄録之年代，應該在民國元年（1912）至民國三年（1914）2 月之間[②]。正文中存在避清諱及稱清朝爲本朝的情況，但這不能證明該鈔本抄成於晚清。這種情況可以説明的是，該鈔本依據的底本應當還保留了避清諱或稱清朝爲本朝的做法。至於《蜀學四變記》鈔本正文不改避清諱處及稱清爲本朝，是否爲執筆抄寫者故意爲之？這還有待我們進一步研究。

（三）重編者、謄録者與校改者

《蜀學四變記》殘鈔本的形成經過了重編、謄録與校改等過程。這些過程背後有哪些人物參與其中？由於尚未發現針對上述問題的直接記載，本文僅能依據間接材料，盡量推測參與其事者的有關信息。

1．重編者

《蜀學四變記》以丙午本《經學四變記》爲底本進行重編，其最顯著的改易，就是在書題中徑以“廖學”代表“蜀學”。伴隨近代四川地方認同的加强，蜀中學人對“蜀學”概念的運用愈發自覺。在清末民國諸多“蜀學論”中，廖平及其門人即主張以廖平之學爲框架，聯合蜀中學人，建成“蜀學”學派。1886 年，廖平於《今古學考》中云：“予創爲今、古二派，以復西京之舊，欲集同人之力，統著《十八經注疏》，以成蜀學。”其門人鄭可經跋《尊經書院課藝題目》亦記載廖平門人曾計劃以乃師之課藝題目爲基礎，“相約分任編輯”，以期“煌煌蜀學，自成一家”。[③]《蜀學四變記》的重編者，顯然同持此種以“廖學”爲根基的“蜀學”論，其人與廖平之學存在淵源自不待言。

儘管目前難以確證重編《蜀學四變記》是否出自廖平授意，但通過梳理廖平行迹，可知他是有可能知曉該鈔本的存在的。由收藏印鑒可知，《蜀學四變記》曾遞藏於四川國學院，今四川大學圖書館。而廖平曾長期擔任四川國學院及其衍生學校的教職。民國元年（1912），廖平主講四川國學館。當年國學館合并入四川國學院。三年（1914）2 月，四川國學院停辦，改組爲四川省國學學校，廖平出任校長。爾後自七年（1918）八月至十一年（1922），四川省國學學校先後更名爲四川

---

① 關於四川國學院的興廢始末，全部參考郭書愚：《官紳合作與學脉傳承：民初四川國學研究和教學機構的嬗替進程（1912—1914）》，載《四川大學學報》2011 年第 5 期。

② 這裏之所以强調“正文”，是因爲該鈔本還存在墨色、筆迹不一致的校改痕迹。這些校改筆迹形成的具體時間，闕疑待考。

③ 參詳王東傑：《地方認同與學術自覺：清末民國的“蜀學”論》，收入氏著《國中的“異鄉”：近代四川的文化、社會與地方認同》，北京師範大學出版社 2016 年版，第 103 頁。

公立國學專門學校、四川國學專門學校，而廖平在此期間除短暫離任外，繼續擔任校長職務。[1]廖平於上述學校任職期間，知曉本校圖書收藏機構藏有記述其本人學術流變的《蜀學四變記》鈔本，是有一定可能的。

2. 謄録者

僅從該鈔本中大量的錯訛文字來看，川大歷史文化學院所藏《蜀學四變記》殘鈔本正文的謄録者，應該不甚了解廖平的經學思想。例如，鈔本卷二《知聖篇》卷上引《孟子》云："王者之迹熄而詩亡，詩亡然後春秋作。"[2]存古書局本《家學樹坊・知聖篇撮要》此句作"王者之迹熄而詩亾，詩亾然後春秋作"[3]。按，廖平《知聖篇》解釋此句云："'詩亾'，亾當爲亾。亾，古'作'字。與'亾'字形近而誤。"[4]可知廖平訓《孟子》此句爲"王者之迹熄而詩作，詩作然後春秋作"。鈔本以亾爲亡，大失廖平原意[5]。又如鈔本卷一引《今古學考》云"按：以上今禮戴説。全與古學異。與今堂書詩同"[6]，檢《今古學考》知"堂書"當爲"尚書"[7]。鈔本卷二引《周禮删劉敘例》云"空則爲天下造器"[8]，檢所引原書，此句當作"六工則爲天下造器"[9]。同卷又誤引《周禮删劉舉例十二證目》爲"周禮删劉舉例十二證月"，誤抄"束晳《補亡詩》"爲"東暫補亡詩"[10]。《蜀學四變記》中類似的抄寫錯誤不勝枚舉，兹不贅引。熟悉廖平之學的廖門弟子恐怕不應該出現這些錯誤。因此，該鈔本正文應當由是一位不甚瞭解廖平經學思想，甚至缺乏基本經學常識的書手依據某種底本謄録而成的。

3. 校改者

在正文之外，《蜀學四變記》鈔本上還有一些校改痕迹。校改筆迹依據墨色不同，可分爲兩種。一種爲淡墨色校改筆迹，集中見於卷二《知聖篇》卷上，多據

---

① 民國二年（1913）2月至12月，廖平曾離蓉赴京、滬。六年（1917）十二月，廖平一度卸任四川國學學校校長，至次年七月復任。民國十六年（1927），國學專門學校改爲公立四川大學中國文學院，最後并入國立四川大學。參見《廖季平年譜》，第72-80頁；郭書愚：《官紳合作與學脉傳承：民初四川國學研究和教學機構的嬗替進程（1912—1914）》，載《四川大學學報》2011年第5期，第12-14頁。

② 《蜀學四變記》卷二，第39葉b面。

③ 《家學樹坊・知聖篇撮要》，《廖平全集》（據民國三年存古書局本整理），第2册，第770頁。

④ 《知聖篇》，《廖平全集》第1册，第202頁。

⑤ 按，民國二年（1913）《國學雜誌》刊載之《家學樹坊・知聖篇》亦作"詩亡"。見廖師政編：《家學樹坊・知聖篇撮要》，四川《國學雜誌》1913年第10號，第24葉a面。此處當屬《雜誌》刊刻失檢，與鈔本同失廖平之意，當以存古書局本爲準。

⑥ 《蜀學四變記》卷一，第5葉b面。

⑦ 《今古學考》，《廖平全集》第1册，第16頁。

⑧ 《蜀學四變記》卷二，第29葉a面。

⑨ 《古學考・周禮删劉敘例》，《廖平全集》第1册，第90葉。

⑩ 《蜀學四變記》卷二，第34葉a面；《古學考・周禮删劉舉例十二證目》，《廖平全集》第1册，第94頁。

《家學樹坊·知聖篇撮要》校改正文[①]（詳後）；其他位置的校改筆迹均爲濃墨色，校改依據難以一一考實。依據以上對鈔本的觀察，很難認定這些校改筆迹出自何人之手。

（四）《蜀學四變記》引書初探

《蜀學四變記》一書的體例是按照廖平經學四變的順序條列其各階段代表論著的部分内容，從而使讀者瞭解廖平在經學四變過程中的主要觀點。本小節之目的在於指出該書徵引的内容可以與哪些廖平論著勘合，希望爲該書的考源工作打下基礎。指出《蜀學四變記》内容分别勘同於何書易，一一坐實該鈔本當時所據之書及其具體版本則難。今概以《廖平全集》爲主要參考資料，《廖平全集》未收者則與其他文獻比勘。更細緻的考源工作，留待以後進一步研究。

爲方便讀者翻檢，現將《蜀學四變記》殘存各卷内容的勘合情況分列爲以下三表。表中左欄爲《蜀學四變記》各卷實際内容，並在括號中註明出處（數字指葉數、“a/b”指 a/b 面）。右“勘合”欄爲可勘合的廖平論著，亦在括號中註明出處。凡“勘合”欄括號中僅注數字者，均見上海古籍本《廖平全集》（如“1/15-17”，指《廖平全集》第 1 册第 15-17 頁）。各表後分别附有“備考”。凡表中需要進一步説明的信息均附録其中。另外，在該鈔本書前總目、卷前小目所引書目中，部分實際上有目無文。這部分書目的相關説明亦分别附見於“備考”之中。《蜀學四變記》卷四殘缺，僅存目次，故卷四部分無從製作勘合表，僅列“備考”。

1.《蜀學四變記》卷一勘合表

卷一内容		勘合
今古學考上	五經異義今古學名目表（3b-4a）	《今古學考》卷上《〈五經異義〉今古學名目表》（1/5）
	五經異義今與今同古與古同表（4a-6b）	《今古學考》卷上《〈五經異義〉今與今同古與古同表》（1/15-17）
	今古學宗旨不同表（7a-8b）	《今古學考》卷上《今古學宗旨不同表》（1/19-20）
	今學改變古學禮制表（8b-9a）	《今古學考》卷上《今學改變古學禮制表》（1/20）
	今學因仍古學禮制表（9b-10a）	《今古學考》卷上《今學因仍古學禮制表》（1/21）
	鄭君以後今古學廢絶表（10a-11a）	《今古學考》卷上《鄭君以後今古學廢絶表》（1/30）
今古學考下	“今古二派”至“惜哉”段（11a-11b）	《今古學考》卷下《經話》（1/33）
	“或以今古”至“此作今古考之意也”段（11b-12a）	《今古學考》卷下《經話》（1/39）
	“今學古學之分”至“將何以取信天下乎”段（12a-14b）	《今古學考》卷下《經話》（1/49-50）

① 《蜀學四變記》卷二，36 葉 a 面-43 葉 a 面。

備考：

（1）《今古學考》：該書是廖平初變時期的重要著作。成書於光緒十一年（1885），次年刻於成都尊經書院[①]。《廖平全集》據民國十年（1921）《六譯館叢書》本整理[②]。

上表勘合欄第 4 行：《今古學考》卷上《今學改變古學禮制表》。今《廖平全集》整理本據卷首表目標目改爲《今學損益古學禮制表》。

（2）書前總目於卷一部分還列有：《春秋圖表》《覆劄室主人書》。實際未見於本卷。

《春秋圖表》：廖平撰，成於光緒十二年（1886），光緒十九年（1893）初刻於尊經書局[③]。至光緒二十七年（1901）又有增訂，乃將《王制》《春秋》兩圖表加以修補，統名爲《春秋圖表》[④]。《廖平全集》據光緒十九年（1893）刻本整理[⑤]。

《覆劄室主人書》：實際載於卷二。當爲廖平經學思想二變時期所作，總目誤載於卷一後，相關討論詳下文。值得注意的是，在鈔本總目中，此條篇目字迹潦草，與其他正文字迹不符，顯係後來添加。

2.《蜀學四變記》卷二勘合表

卷二内容	勘合
尊經書院課藝目録（16a-26b）	《尊經書院課藝目録》（《國學薈編》1915 年第 7 期，17a-24b）
周禮删劉叙例（27a-31a）	《古學考·〈周禮删劉〉叙例》（1/88-92）
周禮删劉舉例十二證月[目]（31a-35a）	《古學考·〈周禮删劉〉舉例十二證目》（1/92-94）
知聖篇卷上（36a-43a） 附致劄漢閣主書（43a-46b）	《家學樹坊·知聖篇撮要附致劄室主人書》（《國學雜誌》1913 年第 10 號，21a-31a）

備考：

（1）《尊經書院課藝目録》：應即卷二小目所謂《尊經經學目録》。關於該部分的討論詳見前文。鈔本所引此篇内容以及文後的鄭可經跋語與《國學薈編》刊本稍有不同，詳見下節。

（2）《周禮删劉》：廖平撰，一卷，初成於光緒十四年（1888）。光緒二十三年（1897），廖平與宋育仁討論商定，將《周禮删劉》附入《古學考》中，删去劉歆羼補删改之説[⑥]。鈔本於書前總目、卷二前小目均列《古學考》，追指《周

① 《六譯先生已刻未刻各書目録表》，《廖季平年譜》，第 181 頁。
② 《今古學考》，《廖平全集》第 1 册，第 7 頁。
③ 《六譯先生已刻未刻各書目録表》，《廖季平年譜》，第 182 頁。《六譯先生年譜》原稿懷疑此書成於光緒十三年（1887），見《廖平全集》第 11 册，第 290 頁。又，《廖季平年譜》正文又以爲此書成於光緒十八年（1892），見《廖季平年譜》，第 49 頁。今暫從《六譯先生已刻未刻各書目録表》。
④ 《六譯先生年譜》原稿，《廖平全集》第 11 册，第 340 頁。
⑤ 《春秋圖表》，《廖平全集》第 7 册，第 1361 頁。
⑥ 《六譯先生年譜》原稿，《廖平全集》第 11 册，第 290、318 頁。

禮刪劉叙例》《周禮刪劉舉例十二證月[目]》二篇。據《六譯先生已刻未刻各書目録表》,《周禮刪劉》於光緒二十七年（1901）還有增補[①]。今《廖平全集》未收此書單行本,《廖平著述考》云此書“未見”[②]。今概以收入全集《古學考》者勘合。

鈔本於《周禮刪劉舉例十二證月[目]》文末還抄有一段按語[③]，該段文字似乎不見於現存廖平其他著作中，應該是《蜀學四變記》保存的一條佚文。詳見後文。

（3）《知聖篇》卷上附《致葑漢閣主書》:《知聖篇》一卷，廖平撰，據其自跋可知，該書初作於光緒十四年（1888），爾後“傳鈔頗多”“流傳不一，先後見解亦有出入”[④]。本文不以光緒二十七年（1901）改定本《知聖篇》[⑤]勘合此篇，而以收入《家學樹坊》的《知聖篇撮要》勘合。

蓋鈔本此篇乃節引《知聖篇》，雖然節引各段在文字上與改定本《知聖篇》更接近，但其節選段落却全同《知聖篇撮要》。此篇的淡墨色校改筆迹則多據《知聖篇撮要》追改鈔本正文文字，可見校改者也將此篇視爲《知聖篇撮要》[⑥]。又，改定本《知聖篇》後並無附信，將《致劉室主人書》附於《知聖篇撮要》後唯見於《家學樹坊》。鈔本此篇後亦附《致葑漢閣主書》，兩篇書信實爲同信而異名。簡而言之,《蜀學四變記》此篇引文更接近《家學樹坊·知聖篇撮要附致劉室主人書》，而不是改定本《知聖篇》。

又，本文以民國二年（1913）四川《國學雜誌》本《家學樹坊》勘合鈔本，而不以民國三年（1914）存古書局本勘合。蓋《國學雜誌》本所刊登《致劉室主人書》，末段爲“孔子，正鵠也”句至“儻賜誨言，不勝企盼”句。而存古書局本《家學樹坊》於此段後尚有14段文字[⑦]。今《蜀學四變記》鈔本節選段落與《國學雜誌》本同，故以此本勘合。

關於鈔本所附《致葑漢閣主人書》（即《致劉室主人書》),《廖季平年譜》以

① 《六譯先生已刻未刻各書目録表》,《廖季平年譜》，第182頁。

② 《廖平著述考》，第139頁。

③ 《蜀學四變記》卷二，第34葉a面-35葉a面。

④ 《知聖篇·自跋》,《廖平全集》第1册，第227頁。

⑤ 《知聖篇》,《廖平全集》第1册，第193頁。

⑥ 改定本《知聖篇》共有66段,《蜀學四變記》的引文包括了其中的第1、4、5、22、51、52、53、54、66段，所選擇段落全同《知聖篇撮要》的節選次序。但鈔本各段正文文字與改定本《知聖篇》更接近。例如，改定本《知聖篇》云:“六經無復一家之言。以六經分以屬帝王、周公、史臣。”與鈔本正文同。此句有淡墨色校改，改爲“不以六經爲一家之言，以之分屬帝王、周公，或以屬諸史臣”，與《知聖篇撮要》同。如此之類，不勝枚舉。不過也偶有鈔本文字更接近《知聖篇撮要》者，可能別有所據。參見《知聖篇》,《廖平全集》第1册，第198頁;《家學樹坊·知聖篇撮要》，四川《國學雜誌》1913年第10號，第21葉a面;《蜀學四變記》卷二，第36葉a面。

⑦ 《家學樹坊·坿致劉室主人書》，四川《國學雜誌》1913年第10號，第31葉a面;《廖平全集》（據存古書局本整理），第1册，第775-779頁。又,《廖平著述考》誤以《致劉室主人書》爲“未見”，上文辨之已詳。見《廖平著述考》，第423頁。

爲“箌室主人至今不詳其姓名”[①]，實則其人即章太炎。信中開篇有云“頃讀亞東報第十八號今古文辨義”[②]，《今古文辨義》今收入《太炎文録補編》[③]。又，此信題“黄鎔胡翼等公擬”，似出自廖平弟子之手。然據《六譯先生年譜》原稿“欒山帥振華亦有《答箌室主人書》”之自注云“此書帥鎮華自言不出其手，當與前書（今按，即黄鎔胡翼所擬）均恐是先生自作”[④]，可見此信很有可能是廖平親撰而托名於弟子[⑤]。

（4）書前總目於卷二部分還列有：《穀梁義疏》《俟圣录》附《赵孔昭书》。實際未見於本卷。

《穀梁義疏》：是書當即廖平撰《穀梁春秋經傳古義疏》十一卷，初成於光緒十年（1884）[⑥]。據《廖平著述考》研究，自光緒十年（1884）起，廖平修改此書五次，於光緒二十四年（1898）删定[⑦]。《廖平全集》據民國二十年（1931）渭南嚴式誨刊孝義家塾叢書本點校[⑧]。

《俟聖录》：廖平撰，今未見。據己酉本《四變記》，光緒三十一年（1905），廖平乃有天人之變，著有《俟聖篇》等書[⑨]。此處《俟聖篇》當即《俟聖録》，則該篇有關廖平四變，鈔本總目不當繫於二變目次之中。又，據《六譯先生年譜》原稿，民國二年（1912）六月，廖平在四變以後重訂《四益館經學叢刊目録》爲《四譯館書目》，其中補入之書有《待行録》一種，《年譜》原稿注云“己酉年本《四變記》有《俟聖編》，疑即此書”。後文又統計《四譯館書目》補入諸書之刊行、存亡、改易情況，則《待行録》已屬於“非未曾作，則稿不存矣”之類[⑩]。據《廖平著述考》引述，宣統元年（1909）廖平成《尊孔篇》一卷，其书二十四目，一目曰“空言俟後”，注云“详《待聖録》”[⑪]。《待聖録》或亦爲《俟圣録》之别名。總而言之，《俟聖录》（别名《俟聖篇》《待行録》《待聖録》）或者並未成書，或者原稿已佚，其内容當有關廖平四變，乃天人之學，鈔本總目誤繫於二變之中。

---

① 《廖季平年譜》，第61頁。

② 《蜀學四變記》卷二，第43葉a面。

③ 章太炎：《章太炎全集》第三輯《太炎文録補編》，上海人民出版社，第201-208頁。民國二年四川《國學雜誌》本誤將“今古文辨義”作“今古學辨義”，當從鈔本。《家學樹坊·坿致箌室主人書》，四川《國學雜誌》1913年第10號，第27葉b面。

④ 《六譯先生年譜》原稿，《廖平全集》第11册，第336頁。

⑤ 蒙默先生也認爲此信爲廖平所作，参見氏著：《素王改制：廖季平先生經學思想的核心》，《國學》第2集，第3頁注7。

⑥ 《六譯先生已刻未刻各書目録表》，《廖季平年譜》，第181頁。

⑦ 《廖平著述考》，第199-200頁。

⑧ 《穀梁春秋經傳古義疏》，《廖平全集》第5册，第7頁。

⑨ 《孔經哲學發微·經學四變記己酉本》，《廖平全集》第2册，第668頁。

⑩ 《六譯先生年譜》原稿，《廖平全集》第11册，第372-373頁。

⑪ 《廖平著述考》，第272頁。

附《趙孔昭書》：是篇今《廖平全集》未見，《廖平著述考》亦未收，或爲趙孔昭與廖平的一通論學書札。趙孔昭即華陽趙浚（一作趙濬），爲廖平友人[①]。今《蜀學四變記》鈔本卷三前小目亦列有《趙孔昨[昭]書》。然卷三所引劉申叔摘本《經學四變記》乃繫《趙孔昭書》於《二變記》下。鈔本書前總目亦繫此條於卷二。推測卷三前小目所列《趙孔昨[昭]書》係誤抄。此通書札討論内容當有關廖平經學二變思想。另外，在鈔本總目中，卷二此條篇目字迹潦草，當與上文所述"覆箌室主人書"條爲同一人所添加。

3.《蜀學四變記》卷三勘合表

卷三殘存內容	勘合
四益館經學目録一卷井研藝文志（48a-49a）	《四益館經學目録》一卷，光緒《井研縣志·藝文》(11/731-732）
經學叢書百種解題四卷井研藝文志（49a-52a）	《廖氏經學叢書百種解題》四卷，光緒《井研縣志》(11/732-735）
初變記今古學考	劉申叔摘本《經學四變記·初變記》(2/544）
二變記知聖編 古學考 坿趙孔昭書 箌室匚（54a-54b）	劉申叔摘本《經學四變記·二變記》(2/544-545）
三變記小大學考（55a-55b）	劉申叔摘本《經學四變記·三變記》(2/545-546）

備考：

（1）《四益館經學目録》《經學叢書百種解題》：此二篇實爲兩書之序言。前者乃廖平自序，後者題施煥撰。據鈔本小字注文，二篇均引自《井研藝文志》，即光緒《井研志·藝文》。光緒《井研縣志》42卷，始編於光緒二十四年（1894），完成於光緒二十六年（1900），其中《藝文志》4卷。廖平曾於光緒二十五年（1899）參與討論《井研縣志》體例，並將各書提要備入《藝文志》[②]。

《四益館經學目録》，一卷，今存，有《六譯館叢書》本。《經學叢書百種解題》，四卷，即《四益館經學叢書百種解題》《廖氏經學叢書百種解題》，據《六譯先生年譜》原稿云此書未成[③]，《六譯先生已刻未刻各書目録表》乃列此書入"未刻書目"[④]，今未見[⑤]。光緒二十六年（1900），廖平以《井研縣志》已成，將付刊，乃將是歲以前著作編爲《四益館經學目録》一卷，並爲自序。又命門人施煥、賀龍驤將收入《藝文志》各書提要及序跋纂爲《經學叢書百種解題》四卷，乃托名施

① 《廖季平年譜》於光緒八年壬午（1882）條引《經學初程稿》云："去年至今與華陽趙浚孔昭以小學相切磋"，見《廖季平年譜》，第24-25頁。《六譯先生年譜》原稿作"趙濬"，見《廖平全集》第11册，第274頁。

② 《井研藝文志》，《廖平全集》第11册，第663頁。

③ 《六譯先生年譜》原稿，《廖平全集》第11册，第337頁。

④ 《六譯先生已刻未刻各書目録表》，《廖季平年譜》，第188頁。

⑤ 《廖平著述考》，第310頁。

焕，自爲序言。此二序於廖平前三變言之甚詳[①]。

又，鈔本卷三前小目列有“《百种解題》一卷”。所謂《百種解題》當爲《經學叢書百種解題》之簡稱。小目以此書爲“一卷”，當爲誤抄。前述《經學叢書百種解題》主要爲收入《井研縣志·藝文》中的廖平各書序跋提要組成，是卷中引《四益館經學目録》《經學叢書百種解題》二篇序言，或許對應的就是卷前小目中的《百種解題》。

（2）《初變記》《二變記》《三變記》：即劉申叔摘本《經學四變記》所記之前三變内容。如前文所述，此三篇所據乃劉師培摘編本在正式刊出前的底稿，與《國學雜誌》刊本存在文字差異。鈔本引文避諱及稱本朝處，已揭於前。其他異文詳見下節。此處需要補充的是，鈔本抄寫《初變記》時另起一面[②]，且卷前小目、書前總目中均無條目對應。前文已述及該部分爲重編者所增補，此點或可旁證前論。

（3）書前總目於卷三部分還列有：《皇帝王伯分經表》《知聖續篇》《公羊義疏》《周禮皇帝疆域考》《生困録》《大學解》。實際未見於本卷。

《皇帝王伯分經表》：《廖平全集》未見，《廖平著述考》未收。待考。

《知聖續篇》：是書爲廖平三變時著作。據《廖平著述考》考訂，是書成書於光緒二十七年（1901），次刊刻於綏定府中學堂[③]。今《廖平全集》有整理本（綏定府中學堂本爲底本，參校《適園叢書》本）[④]。

《公羊義疏》：《廖平全集》未見，《廖平著述考》未收。待考。按，《重訂六譯館叢書總目》列有《公羊證疏》一種[⑤]，不知與此條是否存在關聯。

《周禮皇帝疆域考》：《廖平全集》未見，《廖平著述考》未收。按，據已酉本《四變記》，廖平三變時期，門人黄鎔據廖平《皇帝疆域考》之説，刊成《經傳九州通解》（光緒三十四年 1908）[⑥]。《經傳九州通解》一名《春秋王制尚書周禮聖域大小考》，中有《春秋王制尚書周禮九州疆域大小考》一篇[⑦]。其内容或許與此處《周禮皇帝疆域考》有關。

《生困録》：《廖平全集》未見，《廖平著述考》未收。待考。按，“生困”或取“生知、學知、困知”之意。

《大學解》：《廖平全集》未見，《廖平著述考》未收。待考。

（4）卷三前小目還列有：《周禮經傳集説疏證簡明凡例》《尚書周禮説集説凡例》《周禮十圖》《尚書十圖》《論跋》《趙孔昨[昭]書》《致廣益叢拈[報]書》。實際未見於本卷。

---

① 参見《六譯先生年譜》原稿，《廖平全集》第 11 册，第 337 頁；李伏伽：《六譯先生年譜補遺》，《廖平全集》第 11 册，第 426 頁；《廖季平年譜》，第 63-64 頁。

② 即空出第 52 葉 b 面，從 53 葉 a 面起開始抄寫。

③ 《廖平著述考》，第 43-44 頁。

④ 《知聖續篇》，《廖平全集》第 1 册，第 193 頁。

⑤ 《集外文·重訂六譯館叢書總目》，《廖平全集》第 8 册，第 599 頁。

⑥ 《孔經哲學發微·經學四變記己酉本》，《廖平全集》第 2 册，第 666 頁。

⑦ 《經傳九州通解》，《廖平全集》3 册，第 543-545 頁。

《周禮經傳集説疏證簡明凡例》:《廖平全集》未見,《廖平著述考》未收。待考。

《尚書周禮説集説凡例》: 是書當爲《尚書周禮説集證凡例》。據《廖季平年譜》, 是書撰於光緒三十二年（1906）[①]。《廖平著述考》以爲“未見”[②]。鈔本卷三前小目引此條目時注小字云“第四變”，與《廖季平年譜》記載相合。蓋鈔本誤抄書名“集證凡例”爲“集説凡例”，又誤將此目抄入卷三前小目。

《周禮十圖》《尚書十圖》:《廖平全集》未見,《廖平著述考》未收。待考。按，今《廖平全集》中收有《書經周禮皇帝疆域圖表》42 篇，乃門人黄鎔編輯，廖平審定。從書名來看，是書或許與《周禮十圖》《尚書十圖》的内容有關聯。是書曾連載於四川《國學雜誌》1912 年至 1913 年第三、四、五號,《國學薈編》1915 年第一、三、十二期，1916 年第十、十一期，1917 年第九期。《廖平全集》乃據 1915 年存古書局刊《六譯館叢書》本整理[③]。

《論跋》: 卷三前小目抄“論跋”二字於“《尚書十圖》”條次行低一格處。懷疑此篇乃附於《尚書十圖》後之議論跋語。

《趙孔昨[昭]書》: 卷三前小目誤抄“昭”爲“昨”，又誤繫此條於本卷，詳見上文討論。該條抄於“論跋”條次行，亦低一格。

《致廣益叢拈[報]書》: 此條“拈”當爲“報”字。今《廖平全集》中收有刊登於《廣益叢報》的三通書信：曾上珍《代廖季平答某君論學書》,《廣益叢報》一九〇六第二五號；金銘勳《代廖季平答某君論學第二書》,《廣益叢報》一九〇六第二五、二六號；廖宗彝《代廖季平答某君論學第三書》,《廣益叢報》一九〇六第二七號[④]。

4.《蜀學四變記》卷四引書備考

據書前總目，卷四引書有:《地球進化退化經運表説》《上下天人學》《三才三統考》《楚辭新解》《山海經新解》《道家詩易説》《中庸解》。

（1）《地球進化退化經運表説》:《廖平全集》未見,《廖平著述考》未收。待考。按，廖平大約於光緒三十二年（1906）撰成之《群經總義講義》[⑤]中收有《世界進化退化分經表》一篇，是篇或許與此條内容存在關聯。今《廖平全集》據光緒三十二年刻本整理[⑥]。

（2）《上下天人學》:《廖平全集》未見,《廖平著述考》未收。待考。按，己酉本《四變記》云廖平四變之後作有《天人學考》一書[⑦]。據《六譯先生先生年譜》原稿，光緒三十二年（1906），廖平當時擬編之書見於《四益館書目》者有“《天

---

① 《廖季平年譜》，第 68 頁。
② 《廖平著述考》，第 79 頁。
③ 《書經周禮皇帝疆域圖表》,《廖平全集》第 3 册，第 377 頁。
④ 《集外文》,《廖平全集》第 8 册，第 559-569 頁。
⑤ 《六譯先生先生年譜》原稿,《廖平全集》第 11 册，第 352 頁。
⑥ 《群經總義講義》,《廖平全集》第 2 册，第 472-473 頁。
⑦ 《孔經哲學發微·經學四變記己酉本》,《廖平全集》第 2 册，第 668 頁。

學上下考》《四益館書目》作《列莊上下釋例》。《天人學考》《書目》作《小大天人學考》”，又云“知先生爲天人學後作書當不少，除上記者外，均不可考矣”[①]。疑此條與《天學上下考》《小大天人學考》等書存在關聯，也可能屬於廖平作於四變之後已“不可考”的某本著作。

（3）《三才三統考》：《廖平全集》未見，《廖平著述考》未收。待考。按，據己酉本《四變記》，廖平四變之後作有《三才説例》一書[②]。

（4）《楚辭新解》：廖平撰，不分卷。是書成於光緒三十二年（1906），民國十年（1921）存古書局刊。《廖平全集》據《六譯館叢書》本整理[③]。

（5）《山海經新解》：《廖平全集》未見，《廖平著述考》未收。待考。按，據己酉本《四變記》，廖平四變之後作有《山海經注》一書[④]。或許與此條存在關聯。然《廖平著述考》引《六譯先生年譜》原稿以爲《山海經注》實爲成書[⑤]。

（6）《道家詩易说》：《廖平全集》未見，《廖平著述考》未收。待考。按，據《廖平著述考》引述，廖平光緒二十四年（1898）撰有《莊子新義》四卷，該書“因舉《詩》《易》以解莊子，文義符同，珠聯璧合”；同年尚有《列子新解》四卷，該書“分二門，一據《列子》解《詩》《易》，與《莊子》同”[⑥]。此二書今皆未見。其中内容或許與此條存在關聯。

（7）《中庸解》：《廖平全集》未見，《廖平著述考》未收。待考。按，據《六譯先生年譜》原稿，民國二年（1912）六月，廖平四變以後重訂《四益館經學叢刊目録》爲《四譯館書目》，其中補入之書有“《中庸註疏》一卷”。後文統計《四譯館書目》補入諸書之刊行、存亡、改易情況，又以“《中庸新解》”爲“有稿者”[⑦]。《六譯先生已刻未刻各書目録表》列《中庸新解》入“未刻書目”[⑧]。疑《中庸註疏》《中庸新解》爲同書異名，或即此條之《中庸解》。

三、文獻價值述略

研究對象与研究方法因時、因人而異，故材料本身並無完全确定的學術價值。在特定視角下，任何史料都可能具備重要意義。本節僅从文獻学角度，淺述《蜀學四變記》殘鈔本在輯佚、校勘等方面的學術價值。對該鈔本的研究，還有待更深入的整理。

---

① 《六譯先生先生年譜》原稿，《廖平全集》第 11 册，第 351 頁。
② 《孔經哲學發微·經學四變記己酉本》，《廖平全集》第 2 册，第 668 頁。
③ 《楚辭新解》，《廖平全集》第 8 册，第 251 頁。
④ 《孔經哲學發微·經學四變記己酉本》，《廖平全集》第 2 册，第 668 頁。
⑤ 《廖平著述考》，第 291 頁。
⑥ 《六譯先生先生年譜》原稿，《廖平全集》第 11 册，第 331、334 頁。
⑦ 《六譯先生先生年譜》原稿，《廖平全集》第 11 册，第 373 頁。
⑧ 《六譯先生已刻未刻各書目録表》，《廖季平年譜》，第 188 頁。

（一）殘鈔本保存的佚文、佚目

如前所述，《蜀學四變記》一書主要是通過引用、排次廖平論著舊文以説明其經學四變的主要觀點。其中一些文字不見於今《廖平全集》中，例如鈔本於《周禮删劉舉例十二證月[目]》文末抄有一段按語，當爲廖平佚文。今不作校勘、點斷，但以“/”標明分行，具引原文如下：

> 按[1]此變宗旨皆見於知聖古學二編刊行已久海内所共悉/又見説法已屢變故不再詳論嗟乎觀後來之改變則此/篇不能不有所疑投中肯要爲後而化裁之彼夫世之得大/名者於前/説[2]且■其外貌設其故步而不過僅傳其十三四五■■則鴻/飛冥之早已到構督壘以上■■宗廟■官之美■今■■■/遠哉簡室主人報中論今古學非求去作者之自變旁人因■/能參其議論嗟夫其成此變積功果行至■年之久而後成既/已成矣盤旋曲折心等近嘗諸夢想從夫人事京中堵■友十/餘年不敢道一字非有所傲簡實有所專■不克知心於是焉/至於十年之久而地球新義始萌芽於■中尚其時不過游戲/三昧以作如■觀姑妄■之姑妄以之故課藝見不自以爲自/作比於著迷譽者毁者勸者阻者或■因是而有就者不敬因/人而一爲進退夫■■之説主持今日之説■以爲怪誕方次/春秋據王制説二伯環■■者亦如今日之■■訴詈乃久之/以爲定論春秋不怪怪移于周禮夫佚人人見之皆以爲得何/足以爲學[3]

鈔本於闕疑之處，皆按字數留出空格。可知在抄寫此本《蜀學四變記》時，上文已殘缺不全。

另外，據上節比勘，鈔本徵引的一些廖平論著，有書名不見於今《廖平全集》與《廖平著述考》者。在這些書目中，有可能存在廖平論著佚目。現條列於下，以供參考：

（1）《尊經書院課藝目録》（按，此篇由鄭可經輯出，已刊於《國學薈編》1915年第7期，今《廖平全集》《廖平著述考》失收）；

（2）《趙孔昭書》（按，此篇當爲趙浚致廖平論學書札）；

（3）《皇帝王伯分經表》；

（4）《公羊義疏》；

（5）《周禮皇帝疆域考》；

（6）《生困録》；

（7）《大學解》；

（8）《周禮經傳集説疏證簡明凡例》；

（9）《周禮十圖》；

---

① 自此字起低三格抄寫。

② 後文自此字起，較前文高一格抄寫。

③ 《蜀學四變記》卷二，第34葉a面-35葉a面。

（10）《尚書十圖》；

（11）《論跋》（按，此篇當爲《尚書十圖》的議論跋語）；

（12）《地球進化退化經運表説》；

（13）《上下天人學》；

（14）《三才三統考》；

（15）《山海經新解》；

（16）《道家詩易説》；

（17）《中庸解》（按，此篇或即爲《中庸新解》）。

上列書目或許祗是有關廖平之論著，並非廖平親撰（如《趙孔昭書》當爲趙淩所撰），或許是通行廖平著作的某種别名（如《中庸解》），甚至還存在鈔本誤抄的可能性。總之，限於本人學力，上列書目或許並非全屬"佚目"。相關問題還有待進一步研究。

（二）校勘價值舉隅

理想狀態下，説明該鈔本的校勘價值，應當先盡可能全面地搜集廖平論著的相關版本進行匯校。但由於本人條件有限，難以獲取大多數相關版本原書以資比勘。在不能利用原書的情況下，本小節主要以《廖平全集》對校《蜀學四變記》。蓋《廖平全集》對各書整理本依據的底本以及不同版本間的異文均有校勘記説明，這有助於我們追溯相關版本的原貌。希望本小節的初步比勘能够引起學者對該鈔本的興趣。

如前文所述，《蜀學四變記》鈔本正文錯訛頗多，此處不再贅舉。但在一些具體文字上，該鈔本仍有可資參考之處。今選取書中若干可資校勘處，列表於下（表中徵引之例參考上節"勘合表"）：

《蜀學四變記》校勘舉隅表

來源	鈔本	刊行本	備註
《今古學考》	子緯皆今學（8a）	子學皆今學（1/20）	
《尊經書院課藝題目》	經總洙泗學案（16b）	經總（《國學薈編》1915年第7期，17b）	
	堯典禹貢制度與王制同説（18b）	《堯典》《禹貢》制度與《周禮》同説（《國學薈編》1915年第7期，19a）	
《古學考·周禮删劉叙例》	復來古書（27b）	後□古書（1/89）	《全集》據文意補"□"爲"來"。今鈔本證明補作"來"字不誤。又，鈔本此句乃誤"後"爲"復"
	此與周禮合（28a）	此與同禮合（1/90）	《全集》據文意改"同"爲"周"，今鈔本證明改作"周"字不誤

续表

《致葯室主人書》（《致葯漢阁主人书》）	當時如三傳.書.禮有成書.固所論如山（43b）	當時如三傳、《書》、《禮》雖有成書，自以所論未盡切（四川《國學雜誌》1913 年第 10 號，28a）	
	輕躁狂繆，本于怪生，偶與四益之説風水相遭，遂假之以立幟（44b）	輕躁狂繆，本于性生，每緣經説以便其私利，因遂假之以立幟（四川《國學雜誌》1913 年第 10 號，29a）	
	謂堯舜禹湯文武皆見之行事，惟孔子專以言立教，謂堯舜禹湯文武周公文明初起，孔子踵事增華，乃臻大成，乃爲傌以爲帝王皆亂世，與左傳同孔子揑造事實，45b	謂堯舜禹湯文武皆爲俟後聖，惟孔子爲大一統立法，堯舜禹湯文武周公皆爲經説，孔子小大人天，乃臻大成，閱者者[①]不察，以爲帝王皆史書已往陳迹，孔子揑造事實（四川《國學雜誌》1913 年第 10 號，30a）	
劉申叔摘本《經學四變記·初變記》	初變記今古學考（53a）	初變記（2/544）	鈔本引劉申叔摘本保留了小目所附書名
	博士據王制説之是也（53a）	博士據《禹貢》説之是也（2/544）	
劉申叔摘本《經學四變記·二變記》	二變記知聖編 古學考 坿趙孔昭書 葯室ㄷ（54a）	二變記（2/544）	鈔本引劉申叔摘本保留了小目所附書名
	以周禮爲姬周之書（54a）	以《周禮》爲姬公之書（2/544）	
	於是以尊今者作爲知聖編，闢古者作爲闢劉篇（54b）	於是以尊經者作爲《知聖篇》，闢古者作爲《闢劉篇》（2/545）	“尊今”與“闢古”對舉，《全集》“尊經者”當從鈔本作“尊今者”
	（原注）外間所行之改制考即祖述知聖篇（54b）	（原注）外間所祖述之《改制考》，即祖述《知聖篇》（2/545）	
	至二變别有分派.大約海内所推□□之學者.其主張今古學考尚占多數.海外之尊崇孔學.則□□井研之説倡之也（54b）	至三變，則别有分派。然海内畧窺鄙作者，其主張《今古學考》尚占多數，其餘則知者更鮮矣（2/545）	
劉申叔摘本《經學四變記·三變記》	三變記小大學考（55a）	三變記（2/545）	鈔本引劉申叔摘本保留了小目所附書名
	始治詩易（55b）	始治《周易》（2/545）	

① 原刊本衍“者”字，《廖平全集》本删去，參見《廖平全集》第 1 册，第 775 頁。

另外,《蜀學四變記》鈔本中還有一些濃墨色校改筆迹（淡墨色修改筆迹前文已有討論）。校改者在增删修改的過程中也保留了一些異文，有助於相關廖平論著的校勘。現舉要臚列於下。

1. 丙午本《經學四變記》廖平自序

鈔本、劉申叔摘本所引此篇文字已見於前文。此處不再贅引。

2. 鄭可經跋《尊經書院課藝目録》

該篇校改筆迹保留的異文較多，且《尊經書院課藝目録》未收入《廖平全集》，故不避繁冗，全録鄭可經跋語於下。

《蜀學四變記》鈔本：

案此爲四~~益~~譯[1]裏校尊經。同學相與講明古學之僞。除課藝外。~~同學~~各任一門。戊子四~~益~~譯將赴粤。應南皮之招。同志餞于成都延慶寺。赴會者近百人。相約分任編~~纘~~纂[2]。寫此單目。甚盛會也。乃去後事竟不成。單目猶在。附録於此。使前約克成。煌煌蜀[3]學。自成一家。~~曰~~豈[4]不足以繼續兩漢。事既不就。又旋爲外人所主持。捷足先得。同鄉亦絶無繼響~~曰~~者[5]。~~又深~~良[6]可慨~~嘆~~也[7]。~~因附此于以~~志於此[8]~~志意~~原單各有名姓。其人半多物故。少有成篇。故僅録題目。考此變中深得鄉人之助。前後四五年。以二三百高才。相與切磋琢磨。乃能犯大難。張絶業。今其説大[9]明。~~於世界學~~人知六藝之尚有主人者。其功不可復~~曰~~。學道之士。人己兩忘。但行其説。何必定尸其名哉。惜當時厶未襄其役。~~曰譯手指。盡事□不倦□又~~不[10]能轉武衆力。相與移山。然[11]衆人之勤不可没。而~~□□~~四譯[12]之~~善於將兵爲如何見與~~善於將兵[13]。於此可見矣[14]。

~~全■■■者乎人~~青神鄭~~錫五~~[15]可經[16]謹識[17]

---

① “譯”字係補入。
② “纂”字係補入。
③ “蜀”字係補入。
④ “豈”字係補入。
⑤ “者”字係補入。
⑥ “良”字係補入。
⑦ “也”字係補入。
⑧ “志於此”三字係補入。
⑨ “大”字係補入。
⑩ “不”字係補入。
⑪ “然”字係補入。
⑫ “四譯”二字係補入。
⑬ “善於將兵”四字係補入。
⑭ “於此可見矣”五字係補入。
⑮ 按，鄭可經，號席五。見廖幼平:《我的父親廖平》,《廖平全集》第11册，第593頁。
⑯ “可經”二字係補入。
⑰《蜀學四變記》卷二，第25葉a面-26葉b面。

《國學薈編》本：

按此爲四益襄校尊經，同學相與講明古學之僞，除課藝外，同學各任一門。戊子四益將赴粤，應南皮之召。同志祖于成都延慶寺。赴會者近百人，相約分任編纂，寫此單目，甚盛會也。乃去後事竟不成，單目猶在，坿録於此。使前約克成，煌煌蜀學，自成一家，豈不足以繼續兩漢。事既不就，又旋爲外人所主持，捷足先得，同鄉亦絶無繼響。豈不深可慨嘆。因坿於此以志吾意。原單各有名姓，其人半多物故，少有成篇，故僅録題目。考此變中深得鄉人之助，前後四五年，以二三百高才相與切磋琢磨，乃能犯大難，張絶業。今其説稍明於世界，學人知六藝之尚有主人者，其功不可没。學道之士，人己兩忘。但行其説，何必定尸其名哉。惜當時經從事其役，四益手講指畫，晝夜不倦。又能鼓舞衆力，相與移山。同人之勤不可没，而四益之善於引導爲何如與？今將同事姓名籍貫臚列於後，當時本分門輯録，各有專編。後來有卒業者，有未卒業者。其原稿亦不更可尋求。今故彙列之。光緒丙戌[①]鄭可經記。

（原文後列分任編纂者之姓名籍貫，今從略）[②]

3. 劉申叔摘本《經學四變記》

該篇校改筆迹也保留了一些異文，爲便尋檢，列爲下表：

鈔本引劉申叔摘本《經學四變記》校改異文表

劉申叔摘本《經學四變記》	鈔本	《全集》本
《二變記》	至以黄屋左纛.祀以~~以~~天子禮樂~~各朝祖宗尤極推崇~~.（54b）	至以黄屋左纛，祀以天子禮樂（2/545）
《三變記》	~~史館報局~~禮運（按，“禮運”二字係補入）所言大同之説.實爲缺點。（55a）	《禮運》所言“大同”之説，實爲缺點。（2/545）

結　語

川大歷史文化學院資料室藏《蜀學四變記》殘鈔本的主要内容有關廖平經學思想的前四變，其體例是依據廖平經學四變的順序“條列舊文”，從而使讀者了解廖平各階段的代表觀點。其目次與内容並不完全一致，應當没有最終寫定。《蜀學四變記》的殘存内容與現已失傳的丙午本《經學四變記》存在不少相通之處，可

① 按，光緒丙戌乃光緒十二年（1886），此篇中云及“戊子四益將赴粤”，事在光緒十四年（1888）。可見是篇必不作於“光緒丙戌”。參見鄭可經輯：《尊經書院課藝目録》，《國學薈編》1915 年第 7 期，第 23 葉 b 面。

② 鄭可經輯：《尊經書院課藝目録》，《國學薈編》1915 年第 7 期，第 23 葉 b 面-24 葉 a 面。

能是以後者爲底本的一種尚未寫定的重編本。其正文的謄録時間在民國元年（1912）至三年（1914）2 月之間。其重編者與廖平學派存在淵源，主張以廖平經學代表“蜀學”。其謄録者則應當是一位不甚瞭解廖平經學思想，甚至缺乏基本經學常識的書手。《蜀學四變記》引用了不少廖平著作及其相關論著，引文中可能保存了一些《廖平全集》《廖平著述考》未見的佚文、佚目。部分引文還具有一定校勘價值。如前文所述，廖平有可能知曉該殘鈔本的存在。爲何該書最終並未寫定並刊行於世？鈔本中的校改筆迹出自何時何人之手？對於這些問題，限於本人學力，暫時祇能闕疑待考了。

另外值得注意的是，鈔本書題中的“蜀學”非指廣義的四川學術，實際指代的乃是廖平的經學思想。鈔本重編時改題《經學四變記》爲《蜀學四變記》的原因與清末民初四川學術勃興，“蜀學”自覺的背景密不可分[①]。在諸多“蜀學”論中，以廖平之學代表“蜀學”的呼聲，自清末以來層出不窮[②]。顯然《蜀學四變記》的重編者亦持此論。鈔本鉤稽廖平個人經學四變的軌迹，即是在闡釋作爲地方學派的“蜀學”的發展歷程。儘管該鈔本與丙午本、劉申叔摘本《經學四變記》的內容存在相似之處，但編輯旨趣已有相當差異。出於某些原因，《蜀學四變記》雖未編定，但它作爲民國初年以廖平之學建構四川地方學派的嘗試，進一步豐富了我們對於這種“蜀學論”的認識，其學術意義值得學者更深入地發掘。

然而該鈔本目前已有多處遭蟲蛀破壞，如果不及時采取措施修繕保護，將對文獻保存與之後的研究造成巨大的困難。在川大歷史文化學院資料室典藏部收藏古籍中，像《蜀學四變記》這樣存在相當價值但保存不善的古籍文獻數量還有不少。唯願通過本文的披露，引起有識之士對這批文獻的重視。

附　記：

習作初稿草撰於 2018 年 6 月，曾請江震、黄一彪同學幫助查閱資料。初稿先後承李曉宇、王東傑老師批改，劉復生、繆元朗、粟品孝、韋兵等老師也提供了寶貴意見。謹此致謝！

無論是文獻學抑或四川近代學術史，我都是外行。文中尚存的一切不足，均由本人承擔。

2018 年 10 月 14 日

附録 《蜀學四變記》殘鈔本書影

---

① 參詳王東傑：《地方認同與學術自覺：清末民國的“蜀學”論》，收入氏著《國中的“異鄉”：近代四川的文化、社會與地方認同》，第 64-119 頁。

② 關於以廖平之學爲根基的“蜀學”論的系統闡釋，參詳蒙文通作於 1925 年的《議蜀學》一文，收入氏著：《蒙文通全集》，巴蜀書社，2015 年版，第 1 册，第 228-230 頁。

（1）書衣

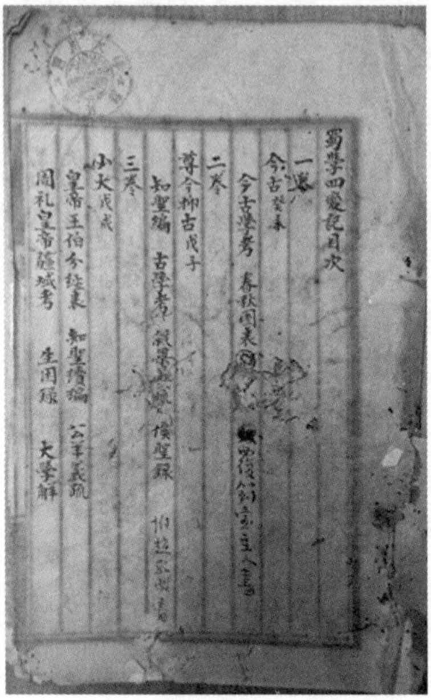

（2）書前總目 1a

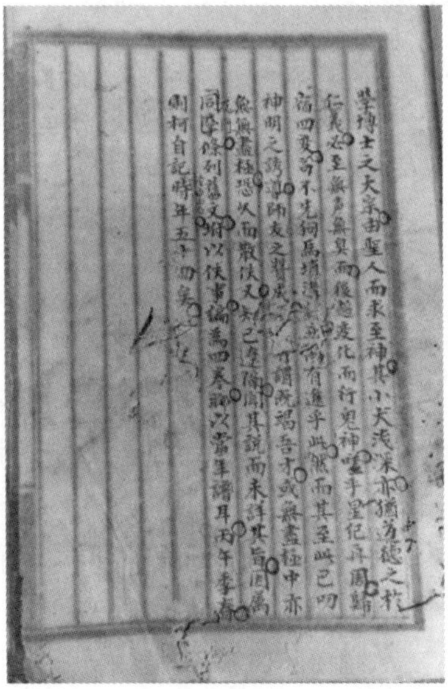

（3）廖平自記 2a

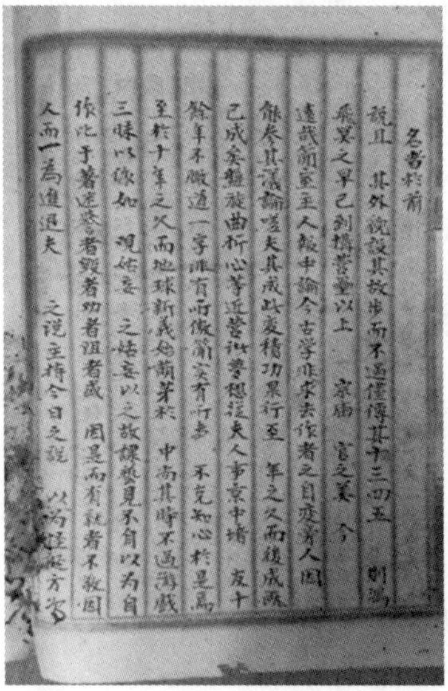

（4）卷二保存之佚文 34b

作者單位：北京大學歷史學系

《歷代蜀詞全輯》增補 65 首[①]

王燕飛　馮　蘭

内容提要：李誼先生輯校的《歷代蜀詞全輯》《歷代蜀詞全輯續編》共收録歷代蜀人詞作 8200 多首，作者 360 餘人，對研究歷代蜀詞，其功甚偉。然智者千慮必有一失，全集文獻的搜羅頗爲不易，今翻閲所及，從晚清華陽詞人王增祺的《聊園詞存》中輯得詞作 65 首，並加以點校，以補李誼先生二書之闕。

關 鍵 詞：《歷代蜀詞全輯》；王增祺；聊園詞存；增補

由李誼先生輯校的《歷代蜀詞全輯》（简称《全輯》）《歷代蜀詞全輯續編》，"裒集歷代蜀人詞，旁征博采，備極勤劬"[②]，前書共輯得詞作 5300 餘首，作者 240 餘人；後書輯録 180 位蜀籍詞人（其中有 53 人的部分作品已在《全輯》中收録）的詞作 2950 多首。合之，兩書共輯録歷代蜀人詞作 8200 多首，作者 360 餘人。憑一人之力，搜羅歷代蜀詞，完成此蜀詞全集，其搜羅不可謂不廣，對於研究歷代蜀詞，其功甚巨。然正如作者在文中所說："中國歷史悠久，幅員遼闊，文獻豐富，資料浩繁，蜀籍詞人的作品仍難免會有挂一漏萬，遺珠之嫌。"[③]今瀏覽所及，發現清代華陽人王增祺撰有《聊園詞存》一卷[④]，收詞 65 首，爲以上二書所未收，故草撰此文，以補不足。

王增祺（1846—1904 後），字師曾，一字也樵，號聊園老樵，蜀西樵也，華陽（今四川成都）人。父少山，字曉峰。咸豐辛亥舉人，工爲制藝文，從學者甚衆。羅緗、葉毓榮輩皆出其門下。年幾五十，始以知縣發江西用。嘗知隴南金谿，並有治績。增祺少好爲詩，年甫冠，即手録蜀中先輩及朋好之作，或全章，或斷句，刻爲《詩緣》。歷官陝西韓城、石泉、洋縣知縣，晚歲还蜀，更取《詩緣》加以刊定，分正續編若干卷，其意在藉詩存人，而近數十年耆舊凋徂，佚聞莫理，得是編，以稍知其姓字梗概，亦有足多焉。著有《聊園詩存》正續二十四卷、《聊園雜

---

① 本文係四川省社科聯重點研究基地"西華大學地方文化資源保護與開發研究中心"重點項目"《孫錤詩集》整理與研究"（編號 18DFWH-057）階段性成果。

② 繆鉞：《〈歷代蜀詞全輯〉題記》，載《歷代蜀詞全輯》卷首，重慶出版社 1992 年版，第 1 頁。

③ 李誼：《歷代蜀詞簡論（代前言）》，載《歷代蜀詞全輯續編》（2 版），重慶出版社 1994 年版，第 33 頁。

④ 〔清〕王增祺：《聊園詞存》一卷，清光緒十七年刻本。

文略》《韓城集》三卷、《诗缘樵说拾遺》六卷、續集六卷。

壬申（1872）

滿江紅 蕪湖寄昭如女弟

如此江山，送游子、扁舟去也。驀眼底、波濤洶涌，泊蕪湖下。斷渡風高羊角舞，嵌空雪亂鵞毛灑。記年時、雙屐踏瓊瑶，同心者。　盧臯畔，蓮開社。郥亭外，梅横野。怪移家多事，共長流瀉。夢境已隨雲影散，冰天更覓霜豪把。抵南朝、明遠大雷書，和愁寫。

賀新郎 采石磯懷古

迆邐山横黛。是螺紋、盤成髻樣，小姑遥賽。積雪纔消烟影活，放出光明境界。憑看取、朝陽紅曬。牛渚清江同勝迹，問何人、寫作丹青賣。聽遠浪，走天外。　謫仙償盡風流債。想扁舟、宫袍坐月，岸旁驚怪。三百華年彈指頃，别具英雄氣概，要整頓、乾坤隳壞。巨艦衝波横戰鼓，笑南朝、大敵金人敗。憑弔久，有餘快。

滿江紅 烏江弔憤王

莽莽寒流，是西楚、霸王戰地。誰再遣、八千弟子，自江東至？帳裏烏騅鞭不起，聞歌痛灑虞兮淚。破重圍、慷慨嘆天亡，非人事。　亭長待，頭顱寄。舟人過，波濤避。想鴻門高會，竟成兒戲。亞父空思提玉玦，淮陰解鬬高皇智。怪重瞳、冤憤未全消，雄風肆。

賀新郎 荒港雨泊，寄漢陽邱炳垣吉安。

灑徧青衫淚，莽書生、孤身萬里，一家三地。巫峽潯陽同逝水，雙鯉傳書不至。更夜雨、敲篷聲碎。最怕春來成斷夢，折梅花、莫遇江南使。誰寄我，平安字。　翩翩忽憶劉書記。枉消受、琴亭月朗，鑑湖風細。漢上輕抛神女佩，又盼西山眉翠。便算作、相思無二。盡説情深端惹恨，衹團欒、兩字都難遂。問久别，果何事。

齊天樂 大雪憶聊園梅

聊園此際梅開矣，�簾半垂風小。樹綴枯枝，枝添素蕊，更有天花繚繞。南華夢好。當粉蝶尋香，悄過林表。誤引芳閨，探春憨向綺檐遶。　無端吹出柳絮。恰孤舟坐冷，别惹懷抱。翠鎖遥山，黄眠宿草，抵得瓊樓多少。凌波□杳。衹一派空江，賸寒光照。欲訪羅浮，縞衣人漸老。

賀新郎 賣書畫詞爲友人作

名父之兒也，夢醒從、嫏嬛福地，興耽風雅。待詔黄庭臨繭紙，妙筆臨川手把。更絹素、諸城揮寫。論畫山陰童二樹，對春風、拜倒梅花社。同秘惜、錦囊者。　朝朝展玩情難捨。劇無奈、天寒袖薄，淚隨聲下。道上何曾逢駿骨，便學名姬易馬。纔羨煞、千金陸賈。檢點□監生計足，向芸窗、痛惜相知寡。憐措大，枉愁惹。

拜星月慢　月夜風雪中，聞雁有感。

獸炭煨紅，螺杯浮白，遣此寒宵清絶。漏箭聲沈，忽哀音淒切。是征雁，忍受、殘蘆破葦蕭颯，叫徹空江明月。休向姮娥，説頻年孤孑。　打頭風、解散同心結。尋香夢、恰墮梨花雪。試想行整瀟湘，又天涯飄忽。甚嚦鵑、歐盡春歸血。鍾情者、一樣傷離别。衹三五、玉鏡高懸，任無端盈闕。

點绛唇　雪

一抹晴天，半空玉戲真奇幻。早梅剛綻，已打梅花瓣。

説是春回，又值殘冬半。瑶階畔，有人看慣，搓粉成香片。

賀新郎　泣鳳詞，爲資陽羅志禮姬人金鳳作。

羅官陜西通判，差權涇陽□税，病殁金鳳，故蘇妓歸羅隨任。殮畢，朝家人而語之，曰："主死，我當殉。銀物若干，子某某，户而闔焉。"遂自經也。時方寇亂，靖後，羅弟志社赴陜，三月乃得二柩歸葬也。樵子聞而義之，爲製斯闋。

要作雙棲鳳，盡隨郎、章臺走馬，者般情重。秋雨相如翻病渴，折散鴛幃好夢。忍案上、鵾絃重弄。檢點羅衫同錦襪，笑蠻奴、蠢婢知何用。人未死，腹先痛。　錚錚硬語真奇勇。便深夜、空梁雉經，報郎恩寵。回首蘇門楊柳緑，勸客螺杯笑捧。肯性命、鴻毛輕共。解下青樓飛紫燕，女貞花、早傍檀奴種。瑶島上，素鸞控。

前調　惜桂詞，爲南昌故妓趙桂保作。

桂保，稚齒豐肌，眉目娟好。巡檢某監之子，其假父銀五流約梳攏焉。將寢，保伏泣不止。某驚問之，曰："兒雖賤，知從一義。君誠見憐，俾脱烟花籍，婢妾惟命不則，假父得金無償理，君失金無拒理，計惟遂君欲畢命青緣已耳。"某度不辦，謝去。久之，保與富人某善，矢終身，假父格之，求無厭，富人計得保償金數百，人多保之貞，而又□富人之能得保也。乃不三月，富人死，保至今以節而稱也。樵子嘉其志，而哀其遇，亦製前調。

道是蟾宫桂，落風塵、栽成弱柳，更饒風致。豆蔻葳蕤芳信早，要得温柔快婿。怪逐浪、桃花無味。三五華年絃上指，恰輕狂、杜牧紅樓醉。君聽取、妾心事。　妾身肯做漫天絮。但休把、楊枝再嫁，盡憑君意。粉蝶過墻春自守，别有尋香客至。又鴇集、林端偷倈。纔得嬌藏金屋裏，灑瀟湘、斑竹都成淚。妾薄命，柏舟誓。

鵲橋仙　漁婦圖

素衣浣雪，青裙拕水，玉手提籃半露。籃中有箇細鱗兒，偷眼把花容小覷。

絲竿斜倚，低頭却顧，笑靨盈盈欲語。緋桃落瓣打腰輕，生恐怕細腰酸楚。

齊天樂　凍魚膾

一江風緊漁收網，當筵試尋珍膳。縮項鯿魚，堆盤擣汁，受得今番糜爛。冰霜耐慣，更骨肉無多，問誰憐念。歷盡奇寒，箇中滋味轉留戀。　甘鮮臠割早盡，看晶瑩似玉，盡樂清嗛。想禁烟時，分明一樣，冷食人家傳徧。風情好見。雪夜倍淒清，熱腸都换。凍破春回，又桃花鯉泛。

祝英臺近 大勝關守風望江甯

數征程，三十里，偏又朔風起。目斷寒江，一派西流水。爲憐日射秦淮，冰融脂粉，衹應快、把扁舟艤。　魂消矣，何須袖翠裾紅，恰瓜破年紀。但說江南，湖山總清美。情多到處牽愁，封姨解笑，引將去、莫愁家裏。

滿庭芳 《紅樓夢傳奇》題後

天上人間，心頭眼底，情從甚處生來？些兒牽惹，跟定不分開。縱有生離死别，隨説著、珠淚盈腮。真無奈，風懷萬種，恐被落花猜。　悼紅。軒下客，愁隨夢醒，推去仍回。怪緣慳分淺、淑女清才。禁受多般苦惱，纔悟徹、薄命應該。將頑石，填平缺陷，精衛錯含哀。

水調歌頭 風雪中登岸尋藥，跨蹇歸舟。

逆阻向江岸，熱惱滿胸中。旅人端的成病，一味要防風。求取伯休賣藥，携取東山著屐，踏碎玉玲瓏。健步敵寒意，似立五禽功。　歸路遠，人力倦，跨山公。斷港荒原，行轉一白影濛濛。試想烹茶學士，更有尋梅野老，雅興未能同。盡被有身累，無事讓篙工。

沁園春 病卧江寧下關舟中

二十年中，豔煞江南，常將夢來。覺莫愁湖裏，滿船月載，秦淮河上，萬柳春回。澒洞風塵，淒涼烟水，花落華林燕子哀。新亭泣，賴群公戮力，重翦蒿萊。　吹餘劫後寒灰，恰帆挂西風半面開。怪雨雪盈途，一身多難，窮愁惹恨，二豎爲災。咫尺天涯，欲行不得，誰吊南朝庾信才？艙頭立，向金陵望氣，鬱鬱佳哉！

沁園春 寄賀葉小渠新婚，兼調汝諧。

誰喚卿卿，抱暖寒宵，鴛鴦夢尋。更額間梅點，起來蠟凍，眉心黛展，畫處螺侵。結就新歡，生成豔福，雙桂堂中一曲琴。難消受，愛催妝句好，擁髻低吟。　簫樓别聽清音，是猶子閨中燕婉心。想鴨緑春江，蟹黄秋里，錦城譽起，繡閣文深。衹恐佳人，未能索解，天壤王郎怨不禁。偏憐取，有蘭亭妙腕，替把花簪。汝諧婦張幼有"一江春水鴨頭緑，十里桃花蟹不黄"句。

拜星月慢 黄天蕩懷古

燕子磯頭，是黄天蕩，出港揚帆風利。想宋中興，忽烏珠軍至。望天塹，不異、秦師百萬之衆，可以投鞭而濟。直下江南，小朝廷休矣。　戰船横、擁出梁家壻。援桴急、更助舟師氣。試看夫婦當時，奪金人聲勢。老鸛河、但阻書生計。長江上、便作擒王地。肯居士、坐守西湖，把疲驢身寄。

賀新郎 旅況賦寄曾篤齋

快作江南客，挂輕帆、風來水面，晚晴雲白。滕六飛花冰結塊，悶煞沿途野泊。渾不筭、勞人安適。盼得金陵城艤棹，想烏衣、好覓瑯琊宅。偏病惹、漸加劇。　因緣解脱生公石。硬抛撇、磯頭燕子，目隨飛鷁。兩點金焦星火□，認取瓜洲旅夕。者便是、鯫生行迹。説與文房應帳，纔數年、時好事多虚擲。前領取、緑楊色。

風入松　揚州懷古

行人堤上説隋家，城郭緑楊遮。迷樓是處春風早，暖吹宫，女豔如花。廿四橋邊明月，剛連著玉鉤斜。　無端改歲紀龍蛇，鼙鼓競喧譁。蕭娘持鏡阿羶笑，好頭顱、看不争差。淒寂雷塘數武，我來重想繁華。

何滿子　發揚州，過高郵，吊沿堤枯柳。

可是隋家舊種，東風吹得如林。錦纜牽羊飛絮繞，借來殿脚清陰。偏學绛仙眉嫵，畫成翠黛深深。　送盡瓊花觀客，飄零直到而今。三十六陂烟不斷，枯枝亂點寒禽。心苦怕人攀折，好花留待春臨。

謁金門　揚州粉

揚州粉，抹上腮渦紅暈。到得檀奴交頸時，賺得他推□認。　可是花香暗襯，却又無花插鬢。笑掩嬌姿纖爪近，掐將妃子印。

奪錦標　自題省覲集後

自九年前，高堂遠宦，竟缺隨時温凊。試問難爲人子，抛撇妻孥，旅懷端整。溯東流去也，鎮消受、扁舟風景。此行安、穩到西江，見大人真家慶。　纔向巴渝攬勝。巫峽輕穿，又入彝陵城境。漢上欣乘黄鶴，直下潯陽，百篇成詠。大孤山畔路，喜團欒、今番僥幸。向鄱湖、屢棹章門，還動郰亭詩興。

晝夜樂　六漫閘晚眺

來時未向東風祝，争得水、波浮緑。尋幽小步湖堤，轉過一重茅屋。枯柳高低溪影曲，盡傍晚、釣船歸宿。看看早春回，鴨頭深處浴。　江南江北隨游矚。便村居、勝巖谷。怪他鷄犬人家，慣受劉網清福。任有故鄉佳胜處，此間樂，不須思蜀。痴想結雙椽，恐風塵人俗。

水龍吟　閘上除夕

一年容易今宵，聲聲爆竹維揚道。本來不睡，偏教守歲，憑人失笑。試想家園，鑪煨獸炭，團欒剛好。却黄金費去，鑄成離别，買不住、流光杳。　説是陽平近了，認邗溝、隔湖波小。湖頭草屋，者般時節，醉人多少。漏點迢遥，燭花添喜，早新年到。問吴兒賣取，痴獃也未，莫沿堤叫。

癸酉（1873）

綺羅香　元旦泊界首

日麗風和，波平浪静，癸酉春正元旦。是好時光，聽一片鉦聲亂。舟行處、夾岸茅檐，雙扉半掩桃符换。愛兒童、逐隊嬉游，彩衣争著引人看。　中懷近日難遣，放眼東南大局，江湖身倦。對此茫茫，樂事讓渠行徧。怪少年、一樣心情，回頭驀地光陰短。向陽平、且賞陽和，酌金尊酒滿。

齊天樂 桃樹

一聲剛聽鶯兒語，東風不隨春嫁。把好韶華，都辜負了，誰管夭桃開謝。嘅痕漫惹。正柳解抽條，向青驄打。崔護行來，錯疑人面倚花下。　枯枝衹憑繞舍，没心情輭款，説天台話。笑緑隨梅，拈紅數豆，識得相思還怕。由天也罷，怪根葉呼名，有人牽挂。肯逐東流，學他輕薄者。

滿江紅 淮安哀王孫

試看淮陰，者便是、英雄榜樣。出胯下，居然無語，是何情狀？合向中原同逐鹿，懷恩遇魏陀甘讓。作真王、仍守漢家封，人功償。　雲夢計，行偏誑。陳豨語，心應諒。有龍門遺使，證君誣枉。寄食少年誰愛士，藏弓此際難爲將。恨一般、偏受婦人愚，秦亭長。

燭影搖紅 述病

阮瑀精神，張衡愁病都輸我。分明好事總難憑，要可如何可？争耐得心頭火。待一陣、罡風躲過。偏生奇禍，却被封姨，輕輕覷破。　吹上身來，肉麻也教人無奈。幾回搔癢麻姑，又在方平坐。要逐詩魔則箇。正鄉人、迎儺道左。是春時節，辜負嬉游，任天摧挫。

齊天樂 清河人日立春

問春何處迎來也，還思草堂人日。濯錦江邊，收回彩仗，早是鞭春時節。春衫乍易。稱呼作春人，探春消息。一派清江，故鄉西望太遥隔。　春歸也同漏刻，愛晴光照徧，峭寒消釋。不許春游，因春惹病，誤却無邊春色。春情漫説。衹挑菜光陰，料應難得。誰采芹香，整辛盤薦客。

换巢鸞鳳 自題壬申冬《北征集》後

詩卷隨身，似神來洛水，别有丰神。衹龍標調换，一味愛翻新。怕他成病盡長呻。爲江北江南，愁煞人。真堪笑，算一例、豔情勾引。　金粉。流不盡。綺語懺除，未必馮夷允。鐵板銅琶，一聲高唱，幸得燕齊地近。回想山川出夔巫，寫將奇險才偏窘。文章事，叩車輪、寸心相問。

賀新郎 女伶

塵俗渾如戲，一般兒、男男女女，更無殊致。試看當場真面目，衹有裙釵本事。扮演著、冠裳交際。服婦人衣翻惹笑，笑何郎、傅粉初無味。猜不透，雌雄異。　木蘭替父從征未。任崇嘏、參軍强署，詎爲佳壻。不過纍纍黄土耳，硬把陰陽倒置。問造物、摶成何意？最西方多狡獪，自修成、鎖骨人間世。除幻境，没些子。

翠樓吟 夜雨

一樣淒清，鐙前寂坐，不應唤他春雨。想層樓夜静，忽驚醒架頭鸚鵡。聽風吹去。灑上杏花梢，嫣紅剛吐。應憐取，旅懷棖觸，向清江浦。　試數，漏轉更深，有幾多眉皺，盡天分付。聲聲和淚斷，算淚珠滴來如許。三三五五，要打疊詩囊，把愁同貯。朝看取，滿江波緑，送人行路。

齊天樂　登車第一日宿衆興驛

好春不管人行也，驪駒試歌聲苦。慷慨登車，輕雷隱隱，似向雙轅齊赴。聞根頓悟。要唤睡魔醒，免侵風露。寄語清江，早潮分付早回去。　離情且休亂語，衹遥傳尺素，向雙魚付。看一鞭催，桃源到了，問避秦人何處。呼名總誤。笑滚滚黄塵，那容仙侣。瓦屋三閒，是征夫合住。

薄倖　雨後泥淖難行，乘舟向宿遷。

無多行李，穩駕短、轅雙黑衛。舉鞭向、黄沙堆裏，認一片鍾吾地。怪飛塵、和雨成泥、輪翻大雅扶難起。又買得扁舟，更番忙亂，乘夜移居似戲。　衹一葉、都容我，端悶煞西風不利。筭難憑人意，乍臨馬背，齁鼾愛傍船頭睡。到來安置，覺殷雷過處，山亭水驛無留滯。征衫脱却，還數鄉園味美。

翠樓吟　阜河元夜不寐

火樹千株，鐙山萬疊，看來錦官城裏。正金吾不禁，引少少玉人歡喜。笙歌聲起。覺酒地花天，人間何事。沈沈醉，鈿車歸去，月明如水。　不意。浪擲流光，住帛河行館，有何滋味。元宵辜負了，惹心上人兒遥憶。料應難悔，要遣夢换家，移缸先睡。偏無寐，算今年錯、想前年事。

海天闊處　代題嘉應饒鏡塘祖培《航海迎養圖》

海天闊處行舟，茫茫四顧渾無際。烟痕亂點，中原如髮，魚龍影裏。纔過瀛洲，又逾桂嶺，認鄉園地。入門同失笑，含飴大母，摩孫頂，慈顔喜。　細數春來近事，幸波翻，水仙隨逝。螺山暫别，蛋船更换，鯉庭遥至。多謝飛廉，飀風吹散，向吴淞水。到團欒眷屬，重幃健飯，把征圖繪。

多麗　夜發張家集，道中懷古。

趁宵征，一天風月淒清。更無人、驅車道左，鞭梢指向彭城。想重瞳、中原逐鹿，恃神力、破滅秦嬴。南控江淮，北連齊魯，名都建置勢崢嶸。奈芒碭，真人氣盛，一劍了平生。誰憑吊、英雄兒女，同此傷情。　燕子樓、空春寂寞，呢喃莫聽雙聲。縞衣羞、把紅襟繫，隨窗外、唤徹流鶯。多謝香山，新詩却寄，十年幽夢驀然驚。是垓下、虞姬魂返，携手合偕行。無窮恨，烏江野渡，東洛前程。

春風嫋娜　滕縣道中聞鵲聲

問東風幾日，便到郊原。乾鵲喜，噪聲繁。正遥山睡醒，推開宿霧，柔條抽起，挂上朝暾。語燕偏忙，呼鶯尚早，筭是春來第一番。未必笙簧許同譜，端愁桃李太無言。　寂寞滕陽故址，誰馳馬去，征夫過、跨懶雙轅。黄塵裏，好音喧。思量此際，何處庭軒。螘酒篘成，金尊香泛，蝶衣舞倦，玉蕊枝翻。聽余新調，定佳人惹笑，鸚哥教學，渾不嫌煩。

綺羅香　汶上旅，夜雨，即事有贈。

十七年華，劉家妹小，試把名兒偷數。衹解行雲，羅韈淺凌波素。便息嬀、無語魂消，誤認作、緋桃盈樹。甚思鄉夢影迷離，巫山高處暮行雨。　太守多情如許，疑是前身玉局，朝雲携取。欲侍才人，又被亂鶯争妒。屬卿卿、消受春風，等郎歸、作楊枝主。好姻緣成就今宵，謝披衣玉女。

晝夜樂 帆車

錯疑陸地行舟也，一幅布、帆低挂。從前枉費推移，到手東風好借。便北人何須使馬。飛車穩、向奇肱跨。歷碌走輕塵，似波濤傾瀉。　清游慣説江湖話。浪聲喧、轉驚怕。愛他自在中流，却衹行來原野。水面生涯都奪取，渾不管，榜人偷駡。異製想西夷，又輪船高駕。

綺羅香 茌平贈雛妓

緑暗紅稀，東風懶舉，當作晚春時候。宿鳥群飛，忽改調新聲奏。看早鶯、遷向高枝，把一串、珠流檀口。鎮憨痴唤起閨情，登樓人怕折楊柳。　却是暖調纖手，衹四條絃子上，教人消受。走徧風塵，總落奈何天後。怪他生、小不知愁，數金錢、替掀雙袖。有餘音儘繞梁間，箏清歌侑酒。

風入松 贈腰跕歌者張桂仙

鶯鶯燕燕那人家。問取好年華。拈花十八嬌無語，把三條、絃子輕撾。心上連環誰解，聲聲慢眼波斜。　梨雲低傍鬢邊鴉，淡抹暈痕遮。素娥戲唤勾愁起，廣寒天、舊夢争差。試拜階前新月，可拋粉黛生涯。

賀新郎 德州旅夜不寐，寄懷奉節鄧希唐徽積。

是事皆緣也，七年前、君來錦里，正相知寡。绛帳春風欣識面，别緒逢秋便惹。衹不見、聽君行罷。滿地槐黄君又至，痛更番、鎩羽青霄下。襟上淚、共君灑。　君歸我亦東游者。泊夔門、尋君無路，把天涯話。君賦西征應幾日，我更燕齊走馬。一例裏、微名牽挂。桂子君家元故物，想清標、玉映情難捨。眠不穩、相思乍。

喜遷鶯 衆舊稾寄昭如

秀才文字，是一片心肝，莫輕拋棄。十載哦成，連篇寫就，此事解人無幾。爲有左家阿妹，閨閤居然名士。恰知我，盡搜羅古錦，詩囊親製。　珍祕。都當作，長爪郎君，尚在人間世。詠絮庭前，扁舟送别，强半舊吟忘記。小住景州城北，勾起浪仙前事。想謄稾，恐推敲未穩，煩君遥寄。

薄倖 本意

一聲長嘆，誰分遣、柔腸寸斷。便斷也教人憐惜，忍把負情儂唤。奈罡風、吹下梳翎、天涯認作將歸雁。縱酒滿金尊，花飛玉笛，赢得淚珠偷嚥。　端怕煞、淒凉境，渾不耐些時不見。怪來遲片晌，佯嗔忍笑，寒更數盡重開宴。者般留戀，箏鲰生薄倖，櫻桃錯打黄金彈。從今過犯，折却相思一半。

摸魚兒 寓齋夜坐，感事聞歌。

鎮思量、錦官城外，燕鶯嚦滿春色。携壺醉倒青羊市，醒過荷花生日。頻結客，巾扇桂、湖來近水鋪歌席。天香露裛。又子落湖心，梅梢信早，探向少陵宅。

傷今夕，何處鄉園雅集？偏他寒意蕭瑟。燈紅酒緑尋常有，奈被兩層城隔。愁倍劇，歡喜地、算來總變清凉國。櫻桃誤摘，正欲夢還家，抛除綺思，鄰壁一聲笛。

滿江紅　戲贈朱少軒

措大心情，是真箇、自家不解。插脚向、春明塵裏，看空人海。好色拌爲名士累，聞歌好是群兒在。倒金尊、一醉一歡呼，渾無奈。　痴絶處，都驚怪。愁深處，難擔戴。問乾坤如許，有誰能再？鎮日流連端恨别，從今擺脱休言悔。願天公、償取舊清狂，風流債。

奪錦標　丐新建范藕舫金鏞繪蝶

此樂仙乎，瞢騰一晌，幻作翩翩花使。去向秋千院落，檀板輕敲，粉香低墜。恰芸窗眼快，盡多事、將春游戲。唤春駒、紙上閑行，拂素毫春風起。　真箇天然畫意，安樂窩中，眷屬更番携至。舞罷彩衣身倦，藉草鋪茵，認酣眠地。到蘧蘧覺後，是南柯、何曾忘記。溯神游、舉棹章門，飛上滕嬰圖裏。

乙亥（1875）

滿江紅　題西陽高惠川提督古彪把釣圖

一抹清江，誰道有、英雄把釣。驀地裏、兜鍪擲下，仰天而笑。赤手鯨鯢曾縛取，功成衹合垂綸老。拂珊瑚、吾意欲東行，蓬萊島。　襟帶水，凉痕□。蘆荻岸，寒聲峭。趁無邊秋色，刖開懷抱。二寸魚肥應適口，雙了兒小同舒眺。望風濤、瀛海未全平，遲游棹。

高陽台　酒間，賦贈德化程曉川元目。

笑指長安，紅塵十丈，選人隊裏逢君。置酒歡呼，醉來疑假疑真。大孤山畔分飛處，也同他、征雁離群。問閑雲、出岫何心，忍别柴門。　三年苦憶還相見，便徵歌選笑，隨處留髡。北地風寒，可堪瘦骨長貧。憑君細述從軍樂，奈阿蒙、久不能軍。再休論，花滿芳園，月滿芳尊。

丙子（1876）

念奴嬌　喜晤武柳齋賦贈

故鄉何處，□故人相見、抛除離恨。握手纏綿纔數語，又把牢愁勾引。君上春官，我隨秋賦，已隔雲泥分。鬚眉如許，風塵中有誰認。　休論碣石題詩，燕臺縱酒□，□空悲憤。試數家園多少事，一任平安無信。月滿南樓，遥憐兒女，苦被青衫困。且因君笑，蓬萊望里將近。

蝶戀花　憶昨

天半朱霞驚乍見。旖旎風流，眼角含嬌盼。問姓便將儂姓唤，争禁地者般温婉。　小坐餘芳都不散。靄靄春雲，慣逐東風轉。衹惜芳名生小擅，宵深忍病陪歡宴。

其二

雅俗憐渠都得半。撥盡檀槽，又把絲桐按。彈到仙翁腸欲斷，臨風肯逐霓裳伴。　艾艾期期聽總慣。喜遇知音，一鳳當筵唤。莫道登場歌婉轉，青衫濕透紅顔涴。

其三

喜是杏林春日燕。箇甚憨痴，解捧雲郎硯。袖底芬芳渾不辨，偎肩故故防人看。　一笑登場裝束换。酒後茶餘，却又清談慣。别樣聰明流□眼，十三年紀今剛滿。

其四

記得歌場剛一見。秀人眉峰，更瘦腰輕倩。儂爲情痴應趁願，宵深强便持箋唤。　亦有悶懷難自遣。誰分琴徽，中道鵾絃斷。無限花飛春不管，重歡已是離亭宴。

其五

生怕秋深花事短。漏洩春光，幻作紅襟燕。削額髮垂剛不掩，朱唇小結櫻桃半。　道是蕊珠仙被譴。絮語呢喃，妒煞新鶯囀。嬝娜妝成偏汝慣，盡呼醋醋將誰怨。

其六

玉笛悠揚聲不斷。順口歌成、愛箇兒清婉。窄袖短衣妝束慣，登樓忽露紅妝面。　一體靈貍誰解辨。綺麗叢中、且把胡琴亂。衹是從人邀拇戰，當筵依舊豪情見。

滿江紅　寄懷南昌萬少園立鈞、豐城歐陽阮齋元熙、都昌李秀峰乘時。

肯信躭吟，便生把、科名折去。怪執手、同聲驚嘆，一般言語。我似雲英身未嫁，君疑月旦評無據。太難堪、南北屢分馳，空期許。　襟上淚，痕都沍。江上路，行殊苦。幸篷窗相對，悶懷傾吐。送客還家剛惜别，從人召飲頻歡聚。笄天涯、知己有逢迎，真詩助。

綺羅香　登臨川擬峴臺，敬瞻曾文正公栗主，並公手書《南豐序》。

一笑登臨，烽烟早靖，城郭人民如故。遥想當年，相國督師親駐。整軍暇、憑眺山川，更携取、羊公賓佀。看今番緩帶輕裘，長江指顧收樓櫓。　文章也勝子固，説甚裴君政績，抽毫重序。墨瀋淋漓，競把碧紗籠護。是奇人、天與風流，問墮淚、一碑何處。中興功、總過三分，拜龕中木主。

惜黄花　題友人勘書圖

先生休矣，底須如此。盡埋頭，把陳編、又重翻起。書已誤人多，筆誤尋常耳。管落葉、打窗聲碎。　從來名士。未除習氣。問誰能，攫金錢、不談文字。魚魯試參詳，纔識詩書味。但莫誤、古今圖史。

壬午（1882）

金縷曲　赴都謁選，福五兄師以詞贈行，謹次元韻。

此責真難釋。痛無端、□椿樹殞，把孤雛擲。身世艱危多少事，何止微名未獲。誰宦海、還思游歷。衹爲慈烏須反哺，况荆花、更值田家厄。伴倦鳥、奮空翩。　光陰已後看看追。最撩人、男錢女布，不眠終夕。未必絃歌夫子笑，悔遣胡笳亂拍。賸愷惻、長縈胸膈。儻許河陽花早種，盡先人、治譜能追憶。吾去也，意何極。

念奴嬌　羅麗生屬題美人把鏡圖

問卿何事，對青銅，細細匀成嬌面。任說朱顏，長美好，没個檀奴偷看。淺鬟鴉堆，淡眉蛾掃，畢竟教誰管。者般情況，自家也合難遣。　那解就里風流，盈盈一水，慣將雙瞳翦。我愛卿卿，卿愛我，悄地沈吟多徧。坐怕花羞，眠防蝶妒，争把全身現。肥環輕薄，小名休誤同唤。

癸未（1883）

尉遲杯又一體　有贈

甚心情。者時節、更有花事興。當場顧影娉婷，渾未到十三齡。尊前試携，取愛箇、兒素口淺含櫻。佯誤認、春燕重來，向人嬌語生生。　我已舊夢都醒。問禪心、泥絮撲打何曾。一縷柔絲偏惹恨，幾番横笛暗飛聲。怪無端、天與風流，任何戡絶倒亂呼傖。便從此、爛醉芳叢，不須聽説飄零。

戊子（1888）

賀新郎　懷遠宫公農山命題叱馭圖，圖爲光緒三年公上延安府時作。

叱者胡爲也，看烏延、峰巒萬疊，仄難容馬。要展書生平生志，鞭向驕驄亂打。便九折、何須驚怕。况值春深無青草，聽哀鴻、一片聲盈野。憂國淚、仰天灑。　時平暫乞歸田假。十年間、烟波畫鷁，盡情游冶。驀記邊關艱危事，重指青門税駕。笑髀肉、居然盈把。爲問牧龍川前水，更渠饑、□飲清流下。長嘯處，筆横寫。

作者單位：西華大學文學與新聞傳播學院

蜀學書評

采玉集珠鑲錦繡 裁雲剪月鑄華章

——《仰望東坡》詩詞集簡評

陳伯勳

内容提要： 近讀四川作家孫仲父先生的詩詞集《仰望東坡》，不僅訝然於仲父先生深厚的古典詩詞造詣，更爲題材的廣闊、藝術手法的多樣嫻熟、藝術風格的多姿多彩著迷，深感這確實是一本不可多得的格律詩佳作。詩集的一個顯著特點，就是繼承了我國從《詩經》發端的“文章合爲時而著，詩歌合爲事而作”的優秀現實主義傳統，藝術地表現社會現實，富有强烈的時代感、人民性和現實性。改革開放以來國際國内的歷史風雲及重大事件，詩人都没有缺席。詩人以敏鋭的審美感知能力和多樣的藝術手法，巧加裁剪，用鮮明的藝術形象和優美的意境，傳達出豐富的情感，充分體現出作品强烈的現實精神和對國家、民族及人民的深沉熱愛。善於熔鑄古人佳作名句是詩集的又一特點，從而成功營造出異彩紛呈的藝術意境和多彩多姿的藝術形象。讀其詩，便能獲得一種悠遠的歷史感和古典美的審美享受。

關 鍵 詞：《仰望東坡》；詩詞集；簡評

文學創作中，詩最難事也，作古典詩詞尤難。因爲要遵守嚴格的格律，正所謂戴著鐐銬跳舞也。近期四川大學出版社出版了孫仲父先生的詩詞集《仰望東坡》和《唐庚詩百首賞析》。仲父先生的這兩本書，一本是自己創作的古典詩詞，一本是對北宋文化名人、素有“小東坡”之稱的唐庚格律詩的賞析，互相呼應，相得益彰。正因仲父先生是創作古典詩詞的詩人，詩人對詩人自有獨到的眼光，所以對唐庚詩的賞析就顯得精准到位。中國的傳統古典詩詞是我國優秀文化傳統的重要組成部分，我們今天要建設中國特色社會主義文化，就要繼承和發展我國的優秀古典詩詞傳統，這應該是題中應有之義。我們對兒童傳統文化的啓蒙，難道不都是從“鵝，鵝，鵝，曲項向天歌”“春眠不覺曉，處處聞啼鳥”開始的嗎？可見傳統詩詞在繼承發揚我國優秀傳統文化中的重要地位。由於詩人的父親 1948 年去了臺灣，仲父先生的青少年比常人經受了更多的苦難。但正如巴爾扎克所説，貧窮和苦難是最偉大的母親。詩人在逆境中没有自暴自棄、頹廢消沉，而是在每天的沉重勞作之餘，在昏黄的油燈下，痴迷、浸淫於傳統的古典詩詞之中，並下決心，以杜甫"吟安一個字，撚斷數莖須""語不驚人死不休"的嚴謹創作態度與精神，作爲自己追求的目標。詩人刻苦研讀我國優秀的傳統詩詞，"夢會東坡，神交五柳""寧將紙上千行字，换得肩頭兩鬢星""艱難困苦，玉汝於成"。仲父先生終結碩果，可謂"青春有幸終磨劍""暮年詩賦動鄉關"矣！

近日夜讀仲父先生的詩詞集《仰望東坡》，感慨良多！不僅訝然於仲父先生深厚的古典詩詞造詣，而且對其集中題材的廣闊，藝術手法的多樣嫺熟，藝術風格的多姿多彩，情感之真摯豐富，迭出的佳篇佳句，每每陶醉其中，擊節嘆賞，竟不知今夕何夕！我深深感到，這確實是一本今人所作的難得的格律詩詞集，值得評薦。

孫先生這本詩詞集的一個顯著特點，就是繼承了我國從《詩經》發端的"文章合爲時而著，詩歌合爲事而作"的優秀現實主義傳統，藝術地表現社會現實，針砭時弊，關注民生疾苦，富有强烈的時代感、人民性和現實性。改革開放以來，香港回歸，飛船上天，航母下海，北京奥運會，汶川大地震等歷史風雲及社會的現實重大事件，詩人都没有缺席。詩人用敏鋭的審美感知能力和多種藝術手法，剪裁入詩，用鮮明的藝術形象和優美的意境，傳達出豐富的思想和情感，充分體現出作品强烈的現實主義精神和對國家、民族及人民的深沉熱愛。如《觀"歷史轉折中的鄧小平"懷鄧公》："抽絲撥亂教科先，獨挽狂瀾解倒懸。收拾人心歸正道，耕耘雨露播春天。藩籬盡破千帆競，彩筆新描萬象研。"……《賀中國第一艘航空母艦瓦良格艦首航》："横空出世氣如虹，勢壓三山五嶽雄。東海揚波驚宇内，長鯨擊水嘯英風。圜夢百年終有待，彎弓射箭向蒼穹。"這一時期詩詞的藝術風格，多以雄渾豪邁爲主，間有沉鬱之風格，整體呈現多元化。

對社會上的一些醜惡現象，詩人也繼承了傳統詩詞針砭時弊的批判精神，用他嫉惡如仇的詩人之筆，予以無情的揭露和辛辣的嘲諷。如《漫成二首》、《七絶·無題》三首、《詠螃蟹》、《贈房叔》等作品，表現出詩人"青松恨不高千尺，惡竹應須斬萬竿"的鮮明的愛憎情感，但又深得《詩經·國風》的諷刺之旨和杜甫《贈花卿》的藝術手法。《爲雲貴大旱作》《祈雨》等篇什，則繼承了儒家以民爲本的思想及對底層貧苦人民的悲憫情懷。

孫先生詩詞集的另外一個特點，是把對長期骨肉分離的情感和渴望臺灣早日回歸祖國懷抱的情感有機地聯繫統一起來了。像孫先生這樣把抒寫家庭分離、親人聚散的情感與國家統一、領土完整的民族情懷有機聯繫起來的詩作令人感佩。"百年遺憾金甌缺"，孫先生對神州大陸"金甌缺"的現狀感到痛心疾首，深情地呼唤國家的統一："趁良辰，舉酒向臺澎，邀明月。"（《滿江紅，辛亥百年感懷》）詩詞中的憂傷悲恨情感是從其肺腑中流出來的，字字血淚，讀來十分感人。如詩人父親去世不能赴臺奔喪，因思成夢，《憶夢寄臺北淑文胞妹》："情牽五指思黄鶴，墳塋一壘笛音寥。愁腸百疊撫猶劇，離恨千重理更憔……惟將夢境訴枯筆，淚下潸然似水澆。"《甲午清明五指山祭父》："凄遲廿載願初償，一睹親墳陪感傷。翠柏有心環拱墓，紅鵑無語泣斜陽。滿斟離恨三杯酒。盡訴憂思百結腸。明燭紙錢和淚祭，年年今日永相望。"回憶兄妹長期分離的初次見面詞《玉蝴蝶·中秋寄臺北淑文淑琳胞妹》："海峽一灣淺水，雲遮霧繞，幾度陰晴，六紀分離，怎阻骨肉親情？……接機口，心緒難平。乍相迎，兩相擁抱，淚灑如傾。歸程，……杜鵑聲裏，芳草青青。望明朝，舉杯共勉。傷往昔，欲哭無聲。"意境凄美，詞風悲慨，哀婉動人，感人至深，讀來也令人柔腸寸斷，不禁潸然。

詩詞集中詩友之間的題詠唱和之作亦不在少數，頗具特色。正如他自己所説："網緣幸結性情真，游標閑擊續華章，更喜佳人過訪。"得以結識天下諸多格律詩詞的優秀作者，互相唱和切磋，如琢如磨，産生了不少優秀作品。在這一大批作者中，更有一海粟、婉若輕揚、輕寒翦翦、詩雨幽蘭、如水凡心等一大批古典詩詞女作者，筆者感到十分驚訝和欣慰，這也充分證明了傳統詩詞的巨大魅力。讀集中所附她們的詩詞佳作，不禁使人想見她們才情俱佳、格調高雅、帶有古典美氣質的優雅形象。難怪仲父先生也感嘆道："憑海風雲生浩氣，鬚眉今日讓嬋娟!"古典詩詞創作，在當今受商品交换價值規律支配，速食文化盛行的文化市場上，並不怎麽受重視，正所謂"古調雖自愛，今人多不彈"。所以仲父先生及他的一大批詩友對古典詩詞多年的創作與堅持，殊爲難能可貴，令人十分欣慰和敬佩！他們對於古典詩詞的普及與創作，有著重大的意義和廣泛深遠的影響，竊以爲會在古典詩詞傳統的繼承與發展史上留下濃墨重彩的一頁。

仲父先生的這些題吟唱和的詩詞作品，情感豐沛，真摯細膩，以含蓄委婉見長，整體風格以婉約爲主，但也多有勁健豪放風格之詞。步韻往事如烟兄《讀陸游沈園題壁〈釵頭鳳〉寄感》三首，就爲我們營造出當年陸游與唐婉愛情悲劇的凄美意境，情調哀婉動人，也傳達出作者對封建禮教勢力的譴責及對陸唐不幸愛情的深深惋惜與同情。如第一首："重尋舊徑迹相隨，吟罷釵頭不勝悲。錦閣閑池留永恨，西風瘦柳剪愁眉。依稀夢鎖千年壁，寂寞園荒七尺碑。橋下請波流萬古，驚鴻一逝渺難追！"七律和一海粟《遥向風雲覓小詩——知青短歌代序》："綺窗獨坐夜闌時，讀罷臨江淚滴詩。冷雨凄風纖袖弱，孤雲旅雁寸心知。"七律依韻和海粟知青感事之《耕老春秋》中"寒月不圓心底夢，昏燈每照鬢邊塵。誰知後土終憐我，矩料春風肯作鄰"，詞風婉約，意境凄美。又如《七律·讀〈紅寥集〉有懷寄海粟吟友》《滿庭芳·步韻和婉若清楊》《臨江仙·步韻和輕寒剪梅》《臨江仙·和詩雨幽蘭"秋吟"》等，都用細膩真摯的情感、含蓄委婉的筆觸，寫盡詩友之間的關愛與繾綣深情。《韻和夏日駿馬轆轤體"一肩風雨任西東"》等，也都是描寫詩友情誼的難得佳作。這些唱和之作中，也不乏豪放之詞，表現出作者風格的多樣。如"老驥伏槽，憂懷家國，頻添鬢上繁星""潮起千帆急，壯懷意氣方遒""登高思浩蕩，極目滿江紅”“壯歲風雲江海溢，乘槎欲泛天涯”“揚帆思萬里，齊唱大江東”“一肩風雨任西東，放眼登高向九穹。風越三湘思欲舉，雲開五嶺盡葱蘢”。《題〈白鷹圖〉》五首中的“迅如疾電雪如身，壯志凌霄接漢宸。昂首長空唯寄傲，巡天閱海自深沉”“振翮垂雲薄昊天，金睛利隼劍高懸。寒光直下驚狐兔，掃盡乾坤賴鐵肩”。詩人借鷹抒懷，詞風勁健，讀來也不免“蕩胸生層雲”，豪情起胸懷了。

大自然的美，從來都離不開獨具審美感知能力的人而存在。正是人的審美纔使外界“自在”存在的自然事物具有了社會美的屬性。仲父先生在詩詞創作中，對山川湖海、花草林木、風雲雨雪無不剪裁入詩，爲我們精心繪製出一幅幅風格各異的優美自然畫圖。詩人在對大自然事物的描寫中，又托物言志、借景抒懷，蘊含著詩人創作時的思想情感，打上了仲父先生獨特的個性，成爲這類衆多作品中恩格斯所說的“這一個”，由此與其他詩詞作者同類題材的作品區別開來。如梅蘭竹菊四君子，爲歷代騷人墨客所書寫吟詠的共同題材。仲父先生對梅蘭竹菊的描寫，就是用擬人手法在對它們不懼風霜雪劍嚴酷環境的高凜氣節與堅貞品質共性的歌頌中，用自己的審美情感營造出了屬於詩人自己的審美意境和藝術形象，因而又與其他詩人同類題材的作品有所不同。如《七絶・題楚雪小品〈竹〉》：“疏枝勁節向天穹，瘦骨從來傲朔風。月弄婆娑搖素影，清心一片自葱蘢。”《七律・詠梅》：“每歲冰寒唱朔風，高標恥與百花同。芳心自是仙魂種，勁節從來鐵骨雄。”集中的《秋景系列》，少了“自古逢秋悲寂寥”的傷感消沉氣氛，看到的是詩人分别爲我們所描繪的鄉村原野秋天不同時令的景色，特别是“醉秋”“訪秋”所描繪的原野鄉村絢麗的豐收畫圖，讀來令人陶醉不已。

仲父先生詩詞集中還有幾首詩值得我們留意。一是《七古・述懷兼寄吴學鎮先生》，作者用慢板行歌體和沉鬱凝重的筆調叙述了自己的身世、成長經歷和感受，有助於讀者對作者不同時期詩詞蘊含的思想情感及風格的深度瞭解。二是《漫成九首》《七古・讀詩偶得兼呈吴學鎮先生》。作者在詩中對我國文學史上有重要影響的大家逐一進行了點評，並對詩詞的創作提出了自己的見解：“人生閲歷即詩歌，好詩自在功夫外。論詩首推境界説，形象鮮明呼欲出。意到惜墨當如金，散文入詩意轉拙。”既是作者的體會及經驗之談，又表現出了作者的審美情趣和審美理想。至於作者的點評是否全面，精准，則見仁見智，但也可存爲一家之言。

作者在詩詞集中還有兩個特色：一是在藝術手法上的多樣化，嫻熟綜合地運用了形容、想象、誇張、擬人、比喻（借喻、隱喻）、描等藝術手法：二是整句借用或者部分借用或靈活化用古人名句融入自己的詩詞之中，如“烟籠寒水月籠沙，我有迷魂招不得”“莫道雲山遮望眼，衹緣未達最高層”“落花時節不逢君”，成功地營造出異彩紛呈的藝術意境和多姿多彩的藝術形象。熟悉我國古典詩詞的作者讀其詩詞，便能獲得一種悠遠的歷史感和古典美的審美享受。

集中還收入賦三篇。其中的《重建大雅堂賦並序》深得漢賦“鋪采摛文，體物寫志”之要旨，對大雅堂的始建、重建及其古今的意義、影響，對其地理山川形勝的描寫，極盡鋪陳叙事和抒情之能事。賦用駢文體，以四、六句爲主，間有變化，句式錯落有致，對仗工整，辭藻華麗，音韻和諧，節奏鏗鏘，讀來心曠神怡，産生極大的美感，雖未登臨，讀其賦，則已有登臨之感矣。

可能由於時間緊迫，仲父先生的《仰望東坡》中尚存在校勘不嚴、個别文字錯漏等問題，至於體例編排，似也有商榷之處。些許微瑕，料仲父先生於再版時定能克服。

作者單位：樂山市文化局新聞出版局

《讀好書齋詩文鈔》論略①

馬　旭

内容提要： 1927年成都扶經堂刊刻印行的《讀好書齋詩文鈔》，是四川學者劉咸焌的詩文集。該詩文集後無再版，世人對之瞭解勝少。《讀好書齋詩文鈔》用文言文創作，在新舊文化交替之際，對傳統文化的繼承和發揚具有一定意義，並且詩文集内容大都與劉氏家族文化有關，對瞭解劉氏家族文學生成創作具有重要作用。

關 鍵 詞： 劉咸焌；新舊文化；詩學

清末民初，在新舊文化交替過程中，傳統文化並没有失去它的主體地位。即便主張新學的知識分子，在文學創作中也會寫舊體詩、作文言文。文化守舊者更有大量的詩文集創作，這些詩文集大都以古體詩和古文創作爲主，對保存和發揚傳統文化具有一定意義。《讀好書齋詩文鈔》是四川學者劉咸焌的詩文集，1927年由成都扶經堂刊刻印行，刊印後流傳範圍小，且此後無再版，因此，後來學者鮮有人知。目前，《讀好書齋詩文鈔》藏於四川省圖書館，共收録劉咸焌古體詩264首，古文近百篇。文集對瞭解劉氏家族文化以及傳播傳統文化有較爲重要的作用。

劉氏家族，是清代成都較爲重要的文學家族。從清朝嘉慶年間至民國初期，一百多年間，劉氏一門連綿三代，授進士二人、舉人四人，産生了以劉澤（1766—1837）、劉沅（1768—1855）、劉棖文（1842—1914）、劉桂文（1827—？）、劉咸滎（1857—1949）、劉咸燡（1876—1947）、劉咸焌（1870—1935）、劉咸炘（1896—1932）等爲代表的一批文人學者，其中尤以劉沅、劉咸炘的學術成就最爲顯著。劉咸焌，字仲韜，劉沅第十五孫，既是劉咸炘的啓蒙老師，又是他的堂兄。劉咸焌在幼年時，由於七伯父劉檍文下世較早，七伯母常年多病，經與劉桂文夫婦商量，族人敦促，將劉咸焌過繼給七房，以爲承嗣。劉咸焌性情沉厚，喜好讀書。其父親劉桂文對他影響最大。劉桂文在廣西任知府時，劉咸焌隨侍來廣西，在父親身邊認真伏案學習，於光緒二十九年（1903）考上舉人。此時，父親劉桂文已經離世，劉咸焌無心於仕途，下第歸來，立志講學。在成都，他先後創辦了明善

① 本論文是巴蜀中心重大課題“清代成都劉氏家族與蜀學研究”（BSWHZD18-02）階段性成果。

書塾、尚友書塾、崇德書屋。劉咸焌一生，以育人爲樂，施善爲務。除了創辦學堂，教書育人，他剩餘的時間都花在了慈善事業上。他在成都興辦“樂善”“崇善”兩善所，在雙流興辦“與善公所”，新津興辦“廣善公所”，温江興辦“作善公所”[①]。善所主要用於募捐籌資建立祠堂、學堂，救濟貧困。

“讀好書齋”是劉咸焌書齋之名，劉咸焌有詩《讀好書齋》三首：

讀好書齋好讀書，荆花吐焰映門閭。紅榴多子人人取，緑竹填孫個個鋪。睡覺更聞木樨味，青芬高折向蟾蜍。寒有梅花作良友，四時景物入畫圖。

讀好書齋讀書好，紫荆掩映紅薇老。石榴花放氣甘香，緑竹猗猗短墻道。翠柏階前古色多，木樨雲外天香早。梅花屋角最關情，如玉婷婷真獨造。

讀好書齋書好讀，天地寬間與老屋。古寺儲版勝扶經，高樓葳書欣致福。朝無熟客總叩門，夜有仙人來止宿。茂育名堂亦偶然，十年之記聯樹才。[②]

這組詩描寫了讀好書齋幽静古樸的讀書環境。書齋一年四季如景，春有紫荆花，夏有石榴花，秋有桂花，冬有梅花。四周的緑竹和翠柏更爲書齋增添了幽静的氛圍。詩人盡力渲染書齋優美的環境，是爲突出讀好書齋是一個“好讀書”“讀書好”“書好讀”的地方。最後一首詩點出了讀好書齋獨特的地理位置。它與劉氏家族純化街的城南老屋相對，近臨扶經堂、致福樓、茂育堂，這三堂均是由劉咸焌創辦的劉氏家族刻書之地，主要刊刻劉氏家族成員的作品集。如我們現在所見《槐軒全書》《推十書》《讀好書齋詩文鈔》《静娱樓詩存》均出自於這三堂。讀好書齋在這樣一個具有學術氛圍的環境中，自然是讀書的好地。劉咸焌以讀好書齋命名詩文集，以示人學有所歸，告誡門人讀書要讀好書。

一、《讀好書齋文鈔》

《讀好書齋文鈔》是以文體分類創作的文集。其中包含論説、銘、贊、題跋、序引、書啓、壽言、哀祭、雜記、墓誌十種文體文。劉咸焌文集創作最大的特點是對劉氏家族文化的宣揚。他的題跋文均以題跋《槐軒全書》爲主題，如《跋金堂趙鎮繼善公所槐軒全書匣面》《贈孫星五槐軒全書》《題槐軒全書贈宋光晟》等。劉沅所著《槐軒全書》是劉氏家族書塾教學的重要書籍，無論對家族子弟還是門人，《槐軒全書》乃是必讀書目，劉氏家族成員也常常贈送《槐軒全書》給門人，

① 四川省雙流縣委員會文史資料研究委員會編：《雙流縣文史資料選輯》第12輯，1994年，第36頁。

② 劉咸焌：《讀好書齋詩文鈔》，民國十六年成都扶經堂刻本。

以傳播槐軒學説。《題槐軒全書贈宋光晟》記載：

宋顥川先生倡捐祭田，爲槐軒書籍刊版之費已數十年。其曾孫光晟來學於余，適余重刊全書告竣，新印一部贈之。門弟子及其子孫，各行其心之所安，猶願宋氏子孫能讀此書，如光晟者，接踵而起也。光晟已設書埠，吾爲命名曰傳經云。①

劉咸炘贈《槐軒全書》於學生宋光晟，一方面是因爲宋光晟之祖宋顥川曾爲《槐軒全書》刊刻捐資，另一方面則是希望門人弟子能學習《槐軒全書》，以發揚光大。由於劉氏子孫的推崇，槐軒學説也曾在川外其他地方傳播。清咸豐中，侯官林鴻年爲雲南布政使，喜讀《槐軒全書》，受業於劉沅弟子劉芬，遂後辭官，在福建傳習槐軒學説，閩人稱劉沅爲"川西夫子"。北京段正元道德學社、山西平遥日升昌票號李氏都曾刻印槐軒書籍。②

劉咸炘創作的壽言、哀祭、墓誌文體則多以劉氏家族成員爲對象。通覽這些文章，我們可以看出劉咸炘對家族親情的重視，亦可看出劉咸炘文風樸實，對於這類實用性文體，他既能遵循舊例，又能記述本於事實，不諛不贅、不煩不苛，情思真切誠懇，具有較高的文學性和認識價值。《劉子維夫子暨師母王孺人七秩壽言》：

廁門弟子之列，步槐陰外，坐春風中，日常十數輩。羸者祝其强，病者祝其康，乖戾者祝其和合，危苦者祝其安樂。退則閉户展卷，手不停披，書弗遑暇，食中夜寐，平旦再興，戍然而寐，遲然而覺，與天爲徒，與古爲徒，不復問家人生産事若是者，吾師子維先生之行也。

年復一年，天佑善人，轉禍爲福，羸者以强，病者以康，和合無乖戾，安樂無危苦。已逾歲制之禮，乃獲加年之慶，若是者，吾師母王孺人之行也。吾師母微内助之力，不及此也。聞吾師少年體素弱，復劬於學，家累怒以攖心，迨老而神明既固，教誨不倦，益無心瑣屑。③

劉子維，名梖文，是劉咸炘之師，劉咸炘之父。文章之初先提出因壽者情況不一，祝壽内容也不盡相同。接著，描寫劉梖文的人物特徵："閉户展卷，手不停披，書弗遑暇"。對劉梖文的刻畫，劉咸炘是從大處著筆，主要突出劉梖文讀書用功、育人有道的特點。隨後，對劉梖文之妻王氏的描寫則從生活小事著筆，王氏對劉梖文無微不至地關懷，對門人子弟教誨不倦，實爲劉梖文的賢内助。儘管文章是駢文的形式，但用詞並不華麗，劉咸炘用樸實的語言、真實的感情表達了對壽者的祝福。清人曾國藩曾在《田昆圃先生劉氏壽序》一文中指出，時下壽文有四種弊端："壽序者，猶昔之贈序云爾。贈言之義，粗者論事，精者明道，旌其所已能，而蘄其所未至。是故稱人之善，而識小以遺巨，不明也；溢而飾之，

① 劉咸炘：《讀好書齋詩文鈔》，民國十六年成都扶經堂刻本。
② 雙流傳統文化研習會編撰：《槐軒概述》，上海科學技術文獻出版社 2015 年版，第 83 頁。
③ 劉咸炘：《讀好書齋詩文鈔》，民國十六年成都扶經堂刻本。

不信也；述先德而過其實，是不以君子之道事其親者也；爲人友而不相勖以君子者，不忠也。”[①]可見，曾國藩提倡的壽文應是“明道、重實、真信、忠情”。我們對比劉咸焌創作的壽文，亦可看出他的壽文正彰顯了這樣的特點。

《劉豫波先生暨師母黄孺人壽頌》：

> 槐軒之南有静娱樓，上倚茂樹，下臨清流，吟眺其閒，樂以忘憂。主人爲誰，吾豫波夫子也。静娱之樂，實爲壽征，家承心學，惟智與仁，天倫樂事，備於一身。請言其樂，古稱上壽八十之年，康强逢吉，涵養性天，樂在娱親，承歡膝前，吾太師母黎太淑人之樂也。詩詠偕老，琴瑟在禦，焚香讀書，澹然俗慮，樂在静好宜家内助，吾師母黄孺人之樂也。
>
> 夫子之文章，應上玉堂，静娱詠史，空谷蘭芳，叔重知己，捧檄吾鄉。辭金楊子教，思不忘典，論日文章，無窮未足以當之也。夫子之經，濟鄉幫小試公卿到門服其高誼。静娱清名，不爲人忌，諸葛謹慎，淡泊明志，易又之藏器於身，待時而動，此夫子所以爲智也。[②]

文章先言劉豫波夫婦“善樂”，從“樂在天倫”“樂在静好”“樂在兄弟和睦”“樂在立教之基”四個方面記載了劉豫波夫婦的“樂事”。次言劉豫波文章詩詞有“空谷蘭芳”之感，抒發了對劉豫波的敬仰之情。最後，刻畫了劉豫波“静娱清名”“不爲人忌”“諸葛謹慎”“淡泊明志”的性格特徵。壽文的主題思想是對劉豫波夫婦的揄揚，但行文並非言過其實，而是以壽者自身的行實、品節、德行作爲壽文的中心意旨，就事論事，既具有壽文揄揚的特點，又真實地刻畫人物性格。

劉咸焌的書啓文主要是對地方慈善事業所作的募捐啓文。這類文章對地域文化的發展有很大的宣傳乃至引導作用，是劉氏家族對家鄉地域文化建設的直接貢獻。如《培修潮音寺募捐啓》：

> 潮音佛寺也，在雙流北境，有高僧丈雪遺迹。而達摩鐵像，則明正德時所造，自聖燈山移至寺中。蓋物换星移，不知幾何年矣。寺故有田，没官已久，僧可香火，僅足自存。鄉人憐而佈施，且於其地倡辦善舉，略加修葺，以妥神靈，達摩鐵像尚溷塵囂，爰建經樓用符面壁，因陋就簡，取其適宜。夫維摩端應於唐賢，接引燈傳於勝地。雖由私祀，實本公心。勿云不急之務，尤賴衆擎之力，素好逃禪，會經避亂，誼關桑梓，言效芻猥以補文，屬爲小引，謹據所知者，陳於大雅之前，若夫種因得果，神所式憑無，俟多贅矣。[③]

潮音佛寺在雙流北側，佛寺内供奉達摩鐵像是明正德年間由聖燈山移入寺

① 曾國藩：《曾國潘詩文集》，上海古籍出版社 2007 年版，第 127 頁。
② 劉咸焌：《讀好書齋詩文鈔》，民國十六年成都扶經堂刻本。
③ 劉咸焌：《讀好書齋詩文鈔》，民國十六年成都扶經堂刻本。

中，由於寺廟主要是周邊鄉鄰祭祀所用，無官方支持，寺廟早已破損。劉咸焌寫這篇文章的目的是爲修葺寺廟募捐善款，文章詳細記載了潮音寺的地理位置、歷史變革以及具體功用，爲我們瞭解清代成都古迹提供了文獻資料。類似的文章還有《募資重修雙流黄水河柳岸橋啓》《紅十字會利孤募捐啓》《募資建築沙河堡放生池捐啓》《劉止唐先生兄弟讀書處肖像募捐啓》等。

二、《讀好書齋詩鈔》

劉咸焌詩集《讀好書齋詩鈔》共收入詩歌 264 首，其中包含五言古詩 20 首，六言詩 3 首，七言古詩 24 首，五言律詩 16 首，七言律詩 78 首，五言絶句 13 首，七言絶句 110 首。從詩歌體式上來看，劉咸焌兼善各體，無論是五七言古詩、五七言絶句，還是五七言律詩，甚至還有在清代已不多見的六言詩，他都能够得心應手地駕馭、嫻熟自如地運用，表現出較深厚的詩學功底。劉咸焌詩歌成就，究其原因，應有兩方面。

其一，有清一代，中國傳統文學進入總結時期，作爲傳統文學樣式的古典詩歌並未走向消亡，相反，在清 300 年左右的時間裏，詩歌創作數量驚人，品質也頗高。論及詩歌，人們往往稱贊唐、宋之前，對於清詩評價並不高。但實際上，清詩在文學史中的地位還是較高的，絶大多數學者承認清代詩歌在後三代的詩歌創作中比較而言成就最高，甚至有學者認爲，清代是繼唐、宋以後的第三個詩歌創作高峰[①]，“開出了超明越元，抗衡唐、宋的新局面”[②]。清詩在發展過程有其自身的特點，《中國詩歌通史・清代卷》將其總結爲：清代詩歌揚棄模擬式復古、走向集成並自成體貌，詩歌創作中心由前期的關注家國社稷、盛衰興亡轉變爲關注個人的生存狀況和一己之性情。[③]劉咸焌的詩歌創作便是在清詩發展軌迹的背景下所産生的。他全面接受和繼承唐宋詩歌創作的傳統，以傳統的體裁、傳統的構架、傳統的語言以及傳統的審美態度來創作詩歌，從這一點上來看，我們的確可以稱劉咸焌爲“復古派”。但他又與純粹的“復古”不同，由於生活在清末民初的變革時期，劉咸焌的復古，跟清前期和清中葉的復古派不同，他是將古代傳統加以整體融會貫通，綜合吸取，根據時代需要對古人傳統進行創造性整合。

其二，詩學是其家學，劉咸焌自幼就接受了極好的詩學訓練，祖父劉沅的詩歌創作是他學習的對象，劉沅詩集《壎篪集》專攻七言律詩和七言絶句，劉咸焌在詩歌創作時，有意學習祖父劉沅，在七言律詩和七言絶句創作中用墨頗多。當然，七言律詩和七言絶句的創作亦是詩技高超的表現。“律詩肇於梁陳，而法備於唐。曰律者，一爲法律之律，言必極其嚴也；一爲音律之律，言必極其諧也。”[④]律

① 趙敏俐、吴思敬主編：《中國詩歌通史・清代卷》，人民文學出版社 2012 年版，第 5 頁。
② 錢仲聯：《清詩三百首・前言》，《清詩三百首》，嶽麓書社 1985 年版，第 3 頁。
③ 趙敏俐、吴思敬主編：《中國詩歌通史・清代卷》，人民文學出版社 2012 年版，第 5 頁。
④ 鐘秀：《觀我生齋詩話》，張寅彭主編，吴忱、楊焄點校：《清詩話三編》第九册，上海古籍出版社，2014 年版，第 6135 頁。

詩創作既要求對仗，又要求聲律，如果没有較好的詩學訓練是難以駕馭的。從詩歌内容方面來看，劉咸焌很少談及國家社稷，他關注家庭，關注個人生活。而這樣的題材確是家族文學成果樣本的重要體現。劉咸焌詩歌創作，一方面體現出劉氏家學詩學的傳承，另一方面體現出劉氏家族文學對傳統文化的繼承。

劉咸焌的詩歌創作具有家族文化意義，詩歌題材大都與家族、家庭有關，具有較爲典型的家族文學成果範式特徵。首先，是以家族環境描寫爲物件的作品。劉咸焌描寫家族環境最多的是家族書塾。這類詩歌又有兩大主題，一是以家族書塾攝影爲主，二是以家族書塾讀書生活爲主。以家族書塾攝影爲主題的詩歌具有時代特徵，清末民初，西方攝影（照相）技術傳入中國，老百姓家庭會在較爲重要或特殊的日子照相留念，文人相繼會對照片題詩，這類似於中國傳統的題畫詩。劉咸焌有詩《題崇德書屋攝影》：

門前一泓水，水外半林木。數椽傍梵宫，曰崇德書屋。阿兄攤書間，阿弟執壺肅（鑒泉廿四弟）。客從劍閣來（劍閣李元基年最長），炯炯明雙目。顔（華陽顔雍耆）彭（滎縣彭子商）同把卷，壽命寧待卜。嚴陵有釣台（西充嚴純吾），潘令無案牘（三台潘錫安）。訪戴行山陰（井研戴霖川），羅隱踵追逐（三台羅鑑清）。蘇季説不行（華陽蘇瀛州），陳平智終伏（華陽陳厚餘）。二王文武資（萬縣王夔律），東北英才育。二周（蓬溪州鑑堂廣漢）並二張（蓬溪張紹烈），名山尤私淑。玉茗必風流，疑龍書滿腹（崇慶湯憲廷）。傳經豈敢言，向歆念吾族（廣漢劉季陶）。且賡鹿洞歌，聊采淵明菊。[1]

詩人用詩歌的形式再現了照片内容。詩歌前兩句描寫崇德書屋環境，崇德書屋是繼尚友書塾後，由劉咸焌所創辦的私塾，地處成都純化街劉家大院旁。詩歌前兩句再現了照片背景，點出崇德書屋水林環繞的優雅環境。詩歌剩餘部分則是對照片中人物的描寫。這些人物是劉咸焌的門人子弟和朋友，大部分是崇德書塾的塾師或學生。如鑒泉（劉咸炘）任崇德書塾塾師；李元基是劉咸焌遠道而來的朋友，年齡最長；顔雍耆、彭子商任崇德書塾塾師；嚴純吾、潘錫安等均是學生。詩歌描寫了人物在照片中的神態、動作，還記述了人物的性格特徵。又如《庚午嘉平四日茂育堂攝影用前韻》：

道謀築室喜初成，兒輩鋤經耒耜横。病體逢春翻健步，老年攝影愛新晴。風雲萬里欣同里（李蘊鼎甥倩與文德彬仁弟對門居），冰玉雙清恥獨清（張第春賢倩及其弟鵬南澄庵兩外甥）。敢有澄清天下志，願從閒禮祝昇平。[2]

這首詩的風格與前一首基本相同，祇是照片中的人物均爲劉咸焌的晚輩，因此，劉咸焌在人物描寫中，更多的是寄與對他們的希望，期望兒輩們能有“澄清天

① 劉咸焌：《讀好書齋詩文鈔》，民國十六年成都扶經堂刻本。
② 劉咸焌：《讀好書齋詩文鈔》，民國十六年成都扶經堂刻本。

下志”的擔當，早日實現願望。另《槐軒前攝影題》：“講學槐軒前，兄弟並甥舅（舍弟咸焌外甥張鏡海）。茂叔開程先（周琛周官和），德明繼朱後（廖士根）。説詩匡解頤（金匡貽），論文張大手（張啓森）。泰山孫秀才（孫萬勳），童子效奔走（孫守安）。三公甯足羨（王存樸），四知信所守（楊居仁）。出非百里才（龐光志）。處匏繫吾焉，時哉爾何有（自鳴鍾）。”[①]這篇攝影題作以槐軒書屋爲背景，指出槐軒學術的重要性，歌頌家族祖德。在人物描寫方面則是以人物所擅長的學術背景來進行刻畫的。這類詩歌還有《題尚友書塾像片》《題茂育堂攝影》《何子奇將歸保寧崇德書屋同人送别攝影》《崇德書屋同人爲曾綽夫喬梓祖餞攝影》等。這類詩歌不僅描寫家族環境，而且對家族人物刻畫也入木三分，具有較高的家族文學意義。

以家族書塾讀書生活爲主題的詩歌，多以記載閑適的讀書生活爲主。劉咸焌一生簡單而充實，少年時期刻苦讀書，一心爲科舉。光緒二十九年（1903），考中舉人。此時，時已變遷，西方列强打破了清帝國的隔絶狀態，西方現代文明與中國傳統文化開始明顯地處於某種對立和緊張之中。改革派提倡改變中國傳統觀念，守舊派則固守傳統文化，在這場變與不變的争論中，劉氏家族成員實際一直都處於邊外人物。他們既不支持改革派改變傳統觀念，也不擁護守舊派堅守封建文化。於是，他們將畢生的精力都投入讀書育人中。劉家“咸”字輩儘管經歷著時代的變遷，但他們没有進入時代變遷的漩渦，而是回歸於家族書塾教書育人中。他們傳播傳統文化但並非故步自封，在教書過程中也教授西方學科，正因如此，劉氏家族書塾直到中華人民共和國成立前纔最終關停。劉咸焌作爲劉氏書塾塾長，其一生大部分時間都是在書塾中度過的，在他詩歌中，有大量與他讀書環境相關的詩作。《甲戌中秋書齋口占》：

我種木樨猶向榮，鑒弟種者已枯萎。惟有梧桐葉不凋，將來諸侄皆蔚起。讀好書齋我與同，祖蔭原來無彼此。[②]

“口占”是指作詩不起草稿，隨口而吟，口占詩多指律詩和絶句。唐代絶句用“口號”代表隨口而作的詩，如杜甫的《晚行口號》、王維的《菩提寺禁口號又示裴迪》、劉禹錫的《閥下口號呈柳儀曹》等。題上標出“口占”的情形，尤多見於清代。劉咸焌的這首口占詩描寫了秋天“讀好書齋”的景象。以木樨（桂花）、梧桐之景突顯“讀好書齋”幽静的讀書環境。另有描寫書齋春景的詩作：“杜鵑已黄落，鳳尾尚敷榮。凡卉經霜後，朝陽自有春。”[③]春日的書齋更是繁花似錦。

另有《口占》三首：

人間何處有桃源，世亂來居總閉門。漁父帶將塵俗氣，惹他鷄犬静中喧。

怪到仙人居好樓，二三知己便爲儔。不然混迹風塵内，獨往獨來春復秋。

① 劉咸焌：《讀好書齋詩文鈔》，民國十六年成都扶經堂刻本。
② 劉咸焌：《讀好書齋詩文鈔》，民國十六年成都扶經堂刻本。
③ 劉咸焌：《書齋即景》，《讀好書齋詩文鈔》，民國十六年成都扶經堂刻本。

度世無非一片心，桑田滄海任消沉。麻姑繪像原多事，變化萬千觀世音。[①]

詩中雖没有點明是寫讀書環境，但從詩句“人間何處有桃源，世亂來居總閉門”“怪到仙人居好樓，二三知己便爲儔”可知詩歌依然描寫的是讀書環境。儘管當時社會動亂，但在劉咸焌筆下，我們並没有感受到亂世給詩人帶來的痛苦，反而讓我們看到一個獨來獨往、閉門造書的讀書人，這就是劉咸焌真實生活的寫照。

《夏日適台偶成》二首：

適台聊作讀書台，台下無心花自開。記得淵明詩句好，春秋佳日此閑來。

東迎小日西斜照，暑氣漸侵難久眺。且學淵明卧北窗，南熏解愠榮舒嘯。[②]

劉咸焌將其卧室命名爲“適室”，源自祖父劉沅庭訓“天地非適，無人不可共適”之語。故其書台名爲適台。這兩首七言絶句是很美的寫景詩，所寫之景即讀書台。詩人在讀書臺上閲讀陶淵明詩，自然想起陶淵明淡泊寧静的生活，這與詩人的讀書生活亦有相似之處。

劉咸焌的日常生活基本是在書齋和書塾中度過，除了在這裏讀書育人外，詩人還在這裏看月[③]、飲酒[④]、種花[⑤]。這些以家族環境爲描寫物件的作品，真實地再現了劉氏家族成員的生活狀況，我們亦從中窺探出，在兵荒馬亂的清末民初時期，劉氏家族成員致力於讀書育人，不受外界影響，劉氏家族文學傳統得以較好保存，中華傳統文化也得以傳播。

在與家族子弟唱和的詩歌中，劉咸焌唱和的物件是其弟劉咸燡、堂弟劉咸炘，其兄劉咸榮。劉咸焌、劉咸燡、劉咸榮均是劉桂文之子，劉咸焌雖然過繼到伯父劉檍文家，但親兄弟之情誼並未減少，加之三人從小在純化街的劉家大院中成長，成人後又先後擔任書塾塾長，自然兄弟情深。劉咸炘與劉咸焌雖是堂兄弟關係，但劉咸炘早年從劉咸焌學習，劉咸焌在擔任劉咸炘老師時，可謂盡職盡責，二人常常一起探討學術和教育問題，可謂益師益友。

劉咸焌有詩《鑒泉弟冠禮》二首：

二十年前湯餅筵，而今鴻案慕高賢。峨冠博帶真吾弟，誰道新郎守舊偏。

三十年前吾冠禮，慈親雖慰感彌多，而今教弟承歡意，肇錫嘉名利用和。[⑥]

---

① 劉咸焌：《讀好書齋詩文鈔》，民國十六年成都扶經堂刻本。

② 劉咸焌：《讀好書齋詩文鈔》，民國十六年成都扶經堂刻本。

③ 劉咸焌：《潤四月十五夜延慶寺書塾看月》：“黄楊厄度緑槐新，喜見當頭月一輪。静夜羡他燈有味，達天知我鏡無塵。鐘聲忽向高樓動，雨氣偏宜沉樹伸。重遇鐘離仙聖誕，好從延慶紀芳辰。”《讀好書齋詩文鈔》，民國十六年成都扶經堂刻本。

④ 劉咸焌：《十一月望日致福樓小飲》：“一陽初復暖於春，姊妹花間酒數巡。祇爲芝蘭同臭味，不論移接也相親。”《讀好書齋詩文鈔》，民國十六年成都扶經堂刻本。

⑤ 劉咸焌：《種木樨》：“槐龍夭矯已飛去，梧鳳清聲猶遠聞。不學草玄不種柳，天香雲外自氤氳。”《讀好齋詩文鈔》，民國十六年成都扶經堂刻本。

⑥ 劉咸焌：《讀好書齋詩文鈔》，民國十六年成都扶經堂刻本。

第一首詩寫劉咸焌親見劉咸炘從小孩初長成人的過程，從“湯餅筵”到“鴻案”再到“峨冠博帶”，劉咸焌見證了劉咸炘成人與成才。第二首詩寫劉咸焌作爲劉咸炘的老師，教育他知識和道理，並采用“肇錫余以嘉名”的典故，說明賢弟已經成人。劉咸炘在《推十文》中，對劉咸焌的師德也是大加贊頌：“至吾師之登講席，而世變乃極。需急選嚴之勢，三世之間，日甚一日。真之顯，功之宏，固易征矣。行之難，心之苦，則有未易知也。以文易之譾淺，親炙數年，亦微窺吾師之德行矣。其德象之温而厲也，淵然其淵，嵇然其簡，使辨者忘其辨，惑者忘其惑。亦始而覺其渾淪，徐而後得其條理也。”[①]充分肯定了劉咸焌的教育方式和方法。劉咸焌和劉咸炘同任尚友書塾塾師時，因二人在教育理念方面基本一致，在學術方面又相互探討，這一時期，是尚友書塾發展的鼎盛時期，學生人數衆多，學習風氣也特別濃厚。在延慶寺尚友書塾學社落成後，劉咸焌和劉咸炘詩曰：“瑯環福地神遷重，再入桃源漁夫存。氣滿函關令尹子，功深面壁達摩尊。伐檀迹異槐留陰，數惠情同芝有根。最喜維持因志合，友朋兄弟義兼恩。”[②]特此說明兄弟情深義合。

劉咸焌與劉咸滎的步韻詩主要是寫景詩，《吴宋蕘親家招飲賞菊步家兄原韻》二首：

> 玉缸香撲愧連枝，鞠有黄華正此時。最愛秋榮留老圃，何須春色照空巵。宦情竹馬懷先輩，鄉信蓴鱸動客思。開徑同人求益處，静觀佳興總咸宜。
>
> 早從彭澤寄閑情，曾聽芙蓉老鳳聲，大厦近鄰純化里，小樓高對錦官城。晴雲似絮秋光暗，霜月如銀夜色明。好景未殘容嘯傲，詩人梅雪漫相争。[③]

第一首詩寫賞菊，第二首詩是對純化街劉家大院的環境描寫。詩中提到的“大厦”應是劉家老宅。劉沅於嘉慶十二年（1807）奉母命遷居成都純化街，至此，劉氏家族世代在這裏居住。劉家大院爲典型的舊式建築，門額上懸挂前清翰林吴肇齡所書“列傳儒林劉止唐先生第”黑底金字木匾。當時人稱“劉家大公館”或“三巷子劉家”，文人雅士則稱“儒林第”。[④]在當時四川頗具影響力，學生故歸，甚至以“三巷子”來稱代劉家。詩中所言“小樓”應是劉咸焌在老屋右側所建致福樓。

綜上，劉咸焌的詩文大都與家族、家庭有關，即便是寫景，也是以身邊家庭

① 劉咸炘：《仲韜夫子暨師母李儒人六十雙慶》，《推十書》戊輯二，上海科學技術文獻出版社 2009 年版，第 575 頁。
② 劉咸焌：《延慶寺尚友書塾學社落成同人燕集和廿四弟新秋置酒原韻時癸亥中秋後一日也》，《讀好書齋詩文鈔》，民國十六年成都扶經堂刻本。
③ 劉咸焌：《讀好書齋詩文鈔》，民國十六年成都扶經堂刻本。
④ 雙流傳統研習會：《槐軒概述》，上海科學技術文獻出版社 2015 年版，第 119 頁。

小景爲物件。從他的詩文中我們可以瞭解到更多關於劉氏家族文化的資訊，同時亦可感受劉家“咸”字輩一代寧静而淡泊的情懷。在劉咸焌筆下，没有兵荒馬亂的社會寫實，没有絢麗多姿的山河美景。劉咸焌的詩歌駐足於“劉家大院”之内，一墻之隔，外面的生活仿佛都與他無關。但實際上，這正是處在時代變革時期的劉家“咸”字輩的無奈。他們没有走出去接受時代的風雨，又不願意固守封建傳統，因此衹能在自己的一片天地中去尋找出路。於是，他們盡心於教書育人，專注於“劉家大院”内的生活。也正是因爲這種原因，他們的文學作品纔更具有家族文學樣本的意義。

作者單位：中國社會科學院文學研究所

傳統思想研究範式的拓展與創新

——簡評《劉咸炘思想探微》

張翅飛

内容提要: 巴蜀天才學者劉咸炘其學浩瀚而深邃，在依托於先秦原始儒道哲學的基礎上對中華傳統思想文化有著極爲廣泛而深入的解讀，於傳統學術文化而言可謂具有集大成的意義，惜乎其學至今爲止没有得到充分的闡發和弘揚。歐陽禎人教授所著《劉咸炘思想探微》第一次從哲學角度對劉咸炘學術思想做了深入發掘和多方面的闡釋。歐陽教授靈活運用劉咸炘學術思想的史論結合、知人論世、明統知類等研究方法，在具體論述上詳略有致，采取了口語化和文學筆法的書寫策略。可以説，該著在提倡中華傳統思想文化現代轉化的今天，具有範式創新的意義。

關 鍵 詞: 劉咸炘；傳統思想；研究方法；範式創新

一生著述上千萬字，被著名學者蒙文通譽爲“一代之雄”的四川天才學者劉咸炘，其學術成果長期以來珠沉大澤而湮没無聞。直到21世紀前後，隨著時代思想多元化的發展，劉咸炘其人其學開始成爲學術界關注的對象，越來越引起世人的重視，學界對劉咸炘的研究也是成果日出，深度和廣度均不斷發展，至今方興未艾。武漢大學歐陽禎人教授長期從事中國哲學和劉咸炘思想的研究工作，早先已發表相關學術論文十多篇，新近出版的《劉咸炘思想探微》就是其積十數年功力而推出的一部劉咸炘研究之力作。

《劉咸炘思想探微》是歐陽教授根據劉氏考鏡源流、察勢觀風的學術方法和理念，對劉咸炘的家世家學和理論來源、哲學思想、其著作《推十書》與各種經典之間的關係、其爲學方法、與新文化運動的互動、文學思想等諸多方面進行了條分理析和脉絡清楚的系統闡釋。該著史論結合，知人論世，在思想的謀篇布局上玄思獨運，統宗會元而收放自如，在具體的論證上則詳略有致，文筆平實生動而論述精彩，對劉咸炘明統知類和任天圓道的思想精髓進行了細致入微的闡發。該著充分吸取了劉咸炘學術的方法論精華並靈活運用之，熔哲理思辨和文史論述爲一爐，在當今普遍嚴肅的學術理論著作中可以説是異軍突起、別具一格，就思想學術的研究範式而言是非常富有創新性的。筆者認爲該著思想研究範式的創新性源於作者匠心獨運的研究和寫作的方法，可歸納爲如下五點。

第一，作者認爲，劉咸炘對中國學問的研究，在理論的闡發上是“努力做到史與論相結合，夾叙夾議”[①]。通觀全書，我們可以發現歐陽教授對劉咸炘思想的研究其實正是堅持貫徹史論結合這一理念的。如該著第一章，作者就以豐富多彩的人事和生活叙事，生動有力地論證了劉咸炘的性格特征和成才原因。又如第二章第一節，當論述到劉咸炘經學思想重義理的特征時，作者即以馬宗霍先生的《中國經學史》爲據，簡叙了乾嘉學派在有清一代所造成的惡劣影響，以論證劉咸炘對其不重義理、舍本求末學術傾向的嚴厲批評。再如第四章第三節，爲了探討《瞽餿殺人》的深刻價值，作者對劉咸炘祖父關於這個問題的論述，劉咸炘的寫作動機、寫作過程，以及時代背景等進行了詳盡的論述，在論述的過程中隨時揭示和闡發劉咸炘的相關思想。當然這是比較集中的例子，而在本書的很多章節中，史論結合、夾叙夾議的寫作方式比比皆是。作者把哲理的闡發和思想的表達寓含於人事書寫或歷史叙事的進程中，使整本書讀起來絶無當今不少學術類著作的艱澀生冷之病弊，立論堅實而又論證豐滿，生動地闡釋了劉咸炘的思想。

第二，作者在寫作過程當中，非常註重知人論世方法的運用，常常通過對人物生活環境與處世方式等的梳理論述來揭示人物性格和思想。作者這一方法也可説來自對劉咸炘思想的活學活用。作者明確指出，劉咸炘曾總結其學術方法爲“知其志，知其人，論其世”[②]，並且認爲“劉咸炘看問題，從來都不是就事論事，就文本來談論文本，而是從整個中國歷史的發展來討論問題，這就是他所説的知人論事，察勢觀風”[③]。第一章第一節，作者爲了論述劉咸炘“耐冷惡熱，喜静惡動”的特點，就不但叙述了劉氏一族讀書人大多好静不好動，劉咸炘小時候喜歡一人獨處的習慣等，還結合當時時代，指出“劉咸炘認爲他所處的時代是一個末世”[④]，所以“堅持自己‘冷’的態度、‘静’的立場，與新文化運動保持一定的距離，采取道家的手法，以静制動，静爲躁君”[⑤]，以此冷静的習慣貫穿於他的人生與學術。這樣將劉的生活習慣和學術性格聯繫起來了，這種觀察是非常細微的。而在第三章第一節中，作者爲了説明劉咸炘尊奉道教的學術選擇問題，先是對劉的身體體質進行了一番討論，然後得出結論：“從劉咸炘自身的先天條件而言，喜冷、喜静、喜獨的性格並不主要來自道家的修養……不如説是他先天的身體資質所導致的結果”[⑥]。這樣的論證出人意表而令人印象深刻。類似的例子在本書中比比皆是。

第三，劉咸炘一生雖短暫，却著述過千萬字，其學術浩瀚而深邃，梳理和研究其思想是有相當難度的。作者運用明統知類的劉氏特色梳理手法，成功地對劉

① 歐陽禎人：《劉咸炘思想探微》，商務印書館 2016 年版，第 89 頁。
② 歐陽禎人：《劉咸炘思想探微》，商務印書館 2016 年版，第 162 頁。
③ 歐陽禎人：《劉咸炘思想探微》，商務印書館 2016 年版，第 243 頁。
④ 歐陽禎人：《劉咸炘思想探微》，商務印書館 2016 年版，第 40 頁。
⑤ 歐陽禎人：《劉咸炘思想探微》，商務印書館 2016 年版，第 39 頁。
⑥ 歐陽禎人：《劉咸炘思想探微》，商務印書館 2016 年版，第 159 頁。

咸炘多方面的思想進行了精當的闡發。所謂明統就是對思想主旨的把握。在該著第一章末尾作者就指出："劉咸炘努力創造的學術體系，不僅具有中國思想文化的原創性，而且大有用先秦原始儒家、道家的精神整合全世界一切學術的氣概。"[①]第二章第二節末尾，作者在深入論證了劉氏之人性論後認爲："劉咸炘的'性説'，立足於孟子的性善論，融匯儒道天人一貫，盡人以合天的思想……"[②]這種在論述的過程中放而能收，時時回到思想主旨的例子還有很多。所謂知類，就是對學術系統和思想脉絡的厘清和把握。如第一章第三節，作者對劉咸炘思想三個來源的討論，就如庖丁解牛般考源辨流，對其縱横交錯的學脉淵源辨析入微而又皆得其所。又該著第二章第三節末尾，作者自陳道："本章論及，祇是包含在《〈子疏〉定本》之内。"[③]可見作者對自己研究論述的邊界是相當清楚的。劉咸炘的學術專明學問宗旨，涵攝非常廣泛，因而明統知類的研究方法對於作者厘清學派系統、闡發其多方面的思想是十分有效的，這非常值得我們借鑒吸收。

第四，作者在思想的具體論證方法上詳略有致，並註重對先秦原典的深入闡發。如在第二章第四節闡釋劉咸炘《〈儒行〉本義》之思想時，作者就結合劉氏的文本廣泛引用《荀子》《墨子》《莊子》等經典中的相關論述並闡釋評論，且在經典論述和劉咸炘評述的基礎上，將《儒行》本身思想做了六個方面的詳細總結。第三章第四節，作者結合劉咸炘《〈大學〉〈孝經〉貫義》，對《大學》《孝經》，甚至相關聯的《中庸》等先秦儒家原典的核心思想做出了細致精深的解讀。作者認爲，五四新文化運動那些毁儒的人之所以對中國文化窮追猛打，攻其一點而不計其餘，主要原因就在於"這些人没有吃透原典……對先秦時期的文化背景缺乏了解，對先秦儒家哲學的内在精神缺乏了解"[④]，所以作者在研究劉咸炘哲學、子學的相關思想時十分注重對先秦儒家原典思想的深入闡發和對其核心精神的切實把握，這突出地表現在第二、三兩章，即該著對劉咸炘思想研究的主體部分；而在本書不涉及先秦思想的部分，如第五章論述劉咸炘文藝思想，作者的論述往往是隨曲就伸點到爲止，不做過於深入的解讀。這種詳略有致、注重原典的研究方法顯示了作者對中國傳統思想文化的堅守和主體性自覺，這是值得讀者注意和學習的。

第五，作者在文章的具體寫法上非常重視口語化論述和文學筆法的運用，這使思想的表達平易而活潑，增加了可讀性。第一章作者論述劉咸炘的生平，即多用口語而以一種近乎講故事的方式娓娓道來。又如第二章第三節爲了表達劉咸炘對諸子學學脉的充分把握和自由運用，作者寫道："在劉咸炘的筆下，先秦諸子學

① 歐陽禎人：《劉咸炘思想探微》，商務印書館 2016 年版，第 54 頁。
② 歐陽禎人：《劉咸炘思想探微》，商務印書館 2016 年版，第 119 頁。
③ 歐陽禎人：《劉咸炘思想探微》，商務印書館 2016 年版，第 139 頁。
④ 歐陽禎人：《劉咸炘思想探微》，商務印書館 2016 年版，第 203、204 頁。

是一張巨大的充滿活性的流動之網，妳中有我，我中有妳……”[①]再如作者描述劉咸炘的研究功力：“事實勝於雄辯。就這麼一句話，幹净利落。一條史料定乾坤，這就是劉咸炘的手段。……他的‘專究’工夫好生了得。”[②]而在第四章，作者在批評新文化運動中的毁儒者時説道：“當時新文化運動的某些領軍人物完全没有文化的主心骨，完全不知道自己姓甚名誰，整天在‘波浪裏打滚’，自救不暇，又怎麼擔當得起‘旗手’的名稱呢？”[③]這種口語化和文學化的表述還有很多。其實作者對於運用這種表述方式是有其思想上的自覺的，這從第三章第一節中作者對劉咸炘的語言表達能力的贊賞就能看出來：“劉咸炘以淺易、明白的語言講述《周易》，意在抓住《周易》的根本精神而不爲玄僻繁瑣的幻怪之象所牽引。……加大了推動《周易》傳播的力度，……這是富有遠見、十分聰明的《周易》研究方法。”[④]由此可見，作者在行文上以口語化結合文學筆法的通俗化表達，是有其方法論上的自覺的，這充分表明了作者對傳統思想文化的傳播學意識，也體現了作者在學術研究工作上文化下移的不懈努力。

綜而言之，歐陽禎人教授靈活運用了劉咸炘學術思想的史論結合、知人論世、明統知類等研究方法，對劉咸炘思想的具體論述或論證上則詳略有致、深淺結合，同時有意識地采取了口語化和文學筆法的書寫策略。歐陽教授的《劉咸炘思想探微》在方法論上的發掘與運用是十分精彩和成功的，由此其行文提煉觀點精當，運思路徑明晰，論證充實豐滿，並通過詳略有當和生動精彩的文法，對劉咸炘學術思想精華和中國傳統思想文化的深層内藴進行了深刻而又鮮活的闡揚。作者在學術研究和寫作方法上的匠心獨運，使該書具備學術研究著作的深刻性的同時又十分平實可讀。在大力弘揚傳統文化的今天，該著可以説是一部十分難得的兼具思想性和普及性的學術佳作，就中華傳統思想文化現代轉化上而言，可以説具有範式創新的意義，值得引起我們高度重視。

作者單位：黄岡師範學院教育學院

① 歐陽禎人：《劉咸炘思想探微》，商務印書館 2016 年版，第 130 頁。
② 歐陽禎人：《劉咸炘思想探微》，商務印書館 2016 年版，第 137 頁。
③ 歐陽禎人：《劉咸炘思想探微》，商務印書館 2016 年版，第 218、219 頁。
④ 歐陽禎人：《劉咸炘思想探微》，商務印書館 2016 年版，第 151 頁。

田野調查的歷史和歷史的田野調查

——以蔣藍《踪迹史》爲例

龐驚濤

内容提要： 本文立足於研究田野調查的歷史歷程與方法，通過回述錢鍾書《管錐編》對司馬遷辯求史實的精神及其方法的高度評價，概括出司馬氏的三大主要精神，即：以哲人析理之真通於史家求事之實；前載之不可盡信，傳聞之必須裁擇；卓識巨膽，洞達世情。再借由對田野考察的歷史的梳理，尤其是中西方法的比較和融通，引出蔣藍先生的《踪迹史》當作爲歷史的田野調查的文學樣板，並闡述《踪迹史》三大樣板意義，即將歷史的田野考察定位於文學的田野考察；以信信疑疑爲要務，注重對歷史傳聞的裁擇和對"踪迹史"的大膽提出和文本實證。"踪迹史"經由蔣藍的大膽提出和文本實證，爲漸次形成可能的共識式寫作，指示了一條看似幽深不測、實則燦爛光明的路徑。

關 鍵 詞： 田野調查；歷史；蔣藍；《踪迹史》

"史識已如雨中螢焰，明滅幾微。馬遷奮筆，乃以哲人析理之真通於史家求事之實，特書大號，言：前載之不可盡信，傳聞之必須裁擇……"①

錢鍾書先生在《管錐編》中對司馬遷辯求史實的精神及其方法給予的高度評價，歷來多被徵引。這些評價裏隱含著這位博學鴻儒對史傳文學理論的清晰洞見和深刻認識，具有"昭若發蒙"之功用。

錢鍾書先生所看重而激賞的司馬氏精神，概括而言，主要有以下三點。

第一，以哲人析理之真通於史家求事之實。這是就史學態度而言，即將治史學的嚴謹態度提升到治哲學的高度上來，這是錢鍾書先生打通文藝學科理論中的重要一環，惜乎並未引起更多人的鑒識和重視。

第二，前載之不可盡信，傳聞之必須裁擇。參之"蓋知作史當善善惡惡矣，而尚未識信信疑疑之更爲先務也"②，可知錢鍾書先生雖不以史家見長，但具有史

---

① 錢鍾書：《管錐編》，中華書局 1994 年版，第 252 頁。

② 錢鍾書：《管錐編》，中華書局 1994 年版，第 251 頁。

家的卓然之識。兩語皆關涉治史的方法論問題。“裁”當然是“裁定”，“擇”當然是“選擇”。二義醒豁通暢，但行之也難。裁定的方法論裏究竟包含哪些內容，錢鍾書先生没有深入和展開，歷來史家雖然操持各異，但一定有一以貫之的通用方法，如田野調查被奉爲圭臬。

第三，卓識巨膽，洞達世情。這是講作爲史家需要具備的思想境界和眼光，此點也最爲難得。錢鍾書先生不吝用最好的語言來贊美司馬遷，認爲其“卓識巨膽，洞達世情，敢質言而不爲高論，尤非常殊衆也。夫知之往往非難，行之亦或不大艱，而如實言之最不易；故每有舉世成風、終身爲經，而肯拈出道破者少矣”[①]。這樣的境界和眼光，讓司馬氏的史傳文字往往精准而深刻地洞悉了人性，使他的文字但凡涉及對人性的燭照，即便在今天也能經受住考驗，因此，我們似也可以理解爲這是司馬氏作爲史家在思想境界和眼光上的先驗。

另外一個方法論上的先驗，來自司馬遷的二十壯游，這可看成司馬遷爲將來的太史令使命做精神上的準備。在《太史公自序》裏，他寫自己“二十而南游江、淮，上會稽，探禹穴，闚九疑，浮於沅湘；北涉汶泗，講業齊魯之都，觀孔子之遺風，鄉射鄒、嶧；戹困鄱、薛、彭城，過梁、楚以歸”[②]。田野考察的足迹跨越了陝、鄂、湘、贛、蘇、浙、皖、魯、豫等九省區。行程近三萬里，歷時二三年。在這次影響深遠的二十壯游裏，司馬遷以史家的自覺性和敏感性，搜求遺文古事，足勘山川風物，並多與當地鄉民交談。其中重要的一個工作，就是察看歷史遺迹，印證歷史記載，爲寫作《史記》做準備。

二十壯游之後，司馬遷很快又有了一次田野考察的機會。“奉使西征巴、蜀以南，南略邛、筰、昆明，還報命。”[③]其地域大致包括今日雲、貴、川、陝、甘等省，具體位置據考證可能是今日四川宜賓以南、成都以西以北的少數民族地區，這也爲他在《史記》中首開民族史傳奠定了堅實的田野基礎。

這極有可能是中國史學田野考察的兩次起源，在人類學科還没有任何萌芽的迹象並得到確認的時期，司馬遷的實地考察爲後世文化人類學做出了很好的示範。在相隔了漫長的世紀之後，在今天得到確認。錢鍾書先生所謂“吾國之有史學，殆肇端於馬遷歟？”[④]，可能也隱含著一個更爲有價值的史學論斷，即史學的田野調查，肇端於司馬遷。

基於人類學概念而提出的田野調查，最早是英國人哈登（A. C. Haddon）提出的，但或許更早於他之前，就有博物學家、動植物學家將“野外作業”（field work）

① 錢鍾書：《管錐編》，中華書局 1994 年版，第 382 頁。
② 司馬遷：《史記》，中國文聯出版社 2011 年版，第 410 頁。
③ 司馬遷：《史記》，中國文聯出版社 2011 年版，第 410 頁。
④ 錢鍾書：《管錐編》，中華書局 1994 年版，第 252 頁。

作爲開展學術研究的有效手段之一。從時間點來看，司馬遷的“野外作業”很顯然早早領先於前。因此，我們也不妨用博物學和地理學而非後來的人類學觀點來看待司馬遷早期的田野考察。

按華東師範大學社會發展學院教授黄劍波的回顧，到了 19 世紀末期，由於大學體系的發展，田野調查對“搖椅上的理論家”形成了前所未有的挑戰和批評，“實地調查也成爲越來越被認可的研究材料來源……進入 20 世紀之後，這種趨勢得到進一步發展”[①]。馬林諾夫斯基（Bronislaw Kaspar Malinowski）推動的“田野調查革命”爲後來的田野調查工作提供了三個具體的要求，被稱爲“田野調查的三大基石”[②]：一是“學者理所當然必須懷有科學的目標，明瞭現代民族志的價值與準則”[③]；二是“他應當具備良好的工作條件，主要是指完全生活在土著人當中而無需白人介入”[④]；三是“他得使用一些特殊方法來搜集、處理和核實他的證據”[⑤]。

將這“三大基石”和錢鍾書先生所推崇的司馬遷史學態度相比勘，不難發現它們的異同之處。第一，馬林諾夫斯基所謂“學者目標”，其實和司馬遷所持有的史學態度切近；第二，馬林諾夫斯基所謂搜集、處理和核實的證據，即司馬遷所謂的“前載之不可盡信，傳言之必須裁擇”。而馬林諾夫斯基所未談及的，恰好是錢鍾書先生最爲看重的治史核心，即作爲史家需要具備的“卓識巨膽，洞達世情”的能力和眼光。人類學科的發展看起來是一種進步，但在史學上反而限制了馬林諾夫斯基的思維，加之缺乏對中國上古史學尤其是司馬遷田野調查的瞭解，他的三大基石在史學上難免存在一定的局限性。

但人類學隨後發展起來的田野調查方法的系統性顯然具有更强大的生命力，司馬遷的史學先驗更多隱藏在史家的意識裏：“愛德華·埃文斯-普里查得（E.E. Evans-Pritchard）所開創的現象學進路（PhenomenologicalApproach）爲詮釋原始部落的心靈世界打開了新局面；克利福德·格爾茨（Clifford Geertz）采用深描（Thick Deion）的手法，事無巨細地描述與記録調查對象；克洛德·列維-斯特勞斯（Claude Levi-Strauss）從語言學受到啓發，創立了影響深遠的結構分析（Structure Analysis）；莫里斯·布洛赫（Maurice Bloch）從認知人類學的角度提出了文化圖式（Culture Schema）。這些理論都成爲傳統田野調查的重要補充。”[⑥]到這裏，較

① 黄劍波：《田野調查的歷史與歷史中的田野調查》講座，上海，2017 年 12 月 41 日。
② 蕭子揚：《從田野到文本：淺析田野調查與民族志的關係——〈基於西太平洋的航海者〉的閱讀》，《西江月》，2013（30）。
③ 黄劍波：《田野調查的歷史與歷史中的田野調查》講座，上海，2017 年 12 月 31 日。
④ 黄劍波：《田野調查的歷史與歷史中的田野調查》講座，上海，2017 年 12 月 31 日。
⑤ 黄劍波：《田野調查的歷史與歷史中的田野調查》講座，上海，2017 年 12 月 31 日。
⑥ 黄劍波：《田野調查的歷史與歷史中的田野調查》講座，上海，2017 年 12 月 31 日。

爲系統性的基於人類學學科標準的田野調查方法已漸臻完備。

這樣的完備當然具有强烈的西方中心主義思維。拋開人類學給予田野調查的桎梏，僅從歷史和文學兩個方面來觀察，中國的田野調查儘管也不免受到西方思維的影響，或者説受惠於西方的貢獻，但自有中國的理路和方法。即從思想高度而言，中國的文學家和歷史學家，早就意識到“田野調查”應不局限於具體的地理場域。費孝通先生的觀點頗資證明。他指出，“人文世界，無處不是田野”[①]。這種學術指向，既有空間的維度，也有時間和歷史的維度。因此，中國學者從歷史和文學角度進行的田野考察，大可不必完全照搬西人的思維，而應注意中西的打通和結合——這當然也是錢鍾書先生所堅持的學術態度。

藉由對田野考察的歷史的梳理，尤其是中西方法的比較和融通，我試圖爲當下作爲歷史的文學書寫和作爲文學的歷史書寫，尋找到一個標準的田野調查範例——作爲歷史的田野調查的文學樣板。蔣藍先生的《踪迹史——唐友耕與石達開、丁寶楨、駱秉章、王闓運等交錯的晚清西南》適時地進入了我的閱讀視野。從最初《一個晚清提督的踪迹史》的文學與史學的混合命題，到最終完全的歷史學命題，“踪迹史”作爲“歷史的田野調查”的命題式標準寫作由此得以確立。

作爲讀者，我的不幸或許在於，我並没有看到過最初的《一個晚清提督的踪迹史》。但這種不幸某種意義上也成全了我的幸運，即對文學與史學的混合命題的直接過濾而完整地、乾净地、純粹地進入《踪迹史》的史學命題。從蔣藍在《踪迹史》當中所涉及的田野調查區域來看，它幾乎非常神奇地重合了司馬遷的第二次田野考察範圍，即宜賓以南以及成都以西、以北的少數民族區域。《踪迹史》的田野考察重地，即今天的雲南昭通市，這裏生活著數量龐大、族群清晰的回族人。這種田野調查區域的重合，可看成蔣藍作爲治史來者對史學先祖的精神致敬。再進一步細分，蔣藍深入到昭通的回族人聚居區域，尤其是鄉村開展歷史的田野調查，則不難看出他對人類學意義上的田野調查中“少數民族比漢人社會似乎更有人類學價值”[②]以及“鄉村優於城市”的認同。這種中西融通讓《踪迹史》當之無愧地成爲歷史學意義上的田野調查的文學樣本。

具體而言，《踪迹史》的樣本意義體現在以下三個方面。

一、將歷史的田野考察定位於文學的田野考察

“在寫作過程中，我希望用一種‘文學田野考察’之法，成爲文學偵探，去追

① 費孝通：“繼往開來，發展中國人類學。”見榮仕星、徐傑舜主編：《人類學本土化在中國》，廣西人民出版社 1998 年版，第 12-14 頁。

② 黄劍波：《田野調查的歷史與歷史中的田野調查》講座，上海，2017 年 12 月 41 日。

尋唐友耕的踪迹，用他的踪迹來盤活四川處於‘多事之秋’的斷代史，納歷史考據入文學叙事……”[①]這種文學的田野考察，蔣藍表述爲“向山河與民衆求知”，他認爲他“必須回到歷史現場，回到官場文牘、稗官野史、江湖切口、烟幫密語、袍哥茶陣、天府客家用語等構成的專屬空間與特定時間”[②]中，“竭力成爲一個文字/文學的福爾摩斯”[③]。這種求知並非淡化歷史所占有的高度，而是高度消化基礎的歷史記載之後的一種寫作傾向——既避免因爲基礎的歷史記載把握的不實造成文學書寫的蹈空，又避免文學書寫的主觀情緒影響對歷史素材的統合。“重視歷史邏輯但又不拘於史料細節；重視與文學想象但又不爲歷史細部所掣肘。”蔣藍在充分收集、閱讀了上百種志書、文史資料之後，深入到“江安縣、長寧縣、興文縣、高縣（含慶符縣）、水富市、鹽津縣、大關縣、魯甸縣以及西昌市、樂山市、雅安市、犍爲縣、名山縣、洪雅縣、丹棱縣、眉山市、青神縣、石棉縣等地，單是橫江鎮和安順場就去過三次”。這樣的收集、閱讀，使他的田野考察經得起任何嚴肅的歷史學檢驗，也因此讓《踪迹史》作爲歷史的文學書寫有了宏闊的氣象，“人迹”“史迹”與“踪迹”的互嵌使《踪迹史》跳出了個人傳記的歷史局限，而在四川官場史、軍事史、民俗史、植物史、道路史、城建史乃至風化史上，都有了清晰的呈現。在歷史主幹上細膩地照顧到這麼細緻的歷史綫頭，並借助於田野考察完善了它們的枝葉生長，這是《踪迹史》作爲文學樣本最爲難能可貴的一方面。

二、以信信疑疑爲要務，注重對歷史傳聞的裁擇

這關涉到非虛構寫作的歷史觀和方法論。《踪迹史》中，無論是故宫檔案，還是珍貴老照片（這當然是司馬遷時代所不具備的證史條件），都成爲蔣藍辨析歷史真僞的方法。自然，調動這些檔案和珍貴老照片的能力，也成爲其中的關鍵——這往往取决於作者的堅持和勇氣。蔣藍回到“具體的歷史場景，在最貼近真相的民間語境裏逼視事態，爲讀者修建一個呈現事情、凸顯真相的平臺”[④]，這是他努力想要達成的目標。他有“打撈、復原已經被嚴重妖魔化的歷史真相的緊迫感”，如對石達開這個歷史人物的評價，他在四川、雲南、貴州三省的傳説和史料記載中，發現人們對石達開“懷念、贊美的多”，這種傳説和史料中的懷念與贊美，也因此最後融入他的文本中，成爲他對歷史傳聞裁擇之後的理性選擇——儘管這樣的選擇並不一定會爲所有讀者認同。

① 蔣藍：《蹤迹史》，四川人民出版社 2018 年版，修訂本自序，第 017 頁。
② 蔣藍：《蹤迹史》，四川人民出版社 2018 年版，第 573 頁。
③ 蔣藍：《蹤迹史》，四川人民出版社 2018 年版，第 574 頁。
④ 蔣藍：《蹤迹史》，四川人民出版社 2018 年版，第 577 頁。

對“四重證據法”的嫺熟運用，也同樣成爲蔣藍判别歷史信信疑疑的重要方法。在《踪迹史》裏，蔣藍對學術標準意義上的傳世文獻、新出土的文字材料（甲骨文金文和竹簡石刻等）、口傳與非物質遺産等民間活態文化、文物和圖像這四重證據進行了符合他田野調查實際的調整，對稗官野史的重視，特别是引用很多不見於史料的碑記和當地老人的口述成爲他推演“踪迹史”的重要方法，他讓這些證據跳出史學的霸權主義，和其他證據參照、互證與檢驗以及辨僞，以此突破傳統史學研究單純依賴傳世文獻的局限。進入田野中，他很快發現很多文獻記載是有問題的，即便是史學權威，也會存在這樣的問題：他們習慣根據紙上的材料進行歷史的推演。比如《踪迹史》中談及石達開渡河的一個點位問題，很多文獻記載是錯誤的，安順場和紫打地是兩回事：因爲那裏曾經發生過地震，後來出現過大滑坡導致河道改道。蔣藍也因此堅定地意識到：民間的東西並不是不科學，不能因爲没有專家的認可就被證僞。

事實上，很多歷史證據的確認也通常如此，需要某個大人物或權威人物來定位——他們由此成爲歷史的話語霸權，但霸權也並非意味著没有錯誤。石達開兵敗紫打地而非安順場，《踪迹史》中提出的證據即源於民間的口述。蔣藍以此來反抗歷史的話語霸權，這樣的反抗精神，在《踪迹史》中所見皆是。如，蔣藍寫到石達開在横江鎮舉行的一場誓師大會，這是不見於任何記載的一件大事，這也是老百姓回憶的，蔣藍認爲這值得采信，原因即在於它完全符合石達開在戰前要進行一次作戰動員的心理動機。當然，也會有人説這是孤證，很難有其他證據和它形成一種互參關係。那麼，孤證是不是就没有意義，或者没有價值？蔣藍認爲它們是有價值的，所以，他纔非常正式而且隆重地把它們請到了《踪迹史》中來。

三、對“踪迹史”的大膽提出和文本實證

“歷史即是‘人迹’鋪成……探尋歷史運行中個體生命的‘踪迹’，自然成了我的著手點，儘管汲深綆短，我當勉力爲之。”[①]蔣藍提出“踪迹史”這個史學與文學結合的新鮮概念，至今尚未引起重視。這是我認爲蔣藍神合了司馬氏精神的又一個例證，即錢鍾書先生所特别推崇的作爲史家的“卓識巨膽”——儘管《踪迹史》還不足以讓蔣藍成爲史家，但其史學概念的創造性提出以及《踪迹史》作爲“踪迹史”的文本實證意義不容忽視，其價值在將來一定會被證明。他在《踪迹史》修訂本自序裏論述所及的“踪迹史與傳記的分野”，可以作爲“踪迹史”這一創造性概念提出的學術支撑——儘管目前還僅限於他的夫子自道。他的卓識在於，通過

① 蔣藍：《蹤迹史》，四川人民出版社2018年版，第009頁。

踪迹史，帶出更爲宏闊的官場史、軍事戰争史、執政史、民俗史、風物史。他通過《踪迹史》這個目前唯一的實證文本，讓自己的“踪迹史”漸次成形，並讓其個人踪迹和歷史的踪迹打成一片，由此，這部“踪迹史”也成爲作者個人的觀念演變史和個人成長史，即“我的歷史”：

> 在盡量坐實人物的歷史時空座標之餘，更爲關注其行蹤涉及的自然地理、人文地理以及與之相交錯的人際興衰、風物枯榮；它偏重個人化視覺與文學叙事，使用的材料往往是宏大歷史叙事所不屑的稗官野史與民間口述……[①]

這個漸次成形的“踪迹史”還有一個隱伏在文本中的“踪迹”，即情感踪迹。對此，蔣藍如此陳述，就是他認識和瞭解一個人，跟他産生了情感。置言之，即他經過深入地瞭解了唐友耕這個歷史人物，他便和唐友耕産生了某種深刻的情感。情感踪迹和空間踪迹交互作用，便構成了作者觀察、分析和還原歷史人物的方法。他認爲，唐友耕的空間踪迹，和他對唐友耕的情感踪迹，在調查和寫作過程中交合成一根辮子，合力完成了對一個斷代史的反推。

單從空間踪迹的推演方法來看，蔣藍的實證文本也有很多可貴的先造價值。《踪迹史》中涉及的人物踪迹，涉及的田野調查中無數的空間點位轉移，涉及的大量當地的風俗、地理學知識，還有物産，蔣藍不嫌累贅，都把它們納入“踪迹史”的考察範圍，這當然會讓很多讀者産生閱讀的頓挫感，覺得作者的書寫太過龐雜，甚至會認爲這些繁枝和主幹之間並無很高的關聯度。比如涉及高縣的蘭花問題、紫打地爲什麼是産蔬菜的地方，等等，蔣藍在文本裏給出了合乎邏輯的解釋，這種解釋，即空間踪迹和情感踪迹的交互作用。歷史人物行走的地帶，必然構成了一個風物地帶、民俗地帶，這些風物和民俗讓踪迹的考察更豐厚，更值得信任，這就跳出了簡單的衹是根據歷史人物的傳記進行對應踪迹考察的考證方法。事實上，一般的傳記自然不會涉及蔣藍在《踪迹史》中大費筆墨書寫的風物和民俗。如他寫大壩高裝，這是一個國家級的非物質文化遺産，根據當地的記載，它跟石達開義妹死在興文縣有關係，爲此，蔣藍不惜筆墨將其打撈出來。爲什麼要這麼做？蔣藍爲此顯然經過深思熟慮。這個考慮，即他在“踪迹史”這個創建性寫作裏提出的一個嶄新命題：空間轉移的踪迹和情感轉移的踪迹構成的“踪迹史”，能否盤活一個斷代史？

爲將他所講的“踪迹史”區别於德里達的“踪迹論”，蔣藍也申明，他所談論的踪迹是形而下的，是肉身化的，接近刑事案件的偵破術。“踪迹在此既是進入事

① 蔣藍：《踨迹史》，四川人民出版社 2018 年版，修訂本自序，第 012 頁。

件主體過程的物質綫索，同時也是衡定歷史的物證。”[①]不願被西方思維束縛的態度昭然若揭。

這幾段文字，應該是蔣藍對《踪迹史》之爲“踪迹史”實證文本的概括性和綱領性説明。有時候，先驗者總是很孤獨的，司馬遷的孤獨在於，他的田野考察，相隔了若干世紀，纔漸漸形成了一個學科；而蔣藍的孤獨却恰好在於，他拋棄了人類學在田野考察上給予他的限制，在中國歷史傳統的田野調查裏，找到了文學與歷史融通的跨文體表達：《踪迹史》作爲一部旨在恢復漢語傳統文史哲三位一體的跨文體之書，它的出現，當然具有非常重要的歷史意義，蔣藍認爲“跨文體是非虚構寫作的重要方法論”[②]，他轉引楊顯惠先生的話來説明其價值和意義：“其價值和意義不在今天，而在於明天。如果没有非虚構文學，將來人們就會把虚構文學歪曲了的歷史當作正史。那樣的話，我們這個民族就徹底没有希望了。”[③]鑒於非虚構寫作和本文主旨並無更深刻和緊密的關係，此處不再贅述。

在結束本文之前，我更願意分享蔣藍形成和使用這些方法論的來歷，以此説明我們不僅可以師法司馬遷這樣的“史學肇端”，師法西人的人類學貢獻，還可以師法當下，師法身邊人。如果説前兩種師法是一種傳統的承續的話，那麼，後面這種師法，則顯然是有心人的有意識準備。

蔣藍的方法論來自兩個人給予他的横向啓示。大約是 2010 年，美國作家、翻譯家、漢學家比爾·波特在青城山接受了蔣藍的專訪。采訪中，比爾·波特談到他在考察薛濤及一些唐代詩人的踪迹。蔣藍爲此提出一個問題：唐代據今過去 1000 多年了，你現在看到的這個地方已經不是唐代的成都，因爲已經没有什麽唐代的古迹了。比爾·波特反駁説：不對，任何一個地方都是這樣，我們都很難見到 1000 多年以前的具體時空。那麽，唐代在哪里？唐代就在我們脚下 15 米的地方。我們站在望江樓這個地方，能看到和唐代一樣的天空、一樣的氣候以及錦江、望江樓的竹子，我們完全可以由這些資訊來反推唐代的薛濤和詩人們所生活的環境。比爾·波特説，這就是最大限度地回到歷史原點。《踪迹史》中經常出現的時空坐標軸的對位，即得自比爾·波特神諭一般的啓發。正是借助於比爾·波特“最大限度地回到歷史原點”這個方法，蔣藍能發現“15 米以下”的歷史時空，並與之“對話”。

其實，比爾·波特“最大限度地回到歷史原點”的方法論，錢鍾書先生早已論及。他在《管錐編》中説：“史家追叙真人實事，每須遥體人情，懸想事勢，設

① 蔣藍：《蹤迹史》，四川人民出版社 2018 年版，修訂本自序，第 012 頁。
② 蔣藍：《蹤迹史》，四川人民出版社 2018 年版，修訂本自序，第 005 頁。
③ 蔣藍：《蹤迹史》，四川人民出版社 2018 年版，修訂本自序，第 005 頁。

身局中，潛心腔内，忖之度之，以揣以摩，庶幾入情合理。”[①]和比爾·波特的表述雖異，但理歸一揆。

第二個啓示來自成都的攝影家李傑。蔣藍在采訪李傑的時候，後者偶然談到一個“同機位拍攝”的問題。李傑一直架著一個相機在一個地方等，一年又一年地等，等一個角度，等一個光屁股娃娃跑過來，等了 10 多年之後，他在這個地方拍下了當年那個光屁股娃娃迎娶新娘。李傑告訴蔣藍，等待的過程其實就是見證歷史的過程，10 多年的風雨，就在這個同機位的地方得到了延伸。李傑從攝影學的角度提出來的“同機位拍攝”方法，遂成爲蔣藍打撈時間、打撈歷史的另一個方法：同位觀察時間流變的方法。這個方法，也即上文所提到的時空坐標軸，《踪迹史》中，觀察時間和空間的方法，大體就是這樣來的。

對那些欲效仿者而言，《踪迹史》關於“踪迹史的説明”，以及這些並不爲讀者所熟知的神諭和啓示，同樣具有“昭若發蒙”的功用。如此，“踪迹史”經由蔣藍的大膽提出和文本實證，爲漸次形成可能的共識式寫作，指示了一條看似幽深不測、實則燦爛光明的路徑。

作者單位：成都商報社

① 錢鍾書：《管錐編》，中華書局 1994 年版，第 166 頁。

蜀學訪談

李樹民：中華傳統文化視域下的趙熙及其文化成就

鍾永新

内容提要： 榮縣大儒趙熙在中華傳統文化領域造詣深厚，以“詩、詞、書、畫、戲”五絶知名，是中國近代文學史上“同光體”詩派的代表人物之一，同時積極興辦教育，培養諸多文化精英。本文通過趙熙研究學者李樹民教授的訪談，可以認識趙熙成爲一代名家的特殊時代和地理背景，也有助趙熙文學研究的深入探索與學習弘揚。

關 鍵 詞： 趙熙；榮縣大儒；詩書之鄉

【人物簡介】 李樹民，1971 年生於重慶墊江，四川理工學院（今四川輕化工大學）人文學院教授。1993 年畢業於四川師範大學中文系，從事中國古代文學課程教學。關注中國古代小説、鹽文化及區域文化研究，有多篇論文發表於《鹽業史研究》《社會科學家》《四川理工學院學報（社會科學版）》《成都大學學報（社科版）》等。出版《趙熙文學論稿》（西南交通大學出版社，2012 年）。

【閱讀提示】

◆ 當年參加編寫《巴蜀古文選解》時，纔發現身邊有别人不熟知的對象，於是選了幾篇趙熙散文來注解，因而在心底烙下深深的印記。

◆ 香宋爲鹽業世家盡可能謀求到廣大的生存空間，也滿足他們在精神生活方面的需要，包括自我成就和社會認可等需要。而趙熙能方便地與當地社會上層人士交往，也因此不游離在現實生活之外。

◆ 在香宋先生生活的時代，文人學士都能吟詩作畫，詩書畫兼擅者不乏其人。衹有對這個時代同時期以及同前後的比較對象都有深刻的把握，纔能對特定的對象做出評判。

◆ 我按現在的規劃去做，目前凡是經眼的趙熙書寫的，或者記録他的文字材料，都録爲電子文本，可以説已收集到《趙熙集》外大量資料。

◆ 作爲研究對象，每個事物都有足够闡釋的可能，每一滴水都能折射太陽的光芒。我没有能力和魄力去建樹一個對象，没有刻意去完成什麼計劃，對趙熙的關注也是如此。

從生活中感受文學很重要

鍾永新： 李教授，您好，您是研究近代大儒趙熙的文化學者，成果很多，請問您是如何進行文學研究，進而走上趙熙研究道路的？

李樹民： 以前上學時，没有書可讀，都上高中了，還没有教材。因此，不知道什麼是知識，什麼是社會需要，更不知道怎樣塑造自己。學習中，語文課的影響最大，因爲學會從抽象的文字去認識一個神奇的世界，其他什麼都不知道，衹知道有文學，似乎愛文學就等於愛世界，愛文學就等於有追求。現在想來，那其實不算是什麼愛好。高中畢業考大學填報志願，所有志願都填了中文系，自然也就進了中文系。在學校期間，其實也是爲以後能够求生存而學習，没有那麼多氣魄，也没有想過怎麼按自己的意志來發展自己。

畢業後自然成了文學教師，工作地點選擇在自貢。記得 1994 年，到趙熙的故鄉榮縣上課，爲讓學員能够從生活中感受文學，提高修養，就要求他們關注身邊的作家作品，自己也許就是從那開始接觸到趙熙，但並没有想到去深入瞭解。

一直到新千年，參加編寫《巴蜀古文選解》時纔覺得有别人不熟知的對象，當時選擇了幾篇趙熙的散文來注解，現在來看，注解得一塌糊塗，但却在心底烙下深深的印記。

2007 年，專程去巴蜀書社購買《趙熙集》，纔開始系統閱讀、整理、研究趙熙，此後的十來年，主要的注意力都在這面，以前關注的中國古代小説反而丢掉了。

趙熙像

趙熙和鹽業世家交往具有特殊意義

鍾永新：您對鹽業文學題材有一定研究，發表《趙熙文學活動與自貢井鹽文化》，參編《鹽香風韻：井鹽文化與鹽都作家研究》。而趙熙也和川鹽有諸多文化掌故，曾與貢井鹽商有一定交往，並爲《川鹽紀要》作叙等，請問趙熙和鹽業主要有哪些聯繫及影響？

李樹民：出生並長期生活於鹽都的近代文學家趙熙（清末民國四川文化名人，字堯生，晚年自號香宋老人，又署香宋詞人），其筆下鹽味淵永。反過來，自貢井鹽文化也留下了他的烙印。探討二者的關係，不僅對趙熙研究和自貢鹽文化研究有重要意義，還可以爲文學與鹽文化、經濟與文學的關係的研究提供新範例，其主要體現在以下幾方面。

一、趙熙文學與井鹽文化

（一）鹽路詠歌

趙熙首先是位詩人。趙熙詩情，每與自然山水相發，詩如泉湧。綜觀趙熙《香宋詩集》中詠歌自貢井鹽産銷的詩作，亦屬此調。

這些詩作主要作於詩人1891年北游應試途中，這是其詩歌創作的第一個高潮期，也是其鹽詩的集中創作期，下以他在自貢鹽區的主要詩歌爲例。

公車始發，即有《榮縣道中》："未行思上路，上路又思家。步步去親遠，數山天一涯。鄉風忙歲事，鹽井露天車。勞我閨中子，飛蓬不是花。"頸聯簡練描繪出鹽都井鹽文化背景下的節慶場景。新春佳節，中華大地，普天同慶，榮縣也不例外，高高的天車下，冒著白銀的鹽井旁，人們爲即將到來的歡樂忙碌著。天車、鹽井這些鹽都特有的形象，被詩人敏鋭地捕捉住。迤邐前行，詩人來到貢井，有《公井》詩："唐代榮州治，因山城郭非。高岑雙樹古，破廟衆菘肥。興廢占鹽業，陰晴算客衣。天池望松影，雲出幾時歸。"如果説前一首詩以取象見長，該詩則以理取勝。貢井是當時主要産鹽區，後來自貢因鹽設市，貢井是其主要支柱。貢井鹽業不僅是貢井地區興廢的風向標，也必然與自貢興廢攸關。

回到1891年，詩人往前踏上自流井熱土，所作《自流井》狀其所見所聞："人音百里異，唐宋屬榮州。大利淮商埒，連疆火井稠。蛛絲蟠筧路，馬磨轉山樓。萬口仇官運，弘羊自古羞。"這是對自流井鹽業反映較全面的一首詩作。舉凡自流井的歷史沿革、語言，鹽業生産設施、行銷無所不有。井架林立，筧管密佈，馬磨聲聲，鹽場的火熱場面，蔚爲大觀。同時對官運侵民現象，也給予辛辣指斥。

與此相比，1935年詩人由重慶返回榮縣時所作《自流井》就簡單得多："落日林梢旭水涯，天車一夜響花花。今宵不是榮州宿，但見鄉山即我家。"夜色中，天車奏鳴，一夜汲鹵，正昭示鹽場晝夜不息的繁忙生産，二詩相輔相成。

由此可見，趙熙雖未刻意創作"鹽詩"，却在不經意間對自貢鹽業産銷做了具體描繪。

（二）川鹽作叙

趙熙的散文創作也涉及自貢井鹽文化，最主要的是《〈川鹽紀要〉叙》：

> 嘗讀晚清鹽法之書矣，其法非爲鹽也，直取錢之法耳。鹽於食，猶米也，而成之費，不如米春耕秋獲之立待也。售之勞，不如米彼疆爾界之無譏也。恒有集百千萬之資，殫數十年之久，而迄不盡成者，人無問焉，一成而法出矣。恒有破數十家之力，冒千里數千里之險，而猶不遽售者，人無問焉，一售而法出矣。是法者，行禍於人者也。……

《川鹽紀要》一書是當時川南鹽務稽核所經理林蔚文所作，詳述民國初年四川鹽政概況，也許趙熙此叙於鹽法議立並無特别貢獻，但體現的精神非常可貴。該文作於五四時期，特定歷史的風濤將"傳統"拋棄，趙熙以其"保守"却高舉著傳統"仁智"大旗。"仁者恫之，智者固宜究焉""林君蔚文，仁智人也"，"仁智"之論，在趙熙其他文中隨處可見，是他一貫的有意追求，絶非率意而言。

（三）鹽曲升華

趙熙的戲曲創作與此相反，作品題材本身與鹽没有關係，鹽文化對其創作推動作用非常明顯。具體到趙熙，其所作《情探》可以説正是自貢井鹽文化孕育出的明珠。

貢井鹽商胡慎怡堂把改編權讓給藝術修養甚高的趙熙，於是作家的文化品格得以注入《焚香記》這一俗文化作品，最終完成升級。如以下唱詞：

> 梨花落，杏花開，夢繞長安十二街。夜深和露立蒼苔，到晚來輾轉書齋外。紙兒筆兒墨兒硯兒呵，件件般般都是郎君在。淚灑空階，衹落得望穿秋水不見一書來。
>
> 紅鸞星照玉臺，連理枝頭花正開，怕衹怕緑珠紅粉沉光彩。醒時欹枕費疑猜，莫不是魔夢生災怪。豈有海濤神，管我風流債。

很明顯，詩人把詩歌寫進戲文，他仍是詩人，而不是江湖藝人。這是鹽山支撑起文人尊嚴，保證了他在通俗文學創作時仍保持著高蹈姿態，最終促成民間戲曲文學的升華。

二、鹽業世家與藝苑導師

趙熙與自貢鹽業實業界關係最密切的是貢井胡慎怡堂。胡少權《貢井胡元和的興起與衰落》對有關交往有較完整的介紹，“（胡）汝修與趙熙論交，始於光緒戊子（1888）、己丑（1889）年間”，之後兩家的親密關係一直保持著，至趙熙去世，達60年之久，趙熙很多創作都與之相關。

胡氏一門三父子皆有詩集存世，趙熙的引導功不可没，不愧爲一位鹽業實業家走向藝苑的導師。趙熙《情探》創作成功後，鼓勵胡鐵華進行川劇創作，後來鐵華也有川劇作品，這更清楚地顯示出其導師功能。

胡氏之外，趙熙與其他鹽業實業家也有交往，並折射到創作中。此外，趙熙曾指導劉慶堂之後劉錦里習書，三多寨葆智堂曾有趙熙題“千春大雅”匾牌（很多鹽商家裏都有趙熙墨寶）。

再回首趙熙之於鹽業實業家的關係，其有别於淮鹽文化的文人單方面趨向於實業家的模式，他們保持了各自獨立，其間没有明顯中心，兩極並立。胡趙既是生活聯姻，也是精神聯姻。這種模式保證了物質資本最快、最有效地轉化爲精神生産資本。

趙熙爲自貢鹽業世家盡可能謀求到廣大的生存空間，也滿足了他們在精神生活方面的需要，包括自我成就和社會認可等需要。而趙熙也因此能方便地與當地社會上層人士交往，雖然可能是一種俯就而不是巴結，但因此不游離在現實生活之外，也未嘗不是一件好事。文人和實業家二者取得雙赢。作爲一種特别的範式，值得重視。

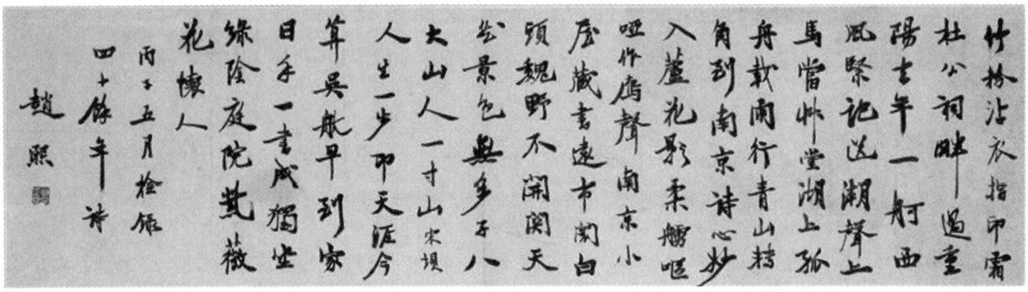

趙熙書法欣賞

香宋先生生活的時代决定其文化作爲

鍾永新：趙熙號稱“詩詞書畫戲”五絶，在《趙熙文學論稿》專著中，您對趙熙的文學成就進行了全面梳理，請問如何認識趙熙在中國晚清民國文學史的獨特地位及其文化藝術教育方面的傑出貢獻？

李樹民：在近代文學史上，四川文人趙熙是“同光體”代表詩人，詩、文、詞俱佳，堪稱一代“詩豪”。同時他也是書法家、畫家、劇作家、學者，甚至還稱得上教育家、方志學家，在近現代文壇影響甚大。

對於趙熙詩歌成就的評價代表性的觀點有：

梁啓超素慕其名，稱贊趙熙“詩撼少陵律，筆摩昌黎壘”，一定程度揭示出趙熙詩歌的藝術特點。

胡先驌《論香宋詞》專論趙熙詞作，認爲趙熙“詞賦傷亂，一如杜陵，可爲詩史，初非詞人泛泛之傷亂可比也”，評價甚高。

陳子展《中國近代文學之變遷》認爲《香宋詞》“似從自然界的靈悟中得來，他的描寫景物之作，淡樸自然，真是又多又好”，“獨樹一幟，與夢窗派殊調”。

汪辟疆《光宣詩壇點將録》視趙熙爲没羽箭張青，贊賞其迅捷過人的詩才，認爲“香宋詩蒼秀密栗”，獨具一格。汪辟疆的《近代詩派與地域：西蜀派》則從詩歌角度切入，將趙熙列爲“西蜀派”領袖。

王易《詞曲史》認爲“十餘年來造述蔚如，足以列作者之林者尚不乏人。其存者如趙熙，榮縣人，光緒進士，官御史，有直聲；工詩，鼎革後，始爲詞，有《香宋詞》二卷，爲丁巳戊午兩年作，以周吴之格律，参蘇辛之氣勢，凝重奔放，兼而有之，豎詞場之異幟焉”。

章士釗《論近代詩家絶句》：“陳楊都到西川去，善頌西川第一人。”延及三四十年代，評點之風仍盛。

錢基博在《現代中國文學史》中，推崇趙熙的學術文章，“詩功湛深，蒼秀密栗”。

錢仲聯《夢苕庵詩話》稱“蜀中詩人，劉裴村後一人而已”。

及至當代以來，《中國大百科全書·中國文學》認爲“這一時期，以詞爲專業而影響較大的作家有……趙熙、王國維、吴梅等”，這是多年來難以見到的正面論述趙熙詞作成就的文字。

由於評價涉及標準和比較的問題，就必須熟悉比較的對象。雖然我的《趙熙文學論稿》也有這種文字，但那不過是題中應有之義，不得不勉爲其難姑妄言之。

人類社會總是向上發展，後天凡才不一定能趕超過去的天才，尤其是藝術家，也許永遠無法超越。但是，作爲群體水準，我覺得後人不會遜於前人，當然後人主動放棄的除外，譬如今天人們不再醉心於文言，故文言的水準就不一定趕得上古人。

但是，在文言一以貫之的時代，在香宋先生生活的時代，文人學士都能吟詩作畫，詩書畫兼擅者不乏其人。從理論上説，衹有對這個時代同時期以及同前後的比較對象都有深刻的把握，纔能對特定的對象做出評判。由於我並不熟悉香宋生活的那個時代和那個時代廣大的文人群體，因此，我僅僅是轉介他人評價，希望從引人關注的考量來做些叙述。

其實任何對象，可能都没有一個理論上的客觀地位，每個對象都有是否被世人接受，是否被大衆對象化的問題，這個對象化程度越高，人們感覺到的地位就越高，注意到的影響就越大。這就是人們常説的宣介力量，我希望能在宣介上再做一點努力。

滎縣雙溪水庫趙熙故里宋家壩舊址（2014 年 10 月 21 日，鍾永新攝）

《趙熙集》外散佚資料尚有諸多

鍾永新：您正在搜集輯佚由巴蜀書社和浙江古籍出版社先後出版，王仲鏞先生主編的《趙熙集》裏未收録的趙熙作品，請問目前進展情況如何？

李樹民：做《趙熙集》外文獻的收集工作，是基於一種個人偏見，衹有"全面"掌握了有關文獻，纔有評説對象的可能，而這種"全面"可能永遠實現不了，在不同的認知環境下，人們對資訊判斷是不一樣的。今天我們認爲收集完整有關資料了，明天人們可能會覺得遠遠不够；我們現在認爲不是文獻的東西，以後也會納入關注範圍。雖然明知是件艱難的事，我還是按現在的想法繼續去做。

目前，凡是經眼的趙熙書寫，或者記録他的文字材料，都録爲電子文本，可以説已收集到《趙熙集》外大量資料。但是，遠不是趙熙存世作品的全部。趙熙的書信、書畫作品，似乎還在源源不絶地面世。

非常遺憾的是，一些本來有公共服務義務的博物館，刻意掩藏其藏品，不願示人，更不願傳播有關資訊，這是剥奪了民衆擁有公衆資訊的權利。因爲這些博物館不是在保存資訊，而是在阻礙資訊，如果不能服務於大衆，有等於無。

榮縣牛角山趙熙墓（2011 年 2 月 9 日，鍾永新攝）

趙熙研究全面復蘇有待加强

鍾永新：在《近百年趙熙研究述略》中，您對趙熙研究的歷史及現狀進行了詳細梳理，請問您對促進“趙熙研究”深化發展有何展望和期待？

李樹民：1949 年前，學界用唱和贊頌、詩話點評、專文論述等形式，對趙熙進行了卓有建樹的研究。此後的 30 年，該研究嚴重受挫。到改革開放新時期，趙熙研究全面復蘇，在書法、戲曲方面研究相對活躍，但文學研究有待加强。

然而，我們的認知活動受環境影響很大，思想被劃定範圍時，覺得無往而非絕路。我没有能力和魄力去建樹一個對象，也没有刻意去完成什麼計劃。對趙熙的關注也是如此。

作爲研究對象，每個事物都有足够闡釋的可能，每一滴水都能折射太陽的光芒。我們衹能關注一些被認可的對象，衹能在一定的價值尺度上言説時，研究衹是痴人説夢而已。

談到趙熙研究的深化發展，我認爲：比如趙熙一生興文教，桃李滿天下，爲四川教育做出了卓越貢獻，有其獨特的教育思想；又數年傾心血著史，地方志撰著獨標一格，有其鮮明的方志史學思想，這些領域至今尚未見有專文論述，是等待開發之地。

趙熙詩文書法作品集及研究出版物書影

【訪談手記】晚清民國時期，吾蜀出有同光體代表詩人大儒趙熙，骨氣耿然，育才無數，其詩詞書畫戲堪稱五絶，足昭鹽鄉之山川毓秀，國朝之一方人傑。今有李樹民先生研究趙熙十餘年，奔走考察，搜羅淵富，故約而訪之，以示不忘鄉賢之風，並思來者追效。（鍾永新）

【參考閱讀】

1.《近百年趙熙研究述略》（李樹民 朱莉）。

2.《趙熙研究——一群自貢人的文化探寶之旅》（陳勤）。

作者單位：《北京立身國學教育》編輯部

稿 約

《蜀學》是西華大學、四川省人民政府文史研究館蜀學研究中心創辦的學術刊物，由西華大學、四川省人民政府文史研究館聯合主辦，一年兩輯，由西南交通大學出版社出版，誠邀海内外學者賜稿。

一、徵稿選題

關於蜀學理論、蜀學思想、蜀學史、蜀中學者以及蜀學文獻等方面的研究。

二、文稿要求

1. 遵守學術道德，文責自負。

2. 未曾公開發表，具有一定的學術原創性。

3. 本刊統一使用規範的繁體漢字。

4. 來稿需提供内容提要和關鍵詞（不需英文翻譯），可加課題項目名稱，注釋一律采用**當頁脚注**，每頁單獨編號。脚注用小五號宋體，包括文獻作者、文獻題名、卷數或期刊名、出版單位及出版年或期刊的年（卷、期）、起止頁碼，用帶圓圈的阿拉伯數字序號標注。例：

① 孫硯方：《都江堰水利詞典》，科學出版社 2004 年版，第 54-55 頁。

② 馮廣宏：《創立一門新蜀學——都江堰學》，《西華大學學報》（哲學社會科學版）2005 年第 4 期，第 15-19 頁。

5. 來搞字數以 8000 ~ 30 000 字爲宜，學術價值高者不受篇幅限制。

6. 來搞請務必詳細注明作者的姓名、單位、職稱、學歷和聯繫方式（電話、電子信箱、通信地址等）。大作一經刊出，即酌付稿酬，並寄樣刊兩本。

三、本刊對來稿有删改權，若不同意删改者請於來稿上注明。

四、投稿方式

紙質稿件郵寄地址：四川省成都市郫都區紅光大道 9999 號西華大學四川省人民政府文史研究館蜀學研究中心 王學東（收）。郵編：610039。

電子郵件：191615760@qq.com；762546191@qq.com；1214745829@qq.com；shuxue2003@126.com。

聯繫電話：（028）87722129；（028）87723062；13036667781（王學東）

五、特別説明

1. 本刊不收取任何版面費和審稿費。

2. 本刊已加入《中國期刊網》。作者著作權與使用費與本刊報酬一次性付給。若作者不同意將文章編入上述版、網，請在來稿中聲明。

西華大學 四川省人民政府文史研究館 蜀學研究中心

《蜀學》編輯部